utb 4856

Eine Arbeitsgemeinschaft der Verlage

W. Bertelsmann Verlag · Bielefeld
Böhlau Verlag · Wien · Köln · Weimar
Verlag Barbara Budrich · Opladen · Toronto
facultas · Wien
Wilhelm Fink · Paderborn
A. Francke Verlag · Tübingen
Haupt Verlag · Bern
Verlag Julius Klinkhardt · Bad Heilbrunn
Mohr Siebeck · Tübingen
Ernst Reinhardt Verlag · München
Ferdinand Schöningh · Paderborn
Eugen Ulmer Verlag · Stuttgart
UVK Verlagsgesellschaft · Konstanz, mit UVK/Lucius · München
Vandenhoeck & Ruprecht · Göttingen
Waxmann · Münster · New York

Katharina von Schlieffen · Jenny Nolting

Rechtsphilosophie

Grundlagen für das Jurastudium

Ferdinand Schöningh

Die Autorinnen:

Prof. Dr. Katharina Gräfin von Schlieffen leitet seit 1997 einen Lehrstuhl für Öffentliches Recht, juristische Rhetorik und Rechtsphilosophie an der FernUniversität Hagen. Im Mittelpunkt ihrer Forschung steht die Frage, wie Recht und Gerechtigkeit mit Hilfe von rhetorischem Werkzeug hergestellt werden.

Jenny Nolting ist wissenschaftliche Mitarbeiterin am Lehrstuhl für Öffentliches Recht, juristische Rhetorik und Rechtsphilosophie. Ihr Forschungsinteresse liegt auf der Rechtsphilosophie, der Sprachphilosophie und der theoretischen Philosophie.

Online-Angebote oder elektronische Ausgaben sind erhältlich unter **www.utb-shop.de**

Bibliografische Information der Deutschen Nationalbibliothek

Die Deutsche Nationalbibliothek verzeichnet diese Publikation in der Deutschen Nationalbibliografie; detaillierte bibliografische Daten sind im Internet über http://dnb.d-nb.de abrufbar.

Internet: www.schoeningh.de

Printed in Germany.
Herstellung: Brill Deutschland GmbH, Paderborn
Einbandgestaltung: Atelier Reichert, Stuttgart

UTB-Band-Nr: 4856
ISBN 978-3-8252-4856-7

Inhalt

Vorwort

Wer ein Jurastudium beginnt, wird sich manchmal aus Interesse, oft aber auch nur wegen der Prüfungsordnung mit den sogenannten Grundlagefächern beschäftigen. Dabei fällt die Wahl neben der Rechtsgeschichte häufig auf die Rechtsphilosophie – vermutlich weil sie als klassisches Fundament einer rechtswissenschaftlichen Ausbildung gilt. Abgesehenen davon begegnen doch fast jeder angehenden Juristin und jedem Juristen irgendwann Zweifel und tiefergehende Fragen, angesichts derer ein Bildungszuwachs auf dem Gebiet der Rechtsphilosophie nicht ungelegen käme. Wie steht man zur Sterbehilfe? Zur Androhung von Folter, wenn sie das Leben eines Opfers des Bedrohten retten soll? Dürfen wenige Geiseln zur Rettung einer großen Zahl Unbeteiligter geopfert werden?

Obwohl als Grundlagenfach bezeichnet, stellt die Rechtsphilosophie an Studierende häufig besondere Anforderungen. Gerade beginnt man, mit den Problemen der einzelnen Rechtsgebiete vertraut zu werden, schon begegnet einem wieder eine andere Denkweise. Die Fragen und die Art zu antworten unterscheiden sich vom juristischen Herangehen. Die Primärtexte sind anspruchsvoll, die Lehren manchmal komplex, die Themen scheinen fernab der eigenen Lebenswelt, die Sprache ist ungewohnt.

Die vorliegende Einführung reagiert auf diesen „rechtsphilosophischen Schock", der wohl so manchen Anfänger trifft, und richtet sich an Studierende, die sich voraussetzungslos und ohne weiteres Vorwissen der Rechtsphilosophie nähern wollen.

Wir bieten Ihnen deshalb kein Werk zur gesamten Geschichte der Rechtsphilosophie oder die Systematik einer reichen akademischen Fundgrube. Vielmehr führen wir Sie an das Werk einiger rechtsphilosophischer Denker heran, die üblicherweise zu den Großen der europäischen Geistesgeschichte gezählt werden und die wohl in jeder Einführungsveranstaltung zur europäischen Rechtsphilosophie genannt werden. Dabei streben wir an, dass man ohne besondere Vorkenntnisse nach der Lektüre des jeweiligen Kapitels die tragenden Thesen eines Philosophen zu Recht und Gerechtigkeit kennt. Wir machen Sie mit den wichtigen – wenn auch sicher nicht mit allen – Bausteinen der „Philosophien" dieser Personen bekannt und vermitteln Ihnen auf diese Weise ein Fundament, von dem aus man, wenn es Anlass gibt, rechtsphilosophieren kann.

Zugleich fordern wir Sie damit auf, weiterzulesen, weiterzuforschen und weiterzudenken. Wir werden weder wissenschaftlich in die Rezeption der rechtsphilosophischen Grundlagenwerke einführen, noch die Fülle der Probleme diskutieren, die sich aus den vorgestellten Thesen ergeben. Sie erhalten eine Einführung, um dann selbstständig weiterzuarbeiten. Dementsprechend haben wir die Sekundärliteratur nach der Vorgabe ausgewählt, dass unsere Einführung Studierende zur Zielgruppe hat, die am Beginn ihrer Beschäftigung mit rechtsphilosophischen

Fragestellungen stehen. Die Auswahl der besprochenen Denker wird im Falle der Größten wohl nicht bestritten, mit abnehmender Weltgeltung freilich zunehmend Ansichtssache. In der Tabelle auf S. 14 geben wir Ihnen eine erste Anregung, sich mit weiteren Autoren zu beschäftigen; mit der Grafik auf der folgenden Seite 15 wurde versucht, Rechtsphilosophie im Zeitverlauf zu illustrieren. Für kommende Bearbeitungen des Textes ist geplant, weitere Philosophen aufzunehmen: sicher Hegel, aber auch Heraklit oder die Utilitaristen.

Vor jedem weiteren Wort über die Zukunft aber noch ein Blick zurück. Rechtsphilosophie am Lehrstuhl Schlieffen ist nicht denkbar ohne die Anregungen und Unterstützung von jungen Wissenschaftlerinnen und Wissenschaftlern. Das stärkste Elixier ist das Gespräch, an dem sich alle Mitarbeiter beteiligen, die sich gegenwärtig oder ehemals den rechtswissenschaftlichen Grundlagen verschrieben haben. Einen besonderen Impuls setzte zuletzt Dr. Christian Nierhauve durch seine Auseinandersetzung mit der Rechtsklugheit bei Aristoteles. Zumal in der letzten Arbeitsphase profitierte das Buch von dem unerschöpflichen Wissen, Ideenreichtum und der großen Hilfsbereitschaft von Jens Fischer, der gerade das analoge Denken im Recht untersucht. Ein großer Dank für das Korrekturlesen und unterstützende Recherchearbeiten geht schließlich an Mehmet Bartu und Nils Böhmer, für Korrekturlesearbeiten an Sonja Barkam und weitere wertvolle Hilfe bei der Textfertigstellung von Dr. Lewis A. Johnston.

Katharina von Schlieffen und Jenny Nolting

Einleitung

Wozu Rechtsphilosophie heute?

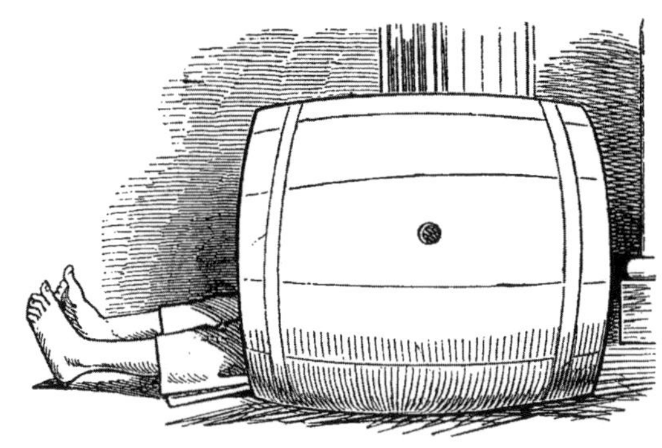

Nachdenklich *liegt in seiner Tonne / Diogenes hier in der Sonne*
Wilhelm Busch, aus „Die bösen Buben von Korinth", in: Fliegende Blätter und Münchener Bilderbogen 1859-1871

Wir leben nicht mehr in der „Polis" wie im alten Athen – was bedeutet uns da die „Idee" der Gerechtigkeit? Oder Gerechtigkeit als „tugendhaftes Handeln"? Was sagt uns der „Naturzustand" im Zeitalter der Digitalisierung, was die „praktische Vernunft", wenn es doch Emotionen sind, die Menschen und Staaten offenbar so häufig regieren? Wie weit weg von unserem Alltag ist die „lex aeterna" oder der „Begriff a priori" und was heißt das überhaupt – das müssten man wohl erst einmal nachschlagen. Die Welt der europäischen Philosophien, ihre Begriffe, Bilder und Systeme, liegen uns heute nicht mehr gerade nahe, auch wenn wir ein lebhaftes Interesse an den Grundlagen des Rechts und an dem – alten, gefühlt ewigen – Thema der Gerechtigkeit haben.

„Wozu Rechtsphilosophie heute?" ist also eine berechtigte Frage, zumal am Anfang einer Einführung in das Denken sogenannter Klassiker der Rechtsphilosophie. Ob hier als Antwort der Verweis auf Bildungsideale reicht oder das Stereotyp, dass „man eben mal etwas von Aristoteles und Kant gehört haben sollte"? Was spricht dafür, sich mit rechtsphilosophischen Texten aus vergangenen Jahrhunderten zu beschäftigen? Worin soll überhaupt der Gewinn bestehen, wenn man Probleme und Konstrukte vergangener Epochen studiert? Da sich diese Einführung an angehende Juristinnen und Juristen richtet, kann die Frage noch zugespitzt werden: Welchen Wert hat die Rechtsphilosophie als Grundlagenfach im Jurastudium, wenn sie doch nichts zur Lösung praktischer Rechtsfälle beiträgt? Wenn sie zwar zur intellektuellen Spielerei und gesellschaftlichen Träumen taugen mag, angesichts konkreter Rechtsfragen des Kapitalmarktrechts, des Umwelt- oder Familienrechts jedoch nutzlos scheint?

Inspirierende Denker: Rechtsphilosophie im zeitlichen Überblick

Namen im **Fett**druck = Dieser Philosoph wird im Buch ausführlich behandelt. Weitere Bearbeitungen folgen.

Epoche	Philosophische Zuordnung	Person	
Griechische Antike	Vorsokratiker Sophisten 600 bis 350 v. Chr.	Heraklit	ca. 540 – 480 v. Chr.
		Parmenides	520/515 – 460/455 v. Chr.
		Leukipp	5. Jh. v.Chr.
		Demokrit	460/459 v. Chr. – 371 v. Chr.
		Protagoras	ca. 490 – 411 v. Chr.
		Gorgias	490/485 – 396/380 v. Chr.
	Klassische Antike	**Platon**	427-347 v. Chr.
		Aristoteles	384-322 v. Chr.
		Epikur	ca. 341-272 v. Chr.
Römische Antike	Röm. Philosophen	Cicero	106-43 v. Chr.
Spätantike Frühmittelalter	Patristik (Kirchenväter)	Augustinus	354–430
Mittelalter		**Thomas von Aquin**	1225-1274
Übergang zur Neuzeit	Renaissance Humanismus	Pico della Mirandola	1463–1494
		Niccolò Machiavelli	1469-1527
		Thomas Morus	1478–1535
		Jean Bodin	1530-1596
		Hugo Grotius	1583–1645
Neuzeit	Gesellschafts-vertragstheoretiker	**Thomas Hobbes**	1588–1679
		John Locke	1632–1704
		Jean-Jacques Rousseau	1712–1778
	Vordenker der Aufklärung	Samuel von Pufendorf	1632–1694
		Charles de Montesquieu	1689–1755
	Deutscher Idealismus	**Immanuel Kant**	1724–1804
		Hegel	1770–1831
	Utilitarismus	Jeremy Bentham	1748–1832
		John Stuart Mill	1806–1873
	Links-Hegelianismus	Karl Marx	1818–1883
Das Tor zur Moderne		**Friedrich Nietzsche**	1844-1900

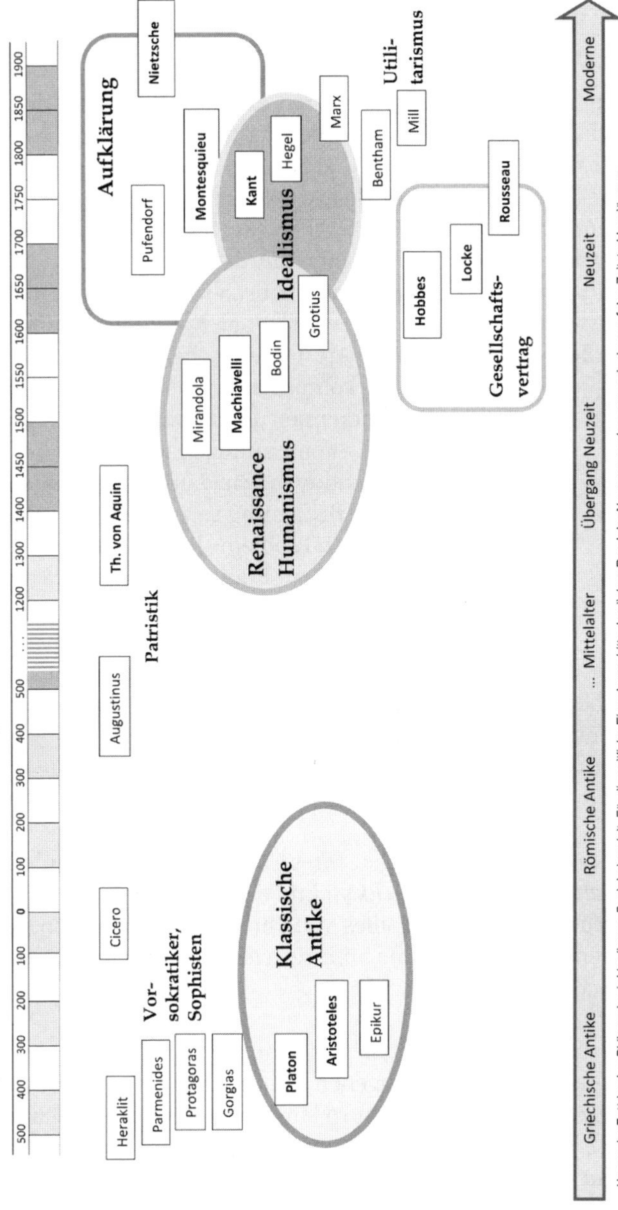
Inspirierende Denker für die Rechtsphilosophie – Eine Auswahl für den ersten Überblick
Zeitachse (beachte die Lücke zwischen 600 und 1100 sowie die verdoppelten Intervalle ab 1400)
500 400 300 200 100 0 100 200 300 400 500 … 1200 1300 1400 1450 1500 1550 1600 1650 1700 1750 1800 1850 1900
Heraklit
Parmenides
Protagoras
Gorgias
Vor-sokratiker, Sophisten
Platon
Aristoteles
Epikur
Klassische Antike
Cicero
Augustinus
Patristik
Th. von Aquin
Mirandola
Machiavelli
Bodin
Grotius
Renaissance Humanismus
Pufendorf
Montesquieu
Aufklärung
Kant
Hegel
Idealismus
Nietzsche
Marx
Bentham
Mill
Utili-tarismus
Hobbes
Locke
Rousseau
Gesellschafts-vertrag
Griechische Antike
Römische Antike
… Mittelalter
Übergang Neuzeit
Neuzeit
Moderne
Namen im Fettdruck = Philosoph wird in diesem Buch behandelt. Für die zeitliche Einordnung bitte den linken Rand der Namensumrahmung nach oben auf den Zeitstrahl verlängern.
Für genauere Daten und weitere Autoren: siehe Tabelle nebenan.
Schlieffen 2017

A Was kann die Rechtsphilosophie für Sie leisten?

Fragen wir nach dem heutigen Nutzen der Rechtsphilosophie, sollten wir zunächst festhalten, um wen es bei diesem Punkt eigentlich geht: nämlich um Sie, die Studentinnen und Studenten und angehende Juristen. Dies bedeutet, dass wir unsere Überlegungen auf Ihre Bedürfnisse und Ziele in Beruf und Ausbildung konzentrieren können. Wie könnte Sie die Rechtsphilosophie während des Studiums und später in Ihren Professionen unterstützen?

Durch Ihr Studium erwerben Sie spezifisch fachliche Fertigkeiten. Sie werden ein Experte für Rechtsfragen, für rechtshaltige Konflikte und fallgerechte Lösungen. Außerdem erhalten Sie eine Art methodischen Generalschlüssel:

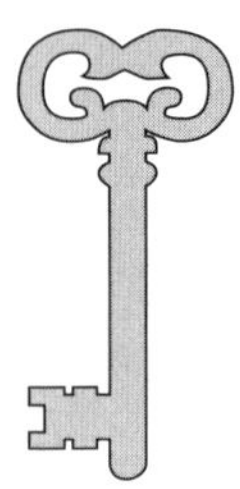

- Sie lernen, in komplexen, unübersichtlichen Konstellationen Probleme zu erkennen und zu benennen („Was ist der entscheidende Streitpunkt hier und jetzt?").
- Sie können Positionen, Ziele und Argumente analysieren, sie miteinander in Beziehung setzen und bewerten.
- Sie üben, wie man Probleme löst, und zwar mit Bezug auf eine Vielzahl von Normen, Präjudizien abstrakter, werthaltiger Gesichtspunkte.

Aufgabe der Rechtsphilosophie könnte es sein, Sie ergänzend auf diese Leistungen vorzubereiten. Rechtsphilosophie, so jedenfalls ein möglicher Anspruch, kann Sie unter anderem dazu befähigen,

- Ihre grundlegenden Rechtsentscheidungen aus dem Pro und Contra der Meinungen mit einem eigenen Standpunkt zu begründen [*Begründungskompetenz*],
- die Folgen und Weiterungen Ihres Handelns bewusst zu bedenken [*Folgeneinschätzung, Verantwortlichkeit*] und dabei vor allem
- zu berücksichtigen, wer alles von Ihren Entscheidungen betroffen wird – auch jene, die formal keine Stimme haben oder denen ihre eigene Lage nicht ausreichend bewusst ist.

Rechtsphilosophie unterstützt Sie weiterhin,

- die Bedeutung der vorgetragenen Argumente angemessen zu würdigen, auch solche, die ungewöhnlich sind oder nicht von Autoritäten stammen [*Klugheit, Urteilskraft, Umsicht, geistige Unabhängigkeit*],
- sich auch in Positionen hineinzuversetzen, die Sie persönlich niemals teilen würden [*Neutralität, Empathie*],

- nachzufragen, auch wenn alles klar und selbstverständlich erscheint und einen kritisch-distanzierten Standpunkt einzunehmen [*Kritikfähigkeit*], und schließlich, aber keineswegs an letzter Stelle,
- zu überlegen, wie das eigene Handeln durch persönliche und soziale Beziehungen bestimmt wird, wie uns Sprache lenkt und Institutionen und Gewohnheiten binden [*Selbstreflexion*].

B. Zum Standort der Rechtsphilosophie

Eine Antwort auf „Wozu heute Rechtsphilosophie?“ wäre unvollständig ohne einen Überblick zu den Gegenständen des Faches. Der Zweck der Disziplin wird erst verständlich, wenn man weiß, womit sie sich beschäftigt und wie man sie betreibt.

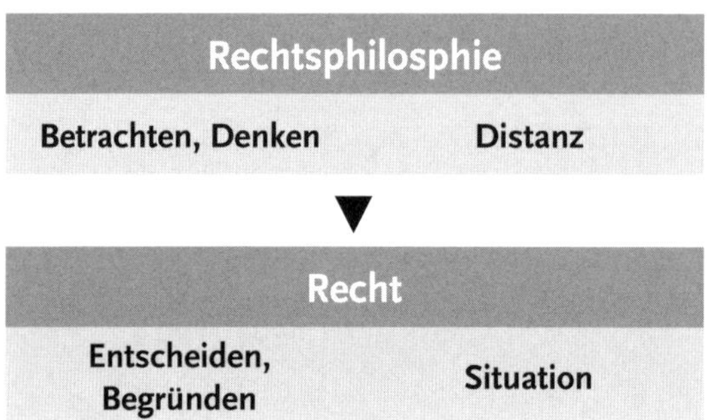

Die hauptsächlichen Themen der Rechtsphilosophie sind, ganz allgemein gesprochen, Recht und Gerechtigkeit. Mit dem Gegenstand Recht, genauer gesagt, den „Rechten“, beschäftigen sich auch die sog. dogmatischen Fächer, so vor allem das Zivilrecht, das Strafrecht und das Öffentliche Recht, die als Kerngebiete der Rechtswissenschaft gelten. Deren Blick richtet sich aber auf das Recht im Sinne konkreter positiver Normen in einer bestimmten Zeit und auf deren Anwendung innerhalb eines bestimmten Kreises von Personen, also z.B. auf Gesetze oder Verordnungen, ausgeformt durch Rechtsprechung oder Lehrmeinungen. Die Rechtsphilosophie hingegen bezieht zum Recht dieser Art einen externen Standpunkt. Sie bemüht sich um Distanz zur rechtlichen Praxis, den geltenden Normen, Ordnungen und der praxisorientierten (dogmatischen) Lehre. Um es bildlich auszudrücken: Rechtsphilosophie *betrachtet* das Recht.

Rechtsphilosophie betreibt man frei vom Druck konkreter Rechtsprobleme. Solange man philosophiert, denkt man unabhängig, jedenfalls insofern, als man nicht unter dem Entscheidungszwang der rechtlich Handelnden steht. Freilich kann Rechtsphilosophie, wenn sie es möchte, auch zum rechtlichen Akteur werden und sich in die Praxis einmischen. Sie kann aufklären, mahnen oder Ratschläge erteilen – was sie auch immer wieder tut. Solange dies bei dem üblichen Austausch unter Wissenschaftlern bleibt, also etwa ein Philosoph ein zeitkritisches Buch für seine Philosophenkollegen schreibt, bleibt dies relativ folgenlos; der Standort der Rechtsphilosophie wird nicht verschoben. Wo Rechtsphilosophie aber tatsächlich praktisch wird, wo sie öffentliche Meinungen verändert, wo Teile der Gesellschaft an ihr Anstoß nehmen oder sich eine politische Kraft auf sie beruft, zeigen sich augenblicklich Handlungszwänge und bewirken, dass das Fach an dieser Stelle Freiheitsgrade verliert und in seiner Denk- und Arbeitsweise der rechtsdogmatischen Praxis näher rückt.

Der charakteristische Standort der Rechtsphilosophie zeigt sich also in einer relativen Distanz zur Praxis. Hier entfaltet sie sich in der sie kennzeichnenden

Unabhängigkeit. Diese behält sie, solange sie weder Einzelfälle löst noch Richtlinien setzt und sich keinem politischen, moralischen, kulturellen oder ökonomischen Vorgaben verpflichtet. In diesem Freiraum verwirklicht sie schließlich auch eine ihrer wesentlichen Voraussetzungen: Sie denkt über das Denken nach – und damit über sich selbst.

I Unabdingbarkeit der Situation

Der Freiheit der Rechtsphilosophie sind jedoch Grenzen gesetzt. Als Ausdruck menschlichen Denkens ist sie stets mit einer bestimmten Zeit und einem bestimmten Ort verbunden. Auch wenn sich die Rechtsphilosophie als Beobachter auf einer sog. Metaebene sieht, unterhält sie doch eine untrennbare Verbindung zum Recht der Gegenwart und der allgemeinen Praxis. Rechtsphilosophie ist immer ein Gewächs ihrer Epoche und wird in einem bestimmten Raum unter den konkreten Umständen ihres Autors entwickelt. Die Vorstellung, sie könne sich von den Überzeugungen ihrer jeweiligen Zeit lösen, ist idealistisch und unerreichbar.

So gilt beispielsweise in den westlichen Demokratien der Gegenwart, dass allen erwachsenen Männern und Frauen unabhängig von Rasse, Alter oder Herkunft derselbe Subjektstatus zukommt. Vor diesem grundlegenden Gleichheitsgebot muss man heute alle anerkannten Rechtsphilosophien verstehen. Wenn eine davon nun einem bestimmten Personenkreis die Rolle von „Sklaven" zuweisen würde, würde man dies als menschenverachtend empfinden. Im antiken Athen galt dagegen Gleichheit nur unter den männlichen Bürgern des Stadtstaats – Sklaven, Frauen und Fremde gehörten selbstverständlich zu anderen Gruppen. Wenn ein Autor der damaligen Zeit, wie etwa Platon, in seinem Modellstaat Sklaven einsetzen möchte, muss gefragt werden, ob diese Aussage genauso wie heute zu bewerten ist oder aus dem zeitlichen Zusammenhang heraus nicht eine andere Einschätzung verlangt.

So sollte man vorsichtig sein, wenn Rechtsphilosophien aus ihrer Zeit heraus genommen und in eine andere Umwelt gestellt werden. Dies geschieht zum Beispiel, wenn jemand Texte, die aus der griechischen Antike, aus dem Italien oder dem England des 16. Jahrhunderts stammen, auf Konflikte der Gegenwart „überträgt". Natürlich möchte man solche Verbindungen herstellen: So finden wir Anschluss an Diskussionen, die unser Thema schon vertieft haben, wir gehen zu den Wurzeln und werden gehindert, manches Rad neu zu erfinden. Aber man sollte in jedem Einzelfall bedenken, dass der übernommene Text unter ganz eigenen Voraussetzungen entstanden und gemeint ist, und man selbst, der man gerade diese textliche Quelle auswählt und zuschneidet und in einen neuen Kontext stellt, unter ganz anderen, ebenfalls einmaligen Bedingungen handelt. Philosophie, die sich selbst reflektiert, denkt deshalb auch an ihre eigene Einbindung in die Situation.

II. Die Schwierigkeit mit der Perspektive

Der Sog der Situation führt in der Rechtsphilosophie zu einem weiteren Problem. Anders als die dogmatischen Fächer strebt die Rechtsphilosophie einen überzeitlichen, allgemeineren Standpunkt an. Sie sucht gerade darin ihre Bedeutung, das Recht „von außen" oder „von oben" zu betrachten und auf diese Weise zu besonderen, das geltende Recht überschreitenden Einsichten zu gelangen. Tatsächlich kann aber kein Rechtsphilosoph dem rechtlichen Leben vollständig entkommen. Jeder bleibt ein Teil von dem, was er als Gegenstand betrachtet. Die säuberliche Trennung in ein betrachtendes Subjekt und ein betrachtetes Objekt namens Recht misslingt schon wegen der sprach- und kulturbedingten Person des Betrachters. Was „recht" und „richtig" ist, „gerecht" und „billig", „legal" und „legitim", definiert keine isolierbare Kunstsprache, sondern ist im täglichen Ausdruck und Umgang untrennbar mit bestimmten Ideen, Werten, Haltungen und Handlungsweisen verknüpft, die ein ganzes soziales Leben prägen. So steht die Rechtsphilosophie, wenn nicht alleine, aber doch in besonderer Deutlichkeit, vor dem Paradoxon des „Außen-und-zugleich-Innen-Seins", welches eine vollständige, objektive Erfassung ihres Themas verhindert.

Paradoxien *Münchhausen zieht sich am eigenen Schopf aus dem Sumpf. Theodor Hosemann, vor 1875*

Eine Milderung erfährt dieses Dilemma dadurch, dass der „Standort" beziehungsweise der „Gegenstand" der Rechtsphilosophie nicht ein einziger ist, sondern uns sehr viele, sehr unterschiedliche Ansätze begegnen. Rechtsphilosophie im Singular mag als Bezeichnung der *einen* akademischen Disziplin angebracht sein; wenn man jedoch konkret über Recht und Gerechtigkeit nachdenkt, bedeutet es, immer neue Standpunkte einzunehmen, sich den Fragen auf die verschiedensten Weisen zu nähern und zu unterschiedlichen und wechselnden Einsichten zu gelangen. Die Idee einer Philosophie, die eine einzige, ewige und universale

Wahrheit zu Tage bringt (*philosophia perennis et universalis*), welche etwa der Philosoph Leibniz im 16. Jahrhundert in Bezug auf die Geistes- und Naturgesetze verfolgte oder die man sich im 19. Jahrhundert als letztlich religiöse, natürliche Weisheit aller Kulturen vorstellte, wird innerhalb der Rechtsphilosophie nicht mehr vertreten. Diesem Gedanken sind selbst die engagiertesten Verfechter ihrer bestimmten Sichtweise – die Kantianer, die Hegelianer, die Diskurstheoretiker, die Gerechtigkeitstheoretiker – derart verpflichtet, dass sich hunderte Rechtsphilosophen und Rechtsphilosophinnen aus der ganzen Welt, die ihre eigenen, oft unvereinbaren und nicht vermittelbaren Konzepte vertreten, alle zwei Jahre an wechselnden Orten zu gemeinsamen Diskussionen treffen können.[1]

1 Weltkongresse der Internationalen Vereinigung für Rechts- und Sozialphilosophie (IVR). An diesen Veranstaltungen wie an den Treffen der nationalen Sektionen könnten auch Studentinnen und Studenten teilnehmen; es sind keine reinen Professoren-Tagungen. Für die Weltkongresse schreibt die IVR Stipendien zur Erstattung der Reisekosten aus.

C. Zur Arbeitsweise der Rechtsphilosophie

Der Standpunkt der Betrachtung wirkt sich auf das Werkzeug der jeweiligen Rechtsphilosophie und ihre Ergebnisse aus. Eine Landschaft wird durch ein Küchenfenster anders wahrgenommen als durch die Wolken von einem Berggipfel, wieder anders mit dem Blick auf eine Wanderkarte oder in einem Werbe-Video. Wie man sieht, kann der Wechsel der Perspektive zu grundlegenden Änderungen führen. Die jeweils andere Betrachtung zeigt nicht nur einen anderen Aspekt desselben „Objekts", sondern verwandelt auch den sogenannten Gegenstand und sogar den Betrachter. Die eine Landschaft kann, je nach Herangehensweise, ein optischer Eindruck, ein überwältigendes Erlebnis, eine zweidimensionale Orientierung oder ein Kaufimpuls „sein".

I. Der Gegenstand folgt der Methode

In diesem Sinne hat Rechtsphilosophie eingedenk ihrer vielen Standorte weder „den" Gegengenstand noch „die" Methode. Um überhaupt Verständigung zu ermöglichen, verwenden wir die Begriffe „Recht und Gerechtigkeit"; was damit gemeint ist, klärt sich vermutlich erst, wenn wir diese Umschreibung mit den konkreten Lehren der großen Denker in Verbindung bringen. Recht und Gerechtigkeit sind keine feststehenden Dinge, über welche Philosophen unterschiedliche Aussagen treffen, sondern eher eine Sammelstelle, unter der aus der Sicht jeder einzelnen Denkweise passende Fragen gestellt und Antworten diskutiert werden. Diese Sammelstelle (gr. *topos* = Ort) kann man sich wie ein Diskussionsforum im Internet vorstellen. Am Anfang stehen die richtungsweisenden Einträge; viele Beiträge, die darauf folgen, wirken wie Kommentare, die diese ersten Überlegungen lediglich fortschreiben und auf andere Lagen anpassen. Dann wieder wirft jemand neue Gedanken ins Spiel, widerspricht, ordnet die bisherigen Argumente um und begründet eine eigene Schule. Ein dritter fügt wieder zusammen und vermittelt.

In diesem historischen „Forum Rechtsphilosophie" hat niemand vorgegeben, was das Thema genau bedeutet, auf welche Weise man darüber denken und kommunizieren und zu welchen Resultaten man gelangen sollte. Wenn sich auch regelmäßig vorherrschende Verständnisse zu bestimmten Punkten herausbilden, können sie doch in Frage gestellt und verändert werden. Während es nach *Platon* um die „Idee" der Gerechtigkeit geht, interessiert *Aristoteles* das gute menschliche Zusammenleben, und damit die Gerechtigkeit als „tugendhafte Haltung". Vertreter des sog. *Naturrechts* setzen wiederum ein bestimmtes Menschenbild voraus und möchten daraus seit der Epoche der Aufklärung[2] mit Hilfe der Vernunft Vorgaben für eine gerechte staatliche Ordnung ableiten (dazu besonders die „Vertragstheorien"). Auch *Kant* betrachtet Recht rational, aber reinigt es zudem von allen empirischen Annahmen und konstruiert es pur als eine allgemeine, wechselseitige Ordnung maximaler Freiheiten. Realistische Ansätze gehen von Rechtsdaten aus, die sie empirisch ermitteln, und kritisieren nicht selten in reformerischer Absicht überkommene Vorstellungen und Selbstverständlichkeiten.

Heute unterscheidet das akademische Philosophieren im Wesentlichen zwei Herangehensweisen:

- Zum einen versteht es sich als ein systematisches Reflektieren. Unter den Arbeitsbedingungen des Universitätslebens bemüht es sich um eine disziplinierte argumentative Auseinandersetzung mit rechtsbezüglichen Themen, schließt aber auch Zweifel, Intuition oder Glaubensbekenntnisse nicht aus.
- Zum anderen geht es historisch-hermeneutisch vor. Dies bedeutet: Es fragt nach dem, was in der Vergangenheit gedacht wurde, indem es Annahmen und Argumente verschiedener Rechtsphilosophen analysiert und versucht, die Systematik der rechtsphilosophischen Lehren nachzuvollziehen und verständlich zu machen, was sie mit den verwendeten Begriffen gemeint haben konnten.

II. Was kann man sinnvoll fragen?

Jede dieser Perspektiven bringt nicht nur ihre besondere Arbeitsweise (Methode) hervor, sondern leitet auch zu ihren je eigenen Fragen und Problemen. Zum Beispiel kann man mit *Platon* fragen, wie man Gerechtigkeit erkennen kann, mit *Aristoteles*, woran man sich orientieren sollte, wenn man eine gerechte Entscheidungen fällen möchte, oder mit einer *rechtsrealistischen Schule*, was Menschen mehrheitlich für gerecht und was sie für ungerecht halten. Derartige Fragen kann man nicht mit „der" Rechtsphilosophie, sondern meist nur auf der Folie eines bestimmten Ansatzes ergiebig behandeln; manchmal lassen sich für eine Antwort auch zwei konträre Richtungen heranziehen und gegeneinander ins Feld führen. Häufig ergibt die Problemstellung aber einzig in einem ganz bestimmten philosophischen Kontext überhaupt ihren Sinn. So würden Idealisten wie *Platon* oder *Kant* gelangweilt sein und kein diskutables Problem erkennen, wenn zum Beispiel Teile der Bevölkerung, gar noch aus „Unvernunft", ein philosophisch unstreitig „gerechtes" Gesetz ablehnen würden. Für *Platon* wäre die bloße Meinung von Menschen – ob von Minderheiten oder der Mehrheit, ob mit starker oder schwacher Begründung – da sie keine philosophische Erkenntnis ist, ohnehin irrelevant. Für

2 Unter Aufklärung kann jedes Denken verstanden werden, dass etwas „aufklären", also mit Hilfe des Verstandes klären, offenlegen und im Geist von Toleranz und intellektueller Redlichkeit kritisieren möchte. „Aufklärung" bezeichnet aber auch bestimmte Epochen, die diesem Denken besonders zuneigt sind, vor allem die Zeitspanne europäischer und amerikanischer Geschichte, deren Beginn im 17. Jh. und deren Ende um 1800 datiert wird.

Kant wäre das geltende Gesetz notwendig zwingend, was immer die Bevölkerung meint oder macht. Das geschilderte Problem hat im Konzept beider Denker keinen Platz, es ist uninteressant. Dafür geben beide Philosophen exklusive Auskunft über andere Fragen, wie etwa diese: Welche Bedingungen müsste erfüllt sein, damit dieses Gesetz „gerecht" ist?

Dies zeigt, dass man den einzelnen Denkern und Werken in der Rechtsphilosophie am besten mit abgestimmten Erwartungen begegnet. Wer allen dasselbe Problem vorlegte, würde enttäuscht. Fruchtbare Fragen folgen aus der Herangehensweise des Gesprächspartners; am meisten erfährt man, wenn man erst einmal seinen Gedanken folgt.

III. Themen der Rechtsphilosophie

Aus denselben Gründen verzichtet diese Einführung darauf zu beschreiben, womit sich „die" Rechtsphilosophie beschäftigt. Stattdessen sollen hier lediglich einzelne Themen benannt werden, die im Umkreis eines oder manchmal auch mehrerer Ansätze diskutiert werden. Hierzu zählen die grundlegenden Fragen nach der Gerechtigkeit:

- Nach dem Wesen der Gerechtigkeit: was sie ausmacht, woran man sie erkennt und wie sich Ungerechtigkeit zeigt, also Recht und Unrecht.
- Danach, wie zu bewerten ist, ob etwas gerecht ist; nach welchen Maßstäben, Gesichtspunkten, Normen, Regeln oder Vorstellungen sich entscheidet, ob geltendes Recht richtig ist (Kritik des Rechts, Konzepte richtigen Rechts).
- Danach, wie der Einzelne gerecht handeln und gerechte Entscheidungen treffen kann.

Weiter kann man fragen:

- woher das Recht kommt, sein Grund, seine Begründung, sei es der Grund seines Seins oder die Voraussetzungen seiner Geltung, seiner Legitimität, oder auch seine Herkunft, das Bedingungsgefüge seiner Erzeugung. Auf die Wirklichkeit bezogen: Fragen nach der Praxis, die es hervorbringt, nach der Quelle, aus der Entscheider ihre Legitimation beziehen, ihre Autorität, ihre Akzeptanz ... und wann all das verloren geht.
- wie Recht wirkt, die Folgen, die sich an die Verbindlichkeit oder an die Unverbindlichkeit rechtlicher Normen knüpfen, z.B. seine politischen, sozialen oder wirtschaftlichen Kosten.

Weitere Themen beziehen sich auf das Leben in der Gemeinschaft, namentlich dem Staat. Diskutiert werden die Regelungen des menschlichen Zusammenlebens, besonders das Verhältnis zwischen dem Einzelnem und den anderen, der Gemeinschaft bzw. dem Staat. Dazu zählt die Debatte um die Voraussetzungen und Aufgaben des Staates, das Verhältnis der Gewalten im Staat und die Begründung von Zwang, während auf der Seite des Individuums die Freiheit und seine einzelnen Rechte, z.B. der Schutz des Eigentums und die Religions- oder die Meinungsfreiheit, behandelt werden. Weitere wichtige Themen betreffen die Bewertung von Gütern und die Abwägung von Zwecken oder die Schnittstellen zwischen den verschiedenen normativen Bezugssystemen, etwa Recht und Moral oder Religion oder Ökonomie.

Wie Sie jetzt bereits sehen, wiederholen sich bestimmte Bezugspunkte in der Zusammenschau. Immer wieder erscheint das abstrakte Individuum, „der Mensch", und zwar als der in das Recht eingebundene und das Recht mitgestaltende Mensch, als Ausgangs- und Endpunkt des Denkens.[3] Gleichzeitig versucht ihn die Rechtsphilosophie aber auch als soziales oder politisches, als religiöses oder arbeitendes, als rationales oder strebendes und fühlendes Wesen zu begreifen. Dies bedeutet: Die Rechtsphilosophie in der Fülle ihrer Ansätze zeigt den Menschen nicht eindimensional, sondern bemüht sich, viele Facetten des Menschseins abzutasten. Damit soll nicht gesagt sein, dass jede Frage der Rechtsphilosophie unmittelbar auf den Menschen abzielt. Viele Überlegungen fokussieren sich auf ideelle Größen wie die platonischen „Ideen", gewisse „Prinzipien" oder „Begriffe", gedachte Ordnungen („Naturrecht", „Rechtssystem", „soziale Systeme") oder auch den „Weltstaat" oder die „Menschheit" als universale Entität. Dennoch: Wenn Sie sich mit Rechtsphilosophie beschäftigen, erfahren Sie sich meist doch als konkrete Individuen, die als Duldende oder Handelnde gemeinsam mit anderen in einer rechtlich verfassten Praxis leben, anlässlich der sie über gerechtes Recht und Gerechtigkeit nachdenken wollen.

3 Der Bezugspunkt Mensch ist nicht zwingend. Man kann auch unter Absehung des Individuums rechtsphilosophisch reflektieren und etwa Formationen wie „soziale Systeme" oder „Diskurse" zum Ausgang nehmen.

D. Vergangenes und Gegenwart

Die rechtlichen Bezüge sind historisch gewachsen: Sie haben sich im Laufe der Zeit, „aus der Geschichte heraus“ entwickelt, aus menschlich-kulturellen Erfahrungen, und, seit der Antike zunehmend und schließlich überwiegend, aus schriftlich überlieferten Zeugnissen der Vergangenheit. Die Auseinandersetzung mit den rechtsphilosophischen Texten der berühmten Denker bedeutet also immer auch eine Annäherung an bestimmte Entwicklungsmomente des heutigen Rechtsdenkens – aus welchen alten Quellen könnten sich unser Recht und unsere Gerechtigkeitsvorstellungen speisen? – und eine Begegnung mit der Tradition: Was meinen wir, woher unsere geltenden Begriffe, Vorstellungen und Ordnungen kommen?

Nicht zuletzt kann jede aktuelle Rechtsdebatte durch die historische Rechtsphilosophie belebt, vertieft und präzisiert werden. Der geschichtliche Bestand erscheint als ein reiches Sammelbecken voller Argumente, Thesen und Entwürfe, die über die damalige Konstellation hinausweisen. Der Versuch, diese alten Wege abzuschreiten, sie in ihrem ursprünglichen Sinne zu verstehen und konsistent zu lesen, schärft Ihre Fähigkeit zur Analyse und Ihre Kompetenz zur Perspektivenübernahme. Um einen komplexen rechtsphilosophischen Text wirklich zu durchdringen, muss man sich auf die diskutierten Probleme und auf den argumentativ vorgezeichneten Lösungsweg einlassen, auch wenn man die Prämissen, die ein Philosoph seinem Denken zugrunde legte, aus heutiger Sicht vielleicht nicht teilt.

Am Anfang eines jeden Umgangs mit einem rechtsphilosophischen Text steht also der umfassende Versuch, den Verfasser zu „verstehen“. Im besten Sinne meint „verstehen“, den Autor bei seinen Gedankengängen so zu begleiten, dass man anschließend selbst, aus eigener Anstrengung, seine gedankliche Strecke zurücklegen kann. „Verstehen“ sollte also nicht darauf abzielen, in einzelne Worte, Passagen oder das Werk insgesamt seine eigenen persönlichen Vorstellungen hineinzulesen und dies mit Argumenten und Stilmitteln zu verstärken. Wenngleich ein Leser die Subjektivität seiner Rezeption nie wird ausschließen können, entspricht es doch dem disziplinären Ideal, dem Text und seinem Autor mit dem Versuch zu begegnen, den gedanklichen Wegen des anderen und nicht den eigenen Vorstellungen zu folgen. Das heißt nicht, dass man auch die Auffassungen des jeweiligen Werks übernehmen muss, sich mit ihm „identifizieren“ sollte, sondern eher, dass man es wie eine Konstruktion auffasst, die man solange studiert, bis man ihren Plan erfasst hat und sie selber nachbauen könnte.

Erst wenn man einen Text in dieser gründlichen Weise rekonstruiert hat, kann man ihn auch sinnvoll kritisieren. Kritik ohne den vorherigen Versuch, das Kritisierte zu verstehen, trifft nur den selbstgebastelten Strohmann – also nicht das, was sie zu treffen vorgibt.

Genauso wäre es unsachgemäß, aus historischen Texten Argumente auf eine aktuelle Problemlage zu übertragen, ohne sich zunächst mit ihrem Zusammenhang auseinanderzusetzen. Eine rechtsphilosophische Lehre ist nicht aufgebaut wie ein Supermarkt, durch den man seinen Einkaufswagen schiebt und hier und da etwas hineinlegt. Die Thesen, die ein Rechtsphilosoph aufstellt, die Begriffe und Argumente, die er verwendet, müssen im Kontext seines gesamten Konzepts und seiner Herangehensweise verstanden werden. Lesarten ändern sich. Sie wissen es bereits aus eigener Erfahrung (und Ihr Leben ist im Vergleich zu den rechtsphilosophischen Thesen kurz): Die Bedeutung von Begriffen ändert sich über die Zeit und Argumente und ihre Prämissen können ihren Bezug verändern oder ganz verlieren.

Erst nach sorgfältiger, nachvollziehender Lektüre sollte man also fragen, ob bestimmte Ansätze oder Argumente bei der Lösung eines aktuellen Problems helfen können. Eine direkte Entscheidung der anstehenden Rechtsfrage darf ohnehin nicht erwartet werden. Der Standpunkt der Rechtsphilosophie schließt es grundsätzlich aus, gerechte Lösungen für Einzelfragen vorzubereiten. Jedoch überlegt sie in ihren praxisnäheren Anstrengungen, ob es überhaupt möglich ist, gerechtes Recht zu verwirklichen, und wenn ja, in welchem Rahmen und unter welchen Voraussetzungen. Diese Ansätze bemühen sich, den Entscheidern Kategorien und Bewertungsmaßstäbe vorzuschlagen.

E. Rechtsphilosophie und juristisches Denken

Betrachtet man die Rechtsphilosophie im Überblick, stellt man fest, dass unendlich viele Fragen schon einmal gestellt und unendlich viele Probleme schon einmal diskutiert wurden. Die Rechtsphilosophie in ihrer heutigen akademischen Gestalt versucht, mit diesen Fragen systematisch und vielfältig, analytisch und kreativ umzugehen und Antworten auf die alten und neuen Fragen zu Recht und Gerechtigkeit zu finden.

Werden Sie selbst, nach dem Studium der Rechtsphilosophie, in die Position des Entscheiders versetzt, können Sie auf die gelernten Begriffe und Techniken zurückgreifen. Bei jeder juristischen Arbeit werden Sie immer wieder gezwungen, eine unübersichtliche Lage selbstständig zu ordnen, kleine Systeme zu errichten, Bewertungskategorien auszuwählen oder gar selbst aufzustellen. Nicht selten erreichen Sie einen Punkt, wo Ihnen keine Vorschrift und kein Präjudiz weiterhelfen, sondern Sie auf Ihre eigenen Überlegungen angewiesen sind:

- Nach der Auseinandersetzung den rechtsphilosophischen Positionen und Argumentationsweisen werden Sie diese Aufgaben kenntnisreicher, selbstbewusster und verantwortungsvoller meistern.
- Sie werden über ein Repertoire von Gesichtspunkten und Einteilungen verfügen, mit denen es Ihnen leichter fallen wird, Probleme und Lösungen einzuordnen, sie durch Abstraktion, Abgrenzung oder Vergleiche zu begreifen und die passende Entscheidung auszuwählen – in Bezug auf eine andere Person oder eine Gesamtheit wie die Organisation, für die Sie arbeiten.
- So werden Sie außerdem bemerken, dass Sie nach der Lektüre des vorliegenden Buchs einer unbekannten Materie mit mehr Mut begegnen, denn Sie haben darin Übung bekommen, ausgetretene Denkpfade zu verlassen und sich in fremde Gelände zu begeben.
- Sie werden hartnäckiger geworden sein, denn Sie haben gelernt: Wenn Sie nur ein bisschen Zeit investieren, können Sie sich sicher in intellektuell schwierigem Terrain bewegen.
- Und Sie werden schließlich feststellen, dass es Ihnen leichter fällt, sich in fremde Positionen hineinzuversetzen. Sie können leichter erkennen, auf Grund welcher Annahmen eine Person diese oder jene Meinung vertritt, welche Konsequenzen sie daraus ziehen wird und welche Tragweite dies für andere hat.

Zu diesem persönlichen Prozess tritt die fachliche Möglichkeit, sich auf der Grundlage der alten Texte, wenn auch mit aller gebotenen Vorsicht, unmittelbar mit der heutigen Situation zu beschäftigen. Eine historisch angelegte Rechtsphilosophie muss nicht bei einem sachgemäßen Umgang mit den großen Werken der Rechtsphilosophie stehenbleiben, sondern kann sich auch auf das heutige Recht, auf moderne Fragen der Gerechtigkeit, auf Gesellschaft und Politik erstrecken. Dies sind letztlich gerade die Themen, die im Mittelpunkt des allseitigen Interesses stehen und von der Politik, der Gesetzgebung und den Medien an die Rechtsphilosophie herangetragen werden. Allerdings sollte man auch hier als Rechtsphilosoph immer reflektieren, von welchem Standpunkt aus man mit seinen Antworten ansetzt – und dies vor sich selbst und vor dem Leser offenlegen.[4]

4 Wer lediglich ein Zitat von Kant und einen Begriff von Hegel in sein Statement streut, um seine eigene Auffassung gelehrt zu unterstreichen, aber weder ein wissendes Verständnis dieser Denker voraussetzt noch seiner Leserschaft vermitteln möchte, sollte nicht als Rechtsphilosoph auftreten, sondern als gebildeter Staatsrechtslehrer oder sonstiger Publizist.

F. Wie liest man einen rechtsphilosophischen Text?

Immer wieder war von der Notwendigkeit des Verstehens die Rede – was bedeutet das? Wie geht man als Anfänger in der Rechtsphilosophie mit einem unbekannten Text um?

Grundsätzlich empfiehlt sich ein Einstieg über eine kurze Biografie. Auf diese Weise lernen Sie nicht nur den Lebensweg des Rechtsphilosophen kennen, sondern erfahren auch etwas über die Zeit, in der er lebte, dachte und schrieb. Wie schon angeklungen, ist eine rechtsphilosophische Lehre immer auch Ausdruck des Lebens und Denkens in einer historischen Situation; sie ist Dokument eines Zeitzeugen. Wenn Sie einen Text in diesen konkreten Bezügen lesen, wird es Ihnen leichter fallen zu verstehen, warum ein bestimmtes Problem diskutiert, warum gerade dieser Text in diesem Moment geschrieben wurde. Außerdem werden in fast jedem Werk auch politische Ereignisse erwähnt, das Alltagsleben und das positive Recht liegen als Selbstverständlichkeit zugrunde. All diese Referenzen können Sie leichter einordnen, wenn Sie sich zunächst mit der Entstehungszeit des Textes beschäftigt haben.

Wenn Sie beginnen, sich mit dem Rechtsphilosophen vertraut zu machen und die Originaltexte oder zumindest Ausschnitte zu lesen, werden Sie feststellen, dass Sie einige Gedanken unmittelbar einleuchtend finden, andere Passagen aber unklar und verwirrend. Diese Erfahrung macht jeder, und sie verleitet einige, den Text sogleich beiseite zu legen. Bevor man dies tut, sollte man jedoch kurz überlegen, mit welcher Einstellung man dieses Werk zur Hand genommen hat. Natürlich hat man keine Lektüre erwartet, die man wie eine Nachricht oder einen Zeitungsartikel bei zügigem Lesen sofort erfassen kann; aber vielleicht haben Sie trotzdem die zwangsläufigen Mühen des Anlaufs unterschätzt. Die erste Annäherung an einen Philosophen kann eine schwierige Aufgabe sein, ähnlich wie ein Rätsel, für dessen Lösung man geistige Anstrengung, Ratschläge und einiges an Zeit aufwenden muss.

Zu Anfang ist ein eigentlich naheliegender, jedoch oft unterschätzter Vorgang notwendig: das genaue Lesen. Durch das Überfliegen von Texten erfassen Sie vielleicht grobe Zusammenhänge und verschiedene Teilthemen. Wollen Sie aber den Gang der Argumentation, alle Thesen und die ihnen zugrundeliegenden Prämissen verstehen, müssen Sie den Text gründlich und mehrmals lesen. Es empfiehlt sich, stichpunktartig und mit eigenen Worten Argumentfolgen zu notieren, Begründungen zu abstrahieren, unklare Stellen und Begriffe zu markieren. Ein Hinzuziehen der Sekundärliteratur ist dann unvermeidlich. Historisch-philosophische Wörterbücher und Wörterbücher zu den jeweiligen Rechtsphilosophen helfen, die verwendeten Begriffe zu verstehen und in den Kontext der Lehre einzuordnen. Darüber hinaus existieren zu den meisten Texten der „klassischen“ Rechtsphilosophie Lektürehilfen. Diese Werke bereiten die zentralen Thesen und Themen eines Textes meist in der Reihenfolge, in welcher sie im Original vorkommen, auf, ordnen sie in den Kontext des Werkes ein und diskutieren in Ansätzen strittige Punkte. Interessieren Sie sich für ein spezielles Problem, dann empfiehlt sich die Recherche nach Büchern oder Aufsätzen, die sich genau mit diesem Problem beschäftigen. In der rechtsphilosophischen Literatur werden häufig kleinteilig Probleme bearbeitet und diskutiert. Sie finden dementsprechend häufig auch zu Einzelfragen Sekundärtexte.

Natürlich ist auch die Diskussion mit anderen Personen gewinnbringend, eröffnet sie doch einen zusätzlichen Blick auf den Text. Unter Rückgriff auf die wissenschaftliche Literatur wird es Ihnen gelingen, Texte zu analysieren und zu durchdringen. Nehmen Sie die Herausforderung Rechtsphilosophie an!

G. Wie gehen wir vor?

Unsere Zielgruppe sind Leserinnen und Leser, die sich grundlegend und ohne spezielle Kenntnisse über einen rechtsphilosophischen Klassiker informieren möchten. Wer dieses Buch aufschlägt, findet keinen allgemeinen Überblick, in dem alle Fragen der Rechtsphilosophie abgehandelt oder einsortiert werden und keine ausführliche Lektürehilfe zu einem einzelnen Werk. Stattdessen bieten wir Einführungen in das rechtsphilosophische Denken Einzelner, die stets von der Annahme ausgehen, dass ein Autor vor dem Hintergrund seiner Zeit gelesen werden muss. Um dem zu entsprechen, beginnen wir jedes neue Kapitel mit einer Biografie und zeitgeschichtlichen Hinweisen („Der Denker und seine Zeit"), die dabei helfen, die rechtsphilosophischen Fragen und Antworten des Autors in ihrem historischen und kulturellen Kontext zu verstehen.

Danach finden Sie einige kurze methodische Hinweise oder Erklärungen zu den Besonderheiten des Werkes, bevor wir dann die Lehre im Einzelnen vorstellen und nach den Gesichtspunkten des Faches auffächern („Der Denker und seine Lehren"). Diese Ausführungen geben Ihnen einen Überblick über Positionen und Entwicklungen, die als rechtsphilosophisch bedeutend gelten. Zum einen markieren sie Neuerungen, mächtige Inspirationen oder geistige Umstürze in ihrer Zeit, zum anderen sind sie noch immer in unseren heutigen Diskussionen lebendig. Wir beziehen uns auf sie, zitieren sie als philosophische Größen, denken ihre Gedanken aufs Neue und bleiben so in einem vorgestellten, zeitübergreifenden Gespräch. Gleichzeitig stellen wir aber auch fest, wie sich die Vorstellungen verändern. Der Zeitraum, durch den Sie dieses Lehrbuch begleitet, beträgt über zwei Jahrtausende. In dieser Spanne, so werden Sie es sehen, ist das Konzept von Recht und Gerechtigkeit und die Sicht auf den Einzelnen, den Staat und deren Beziehung zueinander in einem dauerhaften Wandel. Ob man sich diesen Wandel als eine Entwicklung, gar eine aufstrebende Linie des Fortschritts, denken kann, ob nicht besser das Bild einer Kreisbewegung oder eines strukturfreien Flackerns oder auch ein ganz anderes Muster passt, können Sie sich am Ende selbst überlegen.

Naturgemäß kann ein Lehrbuch nicht alle möglichen Denker und Debatten aufführen. Eine Auswahl ist nötig. Die Denker, die Sie hier finden, zählen unumstritten zu den ganz Großen. Einige, fraglos genauso bedeutende Denker werden Sie vermutlich vermissen: Die vorliegende Auswahl ist nicht als Kanon zu verstehen und sollte ergänzt werden. Gleichzeitig wird epochenübergreifend ein Denken berücksichtigt, dass man als „realistische Reflexion" bezeichnen kann. Gemeint ist eine illusionslose Betrachtung des Menschlichen: Der Versuch, ohne moralische Vorzeichen zu beobachten, Erfahrung zu sammeln und zu analysieren – sei es als empirische Grundlage für eine daraus folgende konstruktive Philosophie (Aristoteles, Hobbes), sei es aus politisch-praktischer Absicht (Machiavelli) oder überhaupt aus einem entsprechenden Verständnis des Philosophierens heraus (Nietzsche).

Wenn Sie in andere rechtsphilosophische Grundlagenwerke schauen, werden Sie feststellen, dass einige Denklinien oft gar nicht oder nur am Rande beachtet wird. Die Überlegungen Nietzsches oder Machiavellis, den man überwiegend als einen Theoretiker der Macht liest, werden meist gar nicht der Rechtsphilosophie zugerechnet. Nietzsche, der die Philosophien seit Sokrates kritisiert und für eine neue Art des Philosophierens plädiert, wird als Anti-Philosoph gesehen. Da er sich vor allem zu den Themen Kunst und Wahrheit, Moral und Religion äußert – wenn man so will: Fühlen und Erkennen, Werten und Glauben – und das Problem der Gerechtigkeit nicht gesondert, sondern innerhalb dieses Spektrums erfasst, besteht in der Rechtsphilosophie noch immer die Annahme, Nietzsche hätte zur Gerechtigkeitsdebatte nichts beizutragen. Diesem Irrtum wird hier entgegentreten. Da wir damit Neuland betreten, verlangt dies allerdings an einigen Stellen eine etwas ausführlichere Darlegung. Die Beschäftigung mit Nietzsche verspricht jedoch in mehrfacher Weise anregend zu werden. Nietzsche, der sich als Erbe der Vorsokratiker versteht, erklärt nicht nur das beeindruckende Bauwerk der wahrheitssuchenden Philosophien nach Sokrates für beendet, sondern stellt auch vorausschauend die Pläne und Skizzen für die philosophischen Innovationen des kommenden Jahrhunderts vor. Mit dem abschließenden Überblick zu Nietzsche erhalten Sie also zweierlei: den kritischen Rückblick auf die Theorien der Vergangenheit und eine Grundlage für die Ansätze des kommenden 20. Jahrhunderts bis heute.

Der Sprung in die neuen Denkwelten, die Sie mit Nietzsche kennenlernen, vermittelt Ihnen weniger andersartige Themen als vor allem einen Wechsel in der Herangehensweise. Nicht die Gegenstände ändern sich, sondern die Methode. Mit Nietzsche erhalten Sie also – zum Abschluss einer Abfolge aufregender Perspektivwechsel – noch einmal eine radikal neue Sicht, die auch Ihr eigenes Denken berühren wird. Von diesem Punkt aus könnten Sie, wenn Sie möchten, alle vorangehenden Texte dieses Lehrbuchs ein weiteres Mal lesen – diesmal mit gänzlich anderen Einsichten. Das letzte Kapitel fällt damit bewusst aus dem Rahmen. Es überlässt Sie, nun ausgestattet mit mehr Wissen und besonderen Fähigkeiten zur Beobachtung und Klärung von Problemen, auch dem kritischen Umgang mit Ihrem eigenen Denken und Ihren Selbstverständlichkeiten.

Dies sollen auch die in allen Kapiteln vorhandenen Fragen oder kleinen Aufgaben befördern, die Ihnen helfen sollen, den Text zu verstehen oder zu überprüfen, ob Sie das Gelesene auch für sich nutzen können.

Erwähnen sollten wir noch, dass viele Denker kein eigenständiges Werk mit dem Titel „Rechtsphilosophie" verfasst haben. Ihre Ansichten über Recht und Gerechtigkeit finden Sie in allgemeinen philosophischen Überlegungen oder etwa in Gedanken zum Staat, zum Glück oder sozialen Erfolg eingeordnet. Hier, also wenn wir John Locke oder Immanuel Kant behandeln, beschränken wir uns weder auf die Darstellung ihrer rechtsphilosophischen Theorien und Positionen noch geben wir eine Einführung in das Gesamtwerk, sondern bemühen uns, Ihnen einen Überblick über *zentrale rechtsphilosophische Thesen im Zusammenhang* zu geben.

Am Ende jedes Kapitels wird der Blick erweitert. Wir haben aus Gründen der Illustration und Anregung zu allen unseren vorgestellten „Klassikern der Rechtsphilosophie" Textbeispiele aus der aktuellen Rechtsprechung ausgewählt. Es handelt sich um Auszüge aus Entscheidungen der obersten Gerichte aus jüngerer Zeit, die nach unserem Eindruck zum Teil auf erstaunliche Weise an die alten Lehren erinnern. Ob man alle diese Beispiele besonders erhellend oder kennzeichnend findet, ist gewiss Diskussionssache. In keinem Fall sollte man versuchen, zwischen den wenigen Sätzen der Praktiker und den komplexen, berühmten Theorien der Philosophen irgendwelche unmittelbaren Parallelen zu ziehen. Was man jedoch zeigen kann, ist die praktische Relevanz der alten Werke. Bis heute werden Aspekte der großen Lehren, ob zentral oder peripher, von wichtigen Rechtsakteuren genutzt. Elemente rechtsphilosophischen Denkens – Begriffe, Argumente und Sprachbilder – werden damit weit über ihre Entstehungszeit hinaus wirksam. So können Sie feststellen, dass in den „antiken", „mittelalterlichen" oder „neuzeitlichen" Argumentationen noch immer Zündstoff steckt. Unsere heutigen Fundamentalbegründungen bestehen überwiegend aus Altbestand. Natürlich sind die Möglichkeiten der Übertragung der alten Lehren auf aktuelle Fragen deutlich vielfältiger, als es hier durch die einzelnen Beispiele der Rechtsprechung gezeigt wird. Mit unseren Beispielen entwickeln Sie jedoch einen Sinn für diesen Transfer. Sie erkennen den Rückgriff auf Ideen und die Übernahme von Schlüsselbegriffen besser als zuvor und erhalten ein Werkzeug, um über Ihre eigene praktische Arbeit nachzudenken und selbstverantwortlich Ihre Position zu beziehen.

PLATON ca. 427 v. Chr.–347 v. Chr.

Die sicherste allgemeine Charakterisierung der philosophischen Tradition Europas lautet, dass sie aus einer Reihe von Fußnoten zu Platon besteht.

Alfred N. Whitehead

A. Der Denker und seine Zeit

Platon wird zu einer Zeit geboren, in der Athen immer wieder Kriege gegen seine Nachbarn führt und das politische System stetigen Veränderungen unterliegt. Seit etwa 460 v. Chr. ist Athen in kriegerische Auseinandersetzungen verwickelt. Am bekanntesten sind die drei Peloponnesischen Kriege. Nach und nach gelingt es Athen, eine demokratische Verfassung zu errichten. Diese wird ständig verändert und angepasst, ist aber auch wiederholt Umsturzversuchen ausgesetzt und wird zeitweise durch andere Herrschaftsformen abgelöst.[1]

Platon, geboren 427 v. Chr., ist der Sohn einer wohlhabenden adligen Athener Sklavenhalterdynastie. Als solchem standen ihm zwei Wege offen: die politische Laufbahn und die Laufbahn eines Gelehrten. Platon entscheidet sich für den zweiten Lebensweg und wird 407 v. Chr. Schüler des in Athen sehr bekannten Philosophen Sokrates, der ihn entscheidend prägt. Zwischen ihm und seinem Lehrer entwickelt sich eine tiefe Freundschaft; Platon drückt seine Wertschätzung gegenüber Sokrates auch dadurch aus, dass er ihn in fast jedem seiner Werke als überlegen argumentierende Person auftreten lässt.

Platons dauerhafte Entscheidung für ein wissenschaftliches Leben wird, obwohl ihn viele seiner Familienmitglieder von einer politischen Laufbahn überzeugen wollen, durch die politisch unruhige Zeit bestärkt, die er in Athen erlebt. Während des Peloponnesischen Krieges wird der Kreis der Bürger, die politisch partizipieren dürfen, immer weiter eingeschränkt. Auf die Herrschaft einer allgemeinen Volksversammlung folgt – wenn auch nur über einen Zeitraum von wenigen Monaten – der oligarchische Rat der 400, der eine auf 5000 Bürger reduzierte Volksversammlung einberufen darf, ansonsten aber uneingeschränkt regieren kann. Am Ende des Peloponnesischen Krieges kommt es erneut zu einer politischen Veränderung: Die „Dreißig" errichten eine Tyrannis.[2] Zwar kehren schon im Jahre 403 wieder demokratische Zustände ein, Platon hält aber von der aktiven Politik Abstand. Gleichwohl hat er eine Fülle von Denkanstößen durch die vielen negativen Erfahrungen im politischen Athen gewonnen. Machtkämpfe, Ränke und Machtmissbrauch sind an der Tagesordnung – dies führte ihn zu einer seiner zentralen rechtsphilosophischen Fragen: Wie ist ein idealer Staat ausgestaltet?

Ein weiteres Ereignis lässt Platon stark an der athenischen Demokratie zweifeln: Die Hinrichtung seines Lehrers und Freundes Sokrates. Sokrates wird 399 v. Chr. zum Tod durch den Schierlingsbecher verurteilt. Dessen Verurteilung

1 Zur Entwicklung Athens im 5. und 4. Jh. v. Chr. siehe *Karl-Wilhelm Welwei*, Das klassische Athen, Darmstadt 2001.

2 Zur Entwicklung der politischen Situation in Athen und dem Peloponnesischen Krieg siehe *Raimund Schulz*, Athen und Sparta, 5. Auflage, Darmstadt 2015.

als Verderber der Jugend und Gotteslästerer ist Gegenstand zweier platonischer Schriften: *Kriton* und *Phaidon*.

Platons Enttäuschung über das Handeln der Athener bringt ihn zu der Überzeugung, dass sich Gerechtigkeit in einem Staat nur entfalten kann, wenn entweder die Philosophen Herrscher oder die Herrscher Philosophen werden. Im sogenannten „Siebenten Brief"[3] schildert Platon seine Entwicklung:

> „Bei der Betrachtung solcher Vorgänge und der Menschen, welche damals an der Spitze der Staatsverwaltung standen, ferner bei näherer Prüfung der Staatsgesetze und sittlichen Gewohnheiten der Bürger schien mir die Verwaltung eines Staatsamtes mit der Vernunft desto schwerer vereinbar, je tiefer ich in diese Zustände blickte und je mehr ich dem reiferen Alter zuschritt. [...] Die Folge davon war, daß ich, der ich früher so voll Eifer für die Staatsgeschäfte war, beim Hinblick auf diese Zustände und beim Anblick eines gänzlichen Drunter- und Drübergehens der Dinge endlich gleichsam eine Art Schwindel bekam. [...] Endlich kam ich zur Einsicht, daß alle jetzigen Staaten schlecht regiert sind und daß ihnen ihre Verfassungen in dem heillosen Zustande verbleiben ohne eine gewisse außerordentliche Kurmethode in Verbindung mit einem glücklichen Zufall. Ich mußte nämlich zur Ehre der wahren Philosophie gestehen, daß nur aus dieser das ganze Heil des Staats- wie des Privat-Lebens zu erblicken ist, daß sonach die Menschheit von ihrem Elend nicht früher erlöst werde, bis entweder der Stand der wahrhaften Philosophen zum Regiment der Staaten kommt oder bis der Stand derjenigen, welche in den Staaten das Regiment in den Händen haben in Folge einer göttlichen Fügung gründlich sich dem Studium der Philosophie ergibt."[4]

Platon unternimmt mehrere Reisen: nach Unteritalien, Kyrene, Sizilien, wahrscheinlich auch nach Ägypten. Um 390 kommt er an den Hof des Tyrannen Dionysos I. in Syrakus. Seine Hoffnung, dort politischen Einfluss nehmen zu können, wird bitter enttäuscht. In Ungnade gefallen, soll er zur Strafe sogar als Sklave verkauft worden sein. Sein eigener Schüler Annikeris kauft ihn frei und Platon kann um 386 v. Chr. seine eigene philosophische Schule, die „Akademie", in Athen gründen. An der platonischen Akademie werden vor allem Mathematik, Naturwissenschaften und Dialektik gelehrt. Dort lehrt Platon von 361 bis zu seinem Tode.

Seine Lehrtätigkeit unterbricht Platon für zwei weitere Sizilienreisen zum Herrscher Dionysos II., dem Nachfolger von Dionysos I., um diesen zur Realisierung

3 Insgesamt sind 13 Briefe überliefert, als deren Urheber Platon angenommen wurde. In der Forschung wird die Echtheit dieser Briefe jedoch sehr kontrovers diskutiert. Zumindest bei dem oben zitierten Siebenten Brief ist sich die Forschung weitestgehend einig, dass er wirklich von Platon stammt.

4 *Platon*: Siebenter Brief, 325d-326b, übersetzt von *Wolfgang Wieland*, Platons Werke. Dreizehn Briefe, Stuttgart 1859, S. 69-70.

der platonischen Staatsutopie zu bewegen. Aber auch die erneuten Versuche Platons, seine Ideen Praxis werden zu lassen, bleiben erfolglos. Enttäuscht von der politischen Realität seiner Zeit, entwirft er ein eigenes Modell eines idealen Staates. Er stirbt im hohen Alter von 80 Jahren in Athen.

Hinweise für die Lektüre:
Es ist üblich, Platon nach der sogenannten Stephanus-Paginierung zu zitieren. Grundlegend dafür ist eine berühmte Gesamtausgabe von Henricus Stephanus von 1578. Die Zählweise wird auf die meisten Platon-Ausgaben übertragen. Man gibt dabei die Seite der Stephanus-Ausgabe sowie durch die kleinen Buchstaben a, b, c, d oder e den Seitenabschnitt an. Häufig folgt danach eine weitere Zahl, welche sich auf die Zeile bezieht. Das Werk wird, eventuell abgekürzt, vor die Seitenangabe geschrieben. Diese Zitierweise wird von den meisten Ausgaben beibehalten.

Beispiel: Politikos 268e7
Lies: Politikos, Seite 268, Abschnitt e, Zeile 7

Eine Besonderheit findet sich in den Werken *Politeia* und *Nomoi*: Da diese sehr umfangreich sind, wird zusätzlich die Nummer des Buches, in welchem sich das Zitat findet, durch römische Zahlen kenntlich gemacht.

Beispiel: Politeia VI 509b9

B. Dialog – Staat – Ideen

Das platonische Werk ist vielfältig und umfangreich. In seinen erhaltenen Schriften behandelt Platon sowohl Themen der Metaphysik, der Erkenntnistheorie, der Ethik, der Anthropologie, der Staatstheorie, der Kosmologie, der Kunsttheorie sowie der Sprachphilosophie. Insgesamt sind 36 platonische Werke sowie einige Briefe erhalten, deren Echtheit aber größtenteils angezweifelt wird.[5]

Die folgende Darstellung legt den Schwerpunkt auf das Werk *Politeia*.[6] Dessen Bedeutung erschließt sich für moderne Leser vielleicht nicht immer unmittelbar. Dies liegt zum einen an der ungewöhnlichen Darstellungsform – Platon schreibt Dialoge – aber auch an Denk- und Argumentationsfiguren, die aus heutiger Sicht zumindest beim ersten Lesen wirklichkeitsfern wirken. Sie finden bei Platon eine ausgeprägte, offen zutage tretende Metaphysik.[7]

Platons Thesen über Recht und Gerechtigkeit können nicht verstanden werden, wenn Sie sich beim Lesen nicht auf den metaphysischen Überbau einlassen, den Platon annimmt. Dazu gehört u.a. die Annahme einer Ideenwelt, in der sich alle Dinge der Welt schon als Ideal befinden – auch die Gerechtigkeit. Gelingt dies, bietet die platonische Lehre viele interessante Anknüpfungspunkte für rechtsphilosophische Fragestellungen.

Aber auch ein weiterer Aspekt macht die Lektüre Platons heute interessant: Platonische Texte und Thesen wurden vor allem im Kontext des Totalitarismus[8] des 20. Jahrhunderts verstärkt aufgegriffen.[9] Richard Crossman stellt sogar eine Verbindung zum Faschismus her: „The ‚dictatorship of the virtuous Right' is transformed into a polite form of Fascism."[10] Berühmt geworden ist vor allem die

5 Eine Einführung in verschiedene Themen der platonischen Philosophie bietet *Richard Kraut*, The Cambridge Companion to Plato, Cambridge 2012.

6 Wenn Sie sich für die platonische Rechts- und Staatsphilosophie interessieren, sind u.a. auch der *Politikos* sowie das Alterswerk *Nomoi* zentral.

7 Der Begriff der Metaphysik ist sehr alt, hat aber über die Jahrhunderte eine Bedeutungsausweitung erfahren. Ganz allgemein bezieht sich der Begriff auf die Annahme von Einheiten, die ewig und unveränderlich sind, die in ihrer Existenz nicht davon abhängen, dass sie erkannt werden, die aber erkannt werden können, und weiterhin auch in ihrer Wirkung (auch auf Erkenntnissubjekte) nicht von der Erkenntnis (durch ebendiese) abhängen. Generell gilt: Wenn Sie einen Begriff klären und einen Überblick über die begriffsgeschichtliche Entwicklung erhalten wollen, empfiehlt es sich, das *Historische Wörterbuch der Philosophie* oder die online frei zugängliche (und zitierfähige) *Stanford Encyclopedia of Philosophy* zu Rate zu ziehen.

8 Unter „Totalitarismus" versteht man ein Herrschaftsprinzip einer Staatsführung, die die totale Verfügungsgewalt über die Gesellschaft und alle Lebensäußerungen ihrer Mitglieder beansprucht.

9 Vgl. *Theresa Orozco*, Die Platon-Rezeption in Deutschland um 1933, in: *Ilse Korotin* (Hg.), „Die besten Geister der Nation." Philosophie und Nationalsozialismus, Wien 1998, S. 141-185.

10 *Richard Crossman*, Plato Today, 2. Auflage, London 2012, S. 185.

Platon-Kritik Karl Poppers, der in seiner Schrift „Die offene Gesellschaft und ihre Feinde" (1945) ähnlich rigorose Kritik an Platon übt. Die platonische Theorie der Gerechtigkeit ist in seinen Augen eine „totalitäre Sittenlehre".[11]

Steigen Sie ein in die Lektüre und finden Sie selbst heraus, ob Platon der Vordenker des modernen Totalitarismus war oder ob seine idealistische Theorie auch Potential für die Analyse einer gerechten, demokratischen Gesellschaft enthält!

I. Besonderheiten des platonischen Werkes – Philosophie im Dialog[12]

Bevor wir in die platonische Theorie einsteigen, muss auf eine Besonderheit dieser Texte hingewiesen werden. Bis auf wenige Ausnahmen sind die platonischen Werke in Dialogform verfasst. Die Texte ähneln in ihrer Struktur einem Drama: Verschiedene Personen kommen an einem Ort zusammen und diskutieren bestimmte Themen. Außer den Redeabschnitten der Gesprächsteilnehmer gibt es keinen inhaltlichen Text, lediglich kurze Regieanweisungen sind angefügt.

Diese Darstellungsform stellt den Leser vor verschiedene Schwierigkeiten. Zum einen ist es nicht ohne Weiteres möglich, Platons eigene Position aus den Dialogen herauszufiltern, denn er lässt sich selbst nur in zwei Werken durch andere Personen erwähnen: in der *Apologie*, also in den Verteidigungsreden des Sokrates, und im *Phaidon*, dem Bericht über die letzten Stunden und den Tod des Sokrates. Dieses „Nicht-Auftauchen" Platons in den eigenen Dialogen und die damit verbundenen Schwierigkeiten, die tatsächliche platonische Lehre herauszufiltern, wird in der Forschung auch als „platonische Anonymität"[13] bezeichnet. In diesem Kontext wird auch diskutiert, ob es überhaupt möglich ist, eine platonische Lehre zu identifizieren. Innerhalb der Dialoge kommen die Teilnehmer nach dem Abwägen verschiedener Argumente zu bestimmten Entscheidungen. Die Dialoge zeigen, wie der Einzelne lebendig Philosophie treiben kann, entsprechend dem Stand seiner individuellen intellektuellen Entwicklung. Dieses Vorgehen entspricht dem platonischen Philosophieverständnis.[14] Die folgenden inhaltlichen Ausführungen zur platonischen Theorie beziehen sich in erster Linie auf Dialog-

---

11 *Karl Popper*, Die offene Gesellschaft und ihre Feinde, Bd. 1., 7. Auflage, Tübingen 1992, S. 142.

12 Weitere Informationen zur Dialogform bei Platon finden sich bei *Georg Römpp*, Platon, Köln u.a. 2008, S. 13-18. Ausführlich bei *Rolf Geiger*, Dialektische Tugenden: Untersuchungen zur Gesprächsform in den Platonischen Dialogen, Paderborn 2006.

13 Vgl. *Gerald Press*, Who speaks for Plato? Studies in Platonic Anonymity, Lanham u.a., 2000.

14 *Thomas Szlezák*, Platon lesen, Stuttgart 1993, S. 156ff. Hier finden Sie ebenfalls eine umfassende Auseinandersetzung mit der platonischen Methode des Dialogs.

stellen, in welchen Platon die Gesprächsteilnehmer nach reiflicher Überlegung zu einem Ergebnis kommen lässt.

Mit der Dialogform einher geht auch, dass bestimmte Thesen oder Meinungen nicht systematisch entwickelt werden, sondern sich thematisch eng verbundene Argumentationen an verschiedenen Stellen im Werk entfalten. Vielmehr werden innerhalb eines Gesprächs verschiedene Themen angesprochen – erst aus der Gesamtsicht des Werkes lässt sich die platonische Antwort auf verschiedene Fragestellungen auffinden.

Exkurs: Sokrates – Platons Lehrer

Man kann nicht über Platon schreiben, ohne zumindest kurz auf seinen berühmten Lehrer Sokrates einzugehen. Nicht nur, weil Sokrates innerhalb der platonischen Philosophie eine große Rolle spielt, sondern auch, weil ein Großteil dessen, was wir heute über Sokrates wissen, von Platon überliefert wurde. Es liegen keinerlei schriftliche Quellen von Sokrates vor, alle Erkenntnisse entstammen dem Werk anderer, neben Platon sind hier sein Schüler Xenophon sowie Aischines aus Sphettos zu nennen. Dieser Umstand macht es schwierig, zwischen der historischen und der literarischen Figur des Sokrates zu unterscheiden.[15] Seine heutige Berühmtheit ist vor allem seinem tragischen Tod durch den Schierlingsbecher geschuldet. Wie kam es dazu?

Die Büste zeigt Sokrates. Die wenigen Informationen, die heute über sein Leben bekannt sind, stammen aus den Werken zeitgenössischer Philosophen.

Sokrates, geboren 469 v. Chr., wuchs in der Nähe von Athen wohl in mittelständischen Verhältnissen auf, die es ihm ermöglichten, als Erwachsener ein bescheidenes, aber unabhängiges Leben als Philosoph zu leben. Als solcher zog er durch das antike Athen, sprach mit den Leuten auf dem Marktplatz, mit den Jugendlichen in den Sportstätten, nahm als gern gesehener Gast an Gelagen teil. Er wird als gesellig, aber gleichwohl ein wenig sonderbar beschrieben. Als Gesprächspartner hatte er eine recht eigenwillige Art der Gesprächsführung, von der ausgehend sich eine eigenständige Art des Philosophierens entwickelt hat: die Maeutik.

Diese philosophische Grundhaltung des Sokrates drückt sich im Fragen aus. Er sieht sich nicht als der Belehrende oder der Wissende, welcher vorgibt, stets zu wissen, was recht und unrecht, gut und böse ist, sondern er versucht gemein-

15 Einen kurzen Überblick zum Forschungsstand in Bezug auf Positionen des Sokrates bietet der Artikel „Sokratik" von *Johannes Hübner* in: *Hans J. Sandkühler*, Enzyklopädie Philosophie, 2. Auflage, Hamburg 2010.

sam mit seinen Gesprächspartnern zu Erkenntnis zu kommen und der Erkenntnis „auf die Welt" zu helfen, durch seine Fragen die Erkenntnisse des Gegenübers „ins Leben" zu bringen – daher die Bezeichnung Maeutik, also Hebammenkunst.

Sokrates war bestrebt, nicht die Rolle des Belehrenden, der über einen großen Wissensvorsprung verfügt, einzunehmen, sondern er sah sich in der Rolle des Fragenden, des nach Erkenntnis Strebenden, der von dem Ziel getrieben war, eine Antwort auf die Frage zu finden, wie man ein sittliches Leben führt. Er ging, wie es die platonischen Werke schildern, in Athen umher und verwickelte die Bürger in Gespräche über Fragen der sittlichen Lebensführung, über das Gute, das Gerechte, die Tugenden.

Dabei stieß er allerdings mit seiner Methode und sicher auch mit seiner Persönlichkeit nicht immer auf breite Gegenliebe. Er verfolgte schließlich nicht nur das Ziel, selbst zu Erkenntnis zu gelangen, sondern auch seinem Gegenüber zu Erkenntnissen zu verhelfen, indem er dessen Ansichten, Meinungen und Argumente durch Fragen in einen Widerspruch münden ließ. Diese Haltung wurde wohl mitunter als arrogant und überheblich bewertet und führte dazu, dass Sokrates von einigen Athener Bürgern wegen Gotteslästerung und Verführung der Jugend angeklagt und zum Tode verurteilt wurde. Vor allem Sokrates Verhalten, nachdem er das Todesurteil erhielt, gilt als Beispiel par excellence eines aufrechten, gesetzes- und prinzipientreuen Menschen:

Bevor das Urteil vollstreckt wurde, befand sich Sokrates wohl noch einige Wochen in Haft und hätte auch die Gelegenheit zur Flucht gehabt. Er ergriff sie aber nicht, sondern verwirklichte tatsächlich seinen sittlichen Anspruch an das eigene Handeln auch im Angesicht des Todes. Die Beweggründe des Sokrates schreibt Platon in seiner Apologie des Sokrates sowie im Dialog Kriton nieder.[16] Dort lässt er Sokrates sagen, dass es nicht Ziel sein könne, dem Tod zu entkommen, sondern der Schlechtigkeit, und dass er, als Mann, der sein Leben tugendhaft führte, nicht dann, wenn er glaubt, zu Unrecht verurteilt worden zu sein, seinerseits unrecht handeln und flüchten dürfe. Seine Flucht würde letztlich den Staat als Ganzes in Frage stellen, da der Staat, welcher nicht in der Lage sei, seine Gesetze durchzusetzen und für die Einhaltung des Rechts zu sorgen, seinen Daseinszweck nicht erfüllen könne. Sokrates erklärt, dass er als Einzelner, der immer in Athen und unter den attischen Gesetzen gelebt habe, nicht im Angesicht seiner eigenen Verurteilung die Rechtmäßigkeit und die Geltung dieser in Frage stellen könne; zumindest könne er das nicht, als ein Mensch, der bestrebt war, ein tugendhaftes Leben zu führen.

16 Vgl. Platon, Sämtliche Werke, Bd. 1 (u.a. Apologie des Sokrates und Kriton), herausgegeben von *Ursula Wolf*, 31. Auflage, Reinbek 2009.

II. Gerechtigkeit als Organisationsprinzip

Gerechtigkeit ist eines der zentralen Themen der Rechtsphilosophie – und zwar seit der Antike. Wenn man sich mit der platonischen Rechts- und Staatstheorie beschäftigen will, dann wird schnell deutlich, dass die Gerechtigkeit für Platon den externen Standpunkt bildet, von welchem aus er den Staat denkt. An erster Stelle interessiert ihn nicht, wie der Staat funktioniert, welche Institutionen es gibt, wie sie zusammenarbeiten, wer an staatlicher Herrschaft teilhat, sondern er geht davon aus, dass ein Staat nur dann gut und stabil funktionieren kann, wenn er so gestaltet ist, dass er in seiner Ordnung eine Einheit bildet und in seiner Ausgestaltung Anteil an der Idee der Gerechtigkeit hat, die aber unabhängig vom Staat existiert. Die Frage, die seine Überlegungen leitet, lautet schlicht: „Was ist Gerechtigkeit?"

Platons Werk *Politeia* enthält ein Gespräch zwischen Sokrates und verschiedenen Gesprächspartnern über die Frage, was Gerechtigkeit sei. Die Gesprächsteilnehmer diskutieren verschiedene Ansätze, etwa den, dass Gerechtigkeit der Erfolg des Stärkeren sei, kommen aber zunächst zu keinem zufriedenstellenden Ergebnis.

Sokrates erinnert dann daran, dass sowohl in Bezug auf den einzelnen Menschen als auch im Hinblick auf den Staat von Gerechtigkeit gesprochen wird. Die Suche nach der Gerechtigkeit muss also in diesen Bereichen mit einer vertieften Analyse ansetzen.

Obwohl Platon als Ausgangspunkt seiner Analyse zwei höchst heterogene Bereiche wählt, ist die Antwort auf die Frage, was Gerechtigkeit sei, dieselbe:

> Gerechtigkeit bildet als Tugend das Ordnungsprinzip der Teile zu ihrem Ganzen und stiftet den inneren Zusammenhang zwischen diesen – das gilt gleichermaßen für die Seelenteile im Verhältnis zur ganzen Seele des Menschen wie für die unterschiedlichen Gesellschaftsgruppen im Verhältnis zum ganzen Staat.

Finden Sie im Folgenden heraus, wie Platon zu dieser Überzeugung gelangt.

1. *Der gute und gerechte Staat*

Mit dem Verweis, dass es leichter wäre, etwas Unbekanntes im Großen als im Kleinen zu erkennen, wählt Sokrates den Staat und nicht den Menschen als Ausgangspunkt seiner Überlegungen. Er stellt die Frage, wann wir von einem gerechten Staat sprechen.

Die Antwort mag zunächst überraschen: wenn jeder Teil die Aufgabe erfüllt, die ihm gemäß seiner natürlichen Anlage zukommt. Nur dann bilden die Teile des Ganzen eine harmonische Einheit,[17] die als gerecht beschrieben werden kann.

17 Vgl. *Frido Ricken*, Philosophie der Antike, 4. Auflage, Stuttgart 2007, S. 127.

Jede Abweichung von der Harmonie der Einteilung stört die bestmögliche Funktionsweise des Staates und ist eine Abkehr von der Gerechtigkeit.

Wie muss der gerechte Staat aufgebaut sein?

Der Staat entsteht zunächst – und hier nutzt Platon ein in der Staatsphilosophie sehr häufig gebrauchtes Argument – aufgrund der Bedürftigkeit des „Mängelwesens Mensch". Der Mensch allein kann nicht alle Aufgaben erfüllen, die nötig sind, um das Überleben zu sichern.[18] In jedem Staat müssen drei grundlegende Aufgaben wahrgenommen werden: die Befriedigung der Bedürfnisse des täglichen Bedarfs, der Schutz der Bewohner und das Regieren des Staates.

Nach Platon ist für jeden dieser drei Aufgabenbereiche je ein Stand zuständig: Für die Produktion der Güter des täglichen Bedarfs sind die Erwerbstätigen, also Bauern, Handwerker und Tagelöhner sowie Kaufleute verantwortlich. Zu deren Aufgabe gehört es, an der Produktion von Nahrungsmitteln und allen Gütern des täglichen Lebens mitzuwirken. Den Schutz des Staates und die Verteidigung gegen Angriffe übernehmen die Wächter bzw. Krieger. Herrschen aber müssen die besten der Wächter. Sie bewachen den Staat nicht in seiner physischen Existenz, sondern sie sind für seine Organisation zuständig. Sie müssen den Staat mit Weisheit und Vernunft lenken. Sie müssen Philosophie treiben.[19]

Die Verbindung von politischer Macht und philosophischer Einsicht personifiziert durch die Philosophenherrscher ist für Platon die einzige Möglichkeit, den idealen Staat zu verwirklichen.[20] Ein idealer Staat ist gerecht. Einen idealen Staat zu errichten setzt allerdings voraus, dass man über Weisheit und Einsicht in das Wesen der Gerechtigkeit selbst verfügt, dass dem Herrscher also denkbar wenig am eigenen Vorteil oder dem Ausbau seiner Macht gelegen ist. Platon schreibt: „[D]erjenige Staat, in dem die zur Herrschaft Bestimmten am wenigsten darauf erpicht sind zu herrschen, ist unbedingt am besten verwaltet und bleibt am sichersten von Bürgerkriegen verschont"[21].

Damit kommt noch ein weiterer Aspekt zur Geltung: Die Philosophenherrscher befrieden den Staat auch. In einem gerecht eingerichteten Staat fühlen sich die Einzelnen weder unterdrückt noch ausgenutzt. Sie können den Tätigkeiten nachgehen, welche ihnen auch am besten gelingen. Das führt zu einem ausgeglichen Verhältnis aller Teile des Staates. Eine Veränderung würde keinem Teil einen langfristigen Vorteil verschaffen. Ein solcher Staat ist stabil und gut organisiert.

---

18 Vgl. *Platon*, Der Staat: Über das Gerechte, übersetzt von *Otto Apelt*, 9. Auflage, Hamburg 1973, 439e. Im Folgenden kurz: Platon: *Politeia* 369b.

19 Vgl. *Politeia* 473c-d.

20 Vgl. *Politeia* 473d.

21 *Politeia* 520d.

Der Staat als arbeitsteiliges System

An dieser Aufteilung wird deutlich, dass sich Platon ein arbeitsteiliges System vorstellt. Die Systematisierung ist sehr weitreichend: Ein jeder darf – und muss – innerhalb des Staates genau eine Aufgabe erfüllen. Nämlich die, welche seiner Natur und seiner Begabung am besten entspricht. Platon entwirft aber kein undurchlässiges System ähnlich der mittelalterlichen Ständegesellschaft. Er geht davon aus, dass sich die Menschen in ihren Fähigkeiten und Kompetenzen grundlegend unterscheiden. Jeder Mensch hat aber in einem bestimmten Bereich eine Begabung, die er durch stete Anwendung entfalten und perfektionieren kann. Entsprechend dieser Anlage erhält er seinen Platz in der Gesellschaft; dabei kann in einer Bauernfamilie ein künftiger Herrscher aufwachsen, ein Herrschersohn kann ein hervorragender Wächter sein. Moderne Gedanken der Selbstverwirklichung oder Individualität haben aber in Platons Konzeption keinen Platz. Nicht der Einzelne steht im Mittelpunkt, sondern das Ganze. Der Einzelne wird vor allem in Bezug auf seine Funktion für das Kollektiv wertgeschätzt. Das Ganze steht klar über individuellen Bedürfnissen, Interessen und Ansichten.

Damit ein jeder innerhalb des Staates die ihm zukommende Aufgabe bestmöglich ausfüllt, gibt Platon sehr weitgehende Anweisungen für die Organisation der Gesellschaft. Exemplarisch wird hier ein Einblick in die Erziehung und Ausbildung der Wächter gegeben. Diese muss schon im Kindesalter beginnen, da die Einzelnen dann noch leicht beeinflussbar und formbar sind. Wie weit diese Beeinflussung geht, soll kurz am Beispiel der musischen Erziehung beschrieben werden: Die musische Ausbildung umfasst dabei zunächst das Erzählen von Geschichten oder Märchen, wobei die Personen, die diese Aufgabe übernehmen, genauestens geprüft werden müssen. Auch eignen sich nicht beliebige Erzählungen, vielmehr sind die meisten der traditionell überlieferten Geschichten zu verwerfen. Es darf z. B. auf keinen Fall der Anschein erweckt werden, dass es gut sei, seinesgleichen zu bekämpfen, wie es in einigen Götter-Erzählungen den Anschein macht. Platon geht sogar so weit festzulegen, dass künftige Geschichtenschreiber ausschließlich die von ihm für die Erziehung für wichtig gehaltenen Prinzipien in ihre Geschichten einbauen müssen.[22] Dazu gehören Furchtlosigkeit, Leidensfähigkeit oder der unbedingte Wunsch, das Gute zu fördern. Solche Vorschriften würden nach unserem modernen Verständnis wohl gleich mehrere elementare Grundrechte verletzen. Für Platon aber ist klar: Nur wenn die Wächter entsprechend ausgebildet werden, können sie auch tapfer und mutig den Staat verteidigen und das Beste für den ihnen zugedachten Teilbereich des Staates leisten. Ebenso zum Wohl des Ganzen müssen die Erwerbstätigen besonnen arbeiten und wirtschaften und die Herrscher weise entscheiden.

22 *Politeia* 378d.

Wann ist der Staat gut?

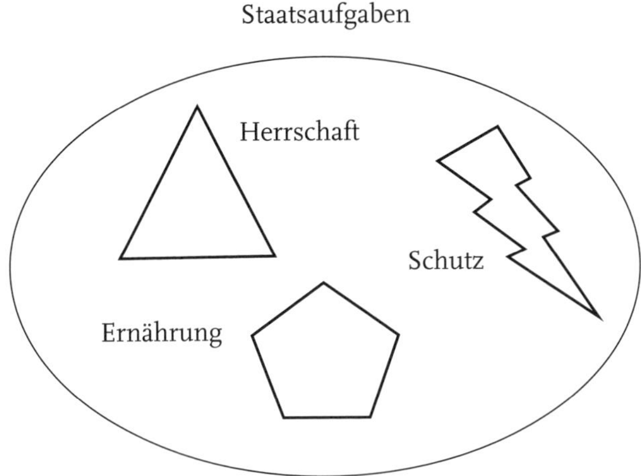

Wenn diese strenge Arbeitsteilung eingehalten wird und ein jeder Teil das tut, zu dem er am besten geeignet ist, kann das Ganze bestmöglich funktionieren. Die gesamte platonische Konzeption kennt, wie schon erwähnt, keine Individualität. Moderne Selbstverwirklichungskonzepte sind ihr völlig fremd. Es kommt nicht darauf an, dass der Einzelne glücklich ist, sondern der Staat als Ganzes hat gut zu sein.[23] Der Staat ist dann gut, wenn ein jeder den ihm zukommenden Platz einnimmt und als Teil des Ganzen entsprechend der Funktion lebt, die er für das Ganze hat. Dann gilt: „[D]er Staat ist, wenn es mit seiner Gründung recht bestellt ist, vollkommen gut."[24]

Mit anderen Worten: Vollkommen gut ist ein Staat dann, wenn er weise, tapfer, besonnen und gerecht, kurz tugendhaft, ist.[25] Diese Tugenden werden im Staat durch die drei Stände in ihrem angemessenen Verhältnis zueinander verwirklicht. Die angemessene Arbeitsteilung zwischen den Ständen, die auch die natürlichen Anlagen des Einzelnen berücksichtigt, bildet zugleich das angemessene Verhältnis der Tugenden ab. Und nur dann, wenn diese Verhältnisse in ihrem gewissermaßen natürlichen Gleichgewicht sind, kann Gerechtigkeit verwirklicht werden.[26] Sie vervollkommnet dann den Staat als Ganzes.

Nachdem geklärt ist, was Gerechtigkeit „im Großen" bedeutet, können Platons Figuren nun ihren Blick auf die Gerechtigkeit „im Kleinen" lenken und überprü-

23 Vgl. *Politeia* 420b.
24 *Politeia* 427e.
25 Vgl. *Politeia* 427e.
26 Vgl. *Politeia* 433c.

fen, inwiefern eine Analogie zwischen dem „gerechten Großen" und dem „gerechten Kleinen" besteht.

2. *Der gerechte Mensch im gerechten Staat*

Eingangs wurde schon darauf hingewiesen, dass Platon der Meinung ist, dass sich Gerechtigkeit sowohl innerhalb des Staates als auch innerhalb des einzelnen Menschen verwirklicht. Auch in Bezug auf den Einzelnen kann nur bei einem angemessenen Verhältnis zwischen Teilen und Ganzem von Gerechtigkeit gesprochen werden. Wie lässt sich dies auf den Menschen übertragen?

Die Seele des Menschen ist laut Platon in drei Teile aufgeteilt: den vernünftigen, den unvernünftigen und den zu Affekten neigenden Seelenteil.[27] Der vernünftige Seelenteil (*logistikon*) ist für das Denken und daraus folgende Handlungen des Menschen zuständig. Er strebt nach Wissen, Erkenntnis und Wahrheit. Der unvernünftige oder begehrende Seelenteil (*epithymetikon*) ist für die sinnlichen Begierden des Menschen zuständig. Er will das, was Lust bringt oder Lustzuwachs ermöglicht, er ist auf Ernährung und Fortpflanzung bezogen. Schwieriger zu fassen ist der dritte Seelenteil (*thymoeides*). Platon lässt ihn durch Sokrates beschreiben als „den zornigen Mut und dasjenige Seelenvermögen mit dem wir uns ereifern".[28]

Das Zusammenwirken dieser drei Teile[29] ist entscheidend dafür, ob der Einzelne ein gerechter Mensch ist oder nicht. Der vernünftige Seelenteil ist weise und muss die übrigen beherrschen, die sich ihm unterordnen müssen. Der affektgetriebene Seelenteil ist kämpferisch, er ist tapfer, muss sich aber nach den Weisungen des vernünftigen Seelenteils richten. Ebenso der unvernünftige, zum Maßlosen neigende Seelenteil.

Das so beschriebene Zusammenspiel der einzelnen Seelenteile stellt den Idealfall dar: „Ein solcher Mensch duldet nämlich nicht, daß irgendein Vermögen seines Inneren Fremdartiges verrichte, noch daß von den Vermögen der Seele sich eines in des anderen Aufgaben mische. Vielmehr hat er sein Haus in Wahrheit wohlbestellt, hat die Herrschaft über sich selbst gewonnen, hat in sich Ordnung geschaffen, sich mit sich selbst innig befreundet und jene drei Seelenvermögen in Einklang gebracht [...]. Alle diese hat er fest verbunden, so daß er nicht

27 Zu den Seelenteilen vgl. *Jörn Müller*, Psychologie, in: *Christoph Horn (Hg.)* u.a., Platon Handbuch. Leben-Werk-Wirkung, Stuttgart u.a. 2009, S. 145f.

28 *Politeia* 439e.

29 In der Darstellung erscheint die Vernunft als Lenker der Kutsche, sie gibt die Geschwindigkeit vor und hält Begierden und den überschäumenden Mut im Zaum. Sie sorgt für Mäßigung und Tapferkeit, und damit dafür, dass „die Kutsche" rollt, nicht umkippt oder gegen ein Hindernis stößt und die Pferde nicht durchgehen.

mehr eine Vielheit darstellt, sondern völlig Einer geworden ist, besonnen und wohlgeordnet."[30]

Die Grafik zeigt den Zusammenhang zwischen der Einteilung der Seele und des Staates zu den Tugenden auf:

Seelenteil	⟺ Tugend ⟺	Stand
Vernunft	Weisheit	Philosophen
Affekt	Tapferkeit	Wächter
Begierde	Besonnenheit	Erwerbstätige

Allerdings sieht Platon auch, dass dieses Ideal seelischer Konstitution nicht von allen Menschen erwartet werden kann. Er weiß, dass für viele Menschen kurzfristig auch Ungerechtigkeit sehr attraktiv ist. Eingangs lässt er Sokrates ausführlich mit verschiedenen Gesprächspartnern argumentieren, die aus einer vernunftgeleiteten Perspektive heraus der Ungerechtigkeit den Vorzug geben wollen. Wären aber alle Menschen mit vollständig gerechten Seelen ausgestattet, bräuchte es keinen in dieser Form differenzierten Staat, wie ihn Platon schildert. So setzt der von Platon beschriebene gerechte Staat geradezu voraus, dass die Seelen unvollkommen sind.[31] Weder staatliche Herrschaft noch staatlicher Schutz wären nötig, wenn alle Menschen vollständig gerecht wären. Allein ein Zusammenschluss für die Arbeitsteilung und die Produktion der Güter des täglichen Bedarfs wäre wünschenswert. Mit seinem Modell reagiert Platon also auf die erlebte menschliche Wirklichkeit. Er erkennt die Schwächen der Einzelnen an und versucht, diese produktiv zu nutzen und aufzuzeigen, wie trotz der mangelhaften Natur das bestmögliche für die Menschen erreicht werden kann: ein gerechter Staat.

3. Wie erkennt man das Gerechte?

Das so beschriebene Zusammenspiel zwischen Teilen und Ganzem stellt ein Ideal dar. Gerechtigkeit übernimmt sowohl für den Staat als auch für die Seele eine normative Funktion: Sie zeigt, was sein soll. Sie bestimmt, auf welche Weise die einzelnen Teile zusammenwirken müssen. Platon ist sich aber durchaus bewusst, dass aus dem bloßen Umstand, dass etwas sein soll, nicht quasi von selbst folgt, dass es auch tatsächlich so ist. Ihm ist deutlich, dass der Weg zu einem gerechten Staat langwierig und schwierig ist; er setzt die Erkenntnis der Idee der Gerechtigkeit voraus.

---

30 *Politeia* 443d-e.

31 *Robert Spaemann*, Die Philosophenkönige, in: *Otfried Höffe* (Hg.), Platon Politeia, Reihe Klassiker auslegen, 3. Auflage, Tübingen 2011, S. 123.

Die verschiedenen Arten der Erkenntnis

Erkenntnis der Dinge

Menschen können nach Platon verschiedene Arten von Erkenntnissen gewinnen.[32] Sinnliche Erkenntnisse erreichen wir alle täglich – der Tee dampft, also ist er heiß. Auch bilden wir uns jeden Tag Meinungen über verschiedene Sachverhalte. Aber empirische Erkenntnisse im weitesten Sinne sind fehlbar. Mit anderen Worten: Wir könnten uns bei diesen Erkenntnissen irren.[33] Bloße Meinungen liegen in der Mitte zwischen „Unwissenheit und Wissen"[34]. Während Unwissen stets falsch ist, Wissen aber stets wahr (wenn eine Erkenntnis falsch ist, dann hat man sie nicht gewusst), gibt es sowohl wahre als auch falsche Meinungen. Meinungen beziehen sich stets auf die Welt, auf das „was ist", auf die konkreten Gegenstände.

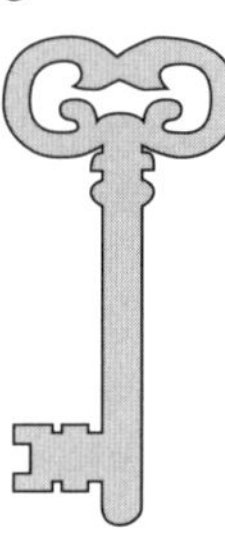

Diese Gegenstände befinden sich in einem ständigen Wandel, sie entstehen und vergehen, sie verändern sich. Die Erkenntnis solcher Dinge ist somit ebenso schwankend. Außerdem ist sie vom Standpunkt des Erkenntnissubjekts abhängig. Was für einen Bauern eine tapfere Handlung ist, kann für den Wächter, welcher sich in besonderem Maße durch die Tugend der Tapferkeit auszeichnen muss, feige erscheinen. Ansichten dieser Art können nie mit absoluter Sicherheit behauptet werden, da sie sich auf Gegenstände beziehen, die der sinnlichen Wahrnehmung entspringen.

Erkenntnis der Ideen

Platon kennt aber auch nicht-sinnliche Erkenntnis, die erst durch die Existenz der Ideen ermöglicht wird. Das Reich der Ideen bildet einen eigenen Erkenntnisbereich, der von der menschlichen, vergänglichen Welt unabhängig existiert. Die Ideen sind ewig, unveränderlich und gut, sie haben objektive Realität. Im Gegensatz zu den Gegenständen, auf die sich die Meinungen beziehen, sind die Ideen nie im Werden oder Vergehen begriffen, sondern sie sind immer schon da und zwar auf die stets gleiche Weise. Sie können von den Menschen erkannt werden und sind die Grundlage für alle nicht-sinnliche Erkenntnis.

---

32 Eine sehr ausführliche Darstellung finden Sie bei *Wolfgang Kersting*, Platons Staat, 2. Auflage, Darmstadt 2006, S. 192ff.

33 Vgl. *Politeia* 477e.

34 *Politeia* 477b.

Exkurs: Was ist eine Idee?
Denken Sie an ein Pferd!
...
Nicht nur Sie denken bei der Lektüre des Buches jetzt an ein Pferd, sondern auch alle anderen Studierenden, die das Buch lesen. Aber nicht zwei Personen denken an dasselbe Pferd.
Warum können trotzdem alle von sich behaupten, dass sie an ein Pferd gedacht haben?
Der Grund besteht für Platon darin, dass es die Idee des Pferdes gibt. Diese Idee existiert vor allen Einzeldingen – sie ist vollkommen und ewig. Die Einzeldinge fallen unter die Idee, sie haben Anteil an ihr. Egal, ob Sie sich einen Schimmel oder einen Rappen, einen Araber oder ein Kaltblut vorgestellt haben – die Idee des Pferdes umfasst beide.

Diese Erkenntnis ist Wissen. Da die Ideen unveränderlich sind, ist die Erkenntnis von den Ideen stets wahr. Wissen bezieht sich also auf Gegenstände, die unabhängig vom Erkenntnissubjekt, vom Zeitpunkt ihrer Erkenntnis oder vom Grund ihrer Erkenntnis stets in der gleichen Weise erkannt werden. Diese Form von Erkenntnis ist dann entscheidend, wenn wir verallgemeinern und Begriffe bilden. Dass sich mehrere Dinge gleichen, dass eine bestimmte Relation zwischen ihnen besteht, etwa die der gleichen Größe, können wir nur deshalb feststellen, so Platon, weil die Idee des Gleichgroßseins den einzelnen Dingen vorausgeht.

Diesen Prozess lässt Platon folgendermaßen durch Sokrates beschreiben:

> „[Wir behaupten] es gebe ein Schönes an sich und ein Gutes an sich und so bei allem, was wir eben als Vielheit setzen; und indem wir nun umgekehrt jegliches einer Idee als der Einheit für jeden Bereich des Vielen unterordnen, bezeichnen wir es als das, was es ist.“[35]

Angewandt auf die Gerechtigkeit heißt das: Allen gerechten Handlungen, Organisationsweisen oder Gesetzen liegt die eine Idee der Gerechtigkeit zugrunde. Etwas ist gerecht, weil es Anteil an dieser Idee hat.

Die höchste Idee

Allerdings ist die Gerechtigkeit nicht die höchste aller Ideen. Über ihr und allen anderen Ideen sowie allem Seienden steht die Idee des Guten.[36] Alles was ist, ist nur gerecht oder schön insofern es Anteil an der Idee des Guten hat. Alle Ideen

35 *Politeia* 507b.
36 Eine kritisch-analytische Auseinandersetzung über das Konzept der Idee bei Platon finden Sie bei *Wolfgang Wieland*, Platon und die Formen des Wissens, (vor allem zweites Kapitel: Die Ideen und ihre Funktion.), 2. erweiterte Auflage, Göttingen 1999.

ordnen sich also der Idee des Guten unter, sie ist der Grund, warum das Gerechte gerecht und das Schöne schön genannt werden kann. Als erster Entstehungsgrund allen Seins stiftet sie Einheit und ist gleichzeitig der Bezugspunkt allen Strebevermögens: „Eine jede Seele also strebt dem Guten nach und läßt um seinetwillen nichts ungetan.“[37] Aufgrund dieses Ansatzes – Ideen, die unabhängig von subjektiven Erkenntnisqualitäten und außerdem ewig, unveränderlich und gut sind – wird die platonische Theorie als objektiv-idealistisch charakterisiert.[38]

Der Erkenntnisprozess ist allerdings kein Lernprozess im eigentlichen Sinn. Platon beschreibt ihn als Wiedererinnerung.[39] Die Seele, die unsterblich ist, hat alles Wissen schon in sich, aber mit dem Eintritt in den Körper verdunkelt sich dieses Wissen. Es folgt der schwierige Erkenntnisprozess des Wiedererinnerns. Die Idee der Gerechtigkeit etwa kann einem Menschen nicht einfach wie ein Gegenstand beschrieben und mitgeteilt werden – um eine Idee zu erkennen, ist ein langer Weg nötig.

Das Höhlengleichnis

Diesen Erkenntnisprozess beschreibt Platon in seinem berühmten Höhlengleichnis:

> *Sokrates:* Stelle dir Menschen vor in einer unterirdischen, höhlenartigen Wohnstätte mit lang nach aufwärts gestrecktem Eingang, entsprechend der Ausdehnung der Höhle. Von Kind auf sind sie in dieser Höhle festgebannt mit Fesseln an Schenkeln und Hals; sie bleiben also immer an der nämlichen Stelle und sehen nur geradeaus vor sich hin, denn durch die Fesseln werden sie gehindert, ihren Kopf herumzubewegen. Von oben her aber aus der Ferne leuchtet hinter ihnen das Licht eines Feuers. Zwischen dem Feuer aber und den Gefesselten läuft oben ein Weg hin, dem entlang eine niedrige Mauer errichtet ist ähnlich der Schranke, die die Puppenspieler vor den Zuschauern errichten, um über sie weg ihre Kunststücke zu zeigen.
>
> *Glaukon:* Das steht mir alles vor Augen.
>
> *Sokrates:* Längs dieser Mauer – so musst du es dir nun weiter vorstellen – tragen Menschen allerlei Geräte vorbei, die über die Mauer hinausragen, Statuen verschiedenster Art aus Stein und Holz von Menschen und anderen Lebewesen, wobei, wie begreiflich, die Vorübertragenden teils reden, teils schweigen.

37 *Politeia* 505d-e.

38 So z.B. *Arthur Kaufmann*, Problemgeschichte der Rechtsphilosophie, in: *ders.* u.a.: Einführung in die Rechtsphilosophie und Rechtstheorie der Gegenwart, 8. Auflage, Heidelberg u.a. 2011, S. 33.

39 *Platon*: Phaidon, 72e-74d, übersetzt von *Theodor Ebert*, Reihe Platon Werke, Bd. I 4, Göttingen 2004, S. 32.

Glaukon: Ein sonderbares Bild, das du da vorführst, und sonderbare Gefangene.

Sokrates: Sie gleichen uns. Können denn zunächst solche Gefesselte von sich selbst und voneinander etwas anderes gesehen haben als die Schatten, die von dem Feuer auf die ihnen gegenüberliegende Wand der Höhle geworfen werden?

Glaukon: Wie wäre das möglich, wenn sie ihr Leben lang den Kopf unbeweglich halten müssen?

Sokrates: Und ferner: gilt von den vorüber getragenen Gegenständen nicht dasselbe?

Glaukon: Was denn sonst?

Sokrates: Wenn sie nun miteinander reden könnten, glaubst du nicht, dass sie der Meinung wären, die Benennungen, die sie dabei verwenden, kämen den Dingen zu, die sie unmittelbar vor sich sehen?

Glaukon: Notwendig.

Sokrates: Ferner, wenn der Kerker auch einen Widerhall von der gegenüberliegenden Wand her ermöglichte, meinst du da, wenn einer der Vorübergehenden gerade etwas sagte, sie würden dann die gehörten Worte einem anderen zulegen als dem jeweils vorüberziehenden Schatten?

Glaukon: Nein, beim Zeus.

Sokrates: Durchweg also würden diese Gefangenen nichts anderes für wahr halten als die Schatten der künstlichen Gegenstände.

Glaukon: Notwendig.

Sokrates: Nun betrachte den Hergang ihrer Lösung von den Banden und ihrer Heilung von dem Unverstand, wie er sich gestalten würde, wenn sich Folgendes naturgemäß mit ihnen zutrüge: wenn einer von ihnen aus den Fesseln befreit und genötigt würde, plötzlich aufzustehen, den Hals umzuwenden, sich in Bewegung zu setzen und nach dem Licht emporzublicken und alles dies nur unter Schmerzen verrichten könnte und geblendet von dem Glanz nicht imstande wäre, jene Dinge zu erkennen, deren Schatten er vorher sah, was, glaubst du wohl, würde er sagen, wenn man ihm versicherte, er hätte damals lauter Nichtigkeiten gesehen, jetzt aber sei er dem Seienden näher gerückt und auf Dinge hingewandt, denen mehr Sein zukäme, und sehe deshalb richtiger? Wenn man zudem noch ihn auf jedes der vorüberziehenden Dinge hinwiese und ihn nötigte, auf die Frage zu antworten, was es sei? Meinst du da nicht, er werde weder aus noch ein wissen und glauben, das vordem Geschaute sei wirklicher als das, was man ihm jetzt zeige?

Glaukon: Weitaus.

Sokrates: Und wenn man ihn nun zwänge, seinen Blick auf das Licht selbst zu richten, so würden ihn doch seine Augen schmerzen, er würde sich abwenden und wieder jenen Dingen zustreben, die er anschauen kann, und diese würde er doch für tatsächlich gewisser halten als die, die man ihm zeigte?

Glaukon: Ja.

Sokrates: Wenn man ihn nun aber von dort gewaltsam durch den holperigen und steilen Aufgang aufwärts schleppte und nicht eher ruhte, als bis man ihn an das Licht der Sonne gebracht hätte, würde er diese Gewaltsamkeit nicht schmerzlich empfinden und sich dagegen sträuben? Und wenn er an das Licht käme, dann würde er, völlig geblendet von dem Glanz, von alledem, was ihm jetzt als das Wahre angegeben wird, überhaupt nichts zu erkennen vermögen?

Glaukon: Nein, wenigstens für den Augenblick nicht.

Sokrates: Er würde sich also erst daran gewöhnen müssen, wenn es ihm gelingen soll, die Dinge da oben zu schauen. Zuerst würde er wohl am leichtesten die Schatten erkennen, darauf die Abbilder der Menschen und der übrigen Dinge im Wasser, später dann die Gegenstände selbst; in der Folge würde er dann zunächst bei Nacht die Erscheinungen am Himmel und den Himmel selbst betrachten und das Licht der Sterne und des Mondes anschauen. Das wird ihm leichter fallen, als wenn er bei Tage die Sonne und das Sonnenlicht ansehen sollte.

Glaukon: Gewiss.

Sokrates: Zuletzt dann, denke ich, wird er imstande sein, die Sonne, nicht etwa bloß ihre Spiegelbilder im Wasser oder sonst irgendwo, sondern sie selbst in voller Wirklichkeit an ihrer eigenen Stelle zu schauen und ihre Beschaffenheit zu betrachten.

Glaukon: Notwendig.

Sokrates: Und dann würde er schlussfolgernd erkennen, dass sie es ist, der wir die Jahreszeiten und die Jahresumläufe verdanken, und dass sie über allem waltet, was in der sichtbaren Welt sich befindet, und in gewissem Sinne auch die Urheberin all jener Erscheinungen ist, die sie vordem schauten.

Glaukon: Offenbar würde er in solcher Reihenfolge zu dieser Einsicht gelangen.

Sokrates: Wie nun? Meinst du nicht, er würde in der Erinnerung an seine erste Wohnstätte, an seine dortige Weisheit und an seine damaligen Mitgefangenen sich nun glücklich preisen wegen dieser Veränderung, jene dagegen bemitleiden?

Glaukon: Sicherlich.

Sokrates: Wenn es damals aber unter ihnen gewisse Ehrungen, Lobpreisungen und Auszeichnungen gab für den, der die vorüberziehenden Schatten am schärfsten wahrnahm und sich am besten zu erinnern wusste, welche von ihnen gewöhnlich eher, welche später und welche gleichzeitig vorüberwandelten, und auf Grund dessen am sichersten zu erraten verstand, was danach sich einstellen werde, glaubst du etwa, dass er sich danach zurücksehnen und die bei ihnen durch Ehren und Macht Ausgezeichneten beneiden werde? Oder wird er nicht vielmehr nach Homer das harte Los wählen, viel lieber ›einem anderen, einem unbegüterten Manne um Lohn dienen zu wollen‹, und lieber alles andere über sich ergehen lassen, als im Banne jener Trugmeinungen zu stehen und ein Leben jener Art zu führen?

Glaukon: Ja, ich denke, er würde lieber alles andere über sich ergehen lassen als auf jene Weise leben.

Sokrates: Und nun bedenke auch noch Folgendes. Wenn ein solcher wieder hinabstiege in die Höhle und dort wieder seinen alten Platz einnähme, würden dann seine Augen nicht förmlich eingetaucht werden in Finsternis, wenn er plötzlich aus der Sonne dort anlangte?

Glaukon: Gewiss.

Sokrates: Wenn er nun wieder, bei noch anhaltender Trübung des Blicks, mit jenen ewig Gefesselten wetteifern müsste in der Deutung jener Schattenbilder, ehe noch seine Augen sich der jetzigen Lage wieder völlig angepasst haben – und die Gewöhnung daran dürfte eine ziemlich erhebliche Zeit fordern –, würde er sich da nicht lächerlich machen? Würde es nicht von ihm heißen, sein Aufstieg nach oben sei schuld daran, dass er mit verdorbenen Augen wiedergekehrt sei, und schon der bloße Versuch, nach oben zu gelangen, sei verwerflich? Und wenn sie den, der es etwa versuchte, sie zu entfesseln und hinaufzuführen, irgendwie in ihre Hand bekommen und umbringen könnten, so würden sie ihn doch auch umbringen?

Glaukon: Sicherlich.[40]

40 *Politeia* 514b-517a.

Dieses Gleichnis erläutert den schwierigen Erkenntnisprozess. Die Menschen haben einen eingeschränkten Blick auf die Dinge; sie erkennen die Dinge nicht, wie sie wirklich sind. Sie erkennen die Dinge nur, wie sie ihnen von ihrem Standpunkt aus erscheinen. Sie halten Dinge für wirklich, die eigentlich nur ein verzerrtes Abbild der Wirklichkeit sind.

Die meisten Menschen erkennen aber die Beschränktheit ihres Standpunktes nicht. Sie fühlen sich wohl, da sie nicht wissen, dass sie nur Schatten von Dingen wahrnehmen, sie kommen mit ihren Vorstellungen von den Dingen zurecht. Es wäre für sie schwierig und schmerzlich, wenn sie das Gewohnte aufgeben müssten, wenn sie erkennen müssten, dass das, was sie bisher für wahr gehalten haben, nur ein verzerrtes Abbild der Realität ist.

Von der Idee der Gerechtigkeit zur Realität

Jede gerechte Staatsorganisation setzt Einsicht in die Idee der Gerechtigkeit voraus. Ob diese Ideenschau aber allen Menschen gleichermaßen gelingt, ist höchst unwahrscheinlich. Hierin liegt der Grund, warum Platon die Philosophen an die Spitze des Staates stellt. Um einen Staat so zu regieren, dass er gerecht ist, bedarf es umfassender Einsicht in die Idee der Gerechtigkeit, und mehr noch: in die alle Ideen umfassende Idee des Guten.[41]

Allein die Idee der Gerechtigkeit stiftet noch keine Gerechtigkeit; die Menschen müssen sie umsetzen. Die Erkenntnis zielt hier nicht nur auf die abstrakte Idee der Gerechtigkeit ab, sondern es muss erkannt werden, dass es gut ist, nach dieser Idee zu leben.[42] Die Erkenntnis muss also direkte Auswirkungen auf das praktische Leben haben.

Diese Einsicht und das ihr gemäße Handeln ist also Folge eines langwierigen und schmerzhaften Erkenntnisprozesses – und Aufgabe der Philosophenherrscher. Eine bloße Machtpolitik oder die Orientierung am persönlichen Nutzen der Herrschenden führen dazu, dass die Staaten höchst ungerecht werden. Die Teile erfüllen gerade nicht die ihrer Anlage gemäße Funktion.

Der Erkenntnisfähigkeit der Philosophenherrscher misst Platon dabei so große Bedeutung zu, dass er sie in ihren Entscheidungen über Gerechtigkeitsfragen und Rechtsstreitigkeiten im Staat nicht an ein Gesetz bindet, sondern ihnen die Kompetenz zugesteht, im Einzelfall gerecht und besser als das Gesetz zu entscheiden:

> *Ein Fremder:* [A]ber das Beste ist nicht, dass die Macht bei den Gesetzen liegt, sondern bei dem königlichen Mann, der die Einsicht hat. Weißt du, warum?
>
> *Sokrates der Jüngere*[43]: Warum meinst du das denn?

41 Vgl. *Friedo Ricken*, Philosophie, a.a.O., S. 115.

42 Ebd.

43 Es handelt sich um einen Schüler der Akademie, nicht um Platons Lehrer.

Ein Fremder: Weil ein Gesetz niemals imstand sein dürfte, das für alle zugleich Beste und das Gerechteste genau zu erfassen und so das Nützlichste anzuordnen. Denn die Unähnlichkeiten der Menschen und der Handlungen und dass die menschlichen Angelegenheiten niemals in nichts sozusagen Ruhe geben, lassen nicht zu, dass auch nur irgendeine Kunst in irgendetwas ein Einfaches, das für alles und für alle Zeiten zutrifft, aufzeigt."[44]

Gerechtigkeit kurz gefasst

In einem Staat herrscht dann Gerechtigkeit, wenn alle Teile zum Wohlergehen des Ganzen beitragen. Dieses Prinzip der Einheit der Vielheit bestimmt das platonische Denken. Sowohl innerhalb der Seele als auch innerhalb des Staates plädiert Platon für eine strenge Arbeitsteilung, wobei jeder Mensch seinen Beitrag zum Staat gemäß seinen Anlagen leisten soll. Auf diese Weise können sich die Teile zu einem Ganzen ergänzen, das die Nachteile eines jeden ausgleicht und in dem sich jeder Teil ganz auf seine Kompetenz konzentrieren kann. Richtschnur ist jeweils die eine abstrakte Idee – wie die Idee der Gerechtigkeit – zu der vor allen anderen der Philosophenherrscher Kraft seiner überlegenen Erkenntnisfähigkeit Zugang hat.

44 *Platon*, Politikos, 294a-294b, übersetzt von *Friedo Ricken*, Reihe Platon Werke, Bd. II 4, Göttingen 2008, S. 53.

C. Platon heute

Innerhalb der Theorie Platons spielt das Nachdenken über Gerechtigkeit eine zentrale Rolle. Platon lässt Sokrates mit vielen unterschiedlichen Gesprächsteilnehmern Aspekte der Gerechtigkeit diskutieren. Dieses Thema taucht in vielen seiner Werke auf, es hat Platon – sicher auch vor dem Hintergrund der politischen und gesellschaftlichen Zustände, die er in Athen und auf seinen Reisen kennengelernt hat – stark beschäftigt.

Zu den Besonderheiten seiner Philosophie gehören aber auch die Betonung der Rolle der Vernunft und rationaler Erkenntnis für das gute und glückliche Leben eines jeden. Ein philosophisches Leben ist nicht nur die beste Lebensform innerhalb eines Staates. Gelingt es, eine Herrschaft der Vernunft aufzubauen, vermittelt über die Philosophen, denen es gegeben ist, die Ideen zu schauen, dann führt dies zu dem bestmöglichen Zustand des ganzen Gemeinwesens. Ein solcher Zustand scheint auch heute noch in gewisser Weise wünschenswert: dass die gerechtesten und besten Entscheidungen frei von Affekten, frei von Machtspielen und persönlichen Befindlichkeiten getroffen werden, das können wir ohne Weiteres zugeben. Gleichwohl hat sich unser Verständnis vom Einzelnen und der Gesamtheit, von Staat und Gesellschaft grundlegend gewandelt. Männer und Frauen gelten als selbstbestimmt, frei und gleich. Sie schaffen und verantworten die Ordnungen, in denen sie leben. Der Staat ist für den Menschen da, nicht der Mensch für den Staat. Die Pluralität unserer Meinungen wird als Chance empfunden, die Existenz der einen, allumfassenden Idee befremdet oder charakterisiert Weltbilder von Randgruppen. Die Wahlfreiheit des Einzelnen und die Durchlässigkeit der Gesellschaft sind grundlegende Werte, die wir sicher nicht missen möchten.

I. Spuren in der Rechtsprechung

Die platonischen Thesen und Argumente sind in ihrer Reichweite keineswegs auf das antike Griechenland beschränkt. Die Philosophie, und damit auch die Rechtsphilosophie, befindet sich seit jeher auf der Suche nach Argumente, deren Gültigkeit nicht mit einer bestimmten Tradition oder Kultur steht und fällt. Nicht nur innerhalb philosophischer Fachartikel, sondern auch für das Recht sind die Gedanken Platons heute noch ertragreich.

Lesen Sie deshalb die beiden folgenden Auszüge aus einem Urteil des Bundesverfassungsgerichts. An welchen Stellen entdecken Sie Anklänge an die Lehre Platons? Markieren Sie die Passagen und versuchen Sie, die korrespondierenden Elemente der platonischen Theorie zu benennen!

1. *Ein Urteil des Bundesverfassungsgerichts*

Die Diskussion über die Altersgrenze für Kassenärzten aus dem Jahr 2001

Ausgangspunkt des Beschlusses war eine Verfassungsbeschwerde, die sich unter anderem gegen zwei Urteile der Sozialgerichtsbarkeit wandte. Grund war die Regelung, dass „approbierte Ärzte nach Vollendung des 55. Lebensjahres der Zugang zur vertragsärztlichen Tätigkeit in aller Regel versperrt werden darf, insbesondere um zur Kostendämpfung im Gesundheitswesen beizutragen.“[45] Dies bedeutet, dass Ärzte, die älter als 55 Jahre sind, keine kassenärztliche Zulassung erhalten und damit ausschließlich Privatpatienten behandeln dürfen. Der Beschwerdeführer, vormals in einem Krankenhaus beschäftigt, hatte sich aufgrund beruflicher Spannungen kurz vor Vollendung des 60. Lebensjahres zu einer Niederlassung entschlossen. Die beantragte Zulassung zur vertragsärztlichen Versorgung wurde ihm jedoch verweigert. Er klagte und legte schließlich Verfassungsbeschwerde ein, da er das in Art. 12 Abs. 1 GG festgeschriebene Grundrecht auf freie Wahl des Arbeitsplatzes eingeschränkt sah. Außerdem sah er sich aufgrund seines Alters diskriminiert und nahm einen Verstoß gegen den Gleichheitsgrundsatz aus Art. 3 Abs. 1 GG an. Weiterhin argumentierte er, dass es andere, geeignetere Möglichkeiten gäbe, um das Ziel der finanziellen Stabilität der gesetzlichen Krankenkassen zu erreichen.

Das Bundesverfassungsgericht bestätigte in seiner Entscheidung die ablehnende Argumentation der vorangegangenen Instanzen. Lesen Sie dazu zwei Auszüge aus dem Beschluss des Bundesverfassungsgerichts:

Auszug A

„Verfolgt der Gesetzgeber ein komplexes Ziel – wie die finanzielle Stabilität der gesetzlichen Krankenversicherung – mit vielfältigen Mitteln, ist eine Maßnahme nicht ungeeignet, weil die Betroffenen anderenorts größere Einsparpotentiale sehen. Auch ist eine bestimmte Maßnahme nicht deshalb als nicht erforderlich anzusehen, weil es andere Mittel innerhalb des Systems gibt, die andere Personen weniger belasten würden. Eine einzelne Maßnahme ist zur Erreichung des gesetzgeberischen Zwecks auch nicht deshalb unverhältnismäßig, weil nicht alle Betroffenen durch die gesetzlichen Vorkehrungen gleichmäßig belastet werden.“[46]

Auszug B

„Die Kostenbegrenzung ist damit nur eines der Ziele, die der Gesetzgeber verfolgt, um das System insgesamt funktionsfähig zu erhalten. Zugleich strebt er an, dass die volkswirtschaftlich für vertretbar gehaltene Beitragsbelastung, die der

45 BVerfGE 103, 172 (173).
46 BVerfGE 103, 172 (183-184).

> Krankenversicherung ihr Finanzierungsvolumen vorgibt, nicht überschritten und die Verteilung der Finanzmittel den Zielen der Versorgung der Versicherten mit einem ausreichenden und zweckmäßigen Schutz im Krankheitsfall gerecht wird. Mehrausgaben in einem Sektor bedingen dabei notwendigerweise Kürzungen an anderer Stelle, wenn Beitragserhöhungen vermieden werden sollen."[47]

2. *Diskussion, Kritik und Zusammenschau*

Im ersten Abschnitt stellt das Bundesverfassungsgericht klar, dass der Gesetzgeber zu Erreichung eines komplexen Zieles unterschiedliche Wege beschreiten kann. Zentral ist, dass das Ziel erreicht und in diesem Fall das System gesetzliche Krankenversicherung in seiner finanziellen Stabilität nicht beeinträchtigt wird.

Durch Ihre Lektüre des Kapitels kennen Sie die platonische Argumentation, dernach es nicht die subjektiven Bedürfnisse des Einzelnen sind, welche maßgebend für staatliches Handeln sein dürfen, sondern „das große Ganze". Jede getroffene Regelung muss auf ihre Eignung überprüft werden, im Staat die Harmonie der einzelnen Teile sicherzustellen oder mit anderen Worten: einen gerechten Staat zu ermöglichen.

Das Argument des Bundesverfassungsgerichts ist strukturell analog aufgebaut: Die Verfolgung des zentralen Zieles (finanzielle Stabilität der Krankenkassen) hat Vorrang vor den Interessen Einzelner. Ein Ungleichgewicht in dem Verhältnis Kassenärzte – Kostendeckung würde die Funktionsweise des gesetzlichen Krankenversicherungssystems insgesamt in Frage stellen.

Im zweiten Textauszug wird auf die notwendige Funktionsfähigkeit des Systems der gesetzlichen Krankenkasse verwiesen. Diese wird dadurch gewährleistet, dass Kostenerhöhungen innerhalb des Systems durch Kürzungen an anderer Stelle ausgeglichen werden.

Auch diese Argumentation ist Ihnen nun bekannt. Was Platon Harmonie der einzelnen Teile nennt, wird hier durch den Ausgleich zwischen Erhöhung und Kürzung umschrieben. Dieser Ausgleich führt zu einem Gleichgewicht, also zu Harmonie innerhalb des Systems. Wie bei Platon erscheint auch hier die innere Balance des Ganzen als das Ziel, das verfolgt werden soll.

Bitte beachten Sie: Natürlich argumentiert Platon in einem größeren Kontext, nämlich der allgemeinen, ewigen, schönen und guten Idee der Gerechtigkeit. Aus der Erkenntnis dieser Idee, die vorzüglich dem Philosophen ermöglicht wird, bezieht er die Einsichten, die er dem Leser vermittelt. Das Bundesverfassungsgericht beansprucht allerdings ebenfalls eine Erkenntniskompetenz. Es leitet seine Auffassungen aber nicht aus der einen Idee, sondern primär aus einem Text – dem bundesdeutschen Grundgesetz – her, dessen Sinnerkenntnis es für sich beansprucht. Der erkennbare Sinn oder Inhalt des Textes erfüllt also eine ähnliche

47 BVerfGE 103, 172 (186).

Funktion wie der erkennbare Gehalt der Idee. In beiden Fällen wird aus der Idee bzw. dem textlichen Sinn oder Inhalt der Gedanken entwickelt, dass zugunsten der Stabilität des Gesamtsystems die Interessen eines Einzelnen zurücktreten können müssen. Zur Sicherung einer Einrichtung, von der alle oder viele profitieren, kann es deshalb gerechtfertigt sein, zwischen Personengruppen nach Kriterien wie etwa dem Lebensalter (jünger oder älter als 55 Jahre) zu differenzieren.

II. Übung und Vertiefung

Lesen Sie das Folgende zur Wiederholung und Vertiefung Ihrer Kenntnisse über die Bedeutung des Höhlengleichnisses in der platonischen Philosophie:

Der Textabschnitt[48] enthält Auszüge aus einem fiktiven Interview mit Platon. Ein Philosophieschüler unterhält sich mit dem Philosophen über das Höhlengleichnis. Gerade bemerkt der Schüler, dass der Mensch, welcher endlich aus der Höhle befreit wird und an die Oberfläche gelangt, doch sehr glücklich sein müsste...

Platon: Nein, im Gegenteil. Der ehemals Gefesselte verlässt seinen gewohnten Aufenthaltsort nicht freiwillig, er muss dazu gezwungen werden. Jede Bewegung tut ihm zunächst weh, er ist geblendet von dem flackernden Feuer und die Abwendung von den gewohnten Schatten verwirrt seine Sinne. Nach einiger Zeit hat er sich jedoch an das Licht gewöhnt, und er kann die Gegenstände sehen, die die Gaukler auf dem Weg vor der Mauer vorübertragen und deren Schatten er ja bisher immer nur wahrgenommen hat.

Mark: Und was wollen Sie damit sagen?

Platon: Worauf ich hinaus will, ist Folgendes: der Mensch, der befreit wurde, hat die Möglichkeit, wirkliche Gegenstände und nicht nur Schatten wahrzunehmen. Er macht – wie ihr heute sagen würdet – eine Erfahrung. Auf Griechisch heißt „Erfahrung" *empeiría*, wovon das Wort empirisch abgeleitet ist. Der Befreite erkennt also schon mehr als der Gefesselte, der die Welt nur in Form von Schatten wahrnehmen und daher nur Vermutungen aufstellen kann. „Vermutung" heißt im Griechischen übrigens *eikasía*.

Mark: Wenn ich Sie richtig verstehe, dann bewegt sich der Mensch, der sich in der Höhle aufhält, in einem sinnlich-wahrnehmbaren Bereich, denn sowohl die Schatten und Echos als auch die konkreten Dinge werden durch die Sinne erfasst.

Platon: Da hast du gut mitgedacht. Aber damit ist das Gleichnis nicht zu Ende. Derjenige, der den Menschen von seinen Fesseln befreit hat, schleppt ihn anschließend mit Gewalt den steilen Weg hinauf zum Ausgang der Höhle.

48 Der Text ist folgendem Band entnommen *Jörg Peters, Bernd Rolf*, Kant und Co. im Interview: fiktive Gespräche mit Philosophen über ihre Theorien, Stuttgart 2012, S. 98-102.

Mark: Was geschieht mit dem Befreiten außerhalb der Höhle? Ich vermute, auch dort wird er wieder geblendet sein von der Helligkeit des Sonnenlichtes, nachdem er ja bisher nur das Halbdunkel der Höhle gewohnt war.

Platon: Richtig, und deshalb kommt der Mensch, wenn er aus der Höhle heraustritt, vorerst, nachts am besten zurecht. Er erkennt zunächst auch am leichtesten die Schatten am Boden und die Spiegelungen im Wasser und erst später die wirklichen Dinge, von denen diese Schatten und Spiegelungen stammen. Und es wird ihm leichter fallen, den Mond und die Sterne am Nachthimmel anzusehen, als ins Licht der Sonne zu schauen.

[... Der Erkenntnisprozess führt zu Einsicht und Wissen ...]

Mark: Um welche Einsicht handelt es sich dabei?

Platon: Ich will es an dieser Stelle nur andeuten, weil wir später genauer darauf eingehen werden. Es handelt sich um *Ideen* oder Urbilder. Damit ist gemeint, dass der Mensch, der diese Stufe betritt, sich Vorstellungen davon machen kann, was z. B. mit „Pferd an sich" oder „Urbild des Pferdes" gemeint ist. Alle Pferde – egal welche Größe oder Farbe sie haben oder von welcher Rasse sie sind – haben ja etwas gemeinsam, das es uns ermöglicht, sie als Pferde zu erkennen. Genauso ist es bei Vasen, Blumen, Gerechtigkeit und anderen Dingen.

[... Wofür steht das Gleichnis insgesamt? ...]

Platon: Das Höhlengleichnis ist ein Gleichnis für das, was dem Menschen beigebracht werden muss, damit er die Möglichkeiten, die in ihm angelegt sind, verwirklicht. Ich nenne das *paideía*, was mit „Bildung" oder „Erziehung" übersetzt werden kann. Das Höhlengleichnis zeigt den Weg an, den ein Mensch gehen muss, um zur höchsten Stufe der Bildung zu gelangen. Auf der ersten Stufe hält er Schatten für das Wahre, auch auf der zweiten Stufe ist sein Blick immer noch vom Halbdunkel der Höhle getrübt. Selbst im Freien erkennt er die Dinge zunächst nicht, wie sie wirklich sind, sondern wiederum zunächst nur ihre Schatten und Abbilder. Im vorübergehenden Anblick der Sonne hat er das Höchste erreicht, was er erreichen kann. Das Gefesseltsein in der Höhle steht für das Gefesseltsein an Gewohnheiten, für das Gefangensein in Vorurteilen und falschem Bewusstsein. Bei jedem Aufstieg auf eine neue Stufe muss der Mensch sich von Schein und Illusionen befreien. Diese Umgewöhnung ist ein schmerzhafter Prozess. Und deshalb geht ein Mensch diesen Weg nicht freiwillig, es bedarf des Zwanges, den ein Führer, der Pädagoge, ausübt. Das Ziel des Pädagogen ist dabei die Umwendung der Seele, die hinführt zur Erkenntnis des Wahren. Diese Erkenntnis kann einem Menschen nicht beigebracht werden; jeder Mensch besitzt das Vermögen der Erkenntnis von Anfang an, aber es ist noch nicht richtig ausgerichtet. Die richtige Ausrichtung erfolgt durch die dargestellte Umwendung der Seele.

Mark: Ich finde es seltsam, dass der Pädagoge dabei Zwang und Gewalt ausübt.

Platon: Auch das ist ja nur ein Bild. Denk doch nur an die Pädagogik meines Lehrers Sokrates, der die Menschen durch seine Fragen verwirrte und dadurch zwang, ihre Denkgewohnheiten aufzugeben. Der Zwang, der die Menschen zur Erkenntnis führt, ist letztlich die unausweichliche Gewalt des Logos, der Vernunft.

Literaturempfehlungen

Christoph Horn u.a. (Hg.), Platon Handbuch. Leben-Werk-Wirkung, Stuttgart u.a. 2009.

Wolfgang Kersting, Platons „Staat", Darmstadt 2006.

Vittorio Hösle, Platon interpretieren, München 2004.

Otfried Höffe, Platon – Politeia. Klassiker auslegen, Berlin 1997.

ARISTOTELES 384–322 v. Chr.

Aristoteles gebührt selbst im kleinen Kreis der großen Denker ein besonderer Rang.

Otfried Höffe

A. Der Denker und seine Zeit

Aristoteles (384–322 v. Chr.) kommt in einer Zeit des politischen Aufschwungs nach Athen. Die Stadt, zugleich eine Art Staat *(polis)*, steht in der beginnenden Blüte der Demokratie. Als Ausländer, geboren in Stageira im Norden Griechenlands, besitzt er allerdings keine politischen Bürgerrechte. Trotzdem ist Athen anziehend für den jungen Stagiriten, denn Athen darf wohl unter den Maßstäben der damaligen Zeit als Metropole Griechenlands, als „the place to be" beschrieben werden. Hier blüht die Kultur des Landes; Philosophie, Naturwissenschaft und Kunst werden weiterentwickelt. Wer sich bilden wollte, ging nach Athen.

So auch Aristoteles; er geht an Platons Akademie. Dort erhält er eine umfassende Ausbildung in Mathematik, den Naturwissenschaften, der Rhetorik, der Philosophie und weiteren Wissenschaftsgebieten. Die Lehrjahre an der Akademie sind nach heutigem Verständnis keine Fachausbildung. Vielmehr steht die ganzheitliche Bildung des Menschen im Vordergrund – sowohl der Erwerb von Wissen als auch die Ausbildung des Charakters und körperliche Ertüchtigungen gehören dazu. Dies spiegelt sich im umfangreichen Werk des Aristoteles wider. Auch wenn nur ein Bruchteil seiner Arbeiten, größtenteils Vorlesungsmanuskripte, erhalten ist, zeigt sich, dass Aristoteles weit davon entfernt war, sein wissenschaftliches Arbeiten auf nur ein Gebiet zu beschränken. Zu seinen Hauptwerken gehören unter anderem die *Politik*, die *Nikomachische Ethik*, unter dem Begriff *Organon* zusammengefasste Ausführungen zur Logik, ein umfangreiches Werk zur *Metaphysik* und anderen Bereichen der theoretischen Philosophie.

20 Jahre bleibt Aristoteles an der Akademie, wird ausgebildet und lehrt selbst. Etwa zur Zeit des Todes Platons um 348 verlässt er allerdings die Akademie. Der Grund ist unbekannt, in der Forschung werden vor allem zwei Thesen vertreten, die vielleicht beide eine Rolle gespielt haben: Entweder wurde die Akademie durch den Neffen Platons übernommen und orientierte sich inhaltlich stärker mathematisch oder in Athen machte sich nach einem Machtwechsel eine anti-makedonische Stimmung breit, so dass Aristoteles als Makedonier mit Anfeindungen zu kämpfen hatte. In jedem Fall folgen unstete Jahre – er reist von Kleinasien über Lesbos weiter nach Makedonien, wo er am Königshof den Sohn von Philipp II. unterrichtet, der später als Alexander der Große bekannt wird.

Mit dem Wechsel des Wohnortes geht auch ein Wechsel des politischen Systems einher. In Athen hatte Aristoteles eine aufblühende direkte Demokratie vorgefunden. Jeder Bürger konnte an der Volksversammlung teilnehmen und Ämter bekleiden. Die Volksversammlung hatte weitreichende legislative Kompetenzen; sie kontrollierte die Amtsträger, die ihren Reihen entstammten und durch das Los bestimmt wurden. Jeder Bürger konnte also auch exekutive Funktionen übernehmen. Die Mitglieder der Volksversammlung saßen zu Gericht und verfügten damit über die judikative Gewalt. Ergänzt wurde die Volksversammlung zur Zeit des

Aristoteles durch Nomotheten. Diese waren berechtigt, höherrangige Gesetze zu erlassen, die nicht durch die Volksversammlung bestätigt werden mussten.[1]

Immer wieder wird die athenische Demokratie als Vorbild, als Ideal einer direkten Demokratie, als Demokratie schlechthin beschrieben. Allerdings muss man hier unterscheiden: Zwar hatten die Bürger umfassende aktive und passive politische Rechte und waren auf allen Ebenen in das politische System Athens eingebunden. Für Nicht-Bürger war das Leben in Athen aber oft unfrei und unfair. Der weit überwiegende Teil der Bewohner war entweder politisch rechtlos – Frauen sowie Ausländer – oder unfrei wie tausende von Sklavinnen und Sklaven.

Im Gegensatz zur athenischen Demokratie erlebt Aristoteles am Hof in Makedonien eine Königsherrschaft, die vor allem auf militärische Stärke setzt. Unter Philipp II. wurde das Staatsgebiet deutlich ausgedehnt. Das Land befand sich aufgrund seiner strategisch wichtigen Lage in permanenter Angriffsgefahr. Auf diesem Gebiet bildete sich keine *polis*-Kultur heraus, vielmehr galten die Makedonier in den Augen der Griechen als barbarisch, ungebildet und roh. Innerhalb des Heereskönigtums mussten sich alle Bürger auf den ständig drohenden Krieg vorbereiten und übernahmen Aufgaben im Hinblick auf die Kriegsführung.[2] Allerdings stammt Aristoteles' Erfahrung mit verschiedenen Verfassungstypen nicht nur aus seiner Reisezeit. Er sammelt 158 Verfassungen verschiedener Staaten. Jedoch sind alle, bis auf eine (*Der Staat der Athener*), verlorengegangen.

Er kehrt um 335 v.Chr. nach Athen zurück. Die politische Lage hat sich entspannt und er kann am Lykeion unterrichten. In Athen gründet er eine eigene Schule, die später Peripatos genannt wurde.

Mit dem Tod Alexander des Großen 323 v. Chr. verschlechtert sich Aristoteles' Situation in Athen, er ist erneut Anfeindungen ausgesetzt. Er soll Athen mit den Worten verlassen haben, er wolle nicht zulassen, dass sich die Athener ein zweites Mal gegen die Philosophie versündigen.[3] Er geht zurück in seine Heimat, wo er 322 v. Chr. verstirbt.

1 Die Informationen wurden teilweise dem Heft „Grundzüge der athenischen Demokratie" Nr. 284 aus der Reihe Informationen zur politischen Bildung der bpb entnommen.

2 Zur politischen Situation in Makedonien unter Philipp II. vgl. *Michael Salewski*, Geschichte Europas: Staaten und Nationen von der Antike bis zur Gegenwart, 2. Auflage, München 2004, S. 85ff.

3 Dies ist ein Hinweis auf das Schicksal des Sokrates, der als Verführer der Jugend und wegen Gottlosigkeit zum Tod durch den Schierlingsbecher verurteilt wurde.

Hinweise für die Lektüre

Es ist üblich, Aristoteles nach der sogenannten Bekker-Zählung zu zitieren. Grundlegend dafür ist eine berühmte Gesamtausgabe von Immanuel Bekker aus den 1830er Jahren. Die Zählweise wird auf die meisten Aristoteles-Ausgaben übertragen. Man gibt dabei nacheinander Seite, Spalte und Zeile an, häufig wird ein Kürzel für das jeweilige Werk davor geschrieben.

Beispiel: NE 1135b12-17.

Lies: Nikomachische Ethik, Seite 1135, Spalte b, Zeile 12-17.

Es gibt verschiedene deutsche Textausgaben zu Aristoteles, die sich alle in der Übersetzung leicht unterscheiden. Alle hier zitierten Passagen der Nikomachischen Ethik sind der Aristoteles-Übersetzung von Ursula Wolf (Aristoteles, Nikomachische Ethik, übers. v. Ursula Wolf, 3. Auflage, Hamburg 2011.) entnommen. Die Übersetzung nutzt die Einteilung in Buch und Kapitel, so dass Sie alle Fundstellen ohne Seitenzahl nachlesen können. Die website http://gutenberg.spiegel.de/ ermöglicht es Ihnen außerdem, online den Kontext der Zitate nachzulesen, wobei die Übersetzung von Eugen Rolfes weniger modern gehalten ist.

B. Gerechtigkeit als Tugend – Maß und Mitte

Wer glaubt, dass die Antike mit Homer und Scherbengericht, mit Troja und den Kyklopen eine längst untergegangene Welt ist, der wird bei der Lektüre aristotelischer Texte eines Besseren belehrt. Aristoteles, den man im Mittelalter nur „den Philosophen" nannte, versucht, sich mit dem wirklichen, konkret erfahrbaren Menschen zu beschäftigen, der sich in seinen grundlegenden Verhaltensweisen seit der Antike nicht wesentlich verändert hat. Nach wie vor treiben ihn Bedürfnisse und Gefühle um, aber auch tiefgreifende Fragen, mit welchen er seine Welt, sich selbst und seine Beziehung zu anderen ergründen möchte. Dazu zählen auch Gedanken über die Richtung, die wir bei unseren Entscheidungen und Handlungen einschlagen sollen. Welchen Zielen, welchen Werten, Prinzipien oder Regeln soll man folgen? Was ist richtig, was ist falsch? Was ist gut für einen selbst, was ist gut für die Gemeinschaft?

I. Gerechtigkeit – eine Debatte so alt wie die Philosophie

Fragen nach Selbstverwirklichung und einem guten, gerechten Leben fallen nach heutigem Philosophieverständnis unter den Begriff der „praktischen Philosophie". Aristoteles gilt als deren Begründer, weil von ihm die ersten umfassenden Überlegungen zu diesem Themenkreis stammen.

Als Gegenstück der „praktischen" Philosophie gilt übrigens die „theoretische". Hierzu rechnet man etwa die Logik, die Metaphysik oder die Erkenntnistheorie.

Praktische Philosophie	Theoretische Philosophie
Ethik (Moralphilosophie), Politische bzw. Staatsphilosophie, Rechtsphilosophie, Sozialphilosophie, Wirtschaftsphilosophie usw.	Logik, Erkenntnistheorie, Metaphysik, Ontologie, Sprachphilosophie usw.

Schon in der Antike war die Frage nach dem richtigen Leben, dem richtigen, gerechten Handeln, der Gerechtigkeit schlechthin, eines der zentralen Themen der Philosophie – das ist Ihnen aus Ihrer Platonlektüre bekannt. Die in den aristotelischen Schriften enthaltenen Abhandlungen über Gerechtigkeit sind neben den platonischen die ältesten bekannten Ausführungen zu diesem Thema. Aristoteles ist in seinen Schriften stets sehr um begriffliche Klarheit bemüht. Es ist ihm selbstverständlich, dass man, bevor man angeben kann, ob eine Handlung gerecht ist, erklären muss, was man mit dem Begriff „Gerechtigkeit" meint. Aristoteles untersucht den Begriff unter verschiedenen Gesichtspunkten, stellt aber zunächst zwei unterschiedliche Aspekte in den Vordergrund: Gerechtigkeit in Bezug auf den Einzelmenschen – hier ist sie die höchste Tugend – und Gerechtigkeit in Bezug auf den verfassten Staat; dort wird sie zum Maßstab, der bei Entscheidungen angewandt werden kann. Da das Handeln im Staat, der *polis*, letztlich ein Zusammenwirken von Einzelmenschen ist, denen die Möglichkeit gerechten Handelns im Sinne individueller Gerechtigkeit offensteht, ist für Aristoteles Gerechtigkeit im Allgemeinen das gerechte, nämlich tugendhafte Handeln des Einzelnen, und lediglich im Besonderen, als Teil der allgemeinen Gerechtigkeit, die gerechte staatliche Entscheidung über Gesetze, ihre Durchsetzung sowie Maßstab im Rechts- und Geschäftsverkehr.

Diese Differenzierung legen wir bis heute zugrunde: Wir fragen uns, ob etwas, das wir getan haben, eigentlich gerecht war oder ob wir durch eine andere Person gerecht behandelt wurden. Und wir diskutieren, ob die Verhältnisse in einer Gemeinschaft wie dem Staat, die Gesetze, die allgemeinen Beziehungen der Bürger untereinander sowie zwischen Staat und Bürgern gerecht oder ungerecht sind.

Gerechtigkeit bei Aristoteles	
Allgemein	*Partiell*
Gerechtes Handeln des Einzelnen	Gerechte Beziehungen im Rechtsverkehr, im Gemeinwesen, dem verfassten Staat

Wenden wir uns zunächst dem Einzelnen zu, wie er handelt und sich in Bezug zu anderen verhält.

II. Ethik

Innerhalb der praktischen Philosophie bezeichnet man die Teildisziplin, die sich mit dem menschlichen Handeln beschäftigt als *Ethik*. Der Ausdruck Ethik geht im Anschluss an Aristoteles auf das griechische Wort *ēthikē* zurück, das seinerseits mit dem Begriff Ethos (*ēthos*) – Charakter, Haltung, Sinnesart – zusammenhängt.

Die Ethik möchte herausfinden, wann ein Handeln, sei es eine ganze Lebensführung oder nur eine Entscheidung, gut und richtig ist und wann verfehlt. Hierfür untersucht sie die Ursachen und Motive, die Zwecke und Folgen, bevorzugt aber die Begründungen, die uns zu diesen Bewertungen führen können oder sollten. Der Philosoph versteht sich also nicht als Richter, der das jeweilige Urteil „gut“ oder „schlecht“ ausspricht, sondern möchte *erkennen*, was in bestimmten Angelegenheiten das Gute und das Schlechte ausmacht, was deren Richtschnur ist – oder was deren Richtschnur seien sollte. Ethik kann damit, wie es Aristoteles vorgeführt hat, vorwiegend als Reflexion betrieben werden („zetetisch“); nicht selten läuft sie aber auch umstandslos auf Lehrsätze und Empfehlungen von Regeln oder Prinzipien über das richtige Verhalten hinaus („dogmatisch"). Je dogmatischer Ethik gerät, desto weiter überschreitet sie die Grenze zu weltanschaulichen, moralischen oder religiösen Lehren, die sich mit der kritischen Reflexion ihrer eigenen Voraussetzungen schwertun oder diese sogar vehement ablehnen.

In der heutigen Umgangssprache neigt man dazu, den Ausdruck Ethik weit auszulegen, so dass auch moralische Standpunkte und Auffassungen als „ethisch" klassifiziert werden (z. B.: „Sterbehilfe ist unethisch."). Ethik, wie sie Aristoteles versteht, ist dagegen ein Denken, das über den Weg Aufschluss gibt, auf dem der Einzelne das Höchste, Richtige und Gerechte im Bereich des Handels finden könnte. Nicht hingegen geht es um die konkrete Benennung des Richtigen oder Falschen.

Wie diese Art des Philosophierens abläuft, wird mit den folgenden Ausführungen deutlich werden.

III. Gerechtigkeit als Tugend

Wenn Aristoteles von der Gerechtigkeit des einzelnen Menschen spricht, stellt er einen Begriff in den Mittelpunkt, mit dem wir heute nur noch wenig verbinden: Tugend (gr. *aretḗ*, lat. *virtus*). Die „Tugend" oder die „Tugenden" begegnen uns allenfalls noch als „ritterliche", „preußische" oder „christliche" Tugenden. Über zwei Jahrtausende hatte der Ausdruck jedoch das Denken über das gute menschliche Handeln bestimmt. Nach Sokrates gibt es letztlich nur eine Tugend, die Weisheit, während bei Platon vier Kardinaltugenden – Tapferkeit, Gerechtigkeit, Besonnenheit und Klugheit – der Seele ihr Einswerden mit dem einen Guten ermöglichen. Sein Schüler Aristoteles hingegen integriert den Tugendbegriff in ein komplexes praktisches Modell, das beschreibt, unter welchen Bedingungen dem handelnden Menschen das relativ beste Leben gelingen kann. Seine Antwort – durch das Streben nach verstandesgeleiteter Perfektion – prägte das Verständnis von Lebensglück und Tugend, bis sich im Mittelalter allmählich eine auf christlich-moralische Vorstellungen zugespitzte Wortbedeutung verbreitete. Bereits der Denker Plotin (205-270) hatte „Tugend" unter Rückgriff auf Platon wieder auf die eine Idee bezogen; Augustinus (353-430) sah in den Tugenden eine Beziehung zu Gott (Glaube, Liebe, Hoffnung); Thomas von Aquin (1225-1274) mischte Aristoteles mit den Lehren des Plotin und Augustinus zu einem Katalog verstandesmäßiger, moralischer und theologischer Tugenden. Im allgemeinen Verständnis erschien „Tugend" aber nun vorrangig als das gebotene, gottgefällige Verhalten im Gegensatz zum sittlich verwerflichen und sündigen Benehmen (z. B. „die tugendhafte Ehefrau"). Schließlich bekam der Ausdruck einen negativen Zungenschlag. Seit den 1970er Jahren wurde es zum Beispiel in der Bundesrepublik populär, verächtlich von den sog. („bürgerlichen") Sekundärtugenden zu

Platon und Aristoteles im Gespräch, im Vordergrund rechts Sokrates; Ausschnitt aus *Raffael*, Die Schule von Athen, eine Verherrlichung der antiken Philosophen und Wissenschaftler, die der Maler an einem imaginären Ort versammelt. Aristoteles führt die Nikomachische Ethik mit sich und weist mit seiner rechten Hand in die Horizontale auf die wirkliche, erfahrbare Welt, während Platon mit seiner welterklärenden Schrift Timaios vertikal auf das Reich der Ideen verweist[4]

sprechen. Gemeint waren Eigenschaften wie Fleiß, Disziplin, Gehorsam oder Ordnungssinn.[5] Was und welches die (vermutlich „nicht-bürgerlichen") „Primärtugenden" seien könnten, die der Ausdruck zwangsläufig voraussetzte, wurde in der allgemeinen Diskussion nicht erörtert.[6] Jenseits der politischen Kontroversen begann man jedoch in der neueren Philosophie, das ursprüngliche Konzept des Aristoteles wiederzuentdecken und in unterschiedlicher Weise fruchtbar zu machen.[7]

4 – gemeinfrei unter https://upload.wikimedia.org/ wikipedia/commons/3/31/La_scuola_ di_Atene.jpg.

5 So musste sich der damalige Kanzler Helmut Schmidt im Juli 1982 nach seiner Aufforderung, den USA im Streit um den sog. NATO-Doppelbeschluss „Bündnistreue" zu erweisen, von Oskar Lafontaine sagen lassen: „Helmut Schmidt spricht weiter von Pflichtgefühl, Berechenbarkeit, Machbarkeit, Standhaftigkeit. [...] Das sind Sekundärtugenden. Ganz präzis gesagt: Damit kann man auch ein KZ betreiben."

6 Es gab jedoch einige Einwände gegen die vorgenommene Aufteilung des Tugendbegriffs in "primär" und "sekundär".

7 *Alasdair MacIntyre*, After Virtue. A Study of Moral Theory, London 1985; dt.: Der Verlust der Tugend, Frankfurt a. M. 1987; *Martha C. Nussbaum*, z.B.: Non-Relative Virtues. An Aristotelian Approach, dt.: Nicht-relative Tugenden: Ein aristotelischer Ansatz, in: *Klaus P. Rippe, Peter Schaber* (Hg.), Tugendethik, Reclam 1998. Grundlegend für die Renaissance der praktischen Philo-

1. *Lebensglück, das höchste Ziel*

Nach Aristoteles kann ein Mensch als gerecht bezeichnet werden, wenn ihm die Tugend der Gerechtigkeit zugesprochen werden kann. Gerechtigkeit ist eine von vielen Tugenden, nach Meinung des Philosophen aber die wichtigste.

Das Tugendkonzept des Aristoteles beruht auf einer fundamentalen Überlegung: In uns allen ist ein Streben. Solange wir als Menschen leben und nicht nur unmenschlich vegetieren, möchten wir etwas. Jeder möchte etwas anderes, die Ziele können sich ständig ändern, aber wir alle streben nach Zielen. Wenn uns nun die Frage nach dem guten Leben und guten Handeln interessiert, sollten wir untersuchen: Was von allen Zielen wäre denn wohl das Beste, das Höchste? Aristoteles gibt ihm erst einmal einen Namen: Eudaimonie (*eudaimonia*), was man mit Lebensglück oder Glückseligkeit übersetzen kann.

Versuchen Sie an eine Situation zu denken, in der Sie glücklich waren. Was hat dieses Gefühl ausgelöst? Wie würden Sie es beschreiben? Wie lange hat es angehalten?

Egal an welche Situation Sie gerade gedacht haben – Aristoteles hätte diesen Moment nicht als „Glückseligkeit" beschrieben. Finden Sie bei der weiteren Lektüre des Skriptes heraus, worin sich das Glücksgefühl, an welches Sie sich gerade erinnert haben, von der aristotelischen *eudaimonia* unterscheidet.

Glückseligkeit ist ein Begriff, der heute vielleicht ein wenig abgehoben und entrückt erscheint. Für Aristoteles umschreibt *eudaimonia* jedoch etwas Wesentliches, für das wir nur heute kein gängiges Wort mehr haben: das höchste Ziel, das ein jeder in seinem Leben anstrebt.[8] Aber was könnte dies sein? Aristoteles kennt die menschlichen Wünsche, die sich über die Jahrtausende nicht geändert haben: Reichtum, Lust, Ruhm, Gesundheit...[9] Zunächst stellt er fest, dass niemand genau dasselbe Ziel hat.[10] Der eine möchte reich, der andere ein Star werden; die Kranken wollen gesund, die Schwachen mächtig werden. Also geht er das Problem abstrakter an. Das oberste Ziel aller Menschen muss ein Gut sein, das wir allein um seiner selbst willen anstreben, das also nicht Mittel zum Zweck ist, um etwas anderes zu erreichen.[11] Hierfür vergleicht er verschiedene Lebensorientierungen: Ein Leben für den Genuss, ein Leben für die Ehre, für die beobachtende Reflexion

sophie des Aristoteles: *Hannah Arendt,* Vita activa oder vom tätigen Leben, 6. Auflage, München u.a. 2007.

8 *Aristoteles,* NE, I 2 1095a 15f.

9 *Aristoteles,* NE, I 2 1095a 20ff.

10 *Aristoteles,* NE, I 5 1097a 25.

11 *Aristoteles,* NE, I 5 1097a 34ff.

(ein Modell, das einem Philosophen besonders naheliegt) oder auch ein Leben für den Gelderwerb, welches ihm übrigens gar nicht glückverheißend erscheint: „Das Leben des Gelderwerbs hat etwas Erzwungenes, und der Reichtum ist sicher nicht das gesuchte Gut. Denn er ist nützlich, das heißt er wird nur anderem zuliebe erstrebt."[12] Das Lebensglück soll aber das Endziel des Handelns sein, ein vollendetes und sich selbst genügendes Ziel.[13] „Sich selbst genügen" bedeutet für Aristoteles allerdings nicht, dass der Einzelne für sich alleine, egozentrisch nach Vollkommenheit strebt: „Mit ‚autark' meinen wir nicht, was für einen Menschen allen genügt, für jemanden, der ein isoliertes Leben führt, sondern was auch für die Eltern, Kinder, Ehefrau, allgemein für die Freunde und Mitbürger genügt, da der Mensch seiner Natur nach in die politische Gemeinschaft gehört."[14]

Unter welchen Voraussetzungen kann der Einzelne aber sein Lebensglück erlangen? Aristoteles meint: durch ein fortwährendes, spezifisch menschliches Handeln im Sinne vollkommener Tugend. Damit erfordert Glück

- ein fortwährendes Tätigsein,
- das durch etwas bestimmt wird, das nur dem Menschen eigen ist,
- und sich ständig strebend nach den Tugenden ausrichtet.

Die wichtigste dieser Tugenden ist die Gerechtigkeit. Wer sich stets bemüht, gerecht zu sein, wird eine Haltung ausbilden, (lat. *habitus)*, die ihm ermöglicht, ein gerechter Mensch zu werden. Wem dies mit allen Tugenden gelingt, wird wahrscheinlich Lebensglück erlangen.

Fortwährendes Tätigsein

Als Erstes hebt Aristoteles hervor, dass sich das Streben nach Tugend, nach Gerechtigkeit – wie endlich die Glückseligkeit selbst – nur durch ein Handeln gewinnen lässt. Nicht durch Belehrung oder Erkenntnis, sondern durch Praxis: „Denn Glückseligkeit bedeutet Tätigkeit"[15]. Damit hebt er sich nachdrücklich von der platonischen Lehre ab, nach der das Gute und Gerechte jeweils eine seinshafte Idee sein soll, die man durch philosophische Schau, also theoretisch erkennen kann: „Es kann ‚gut' unmöglich etwas Übergreifend-Allgemeines und nur Eines sein"; vom Guten gäbe es entgegen Platon, „keine gemeinsame Idee".[16]

---

12 *Aristoteles*, NE, I 3 2096a 5ff.
13 *Aristoteles*, NE, I 5 1097b 1ff.
14 *Aristoteles*, NE, I 5 1097b 8ff.
15 *Aristoteles*, Politik, übers. v. *Franz Susemihl*, Neuausgabe hg. v. Ursula Wolf. Hamburg : Rowohlt, 1994, VII 3 1325a 32; im folgenden kurz Pol.
16 *Aristoteles*, NE, I 4, 1196b 32-35.

Wissenstheorie

Die Grundlage dieses aristotelischen Ansatzes findet sich in seiner Wissenstheorie. Danach sind verschiedene Arten des Wissens zu unterscheiden: das theoretische Wissen, das auf wissenschaftliche Erkenntnis (*epistémē*) oder Weisheit (*sophíā*) zielt, das praktische Wissen, das Klugheit (*phronēsis*) vermittelt, und das poietische – künstlerische, herstellende – Wissen (*poiēsis*), mit dessen Hilfe ein schönes oder nützliches Werk erstellt wird. Den Wissensarten weist er ihren jeweiligen Gegenstandsbereich zu: Wissenschaft, Praxis und das Philosophieren.[17]

Wissen über...			
Unveränderliches = theoretisches Wissen		*Veränderliches*	
Erkenntnis (*epistémē*)	**Weisheit** (*sophíā*)	**Klugheit** (*phronēsis*)	**Techne** (*poiēsis*)
Wissenschaft	Philosophie	Praxis	Kunst/ Herstellung
Wahres		Wahrscheinliches	
z. B. Biologie, Physik	z. B. Metaphysik	z. B. Politik, Ethik, Rhetorik	z. B. Dichtung, Baukunst, Rhetorik

Praxis

Die Tugenden sind als Ausdruck menschlichen Handelns der Praxis zugehörig. Die Praxis ist dem Menschen eine ständige Herausforderung. Täglich muss er aufs Neue entscheiden, was für sein Fortkommen, seine Familie, seine Pflichten gegenüber Freunden, Partnern, Kollegen oder Mitarbeitern, in wirtschaftlichen oder politischen Angelegenheiten, in jeder Einzelfrage sinnvoll ist.

Anders als die Philosophen sucht er dabei weder die ewige Wahrheit (*sophíā*) noch einen allgemeingültigen Beweis, wie etwa ein Mathematiker (*epistémē*), denn er geht mit etwas um, das sich ständig verändert. Er stellt sich wechselnden

17 Vgl. *Aristoteles*, NE, VI.

Situationen, wandelnden Beziehungen, ändert seine Wahrnehmung, sein Verständnis. Seine Welt sind die „menschlichen Dinge".[18]

Die menschlichen Dinge, auf die sich das praktische Handeln bezieht, sind flüchtig und endlich[19]. Sie werden von Umständen bestimmt, die einem ständigen Wechsel unterliegen: Geburt und Tod, Aufstieg und Niedergang, glückliche und verhängnisvolle Begegnungen. Niemand kann sie in ihrem ganzen Ausmaß erfassen. Einsichten sind immer nur aus dem Moment heraus und unter dem Blickwinkel des Einzelnen möglich. Wissen über Praxis ist deshalb fragmentarisch – gemessen am Ideal einer vollständigen Erkenntnis. Es beruht nicht auf Gesetzen, sondern Erfahrungen und Anzeichen, infolge derer man bestimmte Ereignisse und Gegebenheiten für wahrscheinlich halten kann. In Sicherheit darf sich aber niemand wiegen, denn es ist nie ausgeschlossen, dass sich eine Sache im konkreten Fall doch anders verhält. Die Winkelsumme eines Dreiecks ist stets 180 Grad, dieses Wissen ist sicher. Aber die beste Staatsform, die wichtigste Tugend, das überzeugendste Argument, die angemessene Strafe für diesen Täter...? Die Antwort kann in jeder Situation anders ausfallen.

Das heißt nicht, dass sich Praxis unserem Wissen entzieht. Aristoteles möchte nur, dass Klarheit herrscht und deshalb über die Eigenart und die Grenzen des Praxiswissens aufklären. Er möchte vermeiden, dass man mit dem falschen Denkwerkzeug an die Arbeit geht.

> „Unsere Ausführungen werden dann ausreichen, wenn ihre Klarheit und Bestimmtheit dem vorliegenden Stoff entspricht; denn man darf nicht bei allen Erörterungen denselben Grad von Genauigkeit suchen, sowenig wie bei handwerklichen Produkten. Die werthaften und gerechten Handlungen, die die politische Wissenschaft untersucht, weisen große Unterschiede und Schwankungen auf. Sodass man denken könnte, dass sie nur durch Konvention und nicht von Natur aus richtig und gerecht sind. [...] Es muss also, wenn wir über solche Dinge und ausgehend von solchen Voraussetzungen reden, genügen, grob und im Umriss die Wahrheit aufzuzeigen; und wenn wir über dasjenige reden, was meistens der Fall ist, und dies zur Voraussetzung haben, muss es genügen, zu Folgerungen zu kommen, die ebenso beschaffen sind."[20]

Klugheit

Passend zur Veränderlichkeit ihres Gegenstandsbereichs, der Praxis, bietet das Wissen über das menschliche Handeln, die Klugheit (*phronēsis*), keine ewige und allgemeine Erkenntnis. Der Kluge sucht nicht nach der einen, abstrakten Wahrheit,

18 Vgl. *Aristoteles*, NE, VI 5, 6.

19 *Ottmar Ballweg* spricht in Rhetorik und res humana von der „Endgültigkeit der Endlichkeit der Conditio humana", in: *ders.*, Analytische Rhetorik, Frankfurt a. M. u.a. 2009, S. 145.

20 *Aristoteles*, NE, I 1 1094b 14ff.

sondern bemüht sich, so gut es geht, mit den menschlichen Dingen umzugehen.[21] Zwar wird er sich mit einiger Erfahrung auf mutmaßliche Dinge und Abläufe einstellen; dieselbe Erfahrung hält ihn jedoch auch dazu an, mit Abweichungen und Ausnahmen zu rechnen. Er beharrt auf Vertrautem, aber lässt sich auch auf die Wechselfälle der Praxis ein. In jedem Einzelfall geht er, ob zügig oder gründlich, mit sich zu Rate, erfasst verschiedene Gesichtspunkte, bedenkt sie, wägt sie ab, bezieht sie auf die Besonderheit der konkreten Situation und trifft im geeigneten Augenblick die angemessene Entscheidung. „Das Wissendsein der Phronēsis ist also nicht so sehr ein bestimmtes Wissen, sondern zunächst ein Erwägen – nämlich was das Rechte in Bezug auf das Verhalten im praktischen Leben ist".[22]

Im klugen Handeln allein liegt nach Aristoteles noch kein Glücksversprechen. Das Tätigsein muss speziell im Menschen angelegt, ihm eigen sein.

Exkurs: Die Lehre von Gattung und Art

Diese Voraussetzung – „dem Menschen eigen" – versteht man nur, nachdem man einen Blick auf die aristotelische Seinslehre (Ontologie) und den Grundriss seines Methodenkanons, das sog. Organon, geworfen hat.

Das Organon behandelt in einer – entsprechend unseres im antiken Europa wurzelnden Denkens – grundlegenden Weise seins- und sprachphilosophische, grammatische, logische und argumentationstheoretische Themen. [24]

Das Organon des Aristoteles	
Werk	*Thema*
Die Kategorien	Das hierarchische Klassifizieren
De Interpretatione	Über wahrheitsfähige Aussagen, das triadische Zeichen-Modell[25]
Analytica priora (1. Analytik)	Lehre vom logischen Schluss, zum Syllogismus
Analytica posteriora (2. Analytik)	Zum wissenschaftlichen Beweis und den Grenzen wissenschaftlichen Denkens
Topik	Begründungen finden, Wahrscheinlichkeitsschluss, definieren, dialogisch Streiten
Sophistische Widerlegungen	Trugschlüsse erkennen und vermeiden

21 *Aristoteles*, NE, VI 5.

22 *Hans-Georg Gadamer*, Aristoteles, Nikomachische Ethik VI, Frankfurt a.M. 1998, S. 8.

23 *Christof Rapp*, Aristoteles zur Einführung, 3. überarb. Auflage, Hamburg 2007.

24 Aristoteles formuliert ein dreigliedriges Modell für die Beziehung von Sprache, Welt und Denken, das wir auch heute noch im täglichen Umgang zugrunde legen. Danach bezeichnen die Worte auf Grund von Konventionen die gemeinten, realen Dinge, und erzeugen damit in unse-

Die Kategorien (gr. *katēgoríōn*, lat.: *categoriae*) behandeln die Prinzipien der hierarchischen Klassifizierung in Gattung und Art, die gerade ein Fach wie die Jurisprudenz über ihre aristotelisch geprägte, mittelalterliche Universitätstradition bestimmt haben.

Grundlage ist seine Vorstellung, dass jeder einzelne Gegenstand, belebt oder unbelebt, real vorhanden ist. So kommt z. B. auch der individuellen Person „Nelly" in Berlin-Kreuzberg ein *Sein* zu (gr. *on* – seiend). Nelly „ist", sie ist nicht nur der *Schatten einer Idee*.

Will man das „Sein" von Nelly bestimmen, fragt man nach dem, was sie „ausmacht", nach etwas Wesentlichem, ihr „Zugrundeliegendem", das bleibt – auch wenn Nelly älter wird, studiert, vielleicht Journalistin wird, ein Kind bekommt oder nicht mehr in Berlin lebt – ihre individuelle „Substanz".[26]

Substanz sieht Aristoteles auf zwei Ebenen[27]: Zum einen konkret als „erste Substanz" bezogen auf die individuelle Person Nelly; zum anderen auf einer allgemeinen Ebene, auf der das Individuell-Konkrete (gemeinsam mit anderen Individuen) Teil eines abstrakten Seins ist, wie z. B. Nelly (zusammen mit Chang, Elisabeth, Li, Fatima usw.) ein „Mensch" ist oder (mit weniger Individuen gemeinsam) eine „Linkshänderin" oder eine „Deutsche". Will man dieses allgemeine Sein, die „zweite Substanz" des Subjekts, begreifen, muss man das Subjekt in eine wahrhaft seiende Ordnung der „Gattungen" und „Arten" eingliedern.[28] So könnte man Nelly zur Gattung (lat.: *genus*) der „Berliner" zählen, die ihrerseits zur Gattung der „Deutschen", sodann der „Europäer" und schließlich der „Menschen" gehören, die wiederum an der Gattung der „Lebewesen" teilhaben. So „gibt es" vom Subjekt ausgehend fernere und näherstehende Gattungen. Am geeignetsten für eine Seins-Bestimmung soll die nächsthöhere Gattung sein, das *genus proximum*.

rem Denken Vorstellungen, welche die Dinge repräsentieren. „Und wie nicht alle Menschen mit denselben Buchstaben schreiben, so sprechen sie auch nicht dieselbe Sprache. Die seelischen Widerfahrnisse aber, für welche dieses [...] ein Zeichen ist, sind bei allen Menschen dieselben; und überdies sind auch schon die Dinge, von denen diese (seelischen Widerfahrnisse) Abbildungen sind, für alle dieselben." De Interpretatione 1, 16A 3-8.

25 Alles Sein ist nach Aristoteles entweder Substanz oder eine Eigenschaft von Substanz. Nicht substantiell, aber seiend ist z.B., dass Nelly dunkle Locken hat.

26 Vgl. *Michael-Thomas Liske*, ousia, in *Otfried Höffe*, Aristoteles Lexikon, Stuttgart 2005, S. 410.

27 Ausführungen zu diesen Fragen finden Sie im Buch VII 1-5 der Topik des Aristoteles.

Die Bestimmung, wie die Hierarchie der Gattungen ist, folgt aus ihrer Unterteilung in die sog. Arten. Die Gattung der „Lebewesen“ lässt sich, folgt man der antiken Vorstellung, etwa in die Arten „Mensch“ und „Tier“ und „Pflanze“ einteilen. Zu dieser Spezifizierung gelangt man, wenn man meint, das wesentliche Kriterium für die Unterscheidung der Arten zu kennen: den artbildenden Unterschied (*differentia specifica*). Im Falle der Lebewesen soll z. B. der artbegründende Unterschied zwischen Mensch und Tier sowie Pflanze sein: vernunftbegabt bzw. nicht-vernunftbegabt.

Gattung und Art

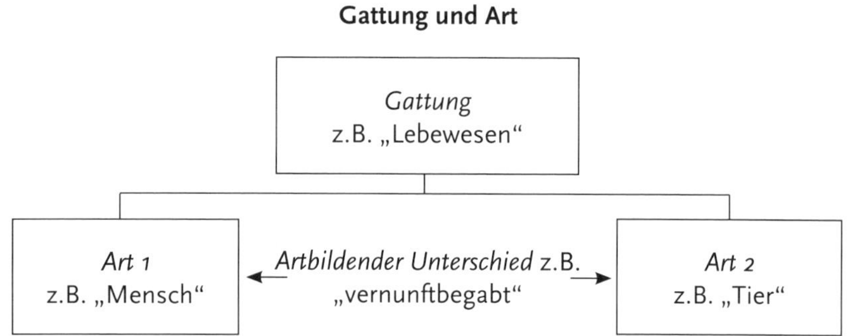

Kennt man den artbildenden Unterschied und die nächsthöhere Gattung, kann man im Wege der Definition das substantielle Sein eines Subjekts bestimmen.

Definition		
		Definiens
Definiendum =	Artbildender Unterschied + (*differentia specifica*)	Nächste Gattung (*genus proximum*)
Der Mensch =	ein vernunftbegabtes	Lebewesen

Das Denken in Gattung und Art wurde zum elementaren Hilfsmittel einer systematisierenden Gelehrsamkeit. Bis in das 19. Jahrhundert – in Teilen der Wissenschaft, namentlich der Jurisprudenz, bis heute – reichen diese Ordnungsversuche hinein, anschaulich als „Baum des Wissens“ oder auch als „Begriffspyramide“. Über kurze oder längere Zeit wurden jedoch einzelne Begriffsbildungen und schließlich das gesamte System in Zweifel gezogen.

Das Streben der Seele

Kehren wir zurück zu diesem besonderen Tätigsein, das zum Lebensglück führt. Nach Aristoteles muss es auf etwas beruhen, das allein dem Menschen eigen ist. Er sucht also nach dem Spezifikum der Gattung Mensch:

> „Sollten also wirklich der Schreiner und der Schuster bestimmte Tätigkeiten haben, der Mensch hingegen keine, sondern von Natur aus ohne Funktion sein? Oder kann man, ebenso wie offensichtlich das Auge, die Hand, der Fuß, allgemein jeder Körperteil eine bestimmte Funktion besitzt, so auch für den Menschen eine bestimmte Funktion neben all diesen Funktionen ansetzen? Welche nun könnte das sein? Das Leben scheint der Mensch mit den Pflanzen gemeinsam zu haben, gesucht ist aber die ihm eigentümliche Funktion. Das Leben der Ernährung und des Wachstums ist also auszusondern. Als nächstes käme wohl das Leben der Wahrnehmung, doch auch dieses teilt der Mensch offenkundig mit dem Rind, dem Pferd und überhaupt jedem Tier. Übrig bleibt also ein tätiges Leben desjenigen Bestandteils in der menschlichen Seele, der Vernunft besitzt."[28]

Das spezifisch Menschliche ergibt sich für Aristoteles aus seiner Einteilung der Funktionen des Lebendigen, den sog. Teilen der Seele.

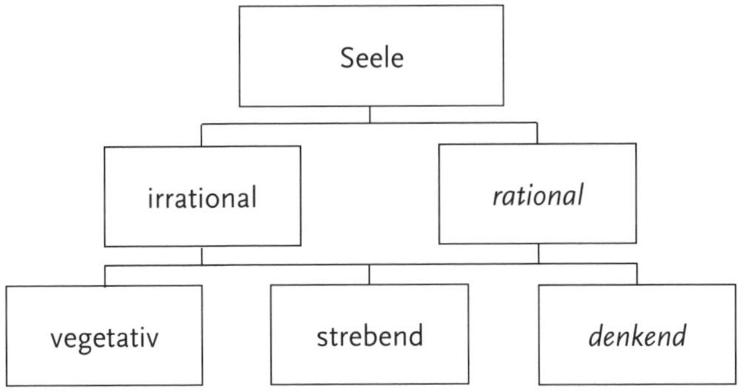

Die Seele weist seiner Lehre gemäß zwei Teile auf: ein irrationales und ein rationales Element. In jedem dieser Elemente findet sich aber etwas vom anderen wieder. Die rationalen, vernunftgeleiteten Seelenkräfte jedoch sind das, was speziell den Menschen auszeichnet.

Spezifisch menschlich ist für Aristoteles damit die rational geleitete Tätigkeit der Seele. Nur der Mensch vermag es, denkend nach dem obersten Ziel zu streben. Das vernunftgeleitete Handeln als besonderes, in seiner Natur liegendes Strebevermögen ermöglicht ihm sein Lebensglück.

---

28 *Aristoteles*, NE, I 6 1097b 35ff.

Lebensglück durch Tugend

Diese Voraussetzungen allein nennen freilich nur Grundbedingungen; sie geben dem Einzelnen kein konkretes Verhalten in den anstehenden Situationen vor. Darüber orientieren die Tugenden, die man versuchen sollte, seinen Anlagen entsprechend in Vollkommenheit zu verwirklichen.

Aristoteles unterscheidet zwei Tugendarten: die „dianoethischen" (die sog. Verstandestugenden), für die es Belehrung und Erfahrung bedarf, und die „ethischen" Tugenden wie Tapferkeit, Besonnenheit oder Freigiebigkeit, die man durch Gewöhnung erlangt.[29]

Die Tugenden bei Aristoteles			
Art:	*Ethische* Tugenden	*Gerechtigkeit*	*Dianoethische bzw. Verstandes*tugenden
Erwerb:	Gewöhnung	Gewöhnung, Erfahrung und Belehrung	Belehrung und Erfahrung
Ziel:	Beherrschung der Triebe und Affekte	Gerechtigkeit als Mitte zwischen den Extremen des Ungerechten	Wahl der angemessenen Handlungsweise

Die ethischen Tugenden werden verwirklicht, wenn es gelingt, zwischen Übermaß und Mangel die Mitte, das richtige Maß des Guten, zu treffen (Mesotes-Lehre).

Die Mitte – Ziel ethischer Tugend

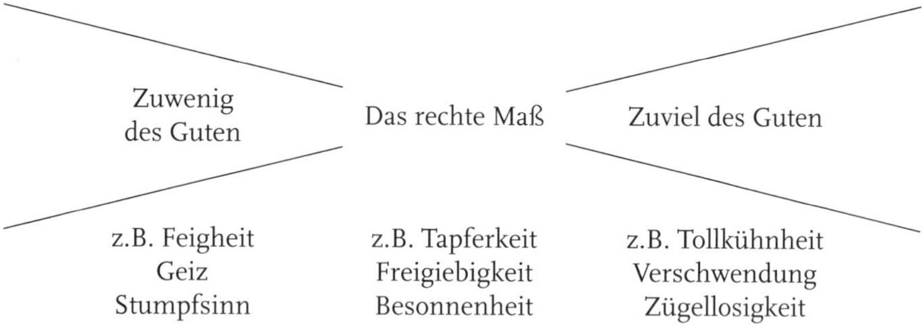

Zuwenig des Guten	Das rechte Maß	Zuviel des Guten
z.B. Feigheit Geiz Stumpfsinn	z.B. Tapferkeit Freigiebigkeit Besonnenheit	z.B. Tollkühnheit Verschwendung Zügellosigkeit

29 *Aristoteles*, NE, I 13, II 1 1103a 14-18.

Die Tugend der Gerechtigkeit nimmt eine Sonderstellung ein. Sie zählt nicht zu den Verstandestugenden, ist aber auch „nicht in derselben Weise eine Mitte wie die übrigen Tugenden". Vielmehr stellt sie, wie der Philosoph sagt, „die Mitte selbst her, während die Ungerechtigkeit die Extreme hervorbringt".[30]

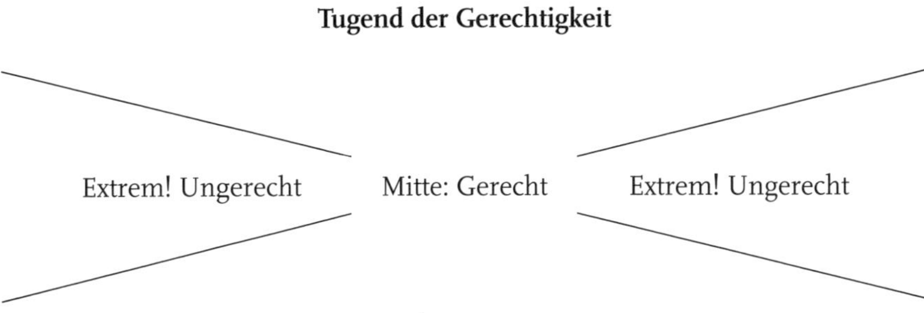

Haltung

Aristoteles, ein Denker, der den Blick für die Praxis nie verliert, glaubt zwar, dass in jedem ein Streben nach Lebensglück angelegt ist, er räumt aber auch ein, dass dieses Bemühen nicht selten scheitert oder doch viele ständig an die Grenzen der eigenen Unvollkommenheit stoßen. Man möchte, um seines Glückes willen, Perfektion erreichen, tugendhaft sein und gerecht gegenüber jedem, besonnen und tapfer, gesellig und freigiebig und noch vieles andere Gute; allein dies muss mit täglichen Entscheidungen erstritten werden. Tugend bekommt man nicht geschenkt, man erhält sie auch nicht durch eine einmalige Einsicht, vielmehr ist sie an den praktischen Lebensvollzug mit all seinen Herausforderungen geknüpft. Perfektion stellt sich erst allmählich ein, man erreicht sie nur durch ein wiederkehrendes Handeln. Bei den Verstandestugenden bedarf es neben der intellektuellen Einsicht der Lebenserfahrung. Die ethischen Tugenden verlangen, dass man sie für sein Handeln fortlaufend als Richtschnur nimmt und sie beständig einübt. Das muss solange geschehen, bis sich das tugendgemäße Verhalten zu einer festen Haltung (Habitus, Disposition) verfestigt hat. „Mit Habitus meint Aristoteles nicht die momentane Verfasstheit eines Menschen, sondern eine stabile Verhaltensdisposition, die sich aufgrund ständiger Wiederholung entsprechender Handlungen eingestellt hat. Aus dieser Verhaltensdisposition heraus pflegt man, sich auf eine bestimmte Weise zu verhalten."[31]

---

30 *Aristoteles*, NE, I 9.
31 *John-Stewart Gordon*, Aristoteles über Gerechtigkeit, Freiburg 2007, S. 31.

Die Tugend der Gerechtigkeit

Fassen wir dies für die Tugend der Gerechtigkeit zusammen: Der Einzelne wird gerecht, indem er beständig bemüht ist, gerecht zu handeln.

Gerechtigkeit als Habitus

Wenn er an seine sämtlichen Entscheidungen den Maßstab der Gerechtigkeit anlegt, gegenüber jedem Gerechtigkeit übt, wenn er erkennt, wann er ungerecht gehandelt hat und dies auch als Fehler wahrnimmt, verändert er seinen Charakter. Gerechtes Handeln schleift sich gewissermaßen durch Gewöhnung ein, es wird zu seinem normalen Verhalten, zur festen inneren Haltung.[32] Wenn sich der Mensch nicht nur zufällig gerecht verhält, sondern aus Einsicht, kann er irgendwann gar nicht mehr anders, als gerecht zu handeln.[33] Gleiches gilt für die Ungerechtigkeit: Wer immer wieder ungerecht handelt, wird sich Ungerechtigkeit zur Disposition machen. Aus ihm wird kein tugendhafter Mensch, sondern ein lasterhafter.

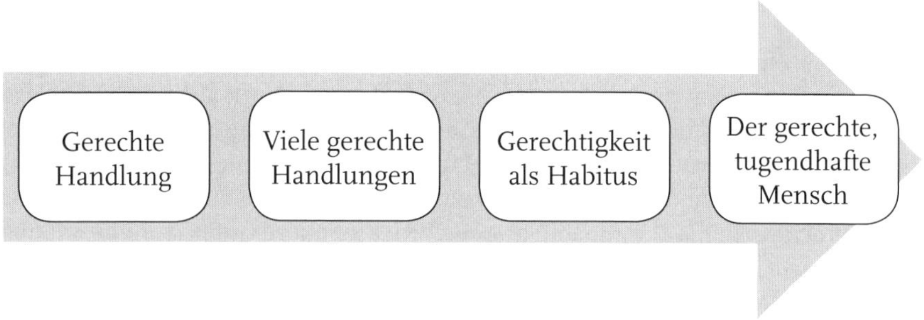

Gerechte Handlung → Viele gerechte Handlungen → Gerechtigkeit als Habitus → Der gerechte, tugendhafte Mensch

Gerechtigkeit als Verhältnis

Wenn sich die Tugend der Gerechtigkeit auch in der Haltung eines einzelnen Individuums zeigt, ist sie für Aristoteles kein ichbezogenes Perfektionsprogramm: weder der einsame Weg des Kriegers noch die spirituelle Einkehr des Weisen, sondern eine höchst soziale Angelegenheit. Daraus ergibt sich ihre definitorische Bestimmung: Der Gattung nach ist die Gerechtigkeit eine Tugend (*genus proximus*), ihre *differentia specifica* in Abgrenzung zu den übrigen Tugenden aber die „Bezogenheit auf andere".

Gerechtigkeit muss damit als Relation gedacht werden: Als das Verhältnis zwischen mindestens zwei Personen und dem jeweiligen Thema oder Gegenstand.

32 *Eckart Schütrumpf*, Gerechtigkeit, in: *Christof Rapp, Klaus Corsilius* (Hg.), Aristoteles Handbuch, Stuttgart 2011, S. 227.

33 Vgl. *John-Stewart Gordon*, Gerechtigkeit, a.a.O., S. 31.

Daraus ergibt sich ein Netz von praktischen Beziehungen, z. B. wenn eine Sache gerecht verteilt werden soll.

Diese relationale Verhältnisse erfahren Sie z. B. dann, wenn Sie zusammen mit einer Kollegin ein Projekt bearbeiten sollen und es Ihnen überlassen wird, die anstehenden Aufgaben selbständig untereinander aufzuteilen. Wenn Sie der Kollegin zu viel zuweisen, wird sie argumentieren, dass die Aufteilung nicht gerecht sei.

Aristoteles bemerkt dazu, dass es leichter sei, gegenüber sich selbst tugendhaft zu sein, als trefflich gegenüber anderen. So ist der Tapfere für sich selbst tapfer, er verteidigt sich selbst; der Mäßige ist gegen sich selbst mäßig, er isst nicht so viel, dass er seiner Gesundheit schadet. Wer aber gerecht ist, muss sich immer gegenüber anderen in Entscheidungssituationen als gerecht bewähren. Das macht es schwieriger – man muss bei jedem Handeln auch die Position eines anderen berücksichtigen. Gerechtigkeit ist eine „Sozialtugend".[34] Im Kern kann man deshalb feststellen: Gerechtigkeit erscheint bei Aristoteles „als das angemessene Verhalten im Verhältnis zu anderen; Gerechtigkeit ist die interpersonale Form der Verhältnismäßigkeit."[35]

Gerechtigkeit als höchste Tugend

Gerechtigkeit bedeutet, Maß und Mitte zu treffen. In der Ungleichheit von Überschuss und Mangel, einem Zuviel und einem Zuwenig des Guten stellt sie das Gleichmaß her.[36]

Sie hat es immer mit Gleichheit zu tun, sie ist also eine Mitte zwischen einer Ungleichheit durch Zuviel (Überschuss) und einer Ungleichheit durch Zuwenig (Mangel).

Im Unterschied zu den anderen Tugenden zielt sie nicht auf die Mitte zwischen zwei besonderen Extremen, sondern die Mitte schlechthin zwischen Extremen jeder Art. Mit diesem Ziel umspannt sie die übrigen Tugenden, ist ihr umfassender Ausdruck. Sie ist „Trefflichkeit in vollkommener Ausprägung".[37] Darüber zeigt der so nüchterne Philosoph sogar einen Anflug von Begeisterung: „Deswegen gilt die Gerechtigkeit häufig als die wichtigste der Tugenden, und weder der Abendstern noch der Morgenstern ist so wunderbar. Und im Sprichwort heißt es: In der Gerechtigkeit ist jede Tugend enthalten."[38]

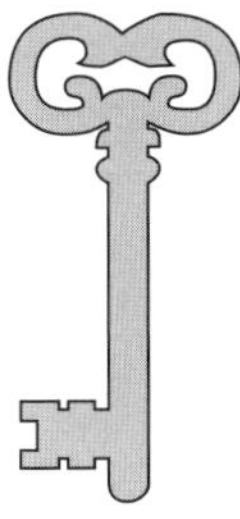

34 *Eckart Schütrumpf, Gerechtigkeit,* a.a.O., S. 227.
35 *Katharina Sobota,* Das Prinzip Rechtsstaat, Tübingen 1997, S. 292.
36 *Aristoteles,* NE, V 6, 1131a 10–18.
37 *Aristoteles,* NE, V 3, 1129b 25–27.
38 *Aristoteles,* NE, V 3, 1129b 28ff.

Es gibt nur einen Grund, warum die Gerechtigkeit nicht alle Tugenden gattungsmäßig umfasst: ihr Spezifikum, nämlich die „Bezogenheit auf den Mitbürger".[39] Gerechtigkeit ist ein individuelles, aber auch interpersonales und soziales Optimierungsgebot. In ihrer Tragweite für das Gemeinwesen hat sie aber ebenfalls hervorragende Bedeutung.

> „Vollkommen aber ist sie, weil der, welcher sie besitzt, diese Trefflichkeit nicht nur bei sich, sondern auch in der Beziehung zu anderen Menschen verwirklichen kann. Denn viele können Trefflichkeit in eigenen Angelegenheiten, nicht aber in den Beziehungen zu den anderen Menschen verwirklichen. [...] Aus eben diesem Grund scheint denn auch die Gerechtigkeit – als einzige unter den Trefflichkeiten des Charakters – ‚des anderen Gut' zu sein, weil sie auf den anderen bezogen ist. Sie verwirklicht ja das, was dem anderen nützlich ist, mag es ein Machthaber oder einer von unseren Partnern sein. Den schlechtesten Charakter zeigt, wer seine Minderwertigkeit gegen sich und seine Freunde wirksam werden läßt; den besten, wer seine Vorzüge nicht zu seinen Gunsten, sondern für andere gebraucht. Denn dies ist eine schwere Aufgabe."[40]

So wichtig die Gerechtigkeit ist: Um Glückseligkeit zu erreichen, ist es nicht nur nötig, ein gerechter Mensch zu werden, sondern man muss sich bemühen, alle ethischen und dianoethischen Tugenden zu erwerben. Aristoteles stellt fest, dass es „ein ganzes, volles Leben" bedarf – erst dann kann man von einer Person sagen, sie habe *eudaimonia* erreicht. Glück ist in diesem Zusammenhang kein Zufallsglück (*luck*) sondern meint Lebensglück (*happiness*).

Auf dem Weg dorthin steht sich der Einzelne allerdings auch oft selbst im Weg – er lebt manchmal nicht tugendhaft, er tut nicht immer das Beste. Stattdessen gibt er seinen Neigungen und Lastern nach und verliert das höchste Ziel aus den Augen, da ihn etwas lockt, das kurzfristiges Lustempfinden verspricht. Wer Glückseligkeit erreichen möchte, muss jedoch einem Handeln aus Lust widerstehen. Außerdem reicht es nicht, nur eine Tugend – wie etwa die Gerechtigkeit – zu verwirklichen; vielmehr muss er alle Tugenden in seinem Handeln zeigen. Dieser Argumentation verdankt die aristotelische Ethik auch ihre Bezeichnung als Tugendethik.

IV. Gerechtigkeit als Maßstab

Aristoteles, der seine Studien auf Beobachtung und Welterfahrung gründet, hat ein besonderes Auge für die Vielfalt der Gegenstände des Lebens. Für ihn ist „das Gerechte etwas Menschliches"[41] – ohnehin nicht die eine und einzige Idee – und

39 *Aristoteles*, NE, V 3, 1130a 4f.
40 *Aristoteles*, NE, V 3: 1130b 27ff.
41 *Aristoteles*, NE, V 13, 1137a 30.

erscheint ihm deshalb in verschiedener Weise. Letztlich, so seine Erkenntnis, ist das Gerechte nicht ganz exakt und umfassend zu definieren.[42] Soweit es geht, ist ihm aber an einer Begriffsklärung gelegen.

Die gefundene Definition der Gerechtigkeit, welche auf der Nennung der Gattung („Tugend") und dem artspezifischem Unterschied („auf andere bezogen") beruht, reicht zwar aus, um Gerechtigkeit von anderen Tugenden zu unterscheiden. Allerdings hilft sie nicht, wenn man entscheiden soll, ob etwas konkret gerecht oder ungerecht genannt werden kann. Sie beantwortet zum Beispiel nicht, ob es gerecht ist, dass einige Bewohner der *polis* nicht zu Gericht sitzen dürfen. Daher, so der Philosoph, ist es nötig, sich mit dem Wesen (gr. *ousia*) der Gerechtigkeit auseinanderzusetzen.

Stellen Sie sich vor, Sie dürften als Oberhaupt eines Staates 1 Mrd. € verteilen. Ihr Ziel ist es, das Geld gerecht aufzuteilen. Sie wissen, dass diese Summe schwerwiegende Probleme entweder im Bereich Bildung oder Gesundheitswesen oder innere Sicherheit lösen könnte. – Nach welchen Kriterien teilen Sie wie auf und wann ist diese Entscheidung gerecht?

Das „Wesen" oder die Essenz wird durch die Summe aller Merkmale bestimmt, die vorliegen müssen, um z. B. eine Handlung als gerecht zu beschreiben. Ohne ihr Vorliegen kann etwas nicht gerecht genannt werden. Das Wesen der Gerechtigkeit kann man bestimmen, ohne an eine konkrete Situation zu denken. Es ist höchst allgemein, es umfasst nur die Merkmale, die etwas als gerecht ausweisen, nicht hingegen die sogenannten akzidentiellen Eigenschaften, die zufällig und nicht wesensbildend sind. Die *ousia* kann erkannt werden, sie kann wissenschaftlich erschlossen werden, auch wenn sie nicht sofort offensichtlich ist.

Die Gerechtigkeit ist also noch nicht vollständig bestimmt – dieser Aufgabe widmet sich das Buch 5 der *Nikomachischen Ethik*. Wie wir schon wissen, unterscheidet Aristoteles zunächst zwischen der allgemeinen und der partikularen Gerechtigkeit. Im Allgemeinen handelt es sich um eine Tugend, im Besonderen aber auch um einen Maßstab für die Beziehungen zwischen den Mitbürgern oder für die Einrichtungen und die Gesetze einer Gemeinschaft. In jedem Fall geht es stets darum, die Mitte zu treffen, die auch als Gleichheit,[43] als Ausgleich zwischen Extremen, begriffen werden kann.

42 Vgl. *Aristoteles*, NE, I 1, 1094b 12.
43 *Aristoteles*, NE, V 6 1131a 10–18.

1. *Gesetze befolgen*

Bei der Bestimmung des Gerechten kommt eine besondere Rolle den Gesetzen der Gemeinschaft (*polis*) zu. Aristoteles versteht sie als verbindliche Ordnung. Sie bilden das Recht und sollten auf das Ziel der *polis* hin angeordnet sein. Ein Staat, der vor allem seine militärische Macht ausbauen möchte, wird Gesetze erlassen, um seine Bürger zu Kriegern zu erziehen, während ein Staat, der das gute Leben seiner Bürger zum Ziel hat, ihnen eine diesem förderliche Lebensführung ermöglicht.

Eine Form der Gerechtigkeit zeigt sich darin, dass man die Gesetze befolgt. Dementsprechend ist es ungerecht, gegen die Gesetze zu verstoßen. „Wer die Gesetze mißachtet, ist ungerecht, so hatten wir gesehen, wer sie achtet, ist gerecht. Das heißt also: Alles Gesetzliche ist im weitesten Sinne etwas Gerechtes. Was nämlich durch einen gesetzgeberischen Akt verfügt wird, hat gesetzliche Geltung, und jede solche Verfügung ist, wie wir sagen, gerecht.“[44] Unter dem Blickwinkel ist gerecht, was gesetzlich geboten ist.

Diese Beschreibung scheint an den Einzelnen keine großen Anforderungen zu stellen: „Halte dich an das Gesetz und du bist gerecht!“ Bei genauerer Überlegung stellt man aber fest, dass Aristoteles keineswegs zu einem blinden Gesetzesgehorsam aufruft. Zwar ist jeder gehalten, die Gesetze zu befolgen. Das entbindet ihn aber nicht vom tugendgemäßen Handeln, denn er muss in *konkreten* Situationen entscheiden, welche Handlung dem *allgemein* gehaltenen Gesetz entspricht und gerecht ist. Es bedarf somit Klugheit, Weisheit und der Haltung des Gerechten, der stets die Mitte wählt, also ausgleichend die interpersonalen Verhältnisse und die Belange der Gemeinschaft bedenkt, damit der Einzelne in einer konkreten Situation gesetzeskonform handelt. Andernfalls kann seine Entscheidung nicht gerecht genannt werden.[45]

Dieses Modell der Gesetzesanwendung setzt auch voraus, dass man den Richtern und anderen Rechtsanwendern in der Entscheidungssituation einen Handlungsraum zuerkennt. So gesehen wirken Gesetze nicht mit einer logischen oder mechanischen Zwangsläufigkeit oder werden wie ein konkreter Befehl umgesetzt. Vielmehr wird den Entscheidern bei der sogenannten Anwendung der Norm eine Erwägung abverlangt. Diese findet nicht zuletzt unter dem Eindruck von Argumenten statt. Desgleichen wirken die ethischen und pathetischen Mittel der situationsbestimmenden Rhetorik. Die Richtschnur der jeweiligen Entscheidung sollte aber schließlich die individuelle Tugend (Trefflichkeit) sein. In Gestalt eines gerechten Habitus wird sie zum Maßstab der Gesetzesanwendung.

Tugend und Gesetz sind freilich nicht als zwei gegenläufige Bezugspunkte der Gerechtigkeit zu denken. In einer gut verfassten *polis* befinden sich die Gesetze

44 *Aristoteles*, NE, V 3 1129b 4-25.

45 Vgl. *Ada Neschke-Hentschke*, Recht und Gerechtigkeit, in: *Barbara Zehnpfennig* (Hg.), Die „Politik“ des Aristoteles, 2. unverä. Auflage, Baden-Baden 2014, S. 121f.

im Einklang mit den Tugenden. Einige Handlungen, die das Gesetz vorschreibt, werden auch von den Tugenden vorgeschrieben – so soll etwa der, der Wache hält, nicht feige flüchten, Eheleute sollen keinen Ehebruch begehen. Soweit Gesetze also gerechte Handlungen fordern, haben sie selbst Anteil an der Tugend der Gerechtigkeit. „[G]erecht in diesem allgemeinen Sinn ist, was für die politische Gemeinschaft die *eudaimonia* und ihre Bestandteile herstellt und bewahrt."[46]

In vielen Punkten fallen also die Gebote des Gesetzes und der Tugend zusammen. Das muss allerdings nicht notwendig so sein. Deshalb relativiert Aristoteles sein Diktum von der Gerechtigkeit staatlicher Gesetze. Es kommt nämlich auch vor, dass das, was nach dem Gesetz geboten ist, verschieden ist von dem, was im Sinne der Trefflichkeit gerecht ist. Dies bringt er zum Ausdruck, wenn er schreibt, das Ziel der Gesetze sei „der gemeinsame Vorteil für das gesamte Volk oder nur für die Adelsgeschlechter oder nur für die Gruppe, die ausschlaggebend ist, entweder gemäß ihrer persönlichen Trefflichkeit oder nach sonst einem ähnlichen Maßstab".[47]

Soll das Gesetz aber Handlungen vorschreiben, die tugendhaft sind, setzt das voraus, dass das Staatswesen, zu welchem das Recht gehört, seinerseits gerecht ist. Dass dies nicht für alle Staatsformen zutrifft, werden Sie noch im Folgenden bemerken.

2. *Partikuläre Gerechtigkeit*

Werfen wir nun noch einmal einen Blick auf die Gerechtigkeit, die aus der Anerkennung der Gesetze folgt. Sie, die Gesetzlichkeit, ist ein Kernstück der allgemeinen Gerechtigkeit (Tugend) und damit ihre partikuläre Ausprägung. Ein Teil der Gesetzlichkeit wiederum ist die Gleichheit. Folglich unterteilt Aristoteles das Gerechte „in das Gesetzliche und das der Gleichheit Entsprechende" und das Ungerechte in das Ungesetzliche und das Gleichheitswidrige, wobei sich diese Begriffe wie „Teil und Ganzes" zueinander verhalten.[48]

46 *Aristoteles*, NE, V 3 1129b 17-19.
47 *Aristoteles*, NE, V 3 1129b 15-18.
48 *Aristoteles*, NE, V 9 1130b 6ff.

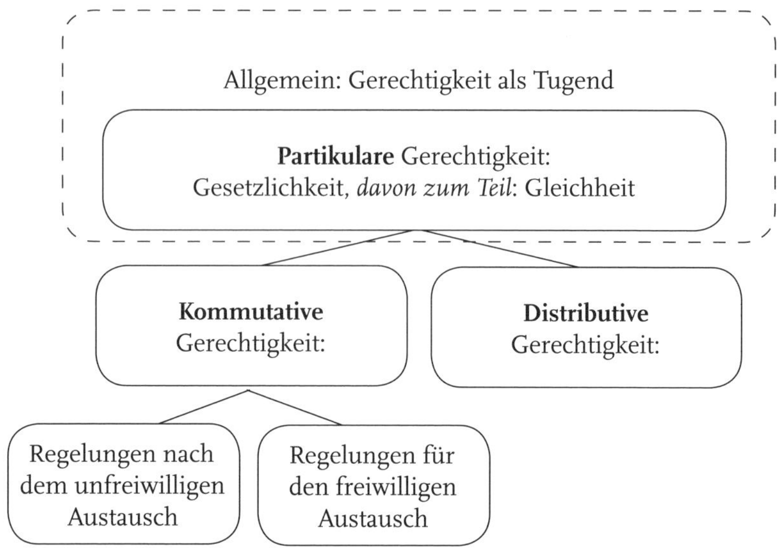

Die partikuläre Gerechtigkeit mit den Aspekten der Gesetzlichkeit und darin der Gleichheit gliedert sich in zwei Teile: Die kommutative Gerechtigkeit (Tauschgerechtigkeit) und die distributive Gerechtigkeit (Verteilungsgerechtigkeit).

Aristoteles führt aus: „Von der *partikulären Gerechtigkeit* aber und dem ihr entsprechenden Rechte ist eine Art die, die sich bezieht auf die *Zuerteilung* von Ehre oder Geld oder anderen Gütern, die unter die Staatsangehörigen zur Verteilung gelangen können – denn hier kann der eine ungleich viel und gleich viel erhalten wie der andere –; eine andere ist die, die *den Verkehr* der Einzelnen unter einander regelt. Die letztere hat zwei Teile. Es gibt nämlich einen freiwilligen Verkehr und einen unfreiwilligen. Zum freiwilligen Verkehre gehören z. B. Kauf, Verkauf, Darlehen, Bürgschaft, Nießbrauch, Hinterlegung, Miete. Hier spricht man von freiwilligem Verkehr, weil das Prinzip der genannten Verträge beiderseits der freie Wille ist. Zu dem unfreiwilligen Verkehr gehören teils heimliche Handlungen, wie Diebstahl, Ehebruch, Giftmischerei, Kuppelei, Sklavenverführung, Meuchelmord, falsches Zeugnis, teils gewaltsame, wie Misshandlung, Freiheitsberaubung, Totschlag, Raub, Verstümmelung, Scheltreden, Herabwürdigung.“[49]

Diese Unterscheidung wird bis heute genutzt, um verschiedene Arten der Gerechtigkeit darzustellen.

49 *Aristoteles*, NE, V 91 1130b 6 ff.

Tauschgerechtigkeit[50]

Nach Aristoteles Überlegungen ist die „ausgleichende" oder auch „Tauschgerechtigkeit" der passende Maßstab für Beziehungen von gleichgestellten Personen, die beiderseits freiwillig nach einem Austausch streben („im freiwilligen Verkehr"). Der freiwillige Verkehr ist im Sinne aller Beteiligten und kann zu einem gerechten Tausch führen, z. B. eine Silberkanne gegen Geld. Nach diesem Maßstab sind alle Rechtsbeziehungen gerecht, in denen etwas Gleichwertiges ausgetauscht wird.

Im Fall des sog. unfreiwilligen Verkehrs soll hingegen ein Delikt bereinigt werden, z. B. ein Diebstahl, Giftmischerei oder Beleidigung durch eine gleichwertige Strafe. Die auszugleichende Ungleichheit ist nicht „freiwillig", d.h. dem Willen aller Beteiligten gemäß, entstanden. So muss es dem Gesetz überlassen werden, Gerechtigkeit wiederherzustellen. Das Gesetz korrigiert, indem derjenige, der Unrecht getan hat, auf Grund der geltenden Regeln etwas bezahlen oder eine spürbare Strafe erleiden muss. Auf diese Weise wird das Unrecht ausgeglichen.

Die Aktualität und Bedeutung der aristotelischen Konzeption tritt bei dieser Variante besonders klar hervor. Mit Aristoteles gesprochen, regelt das Zivilrecht die Tauschbeziehungen zwischen den Bürgern. Die beiden Arten der kommutativen Gerechtigkeit – entweder ein auf Freiwilligkeit beruhender Tausch oder aber der Ausgleich eines „unfreiwilligen" deliktischen Schadens – entsprechen den Grundpfeilern des Zivilrechts. Heute verfügen wir freilich über eine Vielzahl diese Gedanken ausdifferenzierende Rechtsinstitute, z. B. Kauf-, Dienst- oder Werkvertrag und die Dogmatik des Deliktsrechts; strukturell liegt ihnen aber das aristotelische Konzept zugrunde.

Verteilungsgerechtigkeit

Eine weitere Form der Gerechtigkeit wird als distributive (austeilende) Gerechtigkeit bezeichnet.[51] Sie folgt ebenfalls dem Prinzip der Gleichheit, aber nicht in einem arithmetischen Verständnis („1 = 1"), sondern, wie man sagt, einem geometrischen.

---

50 Abb. Tauschgerechtigkeit – Quelle: privat.

51 Vgl. *Aristoteles*, NE, V 6, 1131a-b.

Dazu schreibt der Philosoph:

> „Demnach muss das Gerechte sowohl ein Mittleres wie ein Gleiches sein und ein Bezogenes, nämlich für bestimmte Partner. Als ein Mittleres wird es die Mitte zwischen zwei Dingen sein (die zu groß und zu klein sind), als ein Gleiches das Gleiche von zweien und als ein Gerechtes für bestimmte Personen gerecht. Also muss das Gerechte in wenigstens vier Glieder liegen. Denn die Personen, für die es das Gerechte ist, sind zwei, und die Sachen, in denen es sich zeigt, sind ebenfalls zwei. Weiterhin wird dieselbe Gleichheit zwischen den Personen bestehen und den Sachen, die beteiligt sind. Wie sich diese zueinander verhalten, die Sachen, so auch jene, die Personen. Wenn diese nicht gleich sind, werden sie nicht gleiche Anteile haben – und hier haben die Streitigkeiten und Anklagen ihren Ursprung, wenn Gleiche ungleiche Anteile oder Ungleiche gleiche Anteile haben und zugeteilt bekommen. [...] Das Gerechte ist also eine Art des Proportionalen."[52]

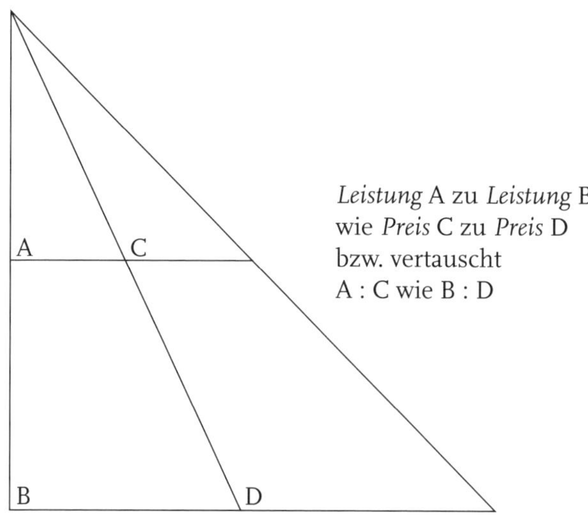

„Gleich" ist hier nicht das *Ergebnis* der Verteilung, sondern das *Verhältnis* zwischen einerseits den Verteilungsempfängern und andererseits den verteilten Gütern. Wir sprechen also dann von distributiver Gerechtigkeit, wenn die Verteilungsempfänger in ihrem Verhältnis untereinander entsprechend – also verhältnismäßig – bedacht werden. Sind sie „gleich", müssen sie auch „gleich" behandelt werden, sind sie „ungleich", rechtfertigt dies, sie „ungleich" zu behandeln.

Das Prinzip der gerechten Distribution bietet sich besonders an, wenn man die Verteilung von Gütern wie Ehre oder Geld im öffentlichen Raum regulieren möchte. Maßstab der Zuteilung ist die Würdigkeit des Einzelnen.

52 *Aristoteles,* NE, V 6, 1131a 15-29.

Wer aber entscheidet, ob und in welchem Ausmaß jemand würdig ist?

> „Denn alle stimmen darin überein, dass das Gerechte bei Verteilungen einer Art von Würdigkeit entsprechen muss, doch nennen nicht alle dieselbe Art von Würdigkeit, sondern die Demokraten nennen den Status des freien Menschen, die Oligarchen den Reichtum, manche auch die adlige Abstammung, die Aristokraten die Gutheit des Charakters.“[53]

Aristoteles nennt also als Kriterium die Verfassung der jeweiligen Gemeinschaft. So gibt es Staaten, die Freiheit und Herkunft als Maßstab heranziehen, bei anderen kommt es auf den Besitz oder die Tüchtigkeit oder die Verdienste an. Grundlage für die Unterscheidung wird damit der unterschiedliche Status der Beteiligten, und zwar nicht allgemein, sondern nur in Bezug auf das Zuteilungskriterium. Aristoteles wäre also dagegen, dass eine mächtige Politikerin oder ein beliebter Prominenter aufgrund ihrer gesellschaftlichen Stellung in jeder Verteilungsfrage bevorzugt werden. Soll aber einer Person in einem Einzelfall Ehre zuteilwerden, etwa durch öffentliches Lob, dann gebührte demjenigen, welcher sich um das politische Leben verdient gemacht hat, eben in Bezug auf diese seine Ehrwürdigkeit deutlich mehr Lob als dem politisch passiven „Bauern“. Bauer und Politiker sind also im Verhältnis zu dem Zuteilungskriterium „Ehrwürdigkeit aufgrund von politischem Verdienst“ von ihrem Status her als ungleich einzuschätzen und werden – arithmethisch gesehen – auch ungleich entlohnt. Proportional („geometrisch“), mit Blick auf das gleich angelegte Kriterium, erfolgt eine Gleichbehandlung.

Mit Hilfe des Würdekonzepts lässt sich Gerechtigkeit als eine verhältnismäßige, den Verhältnissen entsprechende Gleichheit verwirklichen. Zwangsläufig führt dies natürlich insgesamt zu einer ungleichen Verteilung der Güter – was man in Grund oder Ausmaß immer kontrovers beurteilen kann.

So bereitete es Aristoteles keine Schwierigkeiten, dass die Rechte und Chancen im Athen seiner Zeit krass ungleich verteilt waren. Ausschließlich die erwachsenen, wohlhabenden Athener Männer besaßen volle Freiheits- und Bürgerrechte. Frauen, Kinder, Alte, Sklaven, Bauern, Tagelöhner und Nicht-Athener, die so genannten Metöken (zu denen auch Aristoteles zählte) – also der größte Teil der Gesellschaft – wurden weder rechtlich-politisch noch in ihren moralischen Fähigkeiten als gleich angesehen. Stand die Verteilung eines knappen Gutes zur Debatte, hatte man gute Chancen als männliches, 30-jähriges Familienoberhaupt mit eigener Stadtvilla, mehreren Sklaven und einem beträchtlichen Vermögen. Schlecht hingegen stand es für die Frau des Bauern, die weit vor den Toren Athens lebte und ihre Ernte auf dem Athener Markt verkaufte. Aus heutiger Sicht erscheinen diese Rechtezuweisungen ungerecht. Wir berufen uns auf das Jedermann-Prinzip der Menschenwürde (Art. 1 GG) und die Gleichheit aller vor dem Gesetz (Art. 3 Abs. 1 GG).

---

53 *Aristoteles*, NE, V 6, 1131a 25ff.

Es fragt sich jedoch, ob wir uns damit vom Gedanken der distributiven Gerechtigkeit gelöst haben. Tatsächlich wird der grundgesetzliche Gleichheitssatz des Art. 3 GG von der Rechtsprechung und Lehre im Sinne der aristotelischen Verteilungsgerechtigkeit verstanden. „Der Grundgedanke des Gleichheitssatzes, der bis in die Antike zurückverfolgbar ist und zu den gemeineuropäischen Rechtsüberzeugungen zählt, ist einfach und einleuchtend: Gleiche Sachverhalte dürfen nicht unterschiedlich, unterschiedliche nicht gleich behandelt werden, es sei denn, ein abweichendes Vorgehen wäre sachlich gerechtfertigt".[54] Der in Art. 3 GG bzw. Art. 20 EUV formulierte Gleichheitssatz „ist ein Schlüsselbegriff, der Gerechtigkeitsfragen erschließt und strukturiert."[55]. Er fordert dazu auf, Sachverhalte zu spezifizieren, zu vergleichen, Differenzen zu benennen und zu prüfen, ob diese in Bezug auf einen bestimmten Gesichtspunkt als verhältnismäßig zu rechtfertigen sind.[56] „Die Rechtsordnung reagiert auf Ungleichheit und bildet Gruppen von Menschen bzw. Tatbeständen, die gleich oder ungleich behandelt werden. Der Gleichheitssatz verlangt Egalität, soweit die persönliche Rechtsstellung der Bürger in Frage steht, im Übrigen ist er auf verhältnismäßige Gleichheit im Sinne der aequitas ausgerichtet."[57]

Auch in außerrechtlichen Lebensbereichen ist es uns heute wie zu Aristoteles' Zeiten selbstverständlich, dass Güter distributiv verteilt werden. Innerhalb einer Familie wird die Menge des verfügbaren Geldes, das Essen, die Entscheidungskompetenzen, gute Sitzplätze oder die Macht über die Fernbedienung nicht nach Köpfen gleich geteilt, sondern in Proportion nach einer komplexen Menge von Maßstäben, die z. B. den unterschiedlichen Rang oder den Arbeitseinsatz, aber auch den Bedarf der Familienmitglieder als je eigenen Wert („Würdigkeit") anerkennen. In Beruf und Studium wiederholt sich dieses Muster. Sicher erwarten Sie von Ihren Professoren oder Ihrer Chefin, dass sie Ihre hervorragenden Leistungen mit einer besonderen Auszeichnung prämieren, also mit angemessenem Lob oder einer entsprechenden Note oder dem passenden Gehalt, und dass Sie insofern nicht genauso behandelt werden, wie z. B. der Kollege, der aus Nachlässigkeit und Selbstüberschätzung immer wieder fehlerhafte Arbeiten abliefert.

Aus dem Bedürfnis, Konflikte durch eine angemessene Güterverteilung auf Grund nachvollziehbarer Bewertungen zu vermeiden, unterzieht sich die heutige Arbeitswelt fortlaufend sog. Evaluationen. Ihr Ziel ist es zu bewerten, ob und wieviel jemand (oder etwas) „wert" ist, um darüber eine arithmetisch ungleiche

54 BeckOK GG/*Kischel:* GG Art. 3 Rn. 14; der allgemeine Gleichheitssatz zählt auch zu den „wesentlichen Grundsätzen" des Unionsrechts, EuGH, Rs. C-15/95, Earl de Kerlast, Slg. 1997, I-1961 Rdnr. 35; Rs. C-292/97, Karlsson, Slg. 2000, I-2737 Rdnr. 39.

55 *Rüfner*, in *Kahl/Waldhoff/Walter:* Bonner Kommentar zum Grundgesetz, Art. 3, Rn. 3, 160. Aktualisierung, Stand Dezember 2016.

56 *Mayer*, in *Grabitz/Hilf/Nettesheim*, Das Recht der Europäischen Union, Art. 20 Rn. 223f.; 55. Ergänzungslieferung, Stand Oktober 2016.

57 *Rüfner* in *Kahl/Waldhoff/Walter:* Bonner Kommentar zum Grundgesetz, Art. 3, Rn. 5, 160. Aktualisierung, Stand Dezember 2016.

Distribution zu rechtfertigen. Die erfolgreiche Abteilung erhält mehr Ressourcen als die Einheit, die schlechtere Zahlen schreibt. Die engagierte Mitarbeiterin bekommt eine Gehaltserhöhung und einen Tag Home Office, die übrigen erhalten weniger oder gehen leer aus. Dasselbe gilt für die politische und administrative Zuteilung öffentlicher Güter. Fallen Ihnen dazu noch weitere Beispiele ein?

Auf der anderen Seite springt immer wieder ins Auge, dass distributive Gerechtigkeit im Ergebnis zu offensichtlichen Ungleichheiten führt. Vielfach, besonders wenn der Distributionsmaßstab nicht transparent und plausibel ist, sind die Betroffenen bestrebt, die Resultate zu korrigieren. Dies ist der Moment, in dem der Gedanke der Verteilungsgerechtigkeit auch im öffentlichen Raum in Misskredit gerät und der Ruf nach einer absoluten, der arithmetischen Gleichheit laut wird – wie sie Aristoteles für die Tauschbeziehungen gedacht hat. Dazu fallen Ihnen sicher auch Beispiele ein.

3. *Billigkeit*

Auch in Fragen der Gesetzgebungslehre zeigt sich Aristoteles von unverminderter Aktualität. So ist ihm durchaus geläufig, dass Gesetze so allgemein und zugleich begrenzt formuliert sind, dass sie nicht jeden einzelnen Fall erfassen können: „Jede Bestimmung, die gerecht und gesetzlich ist, verhält sich wie das Allgemeine zum Einzelnen. Denn die Handlungen, die getan werden, sind viele, von den Bestimmungen aber ist jede eine, da sie ein Allgemeines ist.“[58]

An welchen Maßstab soll sich aber ein Richter halten, wenn ihm das Gesetz zu wenige Informationen bietet, um seinen singulären Fall zu lösen? Eine allgemeine Orientierung, daran sei erinnert, findet der Einzelne in seinem sich zum Habitus verfestigten Streben, tugendhaft und damit gerecht zu handeln.

Aristoteles nennt hier die *epikie*, die Billigkeit oder Angemessenheit, welche die Funktion hat, ein im Einzelfall unangemessenes Gesetz zu korrigieren: „Wenn nun das Gesetz allgemein spricht aber ein einzelner Fall eintritt, der vom allgemeinen Gesetz nicht erfasst wird, dann ist es richtig, dort, wo der Gesetzgeber eine Lücke lässt und den Fall durch die allgemeine Formulierung verfehlt, dies zu berichtigen – indem man sagt, was der Gesetzgeber selbst gesagt hätte, wenn er dagewesen wäre. Daher ist das Billige gerecht und besser als eine bestimmte Art des Gerechten, nicht besser als das allgemeine Gerechte, aber besser als der Mangel, der aufgrund der allgemeinen Formulierung des Gesetzes entsteht. Das ist also das Wesen des Billigen, eine Berichtigung des Gesetzes zu sein, insofern dieses wegen seiner Allgemeinheit eine Lücke aufweist.“[59]

Aristoteles stellt also klar, dass die Billigkeit als Maßstab für den Einzelfall angewendet werden darf. Im Allgemeinen sind die Gesetze gut und bilden den

58 *Aristoteles*, NE, V 10 1135a 5f.
59 *Aristoteles*, NE, V 14 1137b 19ff.

Maßstab für Entscheidungen – aber wenn ein Fall besondere Eigenheiten aufweist, müssen Überlegungen zur Angemessenheit angestellt werden, die über den Gesetzeswortlaut hinausgehen. Als davon umfasst könnte man ebenso Fälle verstehen, bei deren Lösung es zu einer Normenkollision kommt – auch dann muss der Entscheider Korrekturen hinsichtlich der Gewichtung der Normen in diesem Einzelfall vornehmen.

Damit beschreibt Aristoteles den Brennpunkt der Rechtsarbeit: Konkretisieren und Auslegen von Normen sowie Rechtsfortbildung. Immer dann, wenn ein Fall eigentlich unter eine Norm zu subsumieren wäre, das erzielte Ergebnis aber dem Fall nach Ansicht des Richters nicht gerecht wird bzw. dieser Fall nicht eindeutig geregelt ist, muss der Richter auf Grundlage des „Rechts schlechthin“ eine angemessene Entscheidung treffen.

Aristoteles spricht hier von einer Korrektur, die der Gesetzgeber selbst eingefügt hätte, wenn er den Fall bedacht hätte. Dabei ist es auch eine Frage der *phronēsis* des Richters, ob er Besonderheiten eines Falls erkennt und in der Lage ist, sein Urteil so zu entwerfen, dass es sowohl mit dem „Recht schlechthin“, wie Aristoteles schreibt, übereinstimmt, als auch den Besonderheiten des Falls gerecht wird.

Erinnern wir uns vor diesem Hintergrund an Aristoteles‘ Bestimmung der Gerechtigkeit als der Mitte zwischen zwei Extremen. Es wird klar, dass die Mitte weder als arithmetisches Mittel noch als Mittelwert verstanden werden kann. Eine gerechte Entscheidung kann nicht berechnet werden. Sie setzt vielmehr eine Abwägung auf Grundlage der Besonderheiten des Falls voraus.

V. Staatsphilosophie

Aristoteles war nicht nur in dem Bereich der Ethik und der Rechtsphilosophie äußerst versiert. Wie Sie schon eingangs erfahren haben, interessierte er sich auch für staatliche und politische Angelegenheiten und verfügte über eine große Sammlung von Verfassungen seiner Zeit.

1. *Begriff des Staates*

Seine Überlegungen zur Entstehung und zum Ziel des Staates beginnt er jedoch mit der grundlegenden Frage, was unter dem Begriff „Staat“ eigentlich zu verstehen sei: „Da nämlich der Staat eine Gemeinschaft ist, die Gemeinschaft der Staatsbürger einer Staatsverfassung, so erscheint es notwendig, dass, wenn die Verfassung eine andere und verschiedenartige geworden ist, auch der Staat nicht mehr derselbe ist [...].“[60]

60 *Aristoteles*, Pol., III 3 1276b 1-4.

Unter einem Staat versteht Aristoteles also die verfasste Gemeinschaft der Staatsbürger. Verändert sich die Verfassung, etwa weil sich der Staat von einer Oligarchie hin zu einer Demokratie wandelt, kann nicht mehr von demselben Staat gesprochen werden.[61] Für Aristoteles meint „Verfassung" in erster Linie die Regierungsform.[62] Ausgehend von den Regierenden bestimmt sich das Ziel und, diesem entsprechend, die Gesetze eines Staates. Die Gesetze entstammen für Aristoteles also nicht einer objektivierten Ideenwelt, sondern sie treten als menschliche Konvention (Übereinkunft) hervor, wobei darunter nicht nur das Gesetzesrecht fällt, sondern auch moralische Verhaltensnormen, die sich aus der Tradition und Kultur heraus entwickeln.

2. *Die beste Staatsform*

Nicht alle Regierenden sind in der Lage, den bestmöglichen Staat zu verwirklichen. Wie Platon wird auch Aristoteles von der Frage angetrieben, welches die für den Menschen beste Staatsform sei.

Spezifikum aus der Natur des Menschen

Als Empiriker wählt Aristoteles für die Beantwortung seiner Frage einen Zugang, der an ganz konkrete Erfahrungen anknüpft. Um herauszufinden, was die für die Menschen beste Staatsform ist, müssen wir herausfinden, was den Menschen als Lebewesen vor allen anderen auszeichnet. Auch die Bienen sind staatenbildende Lebewesen, aber es gibt einen Unterschied zwischen einem Bienenstaat und einem menschlichen Staatsvolk.

Vernunft und Sprache

Als zentrales Element, welches den Menschen von den Tieren unterscheidet, führt Aristoteles die Sprache an. Der Mensch kann nicht nur Laute von sich geben, er kann sprechen. Er kann mittels der Sprache zwischen Gut und Böse, zwischen Gerecht und Ungerecht differenzieren, er kann werten, er kann vernünftig begründen. Er ist *zoon logon echon* – ein mit Vernunft und Sprache begabtes Lebewesen.

Da die Natur nichts ohne Zweck schafft, muss es auch einen Zweck haben, dass der Mensch durch die Natur mit Sprache ausgestattet wurde. Diese Argumentation bezeichnet man als teleologisch. *Telos* bedeutet Zweck oder Ziel. Aristoteles

61 Vgl. dazu auch: *Dorothea Frede*, Staatsverfassung und Staatsbürger, in *Otfried Höffe* (Hg.), Aristoteles Politik, Reihe Klassiker auslegen, München 2011, S. 68.

62 Vgl. *Manuel Knoll*, Die Verfassungslehre des Aristoteles, in *Barbara Zehnpfennig* (Hg.), Die „Politik" des Aristoteles, 2. unverä. Auflage, Baden-Baden 2014, S. 128.

argumentiert also teleologisch, indem er sagt, dass es einen Zweck gibt, den zu erreichen die menschliche Natur so beschaffen ist, wie sie ist.

Die Sprache befähigt den Mensch auch dazu, eine politische Gemeinschaft zu bilden und sich Gesetze zu geben.

Der Mensch als Mängelwesen

Hinzu kommen die täglichen Bedürfnisse des Menschen. Die Gemeinschaften zwischen Mann und Frau, zwischen Vater und Kindern und zwischen Herrn und Sklave sollen die kurzfristigen, täglichen Bedürfnisse befriedigen. Der Mensch hat aber auch Bedürfnisse, die über einen Tag hinaus reichen. Um diese zu erfüllen, ist die staatliche Gemeinschaft nötig.

Die Notwendigkeit, Gemeinschaften zu bilden, erwächst damit aus der Bedürftigkeit des Menschen heraus. Der Mensch bildet Gemeinschaften, da er allein seine Bedürfnisse nicht befriedigen kann. Er ist auf andere Menschen angewiesen, um zu überleben. Damit hält ihn Aristoteles, wie es die moderne Theorie nennen wird, für ein „Mängelwesen“. Allerdings geht es dem Philosophen keineswegs nur um das bloße Überleben – der zentrale Bezugspunkt seiner gesamten praktischen Philosophie ist *das gute Leben*.

Der Staat von Natur aus

Um eben dieses zu erreichen, schließen sich die Menschen zu Gemeinschaften zusammen. Jetzt können wir verstehen, was Aristoteles meint, wenn er sagt, dass der Staat „von Natur aus“ ist: Die Natur hat es so angelegt, dass die Menschen nicht anders können, als Staaten zu bilden. Aristoteles meint damit nicht, dass der Staat schon immer existiert, sondern dass es die Natur so angelegt hat, dass der Staat geschaffen werden muss. Böckenförde akzentuiert: „Die Polis und das Polisrecht sind deshalb von Natur, weil in der verfaßten, in Ordnungen ausgeformten Polis der Freie sein aktuales Menschsein hat, seine Natur ihre Wirklichkeit und Vollendung findet.“[64]

Da der Mensch dieses Ziel nur in einem Staat erreichen kann, tritt zu der bisherigen Bestimmung des Men-

63 Abb. Gemeinschaftswesen – Quelle: privat.

64 *Ernst-Wolfgang Böckenförde*, Geschichte der Rechts- und Staatsphilosophie. Antike und Mittelalter, 2. Auflage, Tübingen 2006, S. 110.

schen eine weitere hinzu: Der Mensch ist *zoon politikon* – ein staatenbildendes Lebewesen.

Die Analyse der menschlichen Natur ist für Aristoteles Voraussetzung aller Überlegungen über ein gelungenes politisches System: „Wer die beste Verfassung nach Gebühr in Betracht nehmen will, muss zuerst bestimmen, welches das begehrenswerteste Leben ist.“[65] Aus der Natur des Menschen kann abgeleitet werden, welcher Staat der Beste ist: der, der *eudaimonia* zum Ziel hat und den Bürgern die äußeren Bedingungen eines auf Glückseligkeit ausgerichteten Lebens bereitstellt.

Die polis als Glückbedingung

Durch das Zusammenleben in einem Staat kann der Mensch letztlich sein Menschsein verwirklichen. Aristoteles schreibt: „Wer aber nicht in Gemeinschaft leben kann, oder ihrer, weil er sich selbst genug ist, gar nicht bedarf, ist kein Glied des Staates und demnach entweder ein Tier oder ein Gott.“[66]

Wie begründet Aristoteles, dass der Mensch nur im Staat seinen Zweck verwirklichen kann?

Zunächst beschreibt Aristoteles diejenigen Personengruppen, die zu seiner Zeit nicht als Akteure in der Polis anerkannt sind: Frauen, Sklaven, Bauern, Tagelöhner, Handwerker, Bergarbeiter... Ausgeschlossen sind also alle, die für den Unterhalt ihres täglichen Lebens arbeiten müssen, die nicht frei sind, also nicht selbst über sich verfügen und keine Entscheidungen über ihr Leben treffen können.

Die Voraussetzungen des Glücks im Staat

Sie wissen schon, dass das Glück, die *eudaimonia*, das höchste Ziel ist, nach welchem die Menschen streben können. Auch haben Sie schon erfahren, was der Einzelne tun muss, um dieses höchste Glück zu erreichen.[67] Allerdings liegt es nicht ausschließlich in der Hand eines jeden, glücklich zu werden. Welche weiteren Bedingungen eine Rolle für das Erreichen der *eudaimonia* spielen, erfahren Sie jetzt.

Damit man im Staat ein gutes Leben führen kann, muss man nach Aristoteles noch weitere Voraussetzungen erfüllen: Gesund und ein Grieche sein, aus gutem Hause stammen, mit einem angenehmen Äußeren gesegnet sein. Aber auch unter diesen günstigen Voraussetzungen, als reicher, gutaussehender Grieche, fällt einem das Lebensglück nicht einfach zu, während man durch Athen wandelt. Man muss auch noch, das wissen Sie bereits, ein gutes Leben führen, gut handeln, Taten von ethischer Vortrefflichkeit vollbringen. Damit das gelingt, muss die Seele auch durch Erziehung geformt werden. Jeder Mensch bedarf der Einübung

---

65 *Aristoteles*, Pol., VII 1 1323a 15.
66 *Aristoteles*, Pol., I 2 1253a 28f.
67 Vgl. Abschnitt Lebensglück, das höchste Ziel.

des vortrefflichen Verhaltens – Aristoteles zeigt sich wiederum als Empiriker: Das Wissen um das Gute allein genügt nicht, der Mensch braucht Anleitung und Übung.

Aber auch der Staat soll den Menschen zu gutem sittlichen Verhalten erziehen. Um dies zu leisten, muss er auf die Tugenden hin ausgerichtet sein, auf sittliche und wissenschaftliche Bildung und nicht auf das Kriegswesen. Wie es schon gesagt wurde: Der glückliche Mensch muss tugendhaft *handeln* und der Staat muss die Rahmenbedingungen schaffen. Weiterhin muss es möglich sein, ein kontemplatives, also dem Denken gewidmetes Leben zu führen. Aristoteles hält es bei aller Hochschätzung des Handelns für unerlässlich, Philosophie zu treiben: fern der Taten zu reflektieren. Dieses kontemplative Leben kann allerdings nur einen Teil des Lebens ausmachen: Der Mensch bleibt immer noch Mensch. Als ein solcher ist er Teil einer Gemeinschaft, in welcher er zwingend seine Bedürfnisse erfüllen muss und als Handelnder mit Freunden, Familie und im politischen Umfeld lebt. Das schmälert aber nicht den Wert des kontemplativen Lebens:

„Aber wenn diese Ansicht richtig und die Glückseligkeit als rechte und vollkommende Tätigkeit zu bestimmen ist, so folgt, dass das tätige Leben wie für die staatliche Gesamtheit so für den Einzelnen das Beste sein muss. Indessen braucht der Tätige sich nicht, wie manche meinen, mit anderen zu beschäftigen, und es ist nicht gesagt, dass bloß dasjenige Denken praktisch ist, bei dem man den Erfolg einer Handlung überlegt, sondern diejenigen Betrachtungen und Überlegungen beanspruchen in viel höherem Maße praktische Bedeutung und Wert, die sich selber Zweck sind und ihrer selbst wegen angestellt werden.“[68]

Zu Glückseligkeit führt also eine Mischung aus Kontemplation und tugendhaftem Handeln. Aristoteles, der Philosoph, hält ein betrachtendes Leben für unverzichtbar, als Empiriker sieht er aber die unabdingbare Verflochtenheit in die Zwänge und den wertvollen Ertrag des Handelns.

Wenn man das Lebensglück auf diese besondere Weise bestimmt, wird klar, dass das höchste Gut nicht von jedermann erreicht werden kann. Die Fähigkeit zum philosophischen Denken ist nicht allen Bürgern der *polis* gegeben. Aber viel wichtiger: Die Einübung der Tugenden erfordert freie Zeit und einen gewissen Wohlstand. Damit sind Personen nötig, die diesen ermöglichen, aber dann notwendig nicht selbst die Voraussetzungen eines glückseligen Lebens erfüllen. Hieraus begründet Aristoteles die Notwendigkeit der Sklaverei. Der Überzeugung seiner Zeit entsprechend behauptet er, es gäbe Menschen, die von Natur aus Sklaven seien: nicht geeignet, selbst für ihr Leben Verantwortung zu übernehmen und zu entscheiden. Für diese Menschen sei es am besten, wenn sie als Sklaven lebten und von einem Herrn geführt werden.[69]

68 *Aristoteles*, Pol., VII 4 1325b 15-20.
69 *Aristoteles*, Pol., I 4 und I 5.

Kehren wir wieder zu den Glücksvoraussetzungen in der *polis* zurück. Neben der inneren Haltung und dem gute Handeln muss eine Vielzahl äußerer Bedingungen erfüllt sein, bevor der Einzelne *eudaimonia* erlangen kann.

Bei Aristoteles hat der Staat die Verantwortung für das Glück seiner Bürger. Damit bildet dieser Entwurf das Gegenmodell zum modernen Liberalismus, der Glück als etwas höchst Privates und Individuelles versteht: Die aristotelische *polis* steht über dem Einzelnen; der Einzelne ist notwendiger Teil des Ganzen, aber wird auf der Ebene des Staates durch partizipative Institutionen und Ämter repräsentiert.

Aristoteles belässt es aber nicht bei diesem theoretischen Konzept, sondern zeigt sich auch in seiner politischen Philosophie als Empiriker. Zwar gilt er als Begründer des Naturrechts, weil er seine Prämissen für den perfekten Staat aus der „menschlichen Natur" gewinnt. Tatsächlich hält er jedoch, von dieser „Letztbegründung" abgesehen, die Staatsverfassungen wie alles übrige Recht für konventionelles, also auf Übereinkunft beruhendes, gesetztes (positives) Menschenwerk. Damit unterscheidet sich seine „naturrechtliche" Konzeption deutlich von dem, was wir heute darunter verstehen. Hinzu kommt, dass er seine Betrachtungen und Modelle auf seine umfassenden Erfahrungen mit den politischen Systemen seiner Zeit gründete.

In dieser Begriffswolke finden Sie einige zentrale Begriffe der aristotelischen Philosophie vereinigt – welche kennen Sie schon? Können Sie die Bedeutung im Kontext des aristotelischen Denkens erklären?

3. *Die Staatsformenlehre*

Aristoteles entwirft nicht nur die Idee des besten Staates, sondern er entwickelt ein Modell, welches es ermöglicht, verschiedene Staatsverfassungen nach verschiedenen Kriterien zu bewerten, denn nicht alle Staatsregierungen setzen das gute Leben ihrer Bürger und die Erreichung der *eudaimonia* als Ziel. Sie streben nach Reichtum, nach Machtzuwachs, nach Landgewinnen. Zunächst lässt sich sagen, dass ein Staat dann existiert, wenn eine Menge von Menschen unter einer Verfassung und unter Gesetzen lebt und regiert wird.[70]

Für die Einteilung der Staaten müssen folgende Fragen gestellt werden: Wer herrscht – alle, viele oder einer? Worin besteht das Hauptziel der Regierenden – im Gemeinwohl oder im Eigennutz?

Und ganz grundlegend: Warum brauchen Menschen überhaupt Gesetze bzw. einen Herrscher? Diese Frage beantwortet Aristoteles in *Politik* III/15: Der Vorteil der Gesetze ist, dass sie feststehend und nicht, wie Menschen, Affekten ausgesetzt sind. Gesetze werden nicht wütend oder mitleidig; sie regeln die menschlichen Angelegenheiten allgemein. Aber Gesetze können nicht so geschaffen werden, dass sie in jedem Einzelfall richtig entscheiden, sie müssen angewandt und Einzelfälle müssen entschieden werden. Ist es in solchen Fällen besser, dass ein Einzelner entscheidet oder das Volk? Das Volk ist weniger schwer in Rage zu bringen und weniger verderblich in seiner Gesamtheit als ein Einzelner. Allerdings ist das gesamte Volk auch nicht so gut und weise wie einzelne, herausragende Männer. Es ist deshalb allgemein vorzuziehen, dass mehrere gute Männer herrschen statt einer. Bei diesen guten Männern ist auch die Wahrscheinlichkeit hoch, dass sie sich das Beste für den Staat zum Ziel machen, nicht aber Reichtum, Ausbau der Macht oder Eroberung anderer Staaten.

Wer soll herrschen?

Kombiniert man diese beiden Elemente (Wer herrscht? Mit welchem Ziel?), ergeben sich sechs Staatsformen, wobei Aristoteles drei davon als entartet beschreibt:

	Hauptziel	
Wer herrscht?	*Gemeinwohl*	*Eigennutz*
Einer	Monarchie	Tyrannis (entartet)
Viele	Aristokratie	Oligarchie (entartet)
Alle	Politie	Demokratie (entartet)

70 *Aristoteles*, Pol., III 3, 1279b 9-11.

Mit „Politie“ bezeichnet Aristoteles das, was wir heute unter einer „repräsentativen“ oder „mittelbaren Demokratie“ verstehen, z. B. die Verfassung der Bundesrepublik Deutschland. Allerdings sollte man nicht den Fehler machen, die *polis* gleichzusetzen mit einem heutigen Staat. Die Unterschiede sind schon aufgrund der Bevölkerungszahlen und der Größe des Staatsgebiets weitreichend. Sie betreffen auch die komplexen Wahlsysteme, die großen Verwaltungsapparate, die politische Agenda...

In seiner „Politik“ gibt Aristoteles ausführliche Erläuterungen zu jeder Staatsform,[71] wobei er jedes Modell in verschiedenen Varianten diskutiert und darauf hinweist, dass es auch Abstufungen in jeder Verfassung geben kann. Zentrale Unterscheidungsmerkmale sind folgende:

Monarchie und Tyrannis zeichnen sich dadurch aus, dass es einen Herrscher gibt, der alle regiert. Während aber der König einer Monarchie nach dem Gesetz regiert, herrscht der Tyrann willkürlich und hält sich nicht an die bestehenden Gesetze.

In der Oligarchie herrschen die Reichen, in der Aristokratie die Tugendhaften. Die Armen bzw. Besitzlosen sind im ersten Fall von der Herrschaft ausgeschlossen, im zweiten Fall zählt nicht Besitz, sondern die Tugend. Berücksichtigt man aber, dass ein gutes Leben auch ausreichend Besitz voraussetzt, zeigt sich, dass auch die Aristokratie nicht ohne dieses Kriterium auskommt. Die Demokratie ist die Herrschaft der Armen, unabhängig davon, wie viele es sind. Oligarchie und Demokratie unterscheiden sich nicht danach, ob viele oder wenige herrschen; die entscheidende Frage ist, ob die Besitzenden oder Besitzlosen herrschen. In der Politie besteht bei der Beteiligung von Armen und Reichen aber ein ausgeglichenes Verhältnis. Sie ist eine Mischung von Bestandteilen der Oligarchie und Demokratie: Zwar dürfen alle wählen, aber nicht jeder kommt als Amtsträger in Frage.

In der Ethik wurde gezeigt, dass das beste Leben ein Leben nach der Tugend ist, also ein Leben der Mitte. Dies trifft in ähnlicher Weise auf den Staat zu. Auch hier gilt es die Mitte zu treffen.

So gibt es im Staat drei Gruppen: Die Wohlhabenden, die Mittellosen und die Menschen mit mittlerem Besitz. Die Mitte lässt am ehesten die Vernunft gehorchen, alles Unmäßige ruft die Begierden hervor. Die Wohlhabenden sind es nicht gewohnt, sich beherrschen zu lassen, sie leben seit ihrer Kindheit im Überfluss; diejenigen, die Mangel leiden, sind kleinmütig und können nicht herrschen.

Die Mitte als Maßstab

Die mit mittlerem Besitz trachten nicht nach fremden Gütern, auch andere trachten nicht nach ihrem Besitz; sie haben genug, aber niemand neidet es ihnen. Die Staaten, in denen das Mittlere vorherrscht, existieren gefahrlos, da sie sich keinen

71 Ausführungen finden sich in den Büchern III-VI der Politik des Aristoteles.

Angriffen von Innen ausgesetzt sehen. Auch die Staaten müssen sich also, wie die Menschen, um einen Ausgleich zwischen den Extremen bemühen. Gerechtigkeit wird somit zur zentralen Bezugsgröße für den Fortbestand der *polis*.

Nur wenn ein ausgeglichenes Verhältnis zwischen den einzelnen Größen eines Staates herrscht, wenn die Gesetze gerecht sind und keinen Anlass zum Aufstand geben, wenn die Herrschenden zeitlich begrenzt und mit Klugheit *(phronēsis)* herrschen, dann kann die *polis* stabil und dauerhaft fortbestehen.[72]

Die Mitte ist der Maßstab für den Einzelnen ebenso wie für den Staat. Die Politie beteiligt Ärmere und Reichere zu gleichen Teilen, gleicht Extreme aus und bildet somit eine stabile, auf Dauer angelegte Staatsform. Weiterhin ist sie eine Herrschaftsform der Freien und Gleichen: Alle männlichen Vollbürger dürfen gleichermaßen wählen und gewählt werden, sie herrschen und werden beherrscht. Zwischen Regierten und Regierenden, und damit auch im Personenkreis der Amtsträger, findet aber ein regelmäßiger Wechsel statt. Diese Grundprinzipien des aktiven und passiven Wahlrechts, der gleichen und freien Wahl sowie der zeitlich beschränkten Amtsinhaberschaft sind Ihnen vertraut, denn sie zeichnen heute alle intakten parlamentarischen Demokratien aus.

Weitere umfassende Ausführungen zur Politie finden sich in den Büchern VII und VIII der *Politik* des Aristoteles. Aber auch hier bleibt er seinem Grundsatz treu, bei der Wirklichkeit anzusetzen und auf die Umsetzbarkeit seiner Forderungen zu achten.

72 Vgl. *Otfried Höffe*, Aristoteles' politische Anthropologie, in *ders.* (Hg.), Aristoteles Politik, Reihe Klassiker auslegen, Berlin 2011, S. 22.

C. Aristoteles heute

Über die Zeit hinweg wurde Aristoteles immer wieder rezipiert, wenn auch in Wellen und unterschiedlicher Intensität. Für das europäische Mittelalter, und damit die Jugend- und Prägejahre der universitären Gelehrsamkeit, war er der Philosoph schlechthin.

Im 20. Jahrhundert wurde Aristoteles, namentlich seine praktische Philosophie, vor allem durch die Werke der Philosophinnen Hannah Arendt und Martha Nussbaum wiederentdeckt. Der zeitgenössische Gerechtigkeitsdiskurs, der von Schlagworten wie „Soziale Gerechtigkeit", „Verteilungsgerechtigkeit", „Generationengerechtigkeit" bestimmt wird, bewegt sich in den von Aristoteles beschriebenen Mustern. Die Unterscheidung zwischen der ausgleichenden (kommutativen) und der austeilenden (distributiven) Gerechtigkeit hilft bis heute bei der Beschreibung und Lösung von Verteilungskonflikten.

Auch das Nachdenken über das Wesen der Gerechtigkeit ist in der Moderne keineswegs beendet – Gerechtigkeitsfragen sind in einer globalisierten Welt- und Schicksalsgemeinschaft drängender als je zuvor. Dass Staaten heute nicht nur das bloße Überleben, sondern auch das gute Leben ihrer Bürger sichern sollen, und dass hierbei Gerechtigkeit unabdingbar ist, scheint uns selbstverständlich. Obgleich wir uns ein glückseliges, gutes Leben in seinen konkreten Erscheinungen heute anders denken, als es Aristoteles tat. Obwohl wir den Einzelnen und seine individuellen Möglichkeiten mehr in den Mittelpunkt gerückt haben, ihn vielleicht weniger als Angehörigen einer bestimmten Gruppe oder Klasse sehen und in rechtlicher Beziehung von seiner Gleichheit überzeugt sind, wirkt die aristotelische Grundannahme, dass alle Menschen nach einem guten, glücklichen Leben streben, so aktuell wie vor zwei Jahrtausenden.

I. Spuren in der Rechtsprechung

Die unverminderte Bedeutung der Lehren des Aristoteles zeigt sich auch in unserem gegenwärtigen Denken über Recht und Gerechtigkeit. Grundlegende Begriffe und Denkweisen, Werte, Ordnungen und Formen der Konfliktbewältigung sind von Aristoteles beschrieben oder auf aristotelische Überlegungen zurückzuführen.

Dies wird anschaulich, wenn man sich etwas eingehender mit rechtlichen Texten beschäftigt.

Lesen Sie deshalb die beiden folgenden Auszüge aus einem Urteil des Bundesverfassungsgerichts. An welchen Stellen entdecken Sie Anklänge an die Lehre des Aristoteles? Markieren Sie die Passagen und versuchen Sie, die korrespondierenden Elemente der aristotelischen Theorie zu benennen.

1. *Ein Urteil des Bundesverfassungsgerichts*

Der Fall „Mephisto" aus dem Jahr 1971

Art. 5 GG (1) Jeder hat das Recht, seine Meinung in Wort, Schrift und Bild frei zu äußern und zu verbreiten und sich aus allgemein zugänglichen Quellen ungehindert zu unterrichten. Die Pressefreiheit und die Freiheit der Berichterstattung durch Rundfunk und Film werden gewährleistet. Eine Zensur findet nicht statt.

(2) Diese Rechte finden ihre Schranken in den Vorschriften der allgemeinen Gesetze, den gesetzlichen Bestimmungen zum Schutze der Jugend und in dem Recht der persönlichen Ehre.

(3) Kunst und Wissenschaft, Forschung und Lehre sind frei. Die Freiheit der Lehre entbindet nicht von der Treue zur Verfassung.

Gegenstand des Urteils ist die Verfassungsbeschwerde eines Verlages, der beabsichtigt, das Buch „Mephisto. Roman einer Karriere" von Klaus Mann wiederaufzulegen. Dagegen hatte der Adoptivsohn und Erbe des Schauspielers und Intendanten Gustav Gründgens ein Verbot erwirkt. Der Roman schildert den Aufstieg des hochbegabten und überehrgeizigen Schauspielers Hendrik Höfgen, der im Pakt mit den Machthabern des nationalsozialistischen Deutschlands Karriere macht. Der Romanfigur des Hendrik Höfgen diente der Schauspieler Gustaf Gründgens als Vorbild, weshalb Gründgens' Sohn das Persönlichkeitsrecht seines Vaters postmortal verletzt sah.

Das Bundesverfassungsgericht diskutiert in seinem Urteil in grundlegenden Passagen das Wesen und die Grenzen der Kunst und der Kunstfreiheit (Art. 5 Abs. 3 GG) sowie eine mögliche Verletzung des verfassungsrechtlich geschützten Persönlichkeitsbereichs.

Dazu finden Sie nun einige Auszüge aus dem Gerichtsurteil.[73]

73 Beachten Sie bitte: das Urteil stammt aus dem Jahr 1971. Neben dem dort entwickelten „materialen" Kunstbegriff (so eben „Mephisto" BVerfGE 30, 173; desgl. „anachronistischer Zug" 67, 213, 226; „Esra" BVerfGE 119, 1, 20 f.) stellt der jüngere „formale" Kunstbegriff über Gattungsmerkmale auf das Ergebnis bzw. den Werktyp ab (BVerfGE 67, 213, 226 f.). Der postmoderne *„offene" Kunstbegriff* schließlich sieht eine „praktisch unerschöpfliche, vielstufige Informationsvermittlung" mit vielfachen Interpretationsmöglichkeiten (BVerfGE 67, 213, 226 f.). „In Anbetracht der unübersehbaren dogmatischen Schwächen der einzelnen Kunstbegriffe erscheint es ratsam, ähnlich der Vorgehensweise des BVerfG, mit sämtlichen Kunstbegriffen zu operieren", BeckOK GG/*Kempen*: GG Art. 5 Rn. 162.

Auszug A

„Art. 5 Abs. 3 Satz 1 GG erklärt die Kunst neben der Wissenschaft, Forschung und Lehre für frei. Mit dieser Freiheitsverbürgung enthält Art. 5 Abs. 3 Satz 1 GG nach Wortlaut und Sinn zunächst eine objektive, das Verhältnis des Bereiches Kunst zum Staat regelnde wertentscheidende Grundsatznorm. Zugleich gewährleistet die Bestimmung jedem, der in diesem Bereich tätig ist, ein individuelles Freiheitsrecht".[74]

Auszug B

„Der Lebensbereich ‚Kunst' ist durch die vom Wesen der Kunst geprägten, ihr allein eigenen Strukturmerkmale zu bestimmen. Von ihnen hat die Auslegung des Kunstbegriffs der Verfassung auszugehen. Das Wesentliche der künstlerischen Betätigung ist die freie schöpferische Gestaltung, in der Eindrücke, Erfahrungen, Erlebnisse des Künstlers durch das Medium einer bestimmten Formensprache zu unmittelbarer Anschauung gebracht werden."[75]

Auszug C

„Art. 5 Abs. 3 Satz 1 GG garantiert die Freiheit der Betätigung im Kunstbereich umfassend. [...] Die systematische Trennung der Gewährleistungsbereiche in Art. 5 GG weist den Abs. 3 dieser Bestimmung gegenüber Abs. 1 als lex specialis aus und verbietet es deshalb, die Schranken des Abs. 2 auch auf die in Abs. 3 genannten Bereiche anzuwenden."[76]

Auszug D

„Andererseits ist das Freiheitsrecht nicht schrankenlos gewährt. Die Freiheitsverbürgung in Art. 5 Abs. 3 Satz 1 GG geht wie alle Grundrechte vom Menschenbild des Grundgesetzes aus, d. h. vom Menschen als eigenverantwortlicher Persönlichkeit, die sich innerhalb der sozialen Gemeinschaft frei entfaltet. [... Ein] im Rahmen der Kunstfreiheitsgarantie zu berücksichtigender Konflikt [ist] nach Maßgabe der grundgesetzlichen Wertordnung und unter Berücksichtigung der Einheit dieses grundlegenden Wertsystems durch Verfassungsauslegung zu lösen. Als Teil des grundrechtlichen Wertsystems ist die Kunstfreiheit insbesondere der in Art. 1 GG garantierten Würde des Menschen zugeordnet, die als oberster Wert das ganze grundrechtliche Wertsystem beherrscht (BVerfGE 6, 32 [41]; 27, 1 [6]). Dennoch kann die Kunstfreiheitsgarantie mit dem ebenfalls verfassungsrechtlich geschützten Persönlichkeitsbereich in Konflikt geraten, weil ein Kunstwerk auch auf der sozialen Ebene Wirkungen entfalten kann." [77]

74 BVerfGE 30, 173 (173).
75 BVerfGE 30, 173 (188, 189).
76 BVerfGE 30, 173 (191).
77 BVerfGE 30, 173 (193).

Auszug E

„Die Entscheidung darüber, ob durch die Anlehnung der künstlerischen Darstellung an Persönlichkeitsdaten der realen Wirklichkeit ein der Veröffentlichung des Kunstwerks entgegenstehender schwerer Eingriff in den schutzwürdigen Persönlichkeitsbereich des Dargestellten zu befürchten ist, kann nur unter Abwägung aller Umstände des Einzelfalls getroffen werden. Dabei ist zu beachten, ob und inwieweit das „Abbild" gegenüber dem „Urbild" durch die künstlerische Gestaltung des Stoffs und seine Ein- und Unterordnung in den Gesamtorganismus des Kunstwerks so verselbständigt erscheint, daß das Individuelle, Persönlich-Intime zugunsten des Allgemeinen, Zeichenhaften der „Figur" objektiviert ist. Wenn eine solche, das Kunstspezifische berücksichtigende Betrachtung jedoch ergibt, daß der Künstler ein „Porträt" des „Urbildes" gezeichnet hat oder gar zeichnen wollte, kommt es auf das Ausmaß der künstlerischen Verfremdung oder den Umfang und die Bedeutung der „Verfälschung" für den Ruf des Betroffenen oder für sein Andenken an."[78]

2. *Diskussion, Kritik und Zusammenschau*

Wie alle Vorinstanzen (und unserem juristischem Denken entsprechend), löst das BVerfG den wirklichen Konflikt zwischen Verlag und Sohn, indem es die Streitfragen in eine begriffliche Ordnung überträgt. Nicht mehr Menschen stehen einander im Streit gegenüber, sondern in der Rechtswelt existierende Objekte. Diese Gegenstände besitzen ein rechtliches Sein. Sie sind Dinge, die etwas „enthalten" (Auszug A) oder einander „zugeordnet" (D) werden können, so dass sie in einem Raum neben- oder untereinander stehen und man unter ihnen ein „oberstes" (D) erkennen kann. Sie handeln aber auch wie menschliche Wesen: Art. 5 Abs. 3 Satz 1 GG „erklärt", „gewährleistet", „garantiert", „geht (von einem Menschenbild) aus", „gerät in Konflikt". Art. 5 Abs. 3 Satz 1 GG ist gleichsam der Repräsentant des Beschwerdeführers, der auf dem Spielfeld des Rechts an dessen Stelle mit dem „verfassungsrechtlich geschützten Persönlichkeitsbereich" (der Vertreter des Sohnes, der seinerseits seinen Vater „vertritt") den Streit austragen muss.

Wie in den aristotelischen Lehrschriften über die Aussage und die Begriffshierarchien (*De Interpretatione* und *Kategorien*) haben diese ontischen (seienden) Einheiten eine individuelle und eine abstrakte Existenz. Jedem Einzelnen steht z. B. sein „individuelles" Freiheitsrecht zu, daneben gibt es aber die abstrakte Freiheit, als „Wert" oder „Grundsatznorm" (A), vom Gericht „objektiv" genannt. Diese Unterscheidung trifft das Gericht auch in Bezug auf die Kunst: Dort gäbe es einerseits das Abbild des „Individuellen, Persönlich-Intimem", andererseits die „zur Figur objektivierte" Darstellung „des Allgemeinen, Zeichenhaften" (E).

78 BVerfGE 30, 173 (195).

Wie schon der Auszug A illustriert, liegt dem gesamten Text (wie dem Rechtsdenken überhaupt) das aristotelische Zeichenmodell zugrunde. Es gibt Dinge, die eine Bezeichnung tragen, die ihrerseits im menschlichen Denken eine Vorstellung bewirken: den Sinn oder die Bedeutung des Zeichens.

Die Bedeutung ist immer dieselbe, sie ist uns nur nicht immer sofort ersichtlich. Manchmal bezeichnet z. B. dasselbe Wort zwei unterschiedliche Dinge. Die Bedeutung lässt sich aber rational bestimmen. Sie ist im seienden Begriff enthalten, als sein „Inhalt" oder „materialer Gehalt". Dafür ist der Begriff auszulegen (Interpretation).

Offen bleibt, ob eine Interpretation zwingend zur einzig richtigen Bedeutung führt. Das Bundesverfassungsgericht scheint dies zu bezweifeln und fordert lediglich Auslegungen, die „methodisch vertretbar" sind.[79] Damit folgt es der aristotelischen Position, wonach die Entscheidungen über die Einzelfälle der Praxis nicht wissenschaftlich (*epistḗmē*), sondern nur klug getroffen werden können (*phronēsis*). Die Konsequenz ist, dass ein Ergebnis nie auf Wahrheit, sondern immer nur auf rhetorisch – insbesondere argumentativ – hergestellter Wahrscheinlichkeit gründen kann.

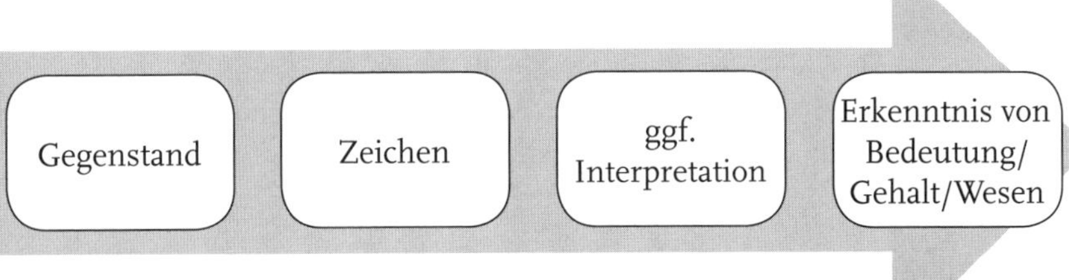

Nach Aristoteles muss eine Interpretation klären, wo der Begriff in der Hierarchie der Dinge einzuordnen ist. Genauso stellt hier auch das Gericht klar, dass die Kunstfreiheit, und damit integral der Begriff der Kunst, bestimmt werden muss (Auszug B: „Auslegung des Kunstbegriffs der Verfassung"). Dafür sind die „vom Wesen der Kunst geprägten", also substantiellen, „ihr allein eigenen", also artspezifischen „Strukturmerkmale" zu bestimmen. Das Gericht formuliert daraufhin eine klassische Definition: „Das Wesentliche der künstlerischen Betätigung" (Definiendum) ist (Definiens) „eine Gestaltung" (*genus*), die „frei und schöpferisch ist und die Eindrücke, Erfahrungen, Erlebnisse des Künstlers durch das Medium einer bestimmten Formensprache zu unmittelbarer Anschauung bringt, usw." (artspezifisch).

Die Einteilung in Gattung und Art ist (neben vielem anderem) auch geeignet, Normkollisionen zu entscheiden. So genießt das speziellere Gesetz (*lex specialis*)

79 Z. B. BVerfGE 111, 307 (317).

Anwendungsvorrang im Verhältnis zur generelleren Norm (*lex generalis*). Wenn für die speziellere Art von Freiheit (Kunst gemäß Art. 5 Abs. 3 GG) eine „umfassende", schrankenlose Garantie vorgesehen ist, darf man nicht die eingeschränkte Garantie der höheren Ordnung (Art. 5 Abs. 1 und 2 GG) zugrunde legen (Auszug C).

Ganz im Geist aristotelischer Ethik sind auch die ethischen Grundannahmen der Rechtsprechung. Das Gericht bekennt sich über sein Verfassungsverständnis zu einer bestimmten Natur des Menschen („Menschenbild des Grundgesetzes"), der sich „als eigenverantwortlicher Persönlichkeit [...] innerhalb der sozialen Gemeinschaft frei entfaltet" (Auszug D). In diesem Postulat steckt sowohl der *telos*, das zweckvolle Streben zur eigenen Vollendung („Entfaltung"), wie die Bezogenheit von Individuum und Gemeinschaft, die Aristoteles wichtig ist. Eher platonisch hingegen wirkt das Konzept eines grundgesetzlichen „Wertesystems" mit einem „obersten Wert", es sei denn, man interpretiert die „Menschwürde" als verfassungsrechtliches Analogon für das als höchstes Ziel gedachte Lebensglück, die *eudaimonie*.

Der letzte zitierte Abschnitt (E) folgt dem Gerechtigkeitskonzept, das Aristoteles über seine *mesotes*-Lehre, das Prinzip der Mitte, entwickelt hat. Danach ist die Entscheidung gut und richtig, die zwischen Extremen das der Situation angemessene Verhältnis herstellt. Vorliegend sucht das Gericht, unter Abwägung der vorgebrachten Gesichtspunkte (Argumente), eine Verhältnismäßigkeit zwischen der künstlerischen Freiheit und einem möglicherweise schweren Eingriff in den schutzwürdigen Persönlichkeitsbereich herzustellen. Die allgemeinen Normen zeigen nicht auf, wie der konkrete Einzelfall zu lösen ist.

II Übung und Vertiefung

Folgender Auszug entstammt der Nikomachischen Ethik, 5. Buch, 9. Kapitel:

> „So wäre denn erklärt, was das Unrecht und was das Recht ist. – Aufgrund der gegebenen Bestimmungen sieht man nun auch, dass die Ausübung der Gerechtigkeit die Mitte ist zwischen Unrecht tun und Unrecht leiden. Jenes heißt zu viel, dieses zu wenig haben. Die Gerechtigkeit ist aber nicht in derselben Weise eine Mitte wie die übrigen Tugenden, doch ist sie es insofern, als sie die Mitte herstellt, während die Ungerechtigkeit die Extreme hervorbringt."

Beantworten Sie folgende Fragen mit Hilfe des Textes:

1. Was versteht Aristoteles unter dem Begriff der Mitte? Erklären Sie mit eigenen Worten!
2. Warum ist die Gerechtigkeit ein „Mittleres"? Welches sind die beiden Extreme?

III. Literaturempfehlungen

Hellmut Flashar, Aristoteles. Lehrer des Abendlandes, München 2013.
Wolfgang Welsch, Der Philosoph. Die Gedankenwelt des Aristoteles, München 2012.
Barbara Zehnpfennig, Die „Politik" des Aristoteles, 2. Aufl., Baden-Baden 2014.
Christof Rapp, Aristoteles – Handbuch. Leben – Werk – Wirkung, Stuttgart 2011.
Otfried Höffe, Aristoteles. Nikomachische Ethik, Reihe Klassiker auslegen, Berlin 2010.
Ders., Aristoteles, Politik, Reihe Klassiker auslegen, Berlin 2011.
Ernst-Wolfgang Böckenförde, Geschichte der Rechts- und Staatsphilosophie. Antike und Mittelalter, Stuttgart 2006. (Abschnitt Aristoteles)
Otfried Höffe, Aristoteles – Lexikon, Stuttgart 2005.
Richard Oliver Brooks, Aristotle and Modern Law, Aldershot [v.a.] 2003.
Richard Kraut, Aristotle, Oxford 2002.

THOMAS VON AQUIN ca. 1224/25–1274

Aquinas is a theologian by profession. It is however,
not the professional philosophers of the thirteenth century,
but the theologian Thomas Aquinas who belongs among
the outstanding figures in the history of philosophy.

Jan Aertsen

A. Der Denker und seine Zeit

Das Hochmittelalter ist eine Zeit der intellektuellen Blüte Europas. Die Gründungen der Universitäten in Bologna, Paris, Oxford, Cambridge, Salamanca, Neapel, Toulouse und weiteren Städten tragen entscheidend zu dem im 12. Jahrhundert einsetzenden Rationalisierungsprozess bei,[1] der auch das Denken und die Lehren des Thomas von Aquin entscheidend mitbestimmen wird. Geboren etwa um 1224/1225 in Aquino, Nahe Neapel, wird er als der jüngste Sohn einer kinderreichen Familie ins Benediktiner-Kloster Monte Cassino geschickt.

Dass er etwa ab 1238 in Neapel an der Universität das *studium generale*[2] besuchen kann, ist für ihn intellektuell gesehen ein Glücksfall – die neapolitanische Universität war zu damaliger Zeit wissenschaftlich bedeutend, Neapel war wirtschaftlich und kulturell im Aufbruch.[3] Schon in seiner Jugend lebt Thomas in einer stark verwissenschaftlichten und vergeistigten sowie religiösen Umwelt. In Neapel kommt er in Kontakt mit den aristotelischen Schriften. Die Philosophie des Aristoteles erlebt im 12. Jahrhundert eine große Renaissance, da in dieser Zeit verloren geglaubte Schriften über den arabischen Raum zurück nach Europa kommen und in der wissenschaftlichen Welt übersetzt sowie intensiv diskutiert werden.

Für die wissenschaftliche Ausbildung Thomas' ist auch sein Eintritt in den Dominikanerorden um 1239 von großer Bedeutung. Das Ausbildungssystem des Ordens orientiert sich an den universitären Standards der Zeit und ist bemüht, auf rationale Begründungs- und Argumentationsfiguren zurückzugreifen.[4]

Für sein Studium geht Thomas dann an die Universität von Paris und studiert unter Albertus Magnus von 1245 bis 1248 Theologie. Die folgenden Jahre verbringt er zusammen mit seinem Lehrer in Köln, wo er weiterhin studiert.

1252 kehrt Thomas von Aquin als Professor der Theologie zurück an die Universität von Paris. Wenige Jahre später wird er als Theologe an die päpstliche Kurie berufen, ab 1268 lehrt er wieder als Professor in Paris, ab 1272 leitet er die theologische Fakultät in Neapel. Religiosität und Wissenschaft waren im Leben

1 Vgl. dazu *Georg Wieland,* Rationalisierung und Verinnerlichung. Aspekte der geisteigen Physiognomie des 12. Jahrhunderts, in: *Jan P. Beckmann* u.a. (Hg.), Philosophie im Mittelalter. Entwicklungslinien und Paradigmen, 2. Auflage, Hamburg 2013. Oder *Jan Aertsen,* Aquinas philosophy in its historical setting, in: *Norman Kretzmann, Eleonore Stump* (Hg.), The Cambridge Companion to Aquinas, Cambridge 2010, S. 15.

2 Es war im Mittelalter üblich vor dem Besuch einer der großen Fakultäten (Medizin, Recht, Theologie) an der Artistenfakultät ein sg. *studium generale,* eine umfassende Grundlagenausbildung, abzulegen, welches sich aus dem Trivium (Grammatik, Dialektik, Rhetorik) und dem Quadrivium (Arithmetik, Astronomie, Musiktheorie, Geometrie) zusammensetzte.

3 Vgl. *Edith Ennen,* Die mittelalterliche Stadt, 4. Auflage, Göttingen 1987, S. 165f.

4 Vgl. *Isnard W. Frank,* Kirchengeschichte des Mittelalters, 4. Auflage, Düsseldorf 2008, S. 130ff.

des Aquinaten untrennbar miteinander verknüpft. Er genoss hohes Ansehen in der wissenschaftlichen Welt, sowohl bei den Theologen als auch bei den Philosophen. Seine Kommentierung der wiederentdeckten Aristoteleswerke ist bis heute erhellend. Der Ruhm seiner wissenschaftlichen und theologischen Leistungen findet mit seinem Tod im Jahre 1274 keinesfalls sein Ende; 1323 folgt seine Heiligsprechung, 1567 wird er zum Kirchenlehrer erklärt.

Blickt man auf diese Biografie, könnte man meinen, dass das Leben des Aquinaten ohne Höhen und Tiefen verlaufen ist. Tatsächlich musste er sich vielen Konflikten stellen. Als Mitglied eines neu gegründeten Dominikanerordens hatte er Misstrauen geweckt und musste sich gegen die etablierten Theologen behaupten, als Wissenschaftler wendete er sich, anders als viele seiner Zeitgenossen, der Wirklichkeit zu, als Philosoph interpretierte er Aristoteles und beschränkte sich nicht auf eine bloße Darstellung und Wiederholung der Lehren des großen Philosophen, wie es zu seiner Zeit üblich war.[5]

Hinweise für die Lektüre

Zitiergrundlage für thomistische Texte ist üblicherweise die „Leonina"-Ausgabe von Papst Leo XIII, die eine Angabe von Zeilennummern ermöglicht. Die *summa theologiae* besteht aus drei Teilen (Sgl. *pars*), wobei der zweite Teil abermals in zwei Teile aufgespalten ist. Die Teile werden mit den römischen Ziffern „I – III" gekennzeichnet.

Allerdings wird der erste Teil des zweiten Hauptteils nicht, wie man erwarten würde, mit II-I abgekürzt, sondern mit I-II. Dies entspricht unserer (und auch der lateinischen) Genitiv-Sprechweise „der erste Abschnitt des zweiten Teils".

Man hängt an die römische Ziffer die Endung der ausgesprochenen, gebeugten lateinischen Ziffern an: IIa-IIae – secunda secundae.

Diese Gliederung nutzt Thomas nur bei der *summa theologiae*, weswegen der Fußnote meist kein Werkskürzel, wie Sie es etwa von Aristoteles kennen, vorangestellt wird.

Nach der Kennzeichnung des jeweiligen Teils wird die *quaestio q*. angegeben, die zentrale Frage, welche sich wiederrum in einzelne *articuli* a. unterteilt, die ihrerseits mit einer Frage beginnen.

Alle Artikel sind dann auf dieselbe Weise gegliedert:

5 Einen umfassenden Überblick über Leben, Zeit und die Werke des Thomas von Aquin gibt der berühmte Band von *Marie-Dominique Chenu*, S. Thomas d'Aquin et la théologie, Paris 2005.

quaestio
Aufspaltung in articuli
Formulierung einer These („*Videtur quod...*")
Anführung mehrerer Argumente (*argumenta* – Abkürzung mit arg. 1, arg. 2 etc.), welche die These stützen
Nennung eines oder mehrerer Gegengründe (*sed°contra°*– s.c.)
→ der Beginn der systematischen Auflösung als Antwort („*Respondeo...*") auf die Frage wird gekennzeichnet mit co. (*corpus articuli*)
→ die Begründung der zu widerlegenden Thesen im Einzelnen werden mit „ad 1", „ad 2" etc. gekennzeichnet

Beispiel: *ST IIª-IIae q. 58 a. 1 co.*

Lies: summa theologiae secunda secundae quaestio 58 articulus 1
corpus articuli
Die Fundstelle befindet sich also im zweiten Teil der zweiten Ausgabe der *summa theologiae* in der Kommentierung des ersten Artikels der 58. Frage.

B Der Teil und das Ganze – Die Glückseligkeit im gottgefälligen Staat

Dass in einem Rechtsphilosophie-Lehrbuch ein mittelalterlicher Dominikanermönch und Theologe auftaucht, mag zunächst verwundern. Das Berufen auf Gott als höchstrichterliche Instanz scheint im Hinblick auf die Lösung aktueller Gerechtigkeitsfragen in einer liberal-säkularen Gesellschaft und einem seiner Subsysteme, dem sich zu Rationalität und Wissenschaftlichkeit bekennenden Rechtssystem, eher fernliegend. Die mittelalterliche Rede von der Philosophie als Magd der Theologie tut ihr Übriges, um dieses Vorurteil zu bestätigen. Hinzu kommt, dass sich wohl auch Thomas von Aquin selbst zwar mit Sicherheit als Theologe, kaum aber als Philosoph, geschweige denn als Rechtsphilosoph verstanden haben dürfte.

I. Philosophie im Mittelalter

Eine Szene der mittelalterlichen Lehre in der zweiten Hälfte des 14. Jahrhunderts. Üblicherweise beschäftigte man sich mit anerkannten christlichen oder philosophischen Texten

Natürlich findet die klerikale wie universitäre Lehre mitsamt dem wissenschaftlichen Diskurs im Mittelalter vor dem Hintergrund der christlichen Religion statt und wird durch religiöse Strömungen und Konflikte entscheidend geprägt. Allerdings muss man berücksichtigen, dass bis zum Hochmittelalter keine strenge Trennung zwischen philosophischer und theologischer Tätigkeit stattfand. Die universitäre Trennung zwischen Philosophie und Theologie beginnt erst im 12. Jahrhundert und wird im 13. Jahrhundert verstärkt.[6] Zu Thomas Lebzeiten beschäftigten sich die Gelehrten im Rahmen des ersten Teils ihrer Ausbildung an der Artistenfakultät auch mit philosophischen Fragen, bevor das Theologiestudium an der theologischen Fakultät folgte. Man kann aber bezweifeln, ob eine vollständige Trennung

6 Vgl. *Theo Kobusch* (Hg.), Philosophen des Mittelalters, Darmstadt 2000, S. 7f. Zu bedenken ist hier auch, dass erst durch die Entstehung der universitären Grundausbildung im Rahmen der Artistenfakultät, an welche sich ein Studium der Theologie, Medizin oder Juristerei anschloss, eine Trennung von Philosophie und Akademie in den noch jungen akademischen Universitätsbetrieben stattfand.

von Philosophie und Theologie überhaupt möglich ist, sind doch etliche Grundfragen der Disziplinen identisch. Theologische Ansprüche, aus bestimmten Prämissen Konsequenzen für das menschliche Handeln abzuleiten, erkenntnistheoretisch forschend tätig zu sein und sich über die gewählte Methode Rechenschaft abzulegen, weisen offensichtliche Bezüge zum philosophischen Themenkreis auf. Es kann also festgehalten werden, dass sich Thomas in seinen Schriften auch mit – nach heutigem Verständnis – philosophischen Fragestellungen beschäftigt.

Besonders deutlich wird das mittelalterliche Zusammenspiel von Philosophie und Theologie, wenn man die Rezeption antiker Denker durch christliche Theologen heranzieht.[7] Das antike philosophische Gedankengut geht mit dem Übergang zum Mittelalter nicht einfach verloren, der Einfluss der Antike reicht noch weit über die Zeitenwende hinaus. Dieser Einfluss zeigt sich im Hochmittelalter unter dem Eindruck der Wiederentdeckung vieler verloren geglaubter aristotelischer Schriften über den arabischen Raum. Eingangs erwähnten wir bereits die Aristoteles-Kommentierung von Thomas.[8]

1. *Scholastik*

Dass das Wirken des Aquinaten nicht nur auf sein Dasein als Ordensmann beschränkt werden kann, lässt sich auch mit einem dritten Hinweis zeigen: Thomas ist ohne Zweifel einer der größten Köpfe mittelalterlicher Scholastik. Dieser Begriff bezeichnet die Art, nach welcher zu dieser Zeit Wissenschaft betrieben wurde. Genauer muss man wohl von den „Methoden" sprechen, da es nicht *die* eigenständige scholastische Methode gibt.[9]

Das Unterfangen scholastischer Geistigkeit wird auf folgende Weise treffend beschrieben: „Die Scholastik ist überhaupt nicht angetreten, den Inhalt der Wahrheit, d.h. der Offenbarung zu finden; dieser war in bestimmten, fest formulierten Sätzen dogmatischer und autoritativer Dignität vorgegeben [...]. Es ging darum, diese Wahrheit methodisch, mittels der Vernunft durch Abwägen der Gründe und Gegengründe argumentativ zu untermauern und zu erläutern[...]. Mit der Ehrfurcht vor dem überlieferten Glaubensgut verband sich das logische Denken, mit dem strömenden Leben der Mystik die methodische Strenge der Wissenschaft."[10]

---

7 Bild http://de.wikipedia.org/wiki/Mittelalterliche_Universität.

8 Weitere Aspekte zu Thomas von Aquins Verhältnis zur Philosophie finden Sie bei *Jan Aertsen,* Aquinas philosophy, a.a.O., S. 27ff.

9 Vgl. *Ulrich G. Leinsle,* Einführung in die scholastische Theologie, Paderborn u.a. 1995, S. 11. Innerhalb dieses Werkes findet sich auch eine sehr differenzierte Darstellung der Elemente scholastischer Theologie – Philosophie, Rationalität, Systembildung, Sentenzensammlungen u.v.a.

10 *Arthur Kaufmann, Dietmar von der Pfordten,* Problemgeschichte Rechtsphilosophie, in: *Winfried Hassemer, Ulfrid Neumann, Frank Saliger* (Hg.), Einführung in die Rechtsphilosophie und Rechtstheorie der Gegenwart, 9. Auflage, Heidelberg u.a. 2016, S. 39.

2. *Theologische Rechtsphilosophie*

Es sind nicht nur die genannten Gründe und die beeindruckende, bis heute spürbare Wirkungsgeschichte, die dazu geführt haben, Thomas von Aquin in diese rechtsphilosophische Übersicht aufzunehmen. Mit Thomas von Aquin lernen Sie ein neues Element zur Begründung einer Gerechtigkeitstheorie kennen: Gott.

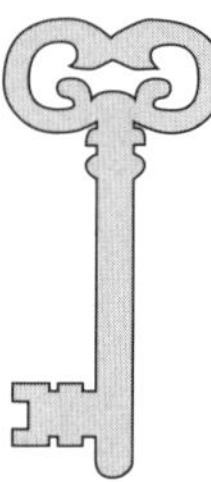

Wer aber nur einen Seitenblick auf Thomas von Aquin wirft und ihn sofort mit der Gleichung „Mittelalter = Gott ≠ aktuelle Gerechtigkeitsmodelle“ verwirft, verkennt nicht nur einen bedeutenden Denker, sondern bringt sich auch noch um die Lektüre überaus scharfsinniger und vielfältiger Diskussionen über Fragen von Recht und Gerechtigkeit, Gesetz und Pflicht, sowie Wille, Laster und Tugend.

II. Eine Besonderheit des thomasischen Werkes: Philosophie durch disputationes

Wenn Sie die *summa theologiae* als Originaltext lesen, dann wird Ihnen die besondere Darstellung der thomistischen Gedanken auffallen. Bei einer „Summe“ handelt es sich in scholastisch-theologischer Tradition um die Gesamtdarstellung eines begrenzten wissenschaftlichen Teilbereichs zu didaktischen Zwecken.[11] Häufig gingen der Verschriftlichung eines solchen Werkes sogenannte *disputationes* voraus. In dieser Form des Unterrichts musste sich ein Professor den Fragen der Studierenden stellen und unter Abwägung von Argumenten und Gegenargumenten seinen Standpunkt in Bezug auf die Ausgangsfrage erläutern.

Dieser Methode folgt auch die *summa theologiae.* Sie ist unterteilt in einzelne *quaestiones,* also Fragen. Die Fragen zielen auf alle Teilbereiche des zu behandelnden Wissensgebietes und die Lehrleistung besteht in ihrer umfassenden Beantwortung.

Jeder *quaestio* folgt eine Diskussion möglicher Antwortalternativen. Zunächst werden diejenigen Begründungen genannt, die Thomas nicht selbst vertritt, die aber von den Wissenschaftlern seiner Zeit diskutiert werden. Darauf folgt sodann eine Antwort, welche die eigentliche thomistische Lehre entwickelt. Im Anschluss reagiert Thomas auf die eingangs vorgebrachten Argumente. In der *summa theologiae* findet sich eine umfangsreiche Kommentierung zentraler theologischer und philosophischer Fragestellungen.[12] Wohl wegen ihres großen Umfangs wurde bis heute keine Gesamtausgabe in deutscher Sprache veröffentlicht. Einzelne

---

11 *Stefan Gradl,* Deus beatitudo hominis, Utrecht 2005, S. 60.

12 Einen guten Überblick bietet das Kapitel „Literaturhistorische Untersuchungen” in *Martin Grabmann,* Einführung in die Summa Theologiae des heiligen Thomas von Aquin, 2. Auflage, Freiburg 1928.

Teile wurden von verschiedenen Autoren übersetzt; die bekannteste und ebenfalls unvollendete Übersetzung ist wohl „Die Deutsche Thomas-Ausgabe“[13].

III. Rechtsphilosophie christlicher Prägung

1. *Gerechtigkeit als soziales Phänomen*

Die besondere Gerechtigkeit

Thomas von Aquin wählt einen Ansatz zur Bestimmung der Gerechtigkeit, der uns wohlvertraut ist: Gerechtigkeit meint die Angleichung dessen, was zu Unrecht ungleich ist. Die Nähe zur Argumentation des Aristoteles ist keineswegs zufällig. Eingangs haben Sie schon gelesen, dass sich Thomas intensiv mit den aristotelischen Schriften auseinandergesetzt hat. In seinem Werk finden sich viele Verweise auf den antiken Philosophen.[14]

Wenn Sie bei Ihrer Lektüre Gemeinsamkeiten zwischen den Theorien feststellen, markieren Sie diese! Es wird Ihnen dann leichter fallen, die Theorien für sich genommen zu erfassen und sie gegeneinander abzugrenzen.

Wie Aristoteles bezeichnet auch Thomas von Aquin die Gerechtigkeit als eine Tugend und geht ebenfalls davon aus, dass sich Tugend nicht in Form einer intellektuellen Erkenntnis als Ergebnis reiflicher Überlegung verwirklicht, sondern in guten Tätigkeiten zeigt.[15]

Auch die konzeptionelle Ähnlichkeit zwischen dem thomistischen und dem aristotelischen Tugendbegriff ist unverkennbar. Die Gerechtigkeit ist zwar eine Tugend unter anderen, zugleich kommt ihr aber eine herausgehobene Stellung zu, da sie ihren Sitz im vernünftigen Strebevermögen[16] hat und außerdem alle anderen Tugenden auf ein Ziel – das Gemeinwohl – hin ausrichten und ihnen damit Vorgaben machen kann.[17] Die Tugend der Gerechtigkeit lässt sich dadurch bestimmen, dass sie die zwischenmenschlichen Beziehungen und das soziale

13 Die deutsche Thomas-Ausgabe (*Summa theologiae*), Übers. von Dominikaner- und Benediktinermönchen Deutschlands u. Österreichs. Graz [u. a.]: Styria, früher teilw. im Pustet-Verl., Salzburg, teilw. im Kerle-Verl., Heidelberg u. Verl. Styria Graz, Wien, Köln 1933ff., 34 Bde. (noch unvollendet).

14 Zu Gemeinsamkeiten und Unterschieden zwischen Aristoteles und Thomas von Aquin siehe *Jan Aertsen*, Aquinas philosophy, a.a.O.

15 Vgl. ST II^{a}-IIae q. 58 a. 1 co.

16 Vgl. ST II^{a}-IIae q. 58 a. 12 co.

17 Vgl. ST II^{a}-IIae q. 58 a. 6 co.

Miteinander auf eine bestimmte Weise regelt.[18] Dies zielt in erster Linie auf die Wiederherstellung von Gleichheit und die Überwindung einer zu Unrecht bestehenden Ungleichheit. Zwischen einem Zuviel und einem Zuwenig gewinnt die mittlere Position.[19] Gerechtigkeit ist für Thomas wie für Aristoteles immer auf einen konkreten Einzelnen bezogen, der ebenfalls Teil der menschlichen Gemeinschaft ist. Er spricht auch von „besonderer Gerechtigkeit". Sie eröffnet geradezu diese Beziehung zum Anderen. Gerechtigkeit vollendet den Menschen also nicht für sich allein, sondern nur in seinem Handeln, welches in Bezug zu anderen steht.

Dies lässt sich folgendermaßen begründen: Da Gerechtigkeit eine ausgleichende Funktion hat, muss sie sich zwingend zwischen mindestens zwei Personen verwirklichen. Sie setzt also Verschiedenheit voraus. Bloße Identität – also nur eine Person – bietet keine Möglichkeit zum Ausgleich. Was identisch ist, kann nicht zugleich verschieden sein, mithin eines Ausgleichs bedürfen. Mit anderen Worten: Niemand kann gegenüber sich selbst gerecht handeln.

Gerechtigkeit ist bei Thomas von Aquin stets bezogen auf andere Menschen. Wenn durch ein Handeln Gleichheit zwischen verschiedenen Menschen hergestellt wird, dann kann dieses Handeln als gerecht bezeichnet werden. Gerechtigkeit hat das soziale Miteinander als Bezugspunkt.

Der Wille zu einer gerechten Handlung

Welche Voraussetzungen müssen erfüllt sein, damit eine Handlung entweder gerecht oder ungerecht genannt werden kann? Wir können uns problemlos eine von außen betrachtet gleiche Handlung vorstellen, die einmal aus einer Tugend, das andere Mal aus einem Laster, etwa Ehrsucht, hervorgeht.

Entscheidend für die gerechten Handlungen ist nach Thomas, dass sie aus einem gerechten Willen (*voluntas*) heraus getan werden. In gewisser Weise besteht Gerechtigkeit in dem beständigen Wollen, gerechte Handlungen zu vollziehen. Da Gerechtigkeit eine Tugend ist und Tugenden unsere Handlungen bestimmen, kann der, der ein gerechter Mensch ist, gar nicht anders, als immer gerechte Handlungen zu wollen.[20] Jedoch ist die Gerechtigkeit nicht das einzige Vermögen, welches in einem Willen realisiert wird; vielmehr ist sie eines unter vielen. Es ist mit anderen Worten keineswegs sicher, dass der, der heute eine wahrhafte gerechte Handlung vollzieht, morgen Gleiches wieder tun wird.

18 Vgl. ST II^{a}-IIae q. 57 a. 1 co.
19 Vgl. ST II^{a}-IIae q. 58 a. 10 co.
20 Vgl. II^{a}-IIae q. 58 a. 1 co.

Vermutlichen erleben Sie den Kampf verschiedener Vermögen täglich mehrfach in sich selbst – Fitnessstudio oder Fernsehabend?

Pizza mit Käse oder Vollkornbrot mit Käse?

Ehrlichkeit oder Schweigen?

Thomas von Aquin erläutert hier, dass der Mensch nicht nur das Vermögen zu den „richtigen", den „guten", den „tugendhaften" Handlungen in sich hat, sondern eben auch von verschiedensten Lastern und Leidenschaften beeinflusst wird.

Damit eine Tätigkeit tatsächlich gerecht ist, muss sie „freiwillig, beständig und mit Festigkeit ausgestattet" sein. Eine gerechte Handlung ist nur dann frei, wenn sie auf Grundlage eines ausreichenden Wissens über die tatsächlichen Umstände ausgeführt, wenn sie also wirklich in dieser Weise gewollt wird. Sie ist nur dann beständig, wenn das Wollen sich nicht nur auf diese eine Handlung bezieht, sondern wenn die Handlung aus einem stabilen und dauerhaften Wollen des Gerechten hervorgeht, wenn also immer gerechte Handlungen gewollt und den ungerechten vorgezogen werden; sie ist dann gefestigt, wenn sich das Wollen einer Handlung auch unter widrigen Umständen an der Gerechtigkeit orientiert.

Thomas formuliert klar: „Die Gerechtigkeit ist das Gehaben, vermöge dessen jemand mit standhaftem und beständigem Willen jedem sein Recht werden läßt."[21] Mit anderen Worten: Eine nur zufällig äußerlich gerechte Handlung ist nicht eigentlich tugendhaft, wenn sie vom Handelnden nicht intendiert wurde oder wenn der Handelnde nicht auf diese Weise handelt, weil es gerecht ist, sondern etwa, weil er von anderen als gerecht wahrgenommen werden will. Thomas zielt nicht auf das bloße „sich enthalten" ab, er fordert vom Einzelnen eine Entscheidung aus Vernunft zu treffen.[22]

Beantworten Sie folgende Fragen mit Hilfe des Textes:

1. Was meint Gerechtigkeit?
2. Welche Eigenschaften muss eine Handlung nach Thomas von Aquin ausweisen, damit sie tatsächlich gerecht genannt werden kann?

Es muss allerdings noch die Frage beantwortet werden, wie es dazu kommen kann, dass der Mensch eine gerechte Handlung tatsächlich will – z. B. auch dann, wenn die ungerechte Handlung ihm den kurzfristig größeren persönlichen Nut-

21 ST II^{a}-IIae q. 58 a. 1 co.: „quod iustitia est habitus secundum quem aliquis constanti et perpetua voluntate ius suum unicuique tribuit".

22 Vgl. *Marie-Dominique Chenu,* S. Thomas, a.a.O., S. 129.

zen versprechen würde. Der gerechte Wille bildet sich nicht zufällig und spontan heraus, er entsteht nicht einfach und bewirkt dann zweckgerichtetes Handeln.

Vernunft als Maßstab

Welcher Maßstab ist es nun, der es dem Einzelnen ermöglicht, gerechte von ungerechten Handlungen zu unterscheiden und der gerechten Handlung den Vorzug zu geben? Regeln und Maßstäbe für das Handeln können verschiedenster Art sein: Positive Gesetze, das Ziel, das für sich Beste zu erreichen oder der biblische Maßstab des „Auge um Auge, Zahn um Zahn". Für Thomas besteht aber kein Zweifel, dass dieser Maßstab nur die Vernunft sein kann.[23]

Die Vernunft bestimmt das menschliche Wirken, da sie diesem den Zweck vorgibt, auf den es letztlich ausgerichtet ist.[24] Der Einfluss der Vernunft auf das menschliche Handeln zeigt sich nicht nur in dessen Rationalität, sondern vor allem auch in dessen Zweckgerichtetheit. Durch ihren Einsatz kann ausgewählt werden, welche Handlungen sinnvoll und angemessen sind, um den gesetzten Zweck zu erreichen.

Vernunft – Wille – Handlung

Die Vernunft ist in der Lage zu erkennen, welche Handlung in einer konkreten Situation gerecht wäre. Diese Erkenntnis gibt dem Willen einen Zweck vor und bewegt ihn in Richtung einer Handlung. Nicht jede so vorgegebene Handlung wird aber auch erfüllt. Neben der Vernunft existiert ein sinnliches Begehrungsvermögen, welches nicht das „Verhältnis zum anderen" berücksichtigt, sondern allein nach den Handlungen strebt, die als angenehm empfunden werden. Es strebt also nie zu gerechten Handlungen, die eben auf den anderen bezogen sind.

Wenn die Vernunft dem Willen einen gerechten Zweck setzt und ihn darauf ausrichtet, dann veranlasst der Wille den Einzelnen zum Ausführen einer gerechten Handlung.

Die allgemeine Gerechtigkeit

Das Gemeinwohl

Gerechtigkeit kann aber auch als etwas verstanden werden, das sich auf die menschliche Gemeinschaft insgesamt bezieht. In diesem Fall spricht Thomas von der allgemeinen Gerechtigkeit. Es stehen nicht mehr die Beziehungen zwischen den Menschen im Vordergrund, sondern die Beziehung eines jeden Teils (Einzelmenschen) zum Ganzen (der menschlichen Gemeinschaft). Diese Hinordnung

23 Vgl. ST Iª-IIae q. 90 a. 1 co.
24 Vgl. ST Iª-IIae q. 90 a. 1 co.

wird, so Thomas, auch durch das Gesetz vorgegeben: „So kommt es, daß diese Gerechtigkeit, die in besagter Weise allgemein ist, auch ‚Gesetzesgerechtigkeit' genannt wird. Denn durch sie steht der Mensch in Übereinstimmung mit dem Gesetz, das die Akte aller Tugenden auf das Gemeinwohl ausrichtet."[25] Die allgemeine Gerechtigkeit gebietet oder verbietet also Handlungen im Hinblick auf das Wohl der Gemeinschaft (*bonum commune*).

Dass den Einzelnen bestimmte Pflichten treffen, die der Erfüllung des *bonum commune* dienen, erleben Sie tagtäglich am eigenen Leib: Sie zahlen Steuern, Krankenversicherungsbeiträge, Beiträge für die Rentenversicherung, ...

Diese beiden Formen der Gerechtigkeit sind aber nicht losgelöst voneinander zu betrachten: Gerechtigkeit hat auch dann, wenn sie das Miteinander zweier Menschen beschreibt, eine Perspektive hin zum Ganzen. Da der Mensch unvermeidbar Teil eines Ganzen ist, wirken sich seine guten Taten auch gut auf das Ganze aus.

Der Mensch als Teil des Ganzen

Offensichtlich ist, dass Thomas hier nicht eigentlich das Individuum, sondern nur den Einzelnen als Teil des Ganzen kennt. Seine gesamte Konzeption ist auf das Funktionieren des Ganzen, des Gemeinwesens, ausgerichtet – auch diese Auffassung kennen wir schon aus der Antike. So macht Thomas klar, dass es nicht darum geht, dass der Einzelne gut ist, sondern, dass das gesamte Gemeinwesen gut sein muss, um tatsächlich von dem Guten sprechen zu können.

2. *Gerechtigkeit und Gesetz*

Für eine so verstandene Gerechtigkeit sind Gesetze von besonderer Bedeutung. Ein Gesetz ist „eine gewisse Regel und ein Maßstab für unser Handeln, dem gemäß jemand angeleitet wird zum Handeln oder vom Handeln zurückgezogen wird."[26]

Ein Gesetz schreibt vor, bestimmte Handlungen vorzunehmen oder zu unterlassen. Thomas bemerkt aber klar, dass das Gesetz zwar auf eine äußerlich tugendhafte Handlung, aber nicht auf eine tugendhafte Haltung abzielen kann. Er entwirft kein Gesinnungsrecht, sondern sieht es als Aufgabe des Einzelnen an, die Rolle der Tugend und die damit verbundenen tugendhaften Handlungen selbst zu erkennen.[27] Der Maßstab nach dem ein Gesetz unter dem Aspekt der Gerechtigkeit bewertet werden kann, ist damit nicht sein Beitrag zur individuellen Tugend, sondern die Vernunft. Die Vernunft ist die Richtschnur für den Einzel-

---

25 ST II^a^-IIae q. 58 a. 5 co.
26 ST I^a^-IIae q. 90 a. 1 co.
27 Vgl. ST I^a^-IIae q. 96 a. 3 ad 2.

nen, aber bezieht sich auch auf die Gesetze, die von den Herrschenden erlassen werden. Wenn sich der Grund für eine Regelung nicht in der Vernunft findet, ist dieses Gesetz – das dann letztlich nur ein Echo der Begierden sein kann – „mehr Willkür und Ungerechtigkeit wie Gesetz“[28].

Herrschende, die auf dieser Grundlage handeln, tragen „in der konkret bestimmten Ordnung einer gegebenen Gemeinschaft die Sorge für diese als Ganze“[29]. Sie entscheiden und vollziehen, was der Gemeinschaft insgesamt nützt und nicht nur einem bestimmten Teil. Mit dieser Konzeption bietet Thomas jeder Willkürherrschaft die Stirn.

Zweck des menschlichen Seins

Und hinzu kommt ein Weiteres: Das, was nicht der Vernunft entspricht, widerspricht dem ersten Prinzip und Zweck des menschlichen Daseins. Diesen von Gott gegebenen Zweck, auf welchen hin das menschliche Leben insgesamt ausgerichtet ist, nennt auch Thomas Glückseligkeit (*beatitudo*)[30]. Indem die Vernunft also dazu führt, dass der Einzelne den Willen fasst, auf eine bestimmte Weise zu handeln, dient sie nicht nur dem jeweils unmittelbar angestrebten Ziel, sondern zugleich dem allgemeinen Ziel allen menschlichen Strebens, der Glückseligkeit.[31] Der Einzelne kann also nicht darauf hoffen, dieses Ziel durch Passivität zu erreichen, vielmehr ist von ihm ein „Tätigsein im Sinne der äußersten dem Menschen offenstehenden Möglichkeit“[32] gefordert. Der Glaube muss gelebt werden, indem sich der Mensch bemüht, durch sein Handeln dem göttlichen Gebot gerecht zu werden. Im Erreichen des höchsten Ziels, das natürlich nicht im irdischen Leben liegt, erreicht der Mensch seine Vollendung. Da jedes Ding nach Vollendung strebt, strebt auch der Mensch zur Glückseligkeit, die er bei Gott findet.[33]

---

28 ST I^a-IIae q. 90 a. 1 ad 3.

29 *Wolfgang Kluxen*, Philosophische Ethik bei Thomas von Aquin, 3. Auflage, Hamburg 2014, S. 232.

30 Vgl. ST I^a-IIae q. 90 a. 2 co.

31 Vgl. ST I^a-IIae q. 1.

32 *Eberhard Schockenhoff*, Bonum hominis. Die anthropologischen und theologischen Grundlagen der Tugendethik des Thomas von Aquin, Mainz 1987, S. 103.

33 ST I^a q. 26 a. 2 co.

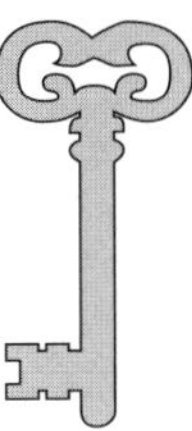

Dieser Zweckgedanke durchzieht die gesamte thomistische Theorie und darf bei der Lektüre nicht aus den Augen verloren werden. *Beatitudo* besteht in der Teilnahme an der Seligkeit Gottes. Wenn auch die Menschen nicht in der gleichen Vollkommenheit glückselig sein können wie Gott es ist, so bildet doch das Teilhaben an dieser Glückseligkeit das letzte Ziel menschlichen Strebens, den Endzweck.[34]

Die Hinordnung auf dieses Ziel macht ein jedes Gesetz nach thomistischer Auffassung erst zum Gesetz.[35] Ein Gesetz ist nur das, welches vernünftig und zweckorientiert ist. Die Vernunft ist letztlich auf das Glück ausgerichtet, welches Teilhabe an der göttlichen Glückseligkeit meint.[36] Ein Gesetz, das nicht dem Glück der Gemeinschaft als Ganzes dient, kann nicht einmal Gesetz genannt werden, da es auf die Herstellung von Unrecht abzielt.

> „Also da das Gesetz an erster Stelle das allgemeine Beste berücksichtigt, hat kein Gesetz über etwas Besonderes den Charakter eines Gesetzes, außer insoweit es seine Kraft erhält von der Beziehung zum Gemeinbesten. Jedes Gesetz also hat Beziehung zum allgemeinen Besten."[37]

Das Gesetz

Damit eine Regel Gesetz genannt werden kann, muss sie also zunächst einen Maßstab für das Handeln setzen, Gebot oder Verbot sein. Thomas fasst die weiteren Merkmale eines Gesetzes wie folgt zusammen: „Und so kann aus vier Momenten die Begriffsbestimmung des Gesetzes zusammengestellt werden: Das Gesetz ist eine Richtschnur, welche von der Vernunft ausgeht, das Gemeinbeste zum Zwecke hat und von dem, der das Gemeinwesen vertritt, veröffentlicht ist."[38] Weiterhin weist Thomas auf die Bedeutung der Verschriftlichung hin: Nur wenn ein Gesetz aufgeschrieben wird, kann sichergestellt werden, dass man sich künftig darauf berufen kann und dass alle von der Existenz dieses Gesetzes in Kenntnis gesetzt werden können.

Das positive, von einem menschlichen Herrscher erlassene Gesetz bezeichnet Thomas als *lex humana*. Neben dem menschlichen Gesetz existieren weitere Normebenen: die *lex naturalis* und die *lex divina*[39]. Hinzu kommt der „Bauplan" der Welt – die *lex aeterna*.

---

34 ST I^{a}-IIae q. 3 a. 1.
35 Vgl. *Wolfgang Kluxen*, Ethik, a.a.O., S. 231.
36 ST I^{a}-IIae q. 90 a. 2 co.
37 ST I^{a}-IIae q. 90 a. 2 co.
38 ST I^{a}-IIae q. 90 a. 4 co. und vgl. dazu auch ST I^{a}-IIae q. 96 a. 4 co.
39 Einen ausführlichen Überblick über die *leges*-Lehre des Thomas finden Sie bei *Ernst-Wolfgang Böckenförde*, Geschichte, a.a.O., S. 233ff.

Lex aeterna

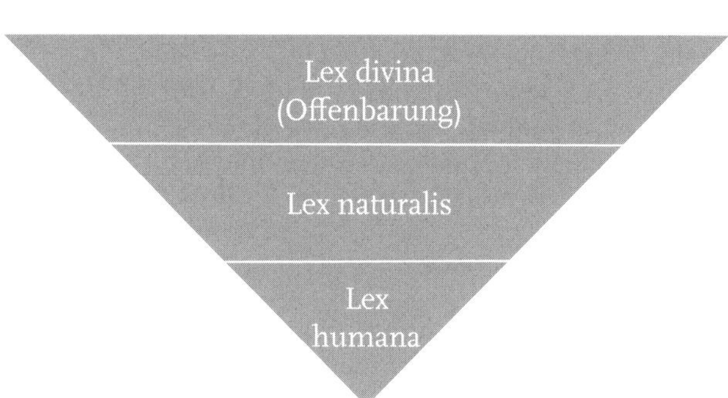

Welchen Inhalt haben diese Gesetze?

Lex aeterna[40]

Die *lex aeterna* umschließt gewissermaßen die anderen leges, sie ist universaler Ausdruck der göttlichen Vernunft.[41] Die Welt, alles was war, ist und sein wird, ist nach göttlichem Willen eingerichtet und in der Art und Weise, wie alles eingerichtet ist, zeigt sich die *lex aeterna.* Sie ist „Bauplan", sie ist konzeptionelle Vorgabe der Schöpfung insgesamt. Sie kann nicht anders sein als ewig, da Gott alles auf die beste Weise eingerichtet hat[42] und Gottes Herrschaft keinen Anfang und kein Ende, keine zeitliche Dimension hat.[43] Die *lex aeterna* ist allerdings kein absolutes Determinationsprinzip. Gott bestimmt den Menschen in seinem Handeln nicht vollständig durch die *lex aeterna,* es bleibt dem Einzelnen geschuldet, ob er sein rationales Vermögen zu einer entsprechenden Erkenntnisleistung in Bezug auf die Vornahme bestimmter Handlungen einsetzt.[44]

Mit dieser Einschränkung leitet sie das menschliche Handeln vollständig an, da es für alle denkbaren Einzelfälle in Vergangenheit, Gegenwart und Zukunft eine Norm gibt. Es sind in ihm also auch alle potentiellen, zukünftigen Gesetze vorhanden, die zu einer bestimmten Zeit unter bestimmten Umständen in Kraft treten werden. Es ist vollständig.

Wir können uns ohne Weiteres vorstellen, dass es eine Zeit gab, in der das Eigentum noch nicht existierte und damit ein Verbot des Diebstahls noch nicht in

40 Vgl. ST Iª-IIae q. 91 a. 1 ff.
41 Vgl. ST Iª-IIae q. 91 a. 1 co.
42 Vgl. ST Iª-IIae q. 91 a. 1 ad 3
43 Vgl. *Maximilian Forschner,* Thomas von Aquin, München 2006, S. 125.
44 Vgl. *Alexander Aichele,* Rechtsgeschichte, München 2017, S. 50f.

der Welt war – dieses Verbot bestand, so Thomas' Auffassung, dennoch schon immer im ewigen Gesetz. Dieses Gesetz entsteht und vergeht nicht, alles was aus ihm hervorgeht, muss immer schon dagewesen sein.

Alles was ist, hat an diesem ewigen Gesetz Anteil. Da Gott über alles entscheidet und alles auf einen bestimmten Zweck hin einrichtet, hat auch alles, was ist, schon durch seine bloße Existenz Anteil am ewigen Gesetz.[45] Ohne ein solches Gesetz könnten die Menschen ihren Zweck, die ewige Seligkeit, nicht verwirklichen, da kein anderes Gesetz aufzuzeigen vermag, was getan werden muss, um ebendiese zu erreichen.[46]

Die Menschen unterliegen dem ewigen Gesetz in einer herausgehobenen Weise. Insofern sie vernünftig sind, können sie auch von Natur aus mittels bestimmter Tätigkeiten Zwecke verfolgen, die durch das ewige Gesetz gewünscht sind.[47] Sie sind in der Lage, das ewige Gesetz zu erkennen – aber nur in einer ihrem begrenzten Vermögen entsprechenden Weise. Auch betreffen die menschlichen Gesetze allein das äußere Handeln; die Erreichung der Seeligkeit ist aber ohne die entsprechende innere Haltung, die nur das ewige Gesetz in adäquater Weise verlangen kann, nicht zu realisieren. Schließlich ist auch das menschliche Gesetz nicht in der Lage, alle Verbrechen zu benennen und zu bestrafen – dafür bedarf es eines nicht-weltlichen Richters.

Diese vernunftgeleitete, auf Erkenntnis basierende Hinordnung auf die *lex aeterna* nennt Thomas *lex naturalis.*

Lex naturalis[48]

Das Naturgesetz bezeichnet zum einen, was von jedem Menschen kraft seiner Vernunft erkannt werden kann. In ihm spiegelt sich die Möglichkeit der menschlichen Vernunft wider, an Gesetzen Anteil zu haben, die die menschliche Vernunft transzendieren.[49] Insofern Gott jedem Menschen Vernunft gibt, hat er sozusagen implizit das Gesetz veröffentlicht, denn in einem jeden sind damit die Voraussetzungen angelegt, zu wissen, was es besagt. Die *lex naturalis* besteht also in einem „Vermögen zur Einsicht in die universale Ordnung"[50].

Außerdem erstreckt sie sich nicht nur auf die Menschen, sondern auf alle „Seelenwesen"[51]. Mit anderen Worten: Auch die Tiere stehen unter dem Naturrecht. Die *lex naturalis* verwirklicht sich hier aber nicht als die Erkenntnismöglichkeit, sondern vielmehr darin, dass Gott die beseelten Dinge auf diese Weise eingerichtet hat. Insofern entsprechen die Dinge in ihrem Sein dem natürlichen

---

45 Vgl. ST Iª-IIae q. 91 a. 2.
46 Vgl. ST Iª-IIae q. 91 a. 4 co.
47 Vgl. ST Iª-IIae q. 91 a. 2 co.
48 Vgl. ST Iª-IIae q. 90 a. 4 ad 1 und ST Iª-IIae q. 91 a. 2 ff.
49 Vgl. *Ernst-Wolfgang Böckenförde*, Geschichte, a.a.O., 2006, S. S.235.
50 Vgl. *Alexander Aichele*, Rechtsgeschichte, München 2017, S. 51.
51 ST IIª-IIae q. 57 a. 3 co.

Recht: Der Apfelbaum dadurch, dass er Früchte trägt, die Vögeln, indem sie ihre Brut füttern und pflegen.[52]

Das natürliche Gesetz hat so Anteil am ewigen Gesetz.[53] Das ewige Gesetz legt zugleich dessen Ziel fest – die ewige Seeligkeit. Diese ist der teleologische Bezugspunkt des Seins der Dinge in der Welt.

Was lässt sich aus diesem nun für menschliche Handlungen schlussfolgern? Jede vernünftige Entscheidung oder Handlung entspricht der *lex naturalis*. In einer vernünftigen Handlung kommt die Erkenntnis dieser Ordnung zum Ausdruck; andernfalls könnte eine Handlung nicht vernünftig genannt werden. Daraus folgt auch, dass jede Handlung, die der natürlichen Ordnung entspricht, zugleich auch dem spezifischen Ziel allen Seins folgt, welches durch Gott vorgegeben ist.

Die *lex naturalis* formuliert unbeweisbare, erkannte Prinzipien von allgemeiner Geltungskraft. Unverzichtbar ist aber die Anwendung dieser Prinzipien auf konkrete einzelne Fälle[54] – rechtlicher wie ethischer Natur. Um dies zu leisten, ergänzt Thomas von Aquin die vorgenommene Unterscheidung in verschiedene Arten von Gesetzen durch die *lex humana*. Diese leitet von den Prinzipien der *lex naturalis* entweder Schlussfolgerungen ab oder entscheidet einen konkreten Fall deduktiv.[55]

Lex humana

Während das ewige Gesetz ewig, vollkommen und unveränderlich ist, und das Naturgesetz diejenigen ewige Prinzipien umfasst, welche durch die menschliche Vernunft erkannt werden können, enthält die *lex humana* die konkreten Normen, welche das menschliche Zusammenleben organisieren und regeln.[56] Normsetzer ist stets das Gemeinwesen (*communita*), genauer der Herrscher eines Gemeinwesens. Ihm obliegt es auch, dass Gesetz anzuwenden und damit öffentlich zu machen. Die Kompetenz zur Gesetzgebung muss für Thomas von Aquin unmittelbar einhergehen mit der Kompetenz, die Einhaltung dieser Gesetze notfalls mittels Zwang durchzusetzen. Das kann keine einzelne, private Person leisten, sondern nur das Gemeinwesen insgesamt bzw. seine Vertreter.[57]

Generell ist das menschliche Gesetz nicht statisch, sondern muss laufend den wechselnden Umständen angepasst werden. Dies ist etwa geboten, wenn die Gesellschaft in ihrer Gesamtheit tugendhafter ist oder wenn durch die Vernunft erkannt wurde, dass ein bestehendes Gesetz nicht mit dem göttlichen Gesetz in

52 Vgl. *Albert Zimmermann*, Thomas von Aquin, in *Norbert Hörster* (Hg.), Klassiker des philosophischen Denkens, 7. Auflage, München 2003, S. 151.

53 Vgl. ST Iª-IIae q. 91 a. 2 ad 1.

54 Vgl. ST Iª-IIae q. 91 a. 3 co.

55 Vgl. ST Iª-IIae q. 95 a. 2 co.

56 Vgl. ST Iª-IIae q. 91 a. 3 co.

57 Vgl. ST Iª-IIae q. 90 a. 3 ad 2.

Einklang steht.[58] Thomas‘ Ausführungen haben durchaus Realitätsbezug, wenn er betont, dass die menschlichen Gesetze ihren Adressaten angepasst werden müssen und diese Adressaten nicht vollkommen tugendhaft seien, ja von einer vollständig tugendhaften Gesetzgebung, die alle nicht-tugendhaften Handlungen verbietet, geradezu überfordert wären.

Thomas führt aus:

> „Ich antworte, das Gesetz solle die menschlichen Thätigkeiten regeln. Das Maß oder die Regel aber muß dem Gemessenen und Geregelten gleich artig sein. Also müssen die Gesetze aufgestellt werden gemäß der Lage der Menschen; sie müssen ‚möglich sein, der Natur und der Gewohnheit entsprechen,‘ sagte Isidor. Die Fähigkeit aber thätig zu sein, kommt von einem inneren Zustande. Denn nicht das Nämliche ist möglich dem Tugendhaften was dem Nichttugendhaften; und nicht dasselbe den Kindern wie den Erwachsenen. Vieles also wird erlaubt den in der Tugend nicht Vollendeten, was bei Tugendhaften nicht zu ertragen wäre. Das Gesetz aber wird für eine Menge Menschen gemacht, wovon der größte Teil nicht in der Tugend vollendet ist.
>
> Deshalb also werden vom Gesetze aus nicht alle Fehler verboten, deren sich die Tugendhaften enthalten; sondern nur die gröberen, deren sich der größte Teil der Menge enthalten kann, und vorzüglich jene, die zum Nachteile der Nächsten ausschlagen und somit das ruhige Zusammenleben hindern; wie Diebstahl, Ehebruch und dergleichen.“[59]

Gleichwohl kommen die Menschen nicht ohne ein Gesetz aus. Die Notwendigkeit für eine *lex humana* ergibt sich aus der Begrenztheit des menschlichen Geistes sowie aus der Schwäche der menschlichen Natur.[60] Da die Menschen nicht in der Lage sind, das ewige Gesetz vollständig zu erkennen, und weiterhin keineswegs immer vernünftig entscheiden, brauchen sie eine konkrete Handlungsanleitung, die Gebote und Verbote für das tägliche Leben aufstellt und ihre Missachtung bestraft.[61]

Das heißt aber nicht, dass konkrete positive Gesetze notwendig mit der *lex divina* übereinstimmen. Aus der Bezogenheit des menschlichen Gesetzes auf konkrete lebensweltliche Bedingungen folgt unweigerlich, dass es nicht alles regeln kann. Die *lex humana* schafft vielmehr grundlegende Bedingungen rechtlicher Kontinuität, die ein beständig tugendhaftes Handeln erst ermöglichen.

Sowohl für die *lex naturalis* als auch für die *lex humana* gilt, dass sie teleologisch auf das ewige Gesetz ausgerichtet sind und Anteil an diesem haben, aber nicht in gleicher Weise vollkommen sind, da sie ihm nur teilweise entsprechen. Zwar umfasst das ewige Gesetz auch alle konkreten Einzelfälle – das heißt aber nicht,

58 Vgl. ST Iª-IIae q. 97 a. 1 co.
59 ST Iª-IIae q. 96 a. 2 co.
60 Vgl. ST Iª-IIae q. 91 a. 6 co.
61 Vgl. ST Iª-IIae q. 93 a. 6 co.

dass die Menschen in der Lage sind, das ewige Gesetz so zu erkennen oder anzuwenden, dass die konkrete Regelung eines Falls mit dem ewige Gesetz übereinstimmt.[62] Dies lässt sich auch damit begründen, dass die Anwendung der konkreten Gesetze nicht logischen Schlussfiguren folgt, sondern eben gerade der besondere Einzelfall entschieden werden muss.[63]

Der Mensch hat aufgrund der ihm gegebenen Vernunft zwar Anteil am ewigen Gesetz; das heißt aber nicht, dass alle positiven Gesetze, welche die Menschen erlassen, der *lex divina* gerecht werden. Eine Ordnung kann aber nur dann tatsächlich als ein Gesetz bezeichnet werden, wenn es zum Guten, zur ewigen Seligkeit und darüber vermittelt zur Gerechtigkeit führt; mit anderen Worten: wenn es Anteil am ewigen Gesetz hat.[64]

62 Vgl. ST Iª-IIae q. 91 a. 3 ad 1.
63 Vgl. ST Iª-IIae q. 91 a. 3 ad 3 und ST Iª-IIae q. 91 a. 4 co.
64 Vgl. ST Iª-IIae q. 93 a. 3 co.

C. Thomas von Aquin heute

Zusammengefasst: Ein guter Staat benötigt gute Gesetze, die von gläubigen, tugendhaften Menschen erlassen werden, und Menschen, deren Tugend vor allem darin besteht, sich nach diesen Gesetzen zu richten und dadurch selbst gut zu werden.[65] Ein guter Staat ist der, welcher in seiner Einrichtung und seinen Grundsätzen dem Willen Gottes entspricht. Oberster Gesetzgeber ist Gott, der alles Seiende teleologisch auf die ewige Seligkeit ausrichtet.

Bei Thomas von Aquin lernen Sie eine zentrale naturrechtliche Argumentationsfigur kennen: Die Ableitung eines Sollens aus einem Sein. Was ist damit gemeint?

Naturrechtler argumentieren, dass die „Natur der Dinge" eine objektive, vorgegebene Ordnung enthält, die in ihrem Sein gut oder gerecht ist. Diese Ordnung kann durch die Vernunft erkannt werden. Aus der Erkenntnis dieser Ordnung folgen notwendig bestimmte normative Grundsätze, die dem So-Sein der Natur Rechnung tragen. Diese müssen in jeder positiven Rechtsordnung berücksichtigt werden, da nur dann Gerechtigkeit erreicht werden kann.

Für Thomas besteht kein Zweifel, dass Gott die Natur auf eine bestimmte Weise angeordnet hat. Der Mensch ist durch seine Vernunft in der Lage, die göttliche Ordnung sowie seinen Platz innerhalb dieser zu erkennen. Die Natur wurde durch die göttliche Vernunft mit dem Ziel eingerichtet, dass alles auf die Glückseligkeit, also das Sein in Gott, ausgerichtet ist. Aus dem Sein der Natur kann der Mensch normative Maßstäbe für sein Handeln ableiten, nach welchen er sich richtet.

I. Spuren in der Rechtsprechung

In einem säkularen Staat und einem ebensolchen Rechtssystem scheint die These, dass die Texte eines Dominikanermönches gewinnbringend hinsichtlich der Auseinandersetzung mit aktuellen Rechtsproblemen gelesen werden können, äußerst fragwürdig. Bei der Auseinandersetzung mit dem folgenden Urteil, werden Sie aber feststellen, dass auch die Argumentationsstruktur des Thomas in ihrer Geltung keineswegs „mittelalterlich" ist.

Lesen Sie deshalb die beiden folgenden Auszüge aus einem Urteil des Bundesverfassungsgerichts. An welchen Stellen entdecken Sie Anklänge an die Lehre des Thomas? Markieren Sie die Passagen und versuchen Sie, die korrespondierenden Elemente der Theorie des Thomas zu benennen!

65 ST I^{a}-IIae q. 92 a. 1 ad 3.

1. *Ein Urteil des Bundesverfassungsgerichts*

Die Nichtigkeit der Abschussermächtigung im Luftsicherheitsgesetz von 2006

Als Reaktion auf die Terroranschläge des 11. September 2001 und der Flugzeugentführung in Frankfurt a.M. 2003 trat 2005 das Luftsicherheitsgesetz in Kraft. §14 Abs. 3 LuftSiG sah vor, dass im Falle einer Entführung eines Luftfahrzeugs und des Einsatzes desselben als „Tatwaffe gegen das Leben von Menschen" die Streitkräfte des Bundes das Luftfahrzeug unter Zuhilfenahme von Waffengewalt abwehren dürfen. Der Einsatz militärischer Waffengewalt gegen die Täter und im Flugzeug befindliche Opfer der Entführung wurde durch das Gesetz für den Fall erlaubt, dass alle anderen Maßnahmen versagt hatten und zivile Opfer am Boden zu befürchten waren.

Gegen diese Regelung richtete sich eine Verfassungsbeschwerde vor dem Bundesverfassungsgericht.

Das Bundesverfassungsgericht diskutiert in seinem Urteil zum einen die Frage, ob die Streitkräfte des Bundes die Gefahrenabwehrbehörden der Länder unterstützen dürfen, und zwar durch den Einsatz von Maßnahmen, welche die qualitativen Möglichkeiten der Polizeikräfte der Länder überschreiten, Art. 35 II 2 und III 1 GG. Zum anderen beschäftigt sich das Gericht mit der Frage, ob ein Gewalteinsatz gegen Täter und Unschuldige mit Art. 1 GG und Art. 2 GG vereinbar sei.

Zum ersten Problemkreis finden Sie nun zwei Auszüge aus dem Gerichtsurteil.

Auszug A

„Das menschliche Leben ist die vitale Basis der Menschenwürde als tragendem Konstitutionsprinzip und oberstem Verfassungswert. Jeder Mensch besitzt als Person diese Würde, ohne Rücksicht auf seine Eigenschaften, seinen körperlichen oder geistigen Zustand, seine Leistungen und seinen sozialen Status. Sie kann keinem Menschen genommen werden. Verletzbar ist aber der Achtungsanspruch, der sich aus ihr ergibt. Das gilt unabhängig auch von der voraussichtlichen Dauer des individuellen menschlichen Lebens.

Dem Staat ist es im Hinblick auf dieses Verhältnis von Lebensrecht und Menschenwürde einerseits untersagt, durch eigene Maßnahmen unter Verstoß gegen das Verbot der Missachtung der menschlichen Würde in das Grundrecht auf Leben einzugreifen. Andererseits ist er auch gehalten, jedes menschliche Leben zu schützen. Diese Schutzpflicht gebietet es dem Staat und seinen Organen, sich schützend und fördernd vor das Leben jedes Einzelnen zu stellen; das heißt vor allem, es auch vor rechtswidrigen An- und Eingriffen von Seiten Dritter zu bewahren. Ihren Grund hat auch diese Schutzpflicht in Art. 1 Abs. 1 Satz 2 GG, der den Staat ausdrücklich zur Achtung und zum Schutz der Menschenwürde verpflichtet."[66]

66 BVerfG 115,118 (152).

Auszug B

„Was diese Verpflichtung für das staatliche Handeln konkret bedeutet, lässt sich nicht ein für allemal abschließend bestimmen. [...] Ausgehend von der Vorstellung des Grundgesetzgebers, dass es zum Wesen des Menschen gehört, in Freiheit sich selbst zu bestimmen und sich frei zu entfalten, und dass der Einzelne verlangen kann, in der Gemeinschaft grundsätzlich als gleichberechtigtes Glied mit Eigenwert anerkannt zu werden, schließt es die Verpflichtung zur Achtung und zum Schutz der Menschenwürde vielmehr generell aus, den Menschen zum bloßen Objekt des Staates zu machen. Schlechthin verboten ist damit jede Behandlung des Menschen durch die öffentliche Gewalt, die dessen Subjektqualität, seinen Status als Rechtssubjekt, grundsätzlich in Frage stellt, indem sie die Achtung des Wertes vermissen lässt, der jedem Menschen um seiner selbst willen, kraft seines Personseins, zukommt. Wann eine solche Behandlung vorliegt, ist im Einzelfall mit Blick auf die spezifische Situation zu konkretisieren, in der es zum Konfliktfall kommen kann.

Nach diesen Maßstäben ist § 14 Abs. 3 LuftSiG auch mit Art. 2 Abs. 2 Satz 1 in Verbindung mit Art. 1 Abs. 1 GG nicht vereinbar, soweit vom Abschuss eines Luftfahrzeugs Personen betroffen werden, die als dessen Besatzung und Passagiere auf die Herbeiführung des in § 14 Abs. 3 LuftSiG vorausgesetzten nichtkriegerischen Luftzwischenfalls keinen Einfluss genommen haben.“[67]

2. *Diskussion, Kritik und Zusammenschau*

Das Bundesverfassungsgericht hat die Menschenwürde als tragendes Konstitutionsprinzip der Verfassung und obersten Verfassungswert bezeichnet. Es hat argumentiert, dass aus diesem allgemeinen Grundprinzip geschlussfolgert werden kann, dass der Staat keinerlei Maßnahmen vornehmen darf, die eine Missachtung der menschlichen Würde einschließen, sondern im Gegenteil alles tun muss, um das menschliche Leben zu schützen.

Aus der Menschenwürde als oberstem Konstitutionsprinzip der Verfassung können also allgemeine Schlussfolgerungen für den Umgang des Staates mit seinen Bürgern abgeleitet werden. Das Prinzip an sich verbietet oder gebietet keine Handlungen – aus ihm können aber Maßstäbe für Handlungen abgeleitet werden.

Weiterhin haben Sie im Urteil lesen können, dass dieses Prinzip für jeden konkreten Fall gesondert ausgelegt werden muss. Das Gericht stellt fest, dass für Teile des LuftSiG eine Vereinbarkeit mit dem allgemeinen Prinzip nicht vorliegt. Mit anderen Worten: Es lässt sich keine Konstellation denken, in welcher § 14 Abs.

67 BVerfG 115,118 (153).

3 LuftSiG deduktiv aus dem obersten Wert Menschenwürde ableiten lässt. § 14 Abs. 3 LuftSiG verstößt also gegen ein oberstes Prinzip der Verfassung.

Bei Thomas konnten wir lernen, dass die Entscheidung eines konkreten Falls entweder durch eine aus der *lex naturalis* als oberstem Prinzip abgeleitete Schlussfolgerung oder aber durch Deduktion erfolgen muss.

Wie Sie gerade gesehen haben, nutzt das Bundesverfassungsgericht die gleichen methodischen Grundsätze: aus obersten Prinzipien können Schlussfolgerungen abgeleitet werden und sie können als Grundlage für die deduktive Ermittlung einer Einzelfallentscheidung dienen.

Thomas hält weiterhin fest, dass ein Gesetz, welches nicht durch Schlussfolgerung oder Deduktion auf die *lex naturalis* zurückgeführt werden kann, kein Gesetz ist. Das Bundesverfassungsgericht folgert analog, dass § 14 Abs. 3 LuftSiG nicht mit den entwickelten Maßstaben vereinbar ist.

II. Übung und Vertiefung

Nur die *lex humana* unterliegt der Veränderung und Anpassung. Begründen Sie, warum *lex naturalis* und *lex aeterna* nicht an veränderte Bedingungen angepasst werden müssen!

Stimmt's?

Nicht alle der folgenden Aussagen sind wahr – entscheiden Sie jeweils, ob die Aussage zutrifft und korrigieren Sie, wenn nötig.

1. Gerechtigkeit zeigt sich als soziales Phänomen zwischen Menschen.
2. Die *lex aeterna* setzt sich aus *lex humana* und *lex naturalis* zusammen.
3. Jeder Mensch kann feststellen, ob eine Handlung gerecht ist oder nicht – er muss die Perspektive eines unabhängigen Beobachters einnehmen.
4. Beatitudo ist die Teilhabe an der Seligkeit Gottes und das letzte Ziel menschlichen Strebens.
5. Ein Gesetz enthält nach Thomas entweder Verbote oder Gebote.

III. Literaturempfehlungen:

Volker Leppin, Thomas Handbuch, Tübingen 2016.
Anthony Kenny, Thomas von Aquin, Freiburg 1999.
Rolf Schönberger, Thomas von Aquin zur Einführung, 4. Auflage, Hamburg 2012.
Ernst-Wolfgang Böckenförde, Geschichte der Rechts- und Staatsphilosophie. Antike und Mittelalter (§ 10 Thomas von Aquin), 2. Aufl. 2006.

NICCOLÓ MACHIAVELLI 1469–1527

Machiavelli [muss man verstehen] als einen brillanten, intellektuellen Außenseiter, der Hilfsmittel gegen die Krisen seiner Zeit erfand, die zum Stein des Anstoßes für alle Zeiten geworden sind.

Volker Reinhardt

A. Der Denker und seine Zeit

Das Italien des späten 15. und des beginnenden 16. Jahrhunderts ist zersplittert in Fürstentümer unterschiedlicher Größe, die sich Dutzende Kleinkriege liefern. Während dieser Zeit sieht sich Italien vor einer doppelten Gefahr: Des vollständigen Zerfalls von innen heraus und der Übermacht einer großen spanischen und französischen Armee. Um diese existentielle Krise zu überwinden, versuchen die Herrschenden Italiens auf ganz unterschiedliche Weise für Ruhe und Ordnung zu sorgen – durch Angriffe und freiwillige Unterwerfungen, durch heimliches Morden und öffentliches Hinrichten, durch Versprechen und Betrug. Die unmittelbare Erfahrung des steten Wechsels von Triumph und Sturz, Herrschaft und Untergang der italienischen Fürstentümer hat das Denken Niccolò Machiavellis tief geprägt. Eines dieser Fürstentümer ist der Geburtsort Machiavellis: Florenz. Er wächst dort in einem Haushalt auf, in dem der Bildung große Bedeutung beigemessen wird. Obwohl seine Familie nur begrenzt vermögend ist, ermöglicht ihm sein Vater eine umfassende humanistische Ausbildung; Latein, Arithmetik, Geschichte, Moralphilosophie und Rhetorik gehören dazu. Damit legt der Vater den Grundstein für Machiavellis berufliche Karriere, die ungewöhnlich früh beginnt. Er hat das Glück mit seiner gründlichen Ausbildung und seinen weitläufigen Kenntnissen antiker, philosophischer Texte dem Zeitgeist des beginnenden Humanismus zu entsprechen.[1] Mit seiner umfassenden Bildung und seinem klaren, freien Verstand kann er wohl zum Typus des *homo humanus* gerechnet werden: des durch die Zwiesprache mit den antiken Autoren geistig kultivierten Menschen.[2]

Schon als Machiavelli 29 Jahre alt ist, nimmt seine politische Karriere Formen an. Im Jahr 1498 wird er Vorsteher der zweiten Staatskanzlei von Florenz. In dieser Rolle übernimmt er vielfältige Aufgaben der Verwaltung, der militärischen Organisation und der außenpolitischen Diplomatie. Dies führt ihn auch an den Hof Ludwigs XII. von Frankreich, zu Cesare Borgia, zu Papst Julius II. und zu Kaiser Maximillian – mit allen muss er über die Zukunft der Beziehungen zu Florenz verhandeln. Dabei übt er sich nicht nur in der diplomatischen Kunst, sondern erhält über einen Zeitraum von 14 Jah-

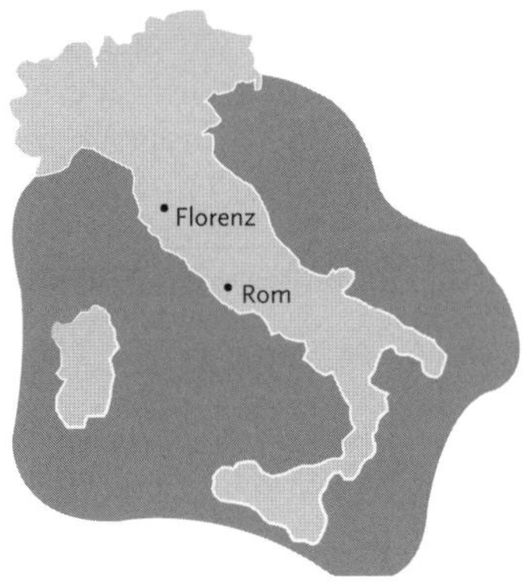

1 Vgl. *Ross King*, Machiavelli, München 2009, S. 11ff.

2 Vgl. *Michael Zichy*, Das humanistische Bildungsideal, in: *Martina Schmidhuber* (Hg.), Formen der Bildung. Einblick und Perspektiven, Frankfurt u.a. 2010, S. 38ff.

ren eine Fülle von Eindrücken über die Funktionsweise der politischen Systeme seiner Zeit. Er erlebt die Folgen politischer Entscheidungen und Handlungsweisen der Herrschenden aus direkter Nähe. Machiavelli wird durch seine zahlreichen Reisen zu den Herrschern seiner Zeit nicht nur zum Fürsprecher der Republik Florenz, sondern auch zu einem scharfen Beobachter und weitsichtigen Denker, der die möglichen Gründe für den Aufstieg und Sturz von Herrschern analysiert. Besonders setzt sich Machiavelli auch mit der Rolle des Heeres auseinander, denn das Militär spielt in seinen Verhandlungen eine nicht zu unterschätzende Rolle. Wer durch wen mit welcher Heeresmacht unterstützt werden konnte, entschied häufig über Freundschaft oder Feindschaft. Für Florenz war dies insofern prekär, als es nur über Söldnerheere, also bezahlte Soldaten, verfügte. In solchen Heeren aber sieht Machiavelli eine Gefahr für den Fortbestand eines Staates – das Heer ist loyal, bis ihm mehr Geld geboten wird.

Die Positionen, welche er in seinem Amt und in seiner Funktion vertritt, treffen an den west- und südeuropäischen Höfen nicht immer auf Zustimmung. Mitunter wird er ignoriert, manchmal verspottet. Trotz aller Widrigkeiten gelingt es ihm aber, sein Amt über lange Jahre zur Zufriedenheit der Herrscher auszufüllen und regelmäßig wiedergewählt zu werden. Sein politischer Absturz erfolgt im Zuge eines Machtwechsels. Die Medici, die während der Jugendzeit Machiavellis aus Florenz vertrieben wurden, kehren 1512 zurück. Sie zwingen die Stadt Florenz mit Hilfe der spanischen Armee in die Knie und übernehmen die Herrschaft.

Machiavelli steht zu diesem Zeitpunkt politisch auf der falschen Seite. Er wird aller Ämter und damit auch seiner politischen Bedeutung enthoben. Es folgen Haft und Folter und schließlich die Verbannung aus Florenz. Er lebt in den folgenden Jahren mit seiner Familie auf einem Landgut außerhalb der Stadt. Der Tod des Lorenzo de Medici 1516 markiert einen erneuten Wendepunkt im Leben Machiavellis. Ein guter Freund des Florentiners und Verwandter des nachfolgenden Medici sorgt dafür, dass der Verbannte 1520 wieder in den Florentiner Hof eingeführt wird und sogar erneut eine Anstellung erhält: als Geschichtsschreiber von Florenz. Er schreibt in den folgenden Jahren eine umfassende Geschichte seiner Heimatstadt und wird gesellschaftlich rehabilitiert, auch wenn seine Position nicht mehr mit der der früheren Jahre vergleichbar ist. Der erneute Sturz der Medici führt dazu, dass Machiavelli wieder einmal im falschen Lager steht. Hatten die Medici ihn als alten Anhänger der Republik in die Verbannung geschickt, erscheint er der neuen-alten Republik nun als Günstling der Medici und erhält keine weitere Anstellung. Wenig später erkrankt Niccolò Machiavelli und stirbt am 22. Juni 1527.

B. Theoretiker der Macht – Staatsräson und die Bedingungen der Republik

Die Rechtsphilosophien der Antike sowie des Mittelalters waren, wenn auch auf unterschiedliche Weise, ausgerichtet auf die Tugend und die Idee des guten Lebens. Gesetze wurden an einem höheren, metaphysischen Maßstab gemessen, die Staaten und ihre Verfassung nach diesem Maßstab bewertet. Der Einzelne war als Teil des Ganzen und für das Ganze von Bedeutung.

Machiavelli kehrt diesem idealen, werthaltigen Überbau den Rücken. Er ist politischer Praktiker, er kennt die Lebenswirklichkeit in einem Italien der Fehden und Kriege. Sein umfassendes historisches Wissen, aber vor allem sein analytischer Verstand und seine bitteren Erfahrungen im politischen Italien seiner Zeit werden zur Grundlage seiner Thesen zu Herrschaft und Staatsführung. Desillusioniert von der realen Schlechtigkeit der Menschen versteht er sich ausschließlich als Empirist. Moral, Tugend, gar Gerechtigkeit sind nicht die Maßstäbe, an denen das *politische* Leben gemessen werden muss. Dafür sind die Menschen zu schlecht und die Gefahren für Leib und Land zu real, um ihnen mit einem Konzept des guten und gottgefälligen Lebens beikommen zu können. Mit Niccolò Machiavelli lernen Sie einen Denker kennen, der staatliche Grundlagen wie das Handeln der Herrschenden und die Organisation von Staaten sowie den Umgang mit dem Volke behandelt, dabei aber eines der großen Themen der antiken und mittelalterlichen Philosophie beiseitelässt: die Gerechtigkeit.

Im Vordergrund stehen bei ihm Macht und deren Sicherung. Dazu, so scheint es zunächst, ist ihm jedes Mittel recht: „Man darf nie seine Absicht zeigen, sondern muß zunächst mit allen Mitteln seinen Wunsch zu erreichen suchen. Es genügt, jemandem die Waffen abzuverlangen, man braucht ihm nicht dazu zu sagen, daß man ihn damit umbringen will; denn hat man einmal des anderen Waffen in der Hand, so kann man ohne Weiteres seine Absicht durchführen."[3] Diese und ähnliche Ratschläge lassen Machiavelli in der wissenschaftlichen Rezeption häufig in der Schublade „eiskalter Machtpolitiker" verschwinden – zu Unrecht, muss man sagen, wenn man sein Gesamtwerk betrachtet. Schon die oberflächliche Lektüre der beiden Hauptwerke Machiavellis erweckt schnell den Eindruck eines höchst vielfältigen, auch widersprüchlichen rechtsphilosophischen Denkers. Auf der einen Seite ist er der Verfasser des Werks *Il Prinicipe* (1513), „Der Fürst", ein Handbuch zum Machterhalt des Herrschers jenseits aller Moral. Auf der anderen Seite gibt er in den *Discorsi sopra la prima deca di Tito Livio* (1531), Ratschläge für Einrichtung und Erhalt eines republikanischen, freien Gemeinwe-

---

3 *Niccolò Machiavelli,* Discorsi. Gedanken über Politik und Staatsführung, 3. Auflage, Stuttgart 2007, S. 124. Im Folgenden kurz: Discorsi.

sens. Finden Sie heraus, was es mit dem Denken Machiavellis wirklich auf sich hat und bilden Sie sich ein eigenes Urteil!

I. Machiavellis Perspektive

Machiavelli hat in den Jahrhunderten seiner Nachwirkung vor allem in der politischen Theorie einen prominenten Platz gefunden. Innerhalb der Rechtsphilosophie diente er oft nur als Kontrastmittel. Die Allgemeine Staatslehre hat hingegen immer schon die Überlegungen des Florentiners gewürdigt. Heute interessiert uns vor allem der schon erläuterte Paradigmenwechsel, des auf eine ideale Ontologie verzichtenden Modells, Machiavellis illusionsfreie Analysen und sein konsequenter methodischer Zugang.

Im Gegensatz zu Platon, Aristoteles und Thomas von Aquin begründet Machiavelli sein Denken nicht mit metaphysischen Prämissen. Sie werden im Folgenden sehen, wohin es führen kann, wenn eine Lehre (weitestgehend) auf metaphysische Elemente verzichtet und allein die erfahrene Lebenswelt zu Hilfe nimmt, um drängende Fragen zu beantworten.

Welche Rolle spielten metaphysische Begründungen bei den antiken und mittelalterlichen Autoren? Vergleichen Sie! Wodurch werden diese Begründungen bei Machiavelli ersetzt?

Die Ausführungen Machiavellis sind geprägt von der Überzeugung, dass sich die Geschichte stets wiederholt. Zum dynamischen, fortschreitend zielgerichteten Weltbild der Idealisten finden Sie hier das Gegenstück: Der zyklische Kanon, nach dem alles Menschliche wiederkehrt. „Nicht unüberlegt und ohne Grund pflegen kluge Männer zu sagen, daß, um vorauszusehen, was geschehen werde, man betrachten müsse, was geschehen sei. Denn alle Begebenheiten sind jederzeit nur Seitenstücke zu irgendeinem Ereignis der Vergangenheit. Dies kommt daher, daß die handelnden Personen auf der großen Bühne der Welt, die Menschen, stets dieselben Leidenschaften haben und dieselbe Ursache stets dieselbe Wirkung hervorbringen muss.“[4] Dieses fast schon kausalistisch anmutende Weltbild bringt ihn zu der These, dass es möglich sei, von der Vergangenheit auf die Zukunft zu schließen. Um Erfolg zu haben, müsse man auf den „Wegen der Großen wandeln“[5].

Und zu den Großen gehört für Machiavelli ganz zweifellos das antike Rom. Damit steht er „in der Tradition der humanistischen Geschichtsauffassung und weist die zentralen renaissancetypischen Merkmale auf. Auch für ihn ist das antike Rom eine Welt von verbindlicher Vorbildlichkeit, allerdings einer politischen

4 *Niccolò Machiavelli,* Mensch und Staat, Leipzig 1940, S. 11. (Abgekürzt: Mensch)

5 *Niccolò Machiavelli,* Der Fürst, Leipzig 1990, S. 36. Im Folgenden kurz: Fürst.

Vorbildlichkeit. Rom stellt für ihn ein gültiges Muster politischen Handelns und politischer Lebensgestaltung dar, das nachgeahmt werden kann und dessen Nachahmung [...] politische Regeneration bewirken kann."[6]

Diese Überzeugung bringt Machiavelli dazu, seine Überlegungen umfassend durch Analogien zu historischen und aktuellen politischen Geschehnissen zu untermauern. Er kann sich dabei auf sein umfassendes Wissen über die Geschichte, namentlich Italiens, sowie verschiedene antike Autoren stützen, was er wohl der väterlichen Bibliothek verdankt. Der Form nach entwickelt er keine homogene Theorie, kein geschlossen begründetes System. Er teilt mit dem Leser seine Einsichten, er versucht plausibel zu empfehlen und im Zweifel zu suggerieren.[7] Machiavelli sieht sich in seiner schriftstellerischen Tätigkeit immer auch als Erzieher seines Publikums. Entsprechend der antiken Tradition will er Geschichte nicht einfach nur wiedergeben, sondern sie bewerten und das aus seiner Sicht Wichtige in den Vordergrund stellen.[8] Es sind aber nicht die Ideen von Tugend und Frömmigkeit, die ihn umtreiben, es sind seine eigenen empirischen Erfahrungen, die ihn sich selbst als Ratgeber für die Mächtigen Italiens empfehlen lassen.[9] Er will aufzeigen, wie die Praxis funktioniert, was man tun muss, um seine Ziele zu erreichen, wodurch sich ein Herrscher dauerhaft im Amt hält. Dies tritt in seinem „Fürsten" besonders deutlich zu Tage. „An die Stelle der moralischen Alternative ‚Gut-Böse' tritt die machtfunktionale Opposition Erfolg-Scheitern: Der *Principe* ist ein Lob der erfolgreichen expansiven Machtmenschen."[10]

Jedem Herrscher begegnen freilich Widrigkeiten, so dass der Erfolg von den richtigen Problemlösungen abhängt. So muss jeder Fürst mit seinen Untertanen zurechtkommen – und das Bild Machiavellis vom Menschen bietet wenig Grund zur Hoffnung.

II. Macht, Angst und Republik – Machiavellis Lehre

1. *Der Mensch aus Machiavellis Sicht*

Machiavelli interessiert das Sein, nicht das Sollen. Er differenziert zwischen diesen Sphären, spaltet sie auf, zerlegt die von Aristoteles gestiftete vielfältige Verbindung. Das Sein ist die Wirklichkeit; das Sollen, was die Moral gebietet. Die Wirklichkeit ist entscheidend. „Zwischen dem Menschen wie er wirklich ist, und dem Menschen, wie er leben sollte, besteht ein so grundlegender Unterschied, daß jeder, der nur darauf achten würde, was geschehen soll, und nicht vielmehr

6 *Wolfgang Kersting*, Niccolò Machiavelli, 3. Auflage, München 2006, S. 54.
7 Ebd., S. 50f.
8 *Quentin Skinner*, Machiavelli zur Einführung, 6. Auflage, Hamburg 2013, S. 129ff.
9 Fürst, S. 13.
10 *Otfried Höffe*, Niccolò Machiavelli. Der Fürst, Reihe Klassiker auslegen, Berlin 2012, S. 3.

auf das, was geschieht, eher seinen Untergang als seine Erhaltung bewirken müßte. Ein Mensch, der rein moralisch handeln will unter den vielen, die es nicht tun, muß notwendig zugrunde gehen."[11]

Allein die Wirklichkeit, der nüchterne Blick auf die Welt und die Ereignisse, erlaubt Rückschlüsse auf das Sein der Menschen. Und diesem Sein begegnet Machiavelli mit einer grundsätzlichen Skepsis. Nach seiner Ansicht ist es die „Regel, daß die Menschen, noch während sie darauf bedacht sind, ohne Angst leben zu können, schon beginnen, ihren Mitmenschen Fürchte einzuflößen, und daß sie die Unbill, die sie von sich abwehren, einem anderen zufügen, als ob sie nicht leben könnten, ohne einen anderen zu verletzen oder von ihm verletzt zu werden."[12] Es ist unschwer zu erkennen, dass Machiavelli ein wenig optimistisches Menschenbild leitet. In einer Welt, in der die Menschen schlecht sind, „stets ihren böse Neigungen folgen, sobald sie Gelegenheit dazu haben"[13] und in der sie „nur von der Not gezwungen etwas Gutes tun"[14] brauchen sie dringend Gesetze und Herrscher, die ein Volk so regieren, dass es friedlich bleibt, dass ihm Rechte und Religion zugestanden werden können und man die Einhaltung und Durchsetzung der Gesetze überwachen kann. Immer geht der Florentiner davon aus, dass es einen guten Mann geben muss, der weiß, was er zu welchem Zeitpunkt zu tun hat, um einem Staat Sicherheit zu garantieren: Sei es, dass er Widersacher tötet, Orakel befragt, um das Volk zu beruhigen, Gesetze an die Umstände anpasst und insgesamt den erfolgsnotwendigen Schein aufrecht hält. Dass es diese guten Männer gibt, davon ist Machiavelli überzeugt. Er zweifelt allerdings daran, dass ihnen immer eine glückliche Gelegenheit zufällt, auch die Macht zu ergreifen. Er versucht alle Eventualitäten zu bedenken und rückt nicht von der Annahme ab, dass das Volk ruhig gehalten werden muss, indem hier oder da nur der Schein von etwas erhalten wird.

2. *Ratschläge für den Machterhalt – Il Principe*

Das Werk *Il Principe* (Der Fürst) gehört zur Gattung des Fürstenspiegels. Sie werden bei der Lektüre Machiavellis die klassischen Merkmale erkennen: die Orientierung am Leben großer Männer als Vorbild, die Ausrichtung der regierungs- und staatsbezogenen Handlungen nach bestimmten Maßstäben, ein dahinterliegendes Ideal des Staates.[15] Dennoch bricht Machiavelli zugleich mit dieser Tradition, da er gerade nicht den tugendhaften Herrscher lobt und zum Vorbild erklärt.

---

11 Mensch, S. 8.
12 Discorsi, S. 127f.
13 Discorsi, S. 16.
14 Discorsi, S. 17.
15 Vgl. *Hans-Otto Mühleisen, Theo Stammen*, Einleitung, in: *dies.* (Hg.), Politische Tugend und Regierungskunst. Studien zum Fürstenspiegel der Frühen Neuzeit, Tübingen 1990, S. 5.

Als Machiavelli seine Schrift *Il Principe* verfasst, befindet er sich in der Depression seiner politischen Bedeutungslosigkeit. Er wohnt auf den Hügeln vor Florenz, ohne Amt, ohne Einfluss. Die Entstehung seines Werkes motiviert wohl vor allem die Hoffnung, sich bei Hof als kluger Analytiker mit Weitblick und Erfahrung zu empfehlen und so die Gunst der Medici zurückzugewinnen.

Zentrale Themen des *Principe* sind die Macht und der Machterhalt des Fürsten. Machiavelli formuliert Ratschläge, die ihm den Ruf des eiskalten Machtpolitikers einbringen werden und die dazu führen, dass Machiavelli immer wieder auf den verwerflichen Theoretiker des Machterhalts reduziert wird.[16]

Ratschläge für den Fürsten

1. Will man ein neu erobertes Gebiet halten, so sollte man zwar den Herrscher und seine ganze Familie ermorden, das Steuersystem und die Gesetze jedoch weitestgehend übernehmen[212] (der Mensch ist ein Gewohnheitstier).
2. Sofern Grausamkeiten geboten sind, lässt man sie am besten durch einen treuen Untergebenen ausführen (den man dann hinrichten kann, um dem Volk zu zeigen, dass man nicht gewillt ist, Unrecht und Grausamkeit zu dulden).[213]
3. Der Herrscher muss „sowohl den Menschen wie die Bestie zu spielen wissen".[214]

Gerechtigkeit als Garant der Macht

Nach einem ersten Blick auf den Text sieht man sich in seinen Vorurteilen bestätigt. Skrupel, Mitgefühl oder Mitleid lässt der Text kaum erahnen. Muss man nach Recht und Gerechtigkeit also gar nicht suchen? Das wäre weit gefehlt!

Zwar sind gute Gesetze, Gerechtigkeit und Rechtssicherheit nicht mehr Ziel oder Maßstab des Handelns. Sie haben aber als Mittel für das Ziel der Sicherung von Herrschaft durchaus Bedeutung.

Um dieses Ziel zu erreichen, empfiehlt Machiavelli dem Herrscher vor allem, das Volk nicht gegen sich aufzubringen: „Denn ich glaube nicht, daß man einem Staaten schlechteres Beispiel geben kann, als ein Gesetz zu erlassen und es nicht zu beachten; das Schlimmste aber ist, wenn der Gesetzgeber selber es nicht einhält."[20] Er muss nicht wahrhaft gerecht sein, aber zumindest den Schein[21] von

16 *Isaiah Berlin* etwa stellt fest, dass Der Fürst „die Menschheit tiefer und dauerhafter als jede andere politische Abhandlung schockiert" habe. Vgl. *ders*, Die Originalität Machiavellis, in: *Henry Hardy* (Hg.), Isaiah Berlin. Wider das Geläufige, Frankfurt a.M. 1982, S. 106.

17 Fürst, S. 22.

18 Fürst, S. 44f.

19 Fürst, S. 86.

20 Discorsi, S. 125.

21 Fürst, S. 88.

Rechtssicherheit und Gerechtigkeit aufrechterhalten. Er muss wie ein Bühnenkünstler Gerechtigkeit erfolgreich darstellen.

Machiavelli rät sogar – wenn auch in Maßen – zu Menschlichkeit, Gottesfürchtigkeit, Treue, Ehrlichkeit und Frömmigkeit.[22] Der Fürst muss alles dafür tun, dass das Volk glaubt, die, die Unrecht tun oder auf irgendeine Weise gegen die Herrschaft des Fürsten aufbegehren, werden hart bestraft. Der Herrscher muss zumindest in der öffentlichen Präsentation die Rechtsgeltung bestätigen, die Fiktion eines sicheren Rechts aufrechterhalten. Er darf sich nicht scheuen, Strafgerichte einzusetzen; zu viel Nachsicht führt nur zu „Mord und Raub“[23]. Nur die Furcht, die Angst vor den Folgen ihrer Handlungen, bringt die Menschen dazu, sich an die Gesetze zu halten. Gleichzeitig darf der Herrscher aber nicht grausam oder willkürlich wirken. Er muss stets den Schein erwecken, sich an die Gesetze zu halten und nur dann, wenn es angebracht und unumgänglich ist, grausam sein. Hass und Verachtung, die an seinem Herrschaftsanspruch nagen, entstehen am ehesten „durch die Habgier, wenn er das Vermögen und die Frauen seiner Untertanen antastet, deren er sich enthalten sollte“[24]. Wenn die Menschen einen Herrscher hassen, dann sind sie nicht bereit, für ihn in den Krieg zu ziehen und sie werden sich eher von einem Konkurrenten aufwiegeln lassen. Oder schlimmer: Sie werden den Herrscher meucheln. Im Angesicht der eigenen Sterblichkeit ist einem jeden Herrscher nur zu raten, seine Untertanen nicht in extreme Stimmungslagen, in Angst und Schrecken zu versetzen.[25]

> „Denn fürchten die Menschen erst um ihr Leben, so suchen sie sich auf jede Weise vor der Gefahr zu sichern. Sie werden kühner und scheuen sich weniger, Umwälzungen zu versuchen. Man soll daher entweder nie jemanden verletzen oder alles Unrecht auf einmal tun, dann aber die Menschen wieder beruhigen und ihnen Grund geben, an ihre Sicherheit zu glauben und ihre Angst loszuwerden.“[26]

Auch wenn Machiavelli hier fordert, keinen Menschen zu verletzen, ist es nicht der Glaube an das moralisch Gute, welches ihn zu dieser Überzeugung gelangen lässt, sondern es ist allein die Überlegung, welches Handeln langfristig das gewünschte Ergebnis erzielt. Wohlgemerkt bezieht sich Machiavelli in seinen Ausführungen auf den Raum des Politischen, auf den öffentlichen Raum. Wie im Privaten zu verfahren ist, welche Maßstäbe dort gelten, ist nicht Gegenstand seiner Studien. Sein Interesse liegt auf der Position des Herrschenden und Machiavelli legt dessen Motive auf provokative Weise offen.[27]

22 Vgl. Fürst, S. 88.
23 Fürst, S. 83.
24 Fürst, S. 89.
25 *Volker Reinhardt,* Machiavelli oder die Kunst der Macht, München 2012, S. 263.
26 Discorsi, S. 126f.
27 Vgl. *Volker Reinhardt,* Machiavelli, a.a.O., S. 273.

Fortuna und Virtú

Wenn ein Mann diese Grundsätze beherrscht, dann ist er auf dem besten Wege, eine stabile, sichere Herrschaft zu errichten, die auch seine Kinder und Kindeskinder weiterführen können. Allerdings sieht Machiavelli, dass die Macht und ihr Erhalt nicht allein vom eigenen Tun abhängen. Betrachtet man den Lebensweg vergangener Herrscher, wird deutlich, „daß ihnen auch das Glück widerfuhr für ihre Pläne die passende Gelegenheit zu erhalten. Ohne diese Gelegenheit wäre die Kraft ihres Geistes erloschen, und ohne sie selbst wäre die Gelegenheit vergeblich gekommen."[28]

Keine Herrschaft ist von Dauer, wenn sie nicht gleichermaßen auf *fortuna* (Glück) und *virtù* (Tugend) gebaut ist. Machiavelli analysiert verschiedene Konstellationen – ein Übermaß an glücklichem Zufall ohne Tugend und umgekehrt – und kommt zu dem Schluss: Nur wenn beides zusammenkommt, der glückliche Zufall und die Tüchtigkeit, dann kann es dem Herrscher gelingen, seine Macht beständig zu festigen.

Die, welche nur zufällig auf den Thron gelangen, werden Mühe beim Erhalten ihrer Macht haben. Ihr Schicksal liegt in den Händen derer, die sie auf den Thron gehoben haben, sei es das Geld reicher Adliger oder die Gnade eines anderen Herrschers.[29] Fremde Gunst ist aber höchst wandelbar, vor allem, wenn sie eine Person an die Macht gebracht hat, die es nicht selbstverständlich versteht, zu befehlen und zu regieren. Ein Übermaß an glücklicher Fügung garantiert also keinen langfristigen Herrschaftserfolg.

Bei allen seinen Ratschlägen ist Machiavelli stets überzeugt, dass sich die Gesellschaft nicht weiterentwickelt. Geschichte verläuft in Zyklen, einem Auf und Ab. Dass eine jede Zeit ihre Besonderheiten hat und Epochen wie Menschen als einzigartig aufgefasst werden müssen, ist nicht seine Perspektive. So übergeht er auch die Unterschiede zwischen dem neuzeitlichen Florenz und dem als großes Vorbild inszenierten antiken Rom.[30]

Anderseits wirft er keinen vollständigen, durchgeordneten Blick auf seinen Gegenstand. Er schildert bewusst nur Aspekte. Die Wirklichkeit als Ganzes, immer wieder von Fortuna verwirbelt, wäre zu mannigfaltig und veränderlich, um sie in ein System zu bringen. Deshalb muss der Herrscher vor allem die Zeichen der Zeit erkennen und sich stets an veränderte Gegebenheiten anpassen. Pointiert bringt Machiavelli dies wie folgt zum Ausdruck:

> „Der muss ein Gemüt besitzen, das sich nach den Winden und nach dem wechselnden Glück zu drehen vermag."[31]

---

28 Fürst, S. 37.
29 Fürst, S. 40.
30 Vgl. *Volker Reinhardt,* Machiavelli, a.a.O., S. 275.
31 Fürst, S. 88.

Machiavellis Ratschläge sind also weder als eine umfassende Theorie noch als ein „Rezept der Macht" zu verstehen, das nach Anwendung zum sicheren Erfolg verhilft. Sie sind die Erfahrungsberichte eines politischen Praktikers, der die Zeichen der Zeit zu lesen wusste. Durch die Analyse der Fehler zuvor gestürzter Herrscher versucht sich Machiavelli selbst zu profilieren. Er zeigt, dass er die Probleme, vor welchen die Herrschenden stehen, erfasst und er weist immer wieder darauf hin, dass er den Moment erkannt hat, welcher letztlich zum Sturz eines Herrschers führte. Damit weist er sich zugleich als prädestinierter Politikberater aus. Sein Ziel, wieder in das politische Tagesgeschäft in Florenz zurückzukehren, ist offensichtlich.

Sie lernen hier einen völlig neuen Ansatz zur Begründung von Recht und Gerechtigkeit kennen. Gerechtigkeit erscheint nicht mehr als Wert an sich, als Ziel, dass es zu erreichen gilt, um das Lebensglück zu finden, sondern als ein Mittel unter anderen zur Sicherung der Macht. Ohne Gerechtigkeit kann die Macht eines Herrschers nicht lange währen. Gerechtigkeit ist dabei – wie alles übrige menschliche Verhalten – Teil eines Welttheaters, also ein politisch mit Tüchtigkeit und Glück bewirkter Schein.

Schutz des Vaterlandes – Staatsräson

Am Ende seines Werks erwähnt der Florentiner fast beiläufig nach der Vielzahl praktischer Ratschläge ein weiteres Ziel: Er möchte sein Vaterland vor dem Zerfall und der Zerstörung bewahren. Seine Hinweise, dass es keine größere Ehre für einen Mann gebe, als seinem Vaterland zu dienen, führen ihn abschließend zu dem Wunsch, Italien vor den fremden Mächten, also Frankreich, Spanien und der Schweiz, geschützt zu wissen. Dafür braucht es einen Retter, einen klugen Herrscher, der unbarmherzig regiert, um sein Land zu befrieden und es gegen Feinde zu verteidigen.[32]

Das Grundanliegen Machiavellis, den Staat um jeden Preis zu schützen und zu stabilisieren, wird als Staatsräson bezeichnet.[33] Damit ist der Anspruch eines Staates verbunden, die Wahrung und Sicherung der eigenen, staatlichen Interessen an die erste Stelle zu setzen.[34] Das heißt, dass im Fall konfligierender Interessen zwischen Staat und Volk die staatlichen Interessen Vorrang haben. Moral

32 Fürst, S. 121ff.

33 Eine weitreichende Analyse der Elemente der Staatsräson bei Machiavelli bietet *Herfried Münkler*, Im Namen des Staats. Die Begründung der Staatsraison in der Frühen Neuzeit, Frankfurt a.M. 1987.

34 Die wirtschaftliche und politische Krise Florenz', die Machiavelli miterlebt, stellt *Nicolas Stockhammer* im Überblick dar, vgl. *ders.*, Das Prinzip Macht. Die Rationalität politischer Macht bei Thukydides, Machiavelli und Michel Foucault, Baden-Baden 2009, S. 117-128.

und Ethik, Gerechtigkeit und Recht sind diesem Ziel untergeordnet. Für Machiavelli ist diese Zwecksetzung so offensichtlich, dass sie als oberster Wert keiner weiteren Begründung bedarf.[35]

Durch diese Argumentation findet auch eine Umwertung tradierter Moral- und Gerechtigkeitsvorstellungen statt: Gut ist nicht das, was moralisch oder gerecht ist, gut ist allein das, was dem Staat nützt. Alles, was eigentlich moralisch verwerflich ist, wird positiv bewertet, sofern es den Fortbestand des Staates sichert, seien es Lüge und Täuschung, Mord und Hinterlist, Grausamkeit und Gewalt. Auch Religion verliert hier jeglichen Einfluss – das Oberhaupt des Staates ist kein Herrscher von Gottes Gnaden. Er hat sich durch sein eigenes Geschick und das Nutzen einer günstigen Gelegenheit in seine Stellung gebracht. Auch die göttlichen Gebote müssen hinter dem obersten Ziel zurückstehen. Das heißt nicht, dass Machiavelli von der christlichen Religion Abstand hält. Im folgenden Kapitel werden Sie erfahren, dass er sich auch darauf versteht, die Religion für staatliche Zwecke zu nutzen.

Mit dieser Argumentfolge ist aber nicht zwingend impliziert, dass das Gemeinwohl völlig aus dem Blick gerät. Denken Sie z. B. an die Gebote des Maßhaltens und der Rechtssicherheit. Machiavelli betont weiterhin:

> „Ferner soll ein Fürst die Tüchtigkeit lieben und die Trefflichkeit in jedem Fach ehren. Wer soll seine Bürger anfeuern, ihrem Berufe emsig zu obliegen, sowohl im Handel wie im Ackerbau und in allen anderen Gewerbezweigen, damit sie nicht ablassen, ihren Besitz zu mehren, aus Angst, daß er ihnen genommen werde, noch aus Furcht vor Steuern ihren Handel vernachlässigen. Vielmehr soll er jeden dazu ermuntern und alle belohnen, welche die Stadt oder den Staat auf irgendeine Weise bereichern wollen. Ferner muss er zu den gehörigen Zeiten im Jahre das Volk mit Festen und Schauspielen beschäftigen, und da jede Stadt in Zünfte oder Gewerke eingeteilt ist, so soll er diesen Zusammenkünften bisweilen beiwohnen, sich menschenfreundlich und freigebig erweisen, dabei aber seine Würde stets wahren, denn an dieser darf er es bei keiner Gelegenheit fehlen lassen."[36]

Die Erreichung des Ziels erfordert also auch das Hochschätzen von Werten, das Befördern von Tugend und qualitätsvoller Arbeit, die Unterstützung von Handel und Gewerbe, Ehrungen und Belohnungen, sogar ein gewisser Hedonismus sind damit vereinbar. Machiavelli ist Praktiker genug, um zu erkennen, dass eine Herrschaft ohne die Gunst des Volkes gefährdet ist, so dass auf dem Umweg über die Staatsräson fast alle Grundsätze tugendhaften Herrschens wieder Einzug halten. Der letzte Beweggrund unterscheidet sich von dem seiner Vorgänger – idealistisch-metaphysisch versus effektorientiert, wobei die von Machiavelli ge-

---

35 *Herfried Münkler,* Machiavelli. Die Begründung des politischen Denkens der Neuzeit aus der Krise der Republik Florenz, Frankfurt 1984, S. 284.

36 Fürst, S. 110.

wünschte Wirkung, das Staats- oder Gemeinwohl, natürlich auch wieder ideellen Charakter hat.

3. Auf dem Weg zur Republik – die Discorsi

Hier und da finden sich innerhalb des „Fürsten" Hinweise, dass Machiavelli das Volk nicht nur als dumpfe Masse sieht, sondern ihnen Einsicht und Klugheit zutraut und den Wunsch des Volkes anerkennt, frei zu leben.[37] Dieser Gedankengang tritt in seinem zweiten Hauptwerk, das kurz Discorsi oder Unterredungen genannt wird, stärker in den Vordergrund. Freiheit erhält in diesem Werk bei der Suche nach einem stabilen Gemeinwesen einen herausragenden Platz. Machiavelli versteht Freiheit in erster Linie als Staatsnegatives – als Freiheit von fremder Herrschaft und Freiheit von Unterdrückung durch die Herrschenden im Staat. Freiheit bedeutet aber nicht, dass alle tun dürfen, was ihnen beliebt, sondern Rechtssicherheit und Herrschaft der Gesetze zur Begrenzung der Macht Einzelner.[38] Freiheit hat bei Machiavelli „eine stark institutionalistische Färbung und eine tiefe konstitutionalistische Verwurzelung"[39].

Die Republik

Im Zuge dieser Akzentverschiebung – vom Machterhalt zur Freiheit – setzt sich Machiavelli mit der Frage auseinander, welches das stabilste Staatswesen sei. Erforderlich ist, dass dieses Staatswesen zwei Extreme ausgleicht: das übermäßige Verlangen des Volkes nach Freiheit und das übermäßige Verlangen des Adels nach Herrschaft.[40] Er kommt dabei, was nach der Lektüre des Fürsten überraschen mag, zu dem Schluss, dass eine Republik langfristig die größten Chancen für den Fortbestand des Staates bietet. Getragen wird dieses Argument von der Überzeugung, dass ein freies Volk, also ein Volk, das 1. nicht durch einen anderen Staat unterdrückt ist und das 2. nicht durch die Herrscher eines Staates unterdrückt wird, sondern mitbestimmen darf, stets nur tut, was seine Freiheit befördert.[41] In dieser Begründung steckt, wenn auch nicht vordergründig, wieder das Argument der Staatsräson. Da freie Völker sich nicht unterwerfen, sondern für

37 Vgl. Fürst, S. 55.

38 Vgl. u.a.: Discorsi, S. 160. Damit stimmt Machiavelli mit anderen republikanistischen Denkern wie Francesco Guicciardini und Donato Giannotti; siehe dazu *Maurizio Viroli,* Die Idee der republikanischen Freiheit, Zürich 2002.

39 *Wolfgang Kersting,* Machiavelli, a.a.O., S. 137.

40 Discorsi, S. 118.

41 Vgl. Discorsi, S. 18ff.

ihre Freiheit in den Krieg ziehen und höchst motiviert sind zu kämpfen, wenn sie angegriffen werden, schützt ein freies Volk den Staat gegen Angriff von außen am besten. Auch sind große Teile des Volkes nicht geneigt, Eroberungskriege zu führen, so dass eine Republik auch für andere Staaten keine Bedrohung darstellt. Aber eine republikanische Verfassung erhält auch den Staat von innen stabil. Dort, wo niemand über Gebühr beherrscht wird, sieht auch keiner einen Grund, sich aufzulehnen oder den Staat zu stürzen. Im Gegenteil: Jeder, der versucht, ein freies Volk zu beherrschen und sich zum Oberhaupt eines Staates zu machen, wird das Volk gegen sich aufbringen. Hinzu kommt, dass der Einzelne sein Leben stärker schätzt, wenn er frei ist; er engagiert sich häufiger, zeugt mehr Kinder, vergrößert seinen Besitz und baut seine Landwirtschaft aus. Freiheit ist also nicht nur für den Fortbestand des Staates unerlässlich, sondern der Reichtum und Wohlstand eines Staates wächst nur, so lange das Volk frei ist. [42]

Die Republik hat für Machiavelli einen weiteren Vorteil: Sie sichert die Stabilität des Staates, da sie den Kreislauf der Verfassungen durchbricht. Machiavelli unterscheidet anknüpfend an das antike Modell drei gute und drei schlechte Arten von Verfassungen (Monarchie ↔ Tyrannis, Aristokratie ↔ Oligarchie, Demokratie ↔ Anarchie).[43] Diese Verfassungen entstehen und verfallen und gehen ineinander über. Keine aber sichert den Fortbestand eines Staates, sie machen einen Staat im Gegenteil angreifbar, da dieser sich beständig wandelt und sich stets Gefahren von innen und außen ausgesetzt sieht. Dieser Kreislauf kann nur beendet werden, wenn einem Staat eine Verfassung gegeben wird, die das Beste aus den drei guten Regierungsformen in sich vereint.[44] Die Verfassung muss die Potentiale aller Bevölkerungsgruppen (Volk, Adel und Fürsten) für sich nutzen und gleichzeitig erkennen, welche Grenzen gesetzt werden müssen.[45] Der ständige Konflikt zwischen den Gruppen im Staat, welcher den Wandel der Regierungsformen bedingt, muss begrenzt und institutionalisiert werden. Diese so entstandene Mischverfassung, bei welcher keine Ebene alle Rechte in sich vereinigen kann, bezeichnet Machiavelli als vollkommen.[46]

Veränderte Machtstrukturen in der Republik

Die Verteilung der Machtverhältnisse sollte dem Adel weniger Macht geben als den Herrschenden und dem Volk weniger Macht als dem Adel, aber keine Schicht sollte auf eine Weise beherrscht werden, die ihr alle Freiheit nimmt. Das Volk erhält hier eine Wertschätzung, die Machiavellis negatives Menschenbild zunächst nicht vermuten ließ. Er führt aus: „Man wird bei diesem dieselben guten Eigen-

---

42 Vgl. Discorsi, S. 175.
43 Discorsi, S. 12f.
44 Discorsi, S. 15.
45 Vgl. *Wolfgang Kersting*, Machiavelli, a.a.O., S. 140f.
46 Vgl. Discorsi, S. 15f.

schaften finden wie bei den Königen und wir sehen, daß es weder übermütig herrscht noch sklavisch dient [...]; es behauptet vielmehr in Ehren seinen Rang durch seine Einrichtungen und seine Behörden."[47] Das Volk gibt sich weniger stark den Leidenschaften hin, lässt sich weniger mit unlauteren Mitteln zu etwas überreden oder umschmeicheln, es empfindet Abscheu vor einigen Dingen und hat beständige Werte, es ist besser zum Herrschen geeignet als ein Einzelner. Wenn das Volk regiert, machen Staaten die größten Fortschritte.[48]

Allerdings ist hierbei zu beachten, dass Machiavelli nicht über den Einzelnen spricht, sondern explizit über das Volk als Ganzes. Die Natur des Menschen sieht er bei allen gleichermaßen als schlecht an.[49] Müssen jedoch Entscheidungen getroffen werden, die den Staat als Ganzen betreffen, dann ist das Volk häufig sogar besser als ein Einzelner, denn das Volk achtet das Gesetz, es ist beständig und klug in seinen Entscheidungen, da es unmittelbar von ihnen betroffen ist.[50] Erhöht ein Alleinherrscher die Steuern unverhältnismäßig, so muss er nicht darunter leiden. Er zieht auch nicht selbst in den Krieg, sondern befiehlt ihn.

Das Volk neigt auch nicht dazu, grausam zu sein und damit Aufstände zu provozieren, denn die „Grausamkeiten des Volkes richten sich gegen den, vom dem es fürchtet, daß er sich am öffentlichen Gut vergreift, die Grausamkeiten eines Alleinherrschers aber gegen die, die fürchten, daß er ihnen ihr Eigentum nehmen wird."[51]

Die Entscheidungen, die das Volk trifft, sichern am wahrscheinlichsten den Fortbestand des Staates. Die Ziele eines Volkes sind vereinbar mit der staatlichen Stabilität und Souveränität. Die Republik dient der Sicherung der Freiheit und auch der Rechtssicherheit bei ausgeglichenen Machtverhältnissen.

Diese Wertschätzung des Volkes geht aber bei Machiavelli nicht so weit, dass er dem Volk die Entscheidungskompetenz überantwortet oder eine reine Volksherrschaft proklamiert. Er plädiert für eine Beteiligung aller Bevölkerungsteile an der Herrschaft, nicht aber für eine gleichmäßige Verteilung der Macht.[52]

---

47 Discorsi, S. 157.
48 Vgl. Discorsi, S. 158f.
49 Vgl. Discorsi, S. 158.
50 Vgl. Discorsi, S. 158.
51 Discorsi, S. 161.
52 Vgl. Discorsi, S. 151f.: Ist eine Bevölkerungsgruppe aber unverhältnismäßig stark, so kann zunächst eine Alleinherrschaft geeigneter sein, den Staat zu führen.

In der Republik gestaltet sich das Verhältnis zwischen Einfluss und Bevölkerungsgruppe so:

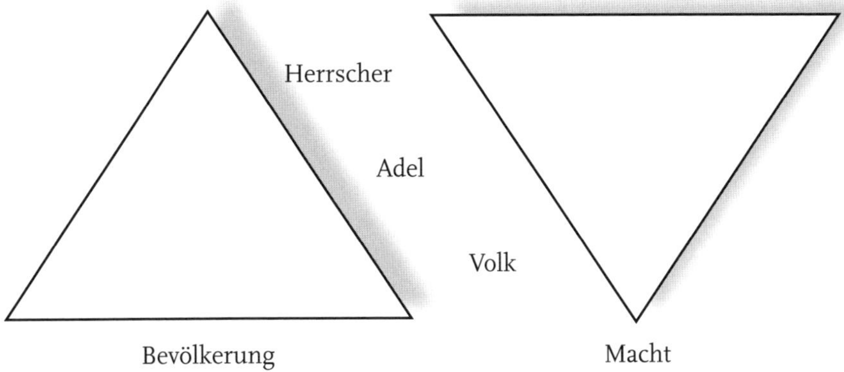

Machiavelli entwickelt hier kein ausgefeiltes Demokratiemodell. Er plädiert auch nicht für Grundrechte oder ein liberales Staatsmodell. Es finden sich auch keine Ausführungen zum Inhalt der Gesetze. Er argumentiert aber dafür, dass eine Konzentration von Macht in nur einer Bevölkerungsschicht zu einem Ungleichgewicht im Staat und damit letztlich zu seinem Niedergang führt. Ein solches Ungleichgewicht kann nur austariert werden, wenn die Macht verteilt und begrenzt wird. So werden dann alle auf die Wahrung ihrer Rechte achten und nicht zulassen, dass sie durch andere ihrer Freiheit beraubt werden. Damit zeigt er sich als Verfechter des bereits in England durchgesetzten Verfassungskonzepts der „checks and balances". Diese grundlegende Form der Machtaufteilung und -kontrolle wird später als „Gewaltenteilung" eine besondere Ausprägung erfahren.

Herrschaft in der Republik

Auch in den *Discorsi* gibt Machiavelli den Herrschenden umfassende Ratschläge für die politische Praxis, eine Praxis der Ordnungspolitik. Er verweist beispielsweise auf die Grundsätze der Rechtssicherheit und Gleichheit vor dem Gesetz[53]: Wenn diese nicht eingehalten werden, nimmt der Staat Schaden.[54] Wer gegen die festgeschriebene Ordnung des Staates verstößt, muss unabhängig von seiner Position bestraft werden.[55] Von seinen Forderungen ist der Herrscher allerdings nicht ausgeschlossen. Nicht nur die Bürger sollten Anreize haben, sich an Gesetze zu halten, auch Herrscher sollten dies tun. Ein guter Regierungsstil schafft

53 Discorsi, S. 29.
54 Vgl. Discorsi, S. 99.
55 Vgl. Discorsi, S. 268.

Sicherheit, da die Bürger zuverlässig zu ihrem Herrscher stehen und somit Frieden und Gerechtigkeit befördert werden.[56]

Hier zeigt sich nochmals, dass Gerechtigkeit Mittel zum Zweck ist und eine Folge klugen politischen Handelns. Gerechtigkeit wird nicht aufgeladen mit metaphysischen Voraussetzungen, sondern ist vielmehr ein Zustand der Rechtssicherheit, in welchem die Gesetze Geltung haben und keiner den anderen ungesühnt übervorteilt. Metaphysik hält nur als Mittel zum Zweck Eingang in das Denken Machiavellis. Da die Begründung von Gesetzen schnell in einen infiniten Regress führt, braucht man eine Macht, die höher steht als die Menschen und auf deren Wort man sich zur Festlegung der Normen berufen kann. Diese Macht ist die Religion.[57] Unter dieser Voraussetzung sind die Gesetze auch dauerhafter, da Religion auch nach dem Tod eines Herrschers fortbesteht. Gleichzeitig muss die sinnstiftende Funktion der Religion für das Leben als Ganzes zurückgedrängt werden, da die christliche Religion, wie sie zur Zeit Machiavellis gelebt wird, seiner Ansicht nach Tatkraft verleugnet und auf Demut setzt.[58] Mit Demut hält man aber keinen Staat stabil, da die Menschen nach den falschen Werten erzogen werden.[59] Es geht aus Machiavellis Sicht nicht darum, das himmlische Konto mit guten Taten zu füllen, sondern zu fragen, was im Hier und Jetzt zu tun ist. Hat die Religion in der anstehenden Lage noch einen Nutzen für den Herrscher, dann hat sie ein, wenn auch begrenztes Bestandsrecht.[60] Pointiert stellt Berlin fest, Religion sei für Machiavelli „ein sehr nützlicher Kitt“[61].

An die Stelle der göttlichen Gnade tritt bei Machiavelli die *occasione*, die Gelegenheit.[62] Der Himmel lenkt die Geschicke der Menschen, er gibt ihnen die Gelegenheiten, ihre Ziele zu verwirklichen. Auch wenn Machiavelli die Religion ablehnt, so glaubt er doch an Schicksal, an eine höhere Macht, die in den Lauf der Welt eingreift. Vieles, was passiert, darf also nicht einem Einzelnen zugerechnet werden, es gab vielmehr häufig nur eine günstige Gelegenheit, die eben ergriffen wurde oder nicht. Das Schicksal entscheidet, wen es an die entscheidenden Punkte setzt und ob es ihm Gelegenheit gibt, seine Größe unter Beweis zu stellen. Das verschafft dem Menschen aber keine Atempause, kein Laufenlassen. Da er nie weiß, was das Schicksal mit ihm vorhat, muss er immer sein Bestes geben: „Es ist unumstößlich richtig, […] daß die Menschen das Schicksal nur unterstützen, sich ihm aber nicht widersetzen können. Sie können seine Fäden spinnen, nicht aber zerreißen. Doch dürfen sie sich selber nie aufgeben.“[63]

---

56 Discorsi, S. 42.

57 Discorsi, S. 45 und 54ff.

58 *Isaiah Berlin* weist darauf hin, dass Religion nicht per se, sondern nur in ihrer Ausgestaltung nicht in Machiavellis Denken passt. Vgl. *ders*, Originalität, a.a.O., S. 115ff.

59 Vgl. Discorsi, S. 178f.

60 Vgl. *Ross King*, Machiavelli, München 2009, S. 219.

61 *Isaiah Berlin*, Originalität, a.a.O., S. 106.

62 Vgl. Discorsi, S. 270.

63 Discorsi, S. 72.

4. Machiavellis (un-)vereinbare Werke

Lassen sich diese unterschiedlichen Werke zusammenführen? Man könnte durchaus vertreten, dass Machiavelli ein Autor ist, der sich nach dem politischen Wind dreht und immer das schreibt, von dem er hofft, es möge ihm aus seiner politischen Bedeutungslosigkeit heraushelfen.

Sein Werk wird in der Literatur mitunter als „Theorie der Krise und des [...] Versuchs der Krisenbewältigung"[64] interpretiert. Vor allem der *Principe* kann als Ausdruck der italienischen Krise und damit verbunden Machiavellis Angst vor dem Zerfall seines Vaterlandes gelesen werden – er zeigt künftigen Fürsten, welche Hürden und Fallen ihnen den Weg zu einer gefestigten Herrschaft verstellen können. Und die Festigung der politischen Strukturen ist aus Sicht Machiavellis unumgänglich, wenn Italien erhalten bleiben soll. Machiavelli hat viele Herrscher kommen und gehen sehen, er hat Ränke und Verschwörungen erlebt, er wurde als Mittler und Beobachter eingesetzt – diese umfassenden Erfahrungen, die durch seine breiten staatshistorischen Kenntnisse ergänzt werden, ermöglichen es ihm, eine Art Handbuch der Macht zu verfassen. Dass Machiavelli ein solches Herrscherhandeln als der Weisheit letzten Schluss betrachtet, ist damit nicht zwingend impliziert. Er wertet seine empirischen Beobachtungen aus, er zieht Schlüsse, er analysiert das Sein und gibt Ratschläge für die Durchsetzung politischer Ziele – dass dieses Verhalten den besten aller möglichen Staaten oder das Optimum für die Bevölkerung nach sich zieht, wird damit nicht behauptet. Das Werk ist nicht an den guten Herrscher adressiert, der sein Volk zu ewiger Glückseligkeit führt. Es ist adressiert an den Herrscher, der sich im Italien der Klüngeleien und Familienbande behaupten muss, der die französische Armee und den deutschen Kaiser nur einen Sprung entfernt weiß. Ein solcher Herrscher ist unter den Gegebenheiten der Zeit nötig, um Italien zu stabilisieren.

Die *Discorsi* führen diesen Gedanken weiter: eine Alleinherrscherhaft – egal, wie sie konstituiert ist – ist nicht geeignet, um die Interessen von Volk und Adel auf Dauer in der Waage zu halten. Auch wenn sie kurzfristig Stabilität erzeugen mag, so unterbricht sie doch den Kreislauf der Regierungsformen nicht. Soll die Überwindung der italienischen Krise auf Dauer gestellt sein, so muss sich die Alleinherrschaft eines Fürsten weiterentwickeln zu einer Republik. Die momentane Situation Italiens erlaubt aber die Gründung einer Republik noch nicht. Auch wenn Machiavelli in den *Discorsi* klar macht, dass einem Staat nicht jederzeit eine Republik übergestülpt werden kann, bleibt die Republik doch das Ziel.[65] Dies

64 *Herfried Münkler* (Hg.), Niccolò Machiavelli. Politische Schriften, 3. Auflage, Frankfurt a.M. 1996, S. 17. (Kurzform: PolS)

65 Vgl. Discorsi, S. 147ff.

kommt auch pointiert in einem der letzten Sätze des *Principe* zum Ausdruck: „Man lasse also diese Gelegenheit nicht vorübergehen, auf daß Italien nach so langer Zeit seinen Retter erscheinen sehe.“[66]

66 Fürst, S. 125.

C. Machiavelli heute

Im Übergang vom Mittelalter zur Neuzeit findet ein entscheidender Wandel statt: Politik und Staatswesen lösen sich ab von den Denkzusammenhängen der Moral und Theologie. Der Mensch gilt im politischen Raum nun auf sich allein gestellt, er muss handeln ohne auf eine göttliche Allmacht zu vertrauen.[67] Der Staat verliert bei Machiavelli seine Erziehungsfunktion. Er ist nicht mehr dafür zuständig, den Einzelnen zu einem guten Menschen zu formen. Vielmehr schützt er die Vielen vor den Einzelnen, die Einzelnen vor den Vielen und alle vor sich selbst. Zwar lässt er den Menschen nun allein und gottverlassen, er bietet ihm aber Handel und Wohlstand, Sicherheit und Frieden – der Preis, der dafür gezahlt werden muss, gestaltet sich unterschiedlich, in jedem Fall besteht er aber in der Unterwerfung unter die Hoheitsmacht und den staatlichen Zwang. Dies reicht von der Einschränkung der eigenen Macht und der Abgabe von Sonderrechten über den Zwang, sich an die Gesetze zu halten, über dauernde Strafandrohungen bis zu einer freiwilligen Unterordnung. Gleichwohl, das konnten Sie auch an den Lehren Machiavellis sehen, führt die Trennung von Politik und Moral nicht zu einem vollständigen Verzicht auf rechtliche und ethische Normen oder Gerechtigkeit. Sie sind nur nicht mehr der Bezugspunkt allen menschlichen und staatlichen Strebens, sondern werden rationalisiert und auf ihren Nutzen für andere Ziele hin untersucht, bestimmt und verwendet. Machiavelli ist mit seinem Werk nicht nur der Vordenker der Staatsräson, er ist auch der Vordenker des modernen Staates, der sich nicht über die Ausrichtung auf Tugend und Glück bestimmt, sondern sich im Selbstzweck über sein eigenes Fortbestehen rechtfertigt.

Auch wenn Machiavellis Gedanken, zerlegt man sie in ihre Bestandteile, weitaus weniger neuartig sind, als es auf den ersten Blick scheint,[68] markiert sein Werk zusammen mit den Schriften Thomas Hobbes' den Beginn der Neuzeit und damit den Beginn eines neuen Verständnisses von Staat, Individuum und Gesellschaft. Machiavellis Denken ist befreit vom Naturrecht, befreit von christlicher Moral und sogar von der Annahme Gottes, befreit von einem Ideal, auf welches das Sein der Welt teleologisch hingerichtet ist, (in großen Teilen) befreit von Metaphysik.[69] In den folgenden Jahrhunderten wird Machiavelli immer wie-

---

67 Vgl. *Herfried Münkler* (Hg.), PolS, S. 17.

68 Eine gute Zusammenstellung der Autoren, an denen sich Machiavelli bedient hat, bietet *Henning Ottmann*, Was ist neu im Denken Machiavellis?, in *Herfried Münkler* (Hg.) u.a., Demaskierung der Macht. Niccoló Machiavellis Staats- und Politikverständnis, 2. Auflage, Baden-Baden 2013.

69 Vgl. *Isaiah Berlin*, Originalität, a.a.O., S. 105ff.

der von verschiedenen Denkern herangezogen, entweder als willkommene Stütze oder teufelsgleicher Gegenentwurf zur Lehre derselbigen.[70]

I. Spuren in der Rechtsprechung

Macht und Gewalt – dieses Begriffspaar kann sicher schlagwortartig für einige der Thesen des Italieners stehen. Sie sollten nun aber in der Lage sein, den Ansatz Machiavellis deutlich differenzierter zu bewerten und damit auch sein Potential für die Analyse vieldimensionaler Problemkonstellationen erkennen können. Machiavelli lehrt uns, dass eine These nicht immer so klar ist, wie sie beim ersten Lesen zu sein scheint.

Lesen Sie deshalb die beiden folgenden Auszüge aus einem Urteil des Bundesverfassungsgerichts. An welchen Stellen entdecken Sie Anklänge an die Thesen des Niccolò Machiavelli? Markieren Sie die Passagen und versuchen Sie, die korrespondierenden Elemente der machiavellistischen Theorie zu benennen!

1. *Ein Urteil des Bundesverfassungsgerichts*

Beschluss des Bundesverfassungsgerichts von 1978 zur Vereinbarkeit des Kontaktsperregesetzes mit dem Grundgesetz

Das Kontaktsperregesetz gehört zu einer Reihe von Gesetzen, die als Reaktion auf den Deutschen Herbst erlassen wurden. Der „Deutsche Herbst" versetzte den deutschen Rechtsstaat in einen Ausnahmezustand. Der Staat sah sich angesichts der terroristischen Bedrohungen durch die radikal linksanarchistische RAF und ihre Nachfolger gezwungen, schnell zu handeln. Anlass des Kontaktsperregesetzes war die Entführung des Arbeitgeberpräsidenten Martin Schleyer. Es wurde vermutet, aber konnte nie bewiesen werden, dass dessen Entführung aus den Gefängnissen heraus koordiniert wurde und dass die Anwälte der Insassen dabei eine Übermittlerfunktion innehatten. Das Kontaktsperregesetz untersagte die Kontaktaufnahme des unter Sperre gestellten Häftlings zu anderen Häftlingen oder der Außenwelt. Dies bezog sich auch auf den Kontakt zwischen Strafverteidiger und Häftling.

Gegen dieses Gesetz wurde Verfassungsbeschwerde eingelegt. Das Gericht wies die Beschwerde einstimmig zurück. Im Folgenden lesen Sie zwei Auszüge aus dem Beschluss des Bundesverfassungsgerichts.

---

70 Eine knappe Zusammenfassung der machiavellistischen und anti-machiavellistischen Strömungen über die Jahrhunderte findet sich bei *Henning Ottmann*, Geschichte des politischen Denkens, Bd. 3: Neuzeit. Teilband 1: Von Machiavelli bis zu den großen Revolutionen, Stuttgart 2006, S. 47-55.

Auszug A

„Dabei pflegen die Täter die staatlichen Organe in der Weise unter Druck zu setzen, daß sie die Beseitigung der Gefahr, der die Feststellung nach § EGGVG § 31 EGGVG begegnen soll, von der geforderten Freilassung ihrer Gesinnungsgenossen abhängig machen. Entsprechen die zuständigen staatlichen Stellen diesem Verlangen, so setzen sie sich zwangsläufig in Widerspruch zu ihrer gesetzlichen und verfassungsrechtlichen Verpflichtung, die Durchführung eingeleiteter Strafverfahren und die Vollstreckung rechtskräftig erkannter (Freiheits-) Strafen sicherzustellen. Hierdurch wird das Prinzip der Rechtsstaatlichkeit und die Pflicht des Staates, die Sicherheit seiner Bürger und deren Vertrauen in die Funktionsfähigkeit der staatlichen Institutionen zu schützen, durchbrochen, der Anspruch aller in Strafverfahren Beschuldigten auf Gleichbehandlung beeinträchtigt und dem Staat insgesamt schwerer Schaden zugefügt.“[71]

Auszug B

„Solange die Gefahr besteht, daß bestimmte Gefangene, die Kreisen des organisierten Terrorismus zugerechnet werden, die verfassungsfeindlichen Zielvorstellungen ihrer Organisation aus den Haftanstalten heraus zu verwirklichen, zu diesem Zweck den Informationsfluß zu ihren noch in Freiheit befindlichen Gesinnungsgenossen aufrechtzuerhalten und unter den tatsächlichen Voraussetzungen des § EGGVG § 31 Satz 1 EGGVG die Geschehnisse außerhalb der Anstalten zum Nachteil der gefährdeten Person zu beeinflussen suchen, toleriert die Verfassung im Interesse der Selbsterhaltung des Staates und der Erfüllung der ihm obliegenden Aufgabe, Leben, Gesundheit und Freiheit seiner Bürger zu schützen, das Instrument der Kontaktsperre.“[72]

2. *Diskussion, Kritik und Zusammenschau*

Das Bundesverfassungsgericht lehnte die Verfassungsbeschwerde gegen das Kontaktsperregesetz einstimmig ab. Es erklärte, dass das Gesetz ein notwendiges Mittel sei, um den von der RAF ausgehenden, künftigen Terrorgefahren zu begegnen. Diese Gefahren betreffen konkret Leben, Gesundheit, Sicherheit und Freiheit der Bürger, deren Schutz ausdrückliche Verpflichtung des Staates ist. Außerdem sah das Gericht das Prinzip der Rechtsstaatlichkeit sowie das Vertrauen der Bürger in die Institutionen des Staates gefährdet.

Darüber hinaus sei aber noch ein weiteres Rechtsgut gefährdet: der Staat. Bedenken, welche die Selbsterhaltung des Staates betreffen, werden vom Bundesverfassungsgericht hier ebenfalls angeführt. Sie finden hier ein Argument wieder, welches Sie bei Machiavelli kennengelernt haben: der Staat muss auch um seiner

71 BVerfG 49, 24 (54).
72 BVerfG 49, 24 (59).

Selbstwillen geschützt werden. Neben den genannten Schutzgütern wird vom Bundesverfassungsgericht ausdrücklich auch der Fortbestand des Staates als schützenswert angeführt. Dieser Fortbestand hat Vorrang vor dem Schutz der Interessen Einzelner – im konkreten Fall also vor den Interessen der Inhaftierten, Kontakt zu ihrem Verteidiger aufzunehmen. Dieser und weitere Eingriffe in die Verfahrensrechte der RAF-Inhaftierten werden allgemein hin als Zeichen des Ausnahmezustands gesehen, in dem sich der Staat im Deutschen Herbst befand.[73]

II. Übung und Vertiefung

Ist die Republik, die Machiavelli sich vorstellt, ein gerechter Staat? Begründen Sie Ihre Antwort!
Wie soll der ideale Fürst nach Ansicht Machiavellis sein?

Literaturempfehlungen

Volker Reinhardt u.a., Niccoló Machiavelli als Theoretiker der Macht im Spiegel der Zeit, Baden-Baden 2015.

Otfried Höffe, Niccolò Machiavelli. Der Fürst, Reihe Klassiker auslegen, Berlin 2012.

Volker Reinhardt, Machiavelli oder die Kunst der Macht, München 2012.

Ross King, Machiavelli. Philosoph der Macht, München 2009.

Wolfgang Kersting, Niccoló Machiavelli, 3. Aufl., München 2006.

73 Vgl. z. B. *Achim v. Winterfeld,* Entwicklungslinien des Strafrechts und des Strafprozeßrechts in den Jahren 1947 bis 1987, NJW 1987, S.2635.

THOMAS HOBBES 1588–1679

Die revolutionäre Neubegründung der politischen Philosophie der Neuzeit ist das Werk des englischen Philosophen Thomas Hobbes.

Wolfgang Kersting

A. Der Denker und seine Zeit

Kampf und Konflikt bestimmen die Geschicke Großbritanniens im 16. und 17. Jahrhundert. Herausragende Ereignisse dieser Zeit sind der Sieg der britischen Seeflotte über die spanische Armada 1588 und Großbritanniens Aufstieg zur Seemacht sowie der Dreißigjährige Krieg auf dem Kontinent. Im Inneren sind es vor allem religiös motivierte Konflikte und politische Umwälzungen, die das Land in den Bürgerkrieg stürzen. Mit anderen Worten: Von Geburt an und verstärkt in der zweiten Hälfte seines Lebens ist Thomas Hobbes umgeben von politischen Spannungen und Kriegen. Vor diesem Hintergrund verwundert es nicht, dass die Furcht als das Thomas Hobbes' Leben und Werk prägende Moment beschrieben wird.[1]

Als Zweitgeborener in einer ärmlichen Familie wäre ein kirchliches Amt die übliche Berufswahl für den Sohn eines Vikars gewesen. Allerdings dürfte das Bild, welches Hobbes über seinen exkommunizierten Vater hatte, wenig rühmlich gewesen sein. Seine Karriere verdankt er hauptsächlich seinem Onkel, der dem in Latein und Griechisch begabten Schüler das Studium in Oxford ermöglicht. Damit öffnen sich für Thomas Hobbes die Türen in höhere gesellschaftliche Schichten. Nach seinem Studium in Oxford wird er Privatlehrer und Sekretär im Hause Cavendish. Die Familie Cavendish verfügt nicht nur über eine ausgezeichnete Bibliothek – die Anschaffung von Büchern wäre für Hobbes unerschwinglich gewesen –, sondern auch über Kontakte in die akademische Welt. Hobbes befindet sich aufgrund seiner Anstellung im Hause Cavendish in einem intellektuell anregenden Milieu. Er erhält Zugang zu Wissenschaft, Kultur, Politik und Wirtschaft, denn der Einfluss der Familie Cavendish wächst und damit auch Hobbes' Bekanntenkreis. Es ist also nicht die universitäre Wissensgesellschaft, welche Hobbes Denken prägt. Im Gegenteil: Er wird zu einem erklärten Gegner der universitären Wissenschaft und der scholastischen Methode.

Reisen mit seinen Schülern, den Kindern der Familie Cavendish bzw. später Clifton, führen ihn häufig nach Kontinentaleuropa, unter anderem nach Italien, wo er schnell so gut Italienisch lernt, dass er beginnt, verschiedene Schriften zu übersetzen. Zu nennen sind hier vor allem Werke Francis Bacons, welche er ins Italienische übersetzt. Seine Kenntnisse in den klassischen Sprachen ermöglichen ihm außerdem die Lektüre und Übersetzung von Autoren wie Thukydides und Euklid. Eine weitere Europareise, die auch mit zwei längeren Aufenthalten in Paris 1634 und 1636 verbunden ist, befeuert vor allem Hobbes' naturwissenschaftliches Interesse zum Beispiel in den Bereichen Optik und Mathematik, aber auch erkenntnistheoretische, ethische, rechtliche und politische Schriften Hobbes' gehen aus dieser Zeit hervor. Hobbes steht in regem Austausch mit den Gelehrten seiner Zeit, wozu auch Marin Mersenne, René Descartes und Galileo Galilei ge-

1 *Henning Ottmann*, Geschichte, a.a.O., S. 267.

hören. An seinem weiten Interessengebiet lässt sich schnell erkennen, dass Hobbes keineswegs „nur" Philosoph gewesen ist, sondern sich auf vielen Gebieten mit wissenschaftlichen Fragen auseinandergesetzt hat. Dieses umfassende Wissen und vor allem die Beschäftigung mit der euklidischen Geometrie schlagen sich auch in seinen philosophischen Schriften nieder. Er bemüht sich darin um die Einhaltung einer „axiomatisch-deduktiven" Methode, die versucht, ausgehend von einigen Grundannahmen (Axiomen) alle weiteren Aussagen abzuleiten (deduktives Vorgehen). Ergänzt wird sie durch die aristotelische Methode, einen komplexen Gegenstand in seine Teile aufzulösen und dann seine Zusammensetzung zu erklären.[2]

Derweil spitzt sich die politische Situation in Großbritannien weiter zu. Aus dem Konflikt zwischen Krone und Parlament geht mit der *Petition of Rights* 1628 zunächst das Parlament erfolgreich hervor. Die Petition schützt die Bevölkerung vor willkürlicher Verhaftung und entzieht dem König das Recht, nach eigenem Gutdünken Steuern zu erheben. Der allerdings weiter schwelende Konflikt zwischen König und Abgeordneten führt 1642 zum Ausbruch des Bürgerkrieges, als Karl I. versucht, Oppositionelle festnehmen zu lassen. Die Frage, ob man der Monarchie zu dauerhafter Loyalität verpflichtet sei oder sich auf die Seite des Parlaments schlagen müsse, wurde in Großbritannien intensiv diskutiert. Auch Hobbes bekennt sich in dieser Debatte zu einer Seite – was ihm zum Verhängnis wird und den folgenden Aufenthalt Hobbes' in Großbritannien nur von kurzer Dauer sein lässt. Er fällt in Missgunst, da er aufgrund seiner politischen Schriften als Royalist verdächtigt wird. Dieser Umstand sowie der drohende britische Bürgerkrieg führen dazu, dass er sich in Paris niederlässt und erneut eine Stelle als Hauslehrer annimmt.

1642 erscheint *De Cive,* welches als Bestandteil der Trilogie *Elements of Philosophy* zusammen mit dem 1951 veröffentlichten Werk *Leviathan, or The Matter, Forme and Power of a Common Wealth Ecclesiasticall and Civil* den Kern von Hobbes' rechtsphilosophischen Überlegungen bildet. Dieses Werk ist aber gleichzeitig Ursache dafür, dass seine Zeit in Paris nach rund zehn Jahren erneut unglimpflich endet. Als Atheist und Verräter gebrandmarkt, fürchtet er um sein Leben und kehrt nach Großbritannien zurück. Seinen Lebensabend verbringt er philosophisch tätig, allerdings keineswegs von den politischen Kräften unbehelligt, in Großbritannien. Mit seinen Schriften hat er Ressentiments gegenüber seiner Person geschürt, sowohl die Kirche als auch das Parlament sind misstrauisch. Nach der Pestepidemie und dem großen Brand von London 1666 geraten vor allem seine religiösen Ausführungen unter Beschuss. Er wird vor allem vonseiten der anglikanischen Kirche angefeindet und der Ketzerei angeklagt. Da er keine Druckerlaubnis mehr erhält, muss er einige seiner späteren Schriften im Ausland veröffentlichen. Thomas Hobbes stirbt 1679 und erlebt somit nicht mehr, wie seine Schriften 1683 verurteilt und öffentlich verbrannt werden.

2 Vgl. *Otfried Höffe,* Thomas Hobbes, München 2010, S. 32 und S. 34.

B. Der Leviathan als Garant des inneren Friedens – Sicherheitsstaat und Kontraktualismus

Ebenso wie Machiavelli kehrt auch Hobbes dem Streben nach dem *guten Leben* den Rücken. Das Erreichen eines höchsten Zieles hat keinen Platz im bloßen Kampf ums Überleben und der permanenten Furcht vor dem eigenen Tod. Um diesen Kampf zu beenden, müssen sich die Menschen zu einer Gemeinschaft zusammenschließen, andernfalls stehen sie auf verlorenem Posten. Der These scheint wenig Neues anzuhaften. Dass der Mensch nur in der Gemeinschaft wirklich als Mensch leben kann, wird seit der Antike proklamiert. Diese These erhält allerdings bei Thomas Hobbes eine besondere Brisanz – es ist nicht nur das Leben in einer politischen Gemeinschaft, welches den Menschen als Menschen ausmacht und ihm die Sicherung seiner Grund- und darüber hinausgehender Bedürfnisse ermöglicht. Es ist das Leben unter einem Souverän, welcher absolute Macht über seine Untergebenen hat. Allerdings erschöpft sich die hobbessche Theorie nicht darin, diese Macht bloß zu proklamieren, sondern Hobbes stellt sehr konsequent die Frage nach der Legitimation staatlicher Macht. Die staatliche Herrschaft über Individuen rechtfertigt sich nicht aus der bloßen Möglichkeit zur Beherrschung. Hobbes' These ist dabei ebenso einfach wie weitreichend: Herrschaft und Zwang können nur dann legitimiert werden, wenn alle, über die verfügt werden soll, zugestimmt haben. Gleichheit und Freiheit sind die bestimmenden Parameter seiner Theorie. Wer sollte als Gleicher und Freier über ebenso Gleiche und Freie herrschen dürfen?

Seine Lösung ist ein Novum in der Neuzeit, welches von vielen Autoren wieder aufgegriffen wurde und jüngst durch die Theorie von John Rawls[3] ein philosophisches Revival erfuhr: Das Abschließen eines Vertrags. Mit diesem Vertrag setzen die Individuen einen Souverän ein, welcher über sie herrscht. Der Vertragsschluss ist ein Konstrukt, mit dessen Hilfe Hobbes den Einzelnen zunächst als freie und gleiche Person anerkennt. In Hobbes' Theorie erleben Sie den Einzelnen zum ersten Mal als Protagonisten im Bereich von Staat und Recht – wenn auch der tatsächliche Einflussbereich sehr beschränkt ist und er sich in der Konsequenz dennoch vollständig dem Herrscher unterwirft. Der neuzeitliche Einschlag im Menschenbild wird deutlich: Die Rechtsphilosophie entdeckt den Einzelnen. Der Mensch ist nicht mehr nur Teil des Staates, er wird nicht mehr nur über seine Funktion für den Staat bestimmt, er ist nicht mehr nur einer unter vielen. Die Bedeutung des Individuums ist ganz offensichtlich. Die Stimme des Einzelnen hat Gewicht, und er verfügt über Vernunft, die ihn befähigt, eine Entscheidung

3 *John Rawls*, A Theory of Justice, Harvard 2005.

zu treffen. Dass die Konsequenzen teilweise weniger rosig sind, als es die einführenden Gedanken vermuten lassen, werden Sie schnell bemerken.

Mit Hobbes lernen Sie einen Denker kennen, der seine Theorie vom Einzelnen aus entwickelt und sich dabei die Methoden der Naturwissenschaft zum Vorbild nimmt. Er ist bemüht, aus klar umrissenen Prämissen ein Denkgebäude aufzubauen und die Legitimationsfrage eindeutig zu beantworten.

I. Der Schrecken des Naturzustands

Den Staat versteht Hobbes nicht als Faktum, als schlichte Gegebenheit. Er stellt die Frage, warum es den Staat gibt und wie die Menschen zusammenlebten, bevor sie sich in staatlichen Gemeinschaften organisierten. Den Zustand des Zusammenlebens der Menschen vor dem Eintritt in den staatlichen Zustand bezeichnet er als Naturzustand. Jeder Zustand ist ein Naturzustand, in welchem es keinen Souverän gibt, der die exekutive, legislative und judikative Gewalt in sich vereint. Von dieser Lage zeichnet Hobbes ein trostloses Bild:

> „In einem solchen Zustand gibt es keinen Platz für Fleiß, denn seine Früchte sind ungewiss, und folglich keine Kultivierung des Bodens, keine Schifffahrt oder Nutzung der Waren, die auf dem Seeweg transportiert werden mögen, kein zweckdienliches Bauen, keine Werkzeuge zur Bewegung von Dingen, deren Transport viel Kraft erfordert, keine Kenntnisse über das Antlitz der Erde, keine Zeitrechnung, keine Künste, keine Bildung, keine Gesellschaft und, was das allerschlimmste ist, es herrscht ständig Furcht und die Gefahr eines gewaltsamen Todes; und das Leben des Menschen ist einsam, armselig, widerwärtig, tierisch und kurz."[4]

Zwei Gründe sind es, aus welchen die Menschen in diese Lage geraten: das unstillbare menschliche Verlangen nach Glück und die Gleichheit der Menschen. Hobbes hält fest, dass der Mensch über seine Lebensspanne hinweg immer nach Gütern strebt, die ganz verschiedener Art sind, und dass Glück gerade im „Fortschreiten des Verlangens von einem Objekt zum anderen"[5] besteht. Glück ist also nicht das höchste Gut, welches für alle Menschen dasselbe ist, sondern die individuelle Befriedigung der eigenen Wünsche, Bedürfnisse und Interessen, und in diesem Streben gelangt der Einzelne nie an ein Ende. Alles, was er erreicht hat, versucht er durch Macht zu sichern und auszubauen. Die Konsequenz aus der Bedrohung der Güter durch andere Menschen ist das Streben nach mehr Macht:

4 *Thomas Hobbes*, Leviathan, hg. von *Hermann Klenner*, Hamburg 1996, S. 105. Im Folgenden kurz: Leviathan.

5 Leviathan, S. 80.

„So setze ich als allgemeine Neigung der ganzen Menschheit an die erste Stelle ein ständiges und rastloses Verlangen nach Macht und wieder Macht, das erst mit dem Tod aufhört. Und die Ursache hiervon liegt nicht immer darin, dass ein Mensch sich intensivere Freude erhofft, als er bereits erreicht hat, oder dass er mit bescheidener Macht nicht zufrieden sein kann, sondern dass er sich Macht und Mittel zu einem guten Leben, die er gegenwärtig hat, nicht sichern kann, ohne mehr zu erwerben.“[6]

Alles, was der Mensch in seinem Leben erreicht hat, ist durch die Gleichheit aller Menschen gefährdet. Alle Unterschiede zwischen den Menschen, die ihre physischen oder psychischen Eigenschaften betreffen, sind in der Gesamtschau so marginal, dass keiner daraus einen Anspruch auf etwas ableiten und durchsetzen könnte. Auch der Schwächste hat genügend Kraft, den Stärksten zu töten „entweder durch einen geheimen Anschlag oder durch ein Bündnis mit anderen“[7].

„Aus dieser Gleichheit der Fähigkeiten erwächst Gleichheit der Hoffnung, unsere Ziele zu erreichen. Und wenn daher zwei Menschen das gleiche verlangen, in dessen Genuss sie dennoch nicht beide kommen können, werden sie Feinde; und auf dem Weg zu ihrem Ziel [...] bemühen sie sich, einander zu vernichten oder zu unterwerfen.“[8]

Diese Ausgangslage führt die Menschen in eine Situation der totalen Unsicherheit. Sie können sich weder ihrer Güter, noch ihres Hauses, weder ihrer Ernte, noch ihres Lebens sicher sein. Schon um der bloßen Selbsterhaltung willen muss der Mensch versuchen, seinem Feind (also potentiell jedem anderen Menschen) zuvorzukommen und ihn zu unterwerfen.

1. *Der Krieg aller gegen alle*

Im Naturzustand mündet dieser Konkurrenzkampf in Krieg, genauer „im Krieg eines jeden gegen jeden“[9]. Die Menschen sind permanent zum Angriff bereit. Ihre Unsicherheit und ihre aus der Gleichheit resultierende Konkurrenz stehen einem Friedenszustand dauerhaft entgegen. Auch die anderen Eigenschaften des Menschen geben wenig Anlass zu der Hoffnung, dass es ihnen gelingen könnte, selbstständig den Kriegs- in einen Friedenszustand zu überführen. Sie handeln selbstgerecht und nur auf das eigene Wohl bedacht, versuchen einander zu über-

6 Leviathan, S. 81.
7 Leviathan, S. 102.
8 Leviathan, S. 103.
9 Leviathan, S. 104.

trumpfen, sie lügen, sie sind selbstverliebt und egozentrisch, sie streben von Natur aus[10] alle nach unterschiedlichen Dingen.[11]

Im Naturzustand ist schlicht alles erlaubt: Es gibt kein Gesetz, und es gibt keinen Richter: Es gibt also auch keine Instanz, die Verbrechen verfolgen könnte. Vor allem existiert keine Instanz, die dazu legitimiert wäre, diese Aufgaben zu übernehmen. Im Naturzustand haben die Menschen zwar das gleiche Recht auf alles und die Freiheit, sich alles zu nehmen, was sie wollen, aber dieses Recht wird de facto zum Recht auf nichts.[12] Sie können dieses Recht nicht durchsetzen, sie können nicht darauf vertrauen, dass der Stuhl, auf dem sie sitzen, morgen noch in ihrem Besitz sein wird, sie können nicht darauf vertrauen, dass sie das Korn, welches sie angebaut haben, auch ernten können. Das natürliche Recht, welches jeder Mensch hat, enthält keine Verbindlichkeit, da eine Zwangsinstanz fehlt, die es durchsetzen könnte. Die einzig mögliche Instanz, welche das Handeln der Menschen beschränken könnte, ist die Vernunft. Die Vernunft ermöglicht die Erkenntnis von Naturgesetzen, welche auf die Erhaltung des Einzelnen im Friedens- oder Kriegszustand abzielen.[13]

Hobbes unterscheidet zwischen dem Naturrecht (*ius naturale*) und dem Naturgesetz (*lex naturale*).[282] Die Leges, also Gesetze, geben vor, was zu tun oder zu unterlassen ist. Rechte sind Erlaubnisse; man darf etwas tun, muss es aber nicht. Konkret meint das Naturrecht „die Freiheit, die jeder Mensch besitzt, seine eigene Macht nach Belieben zur Erhaltung seiner eigenen Natur [...] zu gebrauchen“[283]. Demgegenüber ist ein Naturgesetz „eine von der Vernunft entdeckte Vorschrift oder allgemeine Regel, wodurch einem Menschen untersagt wird zu tun, was sein Leben vernichtet oder ihm die Mittel zu seiner Erhaltung nimmt und zu unterlassen, wodurch es seiner Meinung nach am besten erhalten bleibt.“[284]

Die Naturgesetze bedürfen keiner positiven Kodifikation. Sie haben Geltung, da sie ihre Legitimation allein aus der Vernunft erhalten und ihr Wert für jeden ein-

10 Das Behauptung etwas liege in der „Natur des Menschen“ findet sich in verschiedenen rechtsphilosophischen Ansätzen, wobei das, was die menschliche Natur ausmacht als Argumentationsgrundlage für weiterführende Thesen dient – dass aber die Natur des Menschen so viele unterschiedliche Deutungen erfährt, sollte Sie stets wachsam machen; vgl. *Kurt Seelmann*, Rechtsphilosophie, 5. Auflage, München 2010, S. 140ff.

11 Vgl. Leviathan, S. 143f.

12 Vgl. *Thomas Hobbes*, De Cive, hg. von *Günter Gawlick*, 2. Auflage, Hamburg 1966, S. 83. Im Folgenden kurz: De Cive.

13 Vgl. De Cive, S. 85.

14 Einige zentrale Aufsätze zu Naturrecht und Naturgesetz finden Sie versammelt in *Claire Finkelstein*, Hobbes on Law, Aldershot u.a. 2005, Kapitel 2.

15 Leviathan, S. 107.

16 Vgl. Leviathan, S. 107f.

sehbar ist. Allerdings laufen die Vorgaben der Vernunft den „natürlichen Gemütsbewegungen“[17] entgegen. Im Kriegszustand entfalten sie daher insofern keine Wirkung, als dass die Vernunft nicht stark genug ist, um den Kriegszustand zu unterbinden. Auch könnte eine Überwindung des Kriegszustands allein durch vernünftige Einsicht nie von Dauer sein, da die Ursache des Krieges nicht beseitigt würde: das gleiche Recht aller auf alles.[18]

Die von Hobbes im Naturzustand beschriebene Gesellschaft unterscheidet sich klar von der modernen Gesellschaft. Überlegen Sie, welche politischen, sozialen, kulturellen oder wirtschaftlichen Errungenschaften in einer solchen Gesellschaft überhaupt möglich wären.

Dass der Naturzustand für den Einzelnen keine angenehme Situation ist, dürfte klar sein. Wie also kann dieser Zustand überwunden werden? Es ist wenig wahrscheinlich, dass einer so mächtig wird, dass er es schafft, die Anderen zu beherrschen. Woher sollte dieser Herrscher seine Legitimation beziehen? Ein Herrscher, der seine Macht nicht auf Legitimation gründen kann, wird den Kriegszustand nicht beenden, geschweige denn überleben können.

II. Der Vertrag

Hobbes' Lösung ist der Abschluss eines Vertrags zwischen den Menschen, wobei dieser in der Folge einen Souverän ermächtigt, zu herrschen. Dieses theoretische Konstrukt ist ein entscheidender und völlig neuer Entwicklungsschritt im Denken der Neuzeit. Das Individuum steht im Mittelpunkt. Die Gründung eines politischen Gemeinwesens ist Folge der Entscheidung zum Vertragsschluss. Die Gemeinschaft ist also künstlich geschaffen, der *body politic* ist nicht natürlich geworden, sondern durch einen Vertragsschluss ins Leben gerufen. Voraussetzung für den Vertrag ist die freie Entscheidung der Menschen, den Vertrag schließen zu *wollen*. Genauer: Sie schließen einen Vertrag untereinander, jeder mit jedem[19] – nur dadurch entsteht der Leviathan oder der Staat, also das politische Gemeinwesen, welchem ein Souverän vorsteht. Aber: Der Souverän ist kein Vertragspartner! Vertragspartner sind allein die Menschen, die untereinander den Vertrag schließen und ihre Rechte an den Souverän abgeben.

17 Leviathan, S. 141.
18 Vgl. De Cive, S. 84.
19 Vgl. Leviathan, S. 146.

1. *Der Souverän*

Dieser Akt der Abgabe des individuellen Rechts auf alles ist zugleich Grund der Legitimation für alle folgenden Handlungen des Souveräns. Indem der Souverän durch den Vertragsschluss eingesetzt, genauer, indem er als juristische Person erzeugt wird, verpflichten sich die Menschen, auf ihre umfassenden Rechte zu verzichten und sich dem Souverän zu unterwerfen. Außerdem stimmen sie der Einschränkung ihres Rechts auf alles zu. Der so geschaffene Souverän bündelt die gesetzgebende, die ausführende und die rechtsprechende Gewalt. Er ist das Sinnbild für Recht, Macht und Zwang.[20] Der Souverän steht über allen und hat nicht nur die Möglichkeit, sondern vor allem auch das Recht, zu zwingen. Der Souverän muss so mächtig sein, dass er seine Gesetze durchsetzen und die Menschen sowohl innerhalb des Staates als auch gegen Angriffe von außen beschützen kann.

Durch den Vertragsschluss ernennen die Menschen den Herrscher (bzw. eine Versammlung) zum Vertreter ihrer Person, das heißt zum Ausführenden ihrer Handlungen und Worte. Dadurch ist jeder Einzelne zugleich Urheber der Handlungen des Souveräns, der alle Bürger vertritt. Mit der Ernennung eines Herrschers als Vertreter erklären sich die Menschen auch dazu bereit, sich seinem Willen und Urteil zu unterwerfen. Sie erkennen an, dass sein Wille identisch ist mit ihrem eigenen Wollen. Der Souverän will das, was sie selbst wollen würden, wenn sie über die Kompetenzen des Souveräns verfügten. Dies ist notwendig für ein Leben in Frieden unter einem Souverän. Er kann durch die ihm verliehene Macht den Krieg unter den Menschen beenden – vorausgesetzt die Einzelnen treten ihre Recht an ihn ab und unterwerfen sich seinen Entscheidungen. Dabei spielt es keine Rolle, ob sie selbst, unabhängig von dem Souverän eine konkrete Entscheidung unterstützen würden oder nicht.[21] Hobbes beschreibt dieses Verhältnis folgendermaßen:

> „Das ist mehr als Zustimmung oder Eintracht; es ist eine wirkliche Einheit von ihnen allen in ein und derselben Person, die durch Vertrag eines jeden mit jedem so geschaffen wird, als ob jeder zu jedem sagte: Ich gebe diesem Menschen oder dieser Versammlung von Menschen Ermächtigung und übertrage ihm mein Recht, mich zu regieren, unter der Bedingung, dass du ihm ebenso dein Recht überträgst und Ermächtigung für alle seine Handlungen gibst. Wenn dies getan ist, nennt man die so in einer Person vereinigte Menge Gemeinwesen [...] Das ist die Entstehung jenes großen Leviathan oder besser [...] jenes sterblichen Gottes, dem wir unter dem unsterblichen Gott unseren Frie-

20 Die These, dass Souveränität dies voraussetzt, wird in der Folgezeit, vor allem in der heutigen Debatte kritisch reflektiert – dies zusammenfassend siehe *Matthias Kaufmann*, Recht, Berlin u.a. 2016, S. 54ff.

21 Vgl. Leviathan, S. 145f.

den und unsere Sicherheit verdanken. Denn durch diese Ermächtigung, die er von jedem Einzelnen im Gemeinwesen erhält, steht ihm so viel verliehene Macht und Stärke zur Verfügung, dass er durch den Schrecken von ihn befähigt wird, den Willen aller auf Frieden daheim und auf gegenseitige Hilfe gegen ihre auswärtigen Feinde zu lenken. Und in ihm besteht der Inbegriff des Gemeinwesens, das [...] eine Person ist, für deren Handlungen sich eine große Menge durch gegenseitigen Vertrag zum Urheber gemacht hat, zu dem Zweck, dass es ihrer alle Stärke und Mittel, wie es ihm vorteilhaft erscheint, für ihren Frieden und ihre gemeinsame Verteidigung braucht. Und wer diese Person verkörpert, wird Souverän genannt und hat, wie man sagt, souveräne Macht; und jeder andere ist sein Untertan."[22]

2. *Die Folgen des Vertragsschlusses*

Die Folgen dieses Vertragsschlusses sind äußerst weitreichend:

1. Der Vertrag bindet die Menschen ohne Ausnahme. Sie können nach Abschluss des Vertrags nicht fordern, dass eine andere Regierungsform eingesetzt werden sollte. Mit dem Vertrag bekennen sie sich zur Herrschaft des Souveräns und jeder Versuch, diese zu beseitigen, etwa indem man einen Vertrag mit einem anderen Souverän eingeht, wäre nicht nur ungerecht, sondern müsste als Vertragsbruch geahndet werden. Da dieser Vertrag der erste ist, den die Menschen schließen, müssen alle folgenden Verträge mit ihm in Einklang stehen.[23]
2. Der Souverän verliert seine Macht nie. Da er kein Vertragspartner ist, kann er auch keinen Vertragsbruch begehen. Da der Souverän nicht durch Recht gebunden ist, können seine Handlungen auch nicht ungerecht sein.[24] Es ist also kein Grund denkbar, den Vertrag wieder aufzuheben. Mit anderen Worten: Einmal eingesetzt bleibt der Souverän an der Macht.[25]
3. Jeder Protest gegen den Souverän ist eine Ungerechtigkeit. Durch die Teilnahme an der Versammlung, in welcher über den Vertragsschluss abgestimmt wurde, hat sich der Teilnehmer der Entscheidung der Mehrheit unterworfen – egal ob er selbst für oder gegen den Vertragsschluss gestimmt hat. Damit hat er sich auch vollständig dem Souverän unterworfen. Jeder Protest verstößt gegen den Vertrag und ist deswegen ungerecht.[26]

22 Leviathan,S. 145.
23 Vgl. Leviathan, S. 146f.
24 Vgl. Leviathan, S. 150.
25 Vgl. Leviathan,S. 147ff.
26 Vgl. Leviathan, S. 149.

Kurz: Es gibt nichts, was den Souverän beschränken könnte; es gibt keine Möglichkeit, ihn zur Rechenschaft zu ziehen; er kann nicht bestraft werden. Der Souverän ist auch Inhaber der judikativen Gewalt, er entscheidet in Rechtsstreitigkeiten. Würden die Bürger selbst Recht sprechen, bestünde ebenfalls die Gefahr in einen Kriegszustand zurückzufallen, da sie dann auch über den Souverän richten könnten, mithin gäbe es keinen obersten Richter oder sterblichen Gott mehr, der alle Macht in sich vereint. Der Souverän beherrscht weiterhin das Militär und die Geldwirtschaft seines Staates, denn ohne Geld können keine Soldaten bezahlt, ohne Soldaten kann das Reich nicht verteidigt werden.

> „Der Kern des philosophischen Kontraktualismus ist die Idee der Autoritäts- und Herrschaftslegitimation durch freiwillige Selbstbeschränkung aus eigenem Interesse unter der Rationalitätsbedingung einer strikten und institutionell garantierten Wechselseitigkeit.“[30]

3. Warum sollten die Menschen einen Vertrag schließen?

Unter diesen Bedingungen scheint der Vertragsschluss nicht das rationale Mittel der Wahl zu sein. Die Wahl zwischen der vollständigen Unterwerfung unter einen Souverän und dem Weiterleben im Naturzustand scheint die zwischen Pest und Cholera zu sein.

Versetzen Sie sich in den Einzelnen im Naturzustand hinein. Sein Leben kann mit dem Begriff der Furcht am besten beschrieben werden. Er fürchtet um seinen Besitz, er fürchtet um seine Familie, er fürchtet um sein Leben – und das jeden Tag aufs Neue.

Was der Vertragsschluss ihm bietet, ist eine Umwandlung des „Rechts auf alles“ in ein „Recht auf etwas“. Das ist zwar weniger als das Recht auf alles, aber erinnern Sie sich: De facto ist das „Recht auf alles“ ein „Recht auf nichts“. Der Leviathan bietet Rechtssicherheit, positive Gesetze, Sicherung des Eigentums und Sicherung des Lebens.

Die Einzelnen überwinden so die Defizite ihrer eigenen egoistischen Natur und lenken sie zu ihrem eigenen Nutzen in gesetzesmäßig beschränkte Bahnen. Ein Verzicht auf den Vertragsschluss ist also keine ernsthafte Alternative. Der Staat ist

27 Einige zentrale Aufsätze zu Naturrecht und Naturgesetz finden Sie versammelt in *Claire Finkelstein*, Hobbes on Law, Aldershot u.a. 2005, Kapitel 2.

28 Leviathan, S. 107.

29 Vgl. Leviathan, S. 107f.

30 Vgl. *Wolfgang Kersting*, Die politische Philosophie der Neuzeit, in *ders.* (Hg.), Thomas Hobbes. Leviathan oder Stoff, Form und Gewalt eines kirchlichen und bürgerlichen Staates, Reihe Klassiker auslegen, 2. Auflage, Berlin 2008, S. 19.

nicht mehr Selbstzweck, er bildet nicht mehr den Rahmen, in welchem der Einzelne sein *telos* verwirklich kann, sondern er ist das rationale Moment der Wahl gemessen am Maßstab des persönlichen Nutzens. Die Unterwerfung ist rational, da die Alternative Vernichtung ist.

Das entscheidende Angebot, welches dem Einzelnen mit dem Vertrag vorgelegt wird, ist die Überwindung der Furcht und ein Leben in einer friedlichen Gesellschaft. Zwar liegen auch der Verzicht auf grenzenlose Freiheit und die Unterwerfung unter einen Souverän in der Waageschale. Aber sie wiegen weit weniger schwer als die Aussicht auf eine Fortsetzung des widerwärtigen, tierischen, kurzen Lebens im Naturzustand. Die Unterwerfung unter den Souverän ist letztlich ein Gebot der Vernunft. Die Vernunft macht das Bestreben, Frieden zu schaffen, zum ersten Naturgesetz. Davon leitet sich ein weiteres Naturgesetz ab, nämlich auf das ‚Recht auf alles' zu verzichten, da das Beharren auf das Recht auf alles unweigerlich zum Krieg führt.[31] Auch die Pflicht zur Einhaltung von Verträgen, das dritte Naturgesetz, ergibt sich hieraus, denn würden die Vertragspartner gegen den Vertrag verstoßen, wäre der Frieden wieder hinfällig.[32] Diese Naturgesetze sind auch im Naturzustand durch die Vernunft erkennbar.

1. Was versteht Thomas Hobbes unter dem Begriff „Naturgesetz"?
2. Welchen Stellenwert haben diese Naturgesetze? Handelt es sich um höhere moralische Prinzipien, die die Gemeinschaft der Menschen dauerhaft befrieden werden?

Die Naturgesetze, die Hobbes formuliert, zielen in erster Linie auf die Erhaltung des Einzelnen. Die Regeln der Vernunft verbieten es dem Einzelnen, etwas zu tun, das sein Leben beendet oder die Mittel zu dessen Erhaltung nimmt.[33] Deshalb ist es auch ein Naturgesetz, den Frieden zu suchen, denn aus einer rein egoistischen Position heraus bietet der Friedenszustand dem Einzelnen deutlich größere Vorteile und vor allem die Sicherheit des eigenen Lebens. Da der Friedenszustand aber kaum erreichbar ist, formuliert das erste Naturgesetz auch zugleich, dass der Einzelne im Kriegszustand alles tun darf, was ihm einen Vorteil einbringt. Der Verzicht des Einzelnen auf sein Recht auf alles hängt davon ab, dass alle anderen gleichermaßen bereit sind, auf dieses Recht zu verzichten. Nur dann ist es ein Gebot der Vernunft.

Den anderen Naturgesetzen liegt bei genauerer Betrachtung die Goldene Regel zugrunde. Sie fordern dazu auf, die Dinge zu vermeiden, die man gegenüber sich selbst vermieden wissen wollte. Voraussetzung ist somit die reziproke Anerkennung der Naturgesetze zwischen den Menschen. Diese Überlegungen führen zu zwei

31 Vgl. De Cive, S. 88.
32 Vgl. De Cive, S. 98f.
33 Vgl. Leviathan, S. 108.

Schlussfolgerungen: 1. Ohne einen Vertragsschluss können die Naturgesetze nicht verwirklicht werden, denn der Naturzustand lässt gerade den Verzicht auf das Recht auf alles vermissen. Naturgesetze können erst sinnvoll eingehalten werden, wenn Frieden herrscht. Ein Friedenszustand wird nach dem Vertragsschluss durch den Souverän herbeigeführt. Mit anderen Worten: Die Naturgesetze weisen den Einzelnen auf die Notwendigkeit eines Herrschers hin.[34] 2. Ohne einen Vertragsschluss bleibt nur das Naturrecht übrig; genauer die Erlaubnis, alles zu tun, was nötig ist, um das eigene Leben zu erhalten. Das Naturrecht verliert aber mit dem Vertragsschluss, in dessen Folge eine Unterscheidung zwischen Recht und Unrecht erst möglich wird[35], seine Geltung als normsetzende Instanz („Tue alles, was dein Leben erhält."), deren metaphysische Existenz zugleich ihre Legitimationsgrundlage ist. Hobbes setzt sich damit klar vom traditionellen Naturrechtsdenken ab.[36] Das Naturrecht fordert nicht mehr dazu auf, ein tugendhafter Mensch zu sein oder gerecht zu handeln. Alles, was das Naturrecht formuliert, ist das Recht auf die Sicherung des Fortbestands der eigenen Existenz. Es geht am Beginn der Neuzeit nicht mehr um das gute Leben, es geht um das bloße Überleben.

Festzuhalten bleibt, dass Hobbes durchaus davon ausgeht, dass der Einzelne unter Einsatz seiner Vernunft erkennen kann, dass er von einem Vertragsschluss ungemein profitiert und Frieden und Sicherheit dann gewährleistet sind.

Die Voraussetzung ist die absolute Macht des Souveräns. Eine solche umfassende Macht entsteht für Hobbes über das Schwert.[37] Wer so mächtig ist, dass er seine Gesetze durchsetzen kann und den Menschen Sicherheit innerhalb der von ihm vorgegebenen Regeln bietet, ist Souverän. Er ist allen anderen stets überlegen. Nur wenn der Herrscher so mächtig ist, dass sich seine Feinde keinen Nutzen aus einem Angriff versprechen und seine Untergebenen aus Furcht die Gesetze einhalten und auch sonst gerecht handeln, erfüllt die öffentliche Macht ihre Wirkung: Frieden.[38]

III. Gesetzgebung und Organisation in Hobbes' Staat

1. *Der Leviathan*

Die Organisationsweise des Leviathan vergleicht Hobbes mit einem menschlichen Körper, der dann funktioniert, wenn jedes Glied seinen Zweck erfüllt. Mit dem Vertragsschluss wird der Leviathan erschaffen,

34 Vgl. *Sharon A. Lloyd, Susanne Sreedhar*, Hobbes's Moral and Political Philosophy in: *Edward N. Zalta* (Hg..), *The Stanford Encyclopedia of Philosophy, Stand Feb. 2014*, <https://plato.stanford.edu/archives/spr2014/entries/hobbes-moral/>.

35 Vgl. *Alexander Aichele*, Rechtsgeschichte, München 2017, S. 74.

36 Vgl. *Maurice Goldsmith*, Hobbes on Law, in *Tom Sorell* (Hg.), The Cambridge Companion to Hobbes, Cambridge 1996, S. 286f.

37 Vgl. Leviathan, S. 141.

38 Vgl. Leviathan, S. 142f.

> „der nur ein künstlicher Mensch ist (wenn auch von größerer Statur und Kraft als der natürliche Mensch, für dessen Schutz und Verteidigung er beabsichtigt wurde) und in dem die Souveränität eine künstliche Seele ist, insofern sie dem ganzen Körper Leben und Bewegung verleiht; die Richter und anderen Beamten der Jurisdiktion und Exekutive künstliche Gelenke sind; Belohnung und Strafe (durch die jedes Gelenk und Glied am Sitz der Souveränität befestigt ist und veranlaßt wird, seine Pflicht zu tun) die Nerven, die das gleiche im natürlichen Körper tun; Wohlstand und Reichtum all der einzelnen Glieder Kraft; salus populi (die Sicherheit des Volkes), seine Aufgabe; Ratgeber, die ihm alle Dinge, die er wissen muß, eingeben, das Gedächtnis; Billigkeit und Gesetz künstliche Vernunft und künstlicher Wille; Eintracht Gesundheit; Aufruhr Krankheit und Bürgerkrieg Tod sind. Schließlich gleichen Verträge und Abkommen, durch welche die Teile des Staatskörpers zuerst geschaffen, zusammengefügt und vereint werden, jenem Fiat oder Lasset uns Menschen mache, das Gott bei der Schöpfung aussprach.“[39]

Anhand der Körpermetapher wird deutlich, dass aus der unbegrenzten Macht des Souveräns nicht folgt, dass er alle Aufgaben im Staat allein bewältigen kann. Er kann für die Ausführungen seiner Anweisungen zulassen, dass Menschen Körperschaften bilden, oder aber einzelne Beamte ernennen, die für die Ausführung bestimmter Vorgaben oder die Erledigung anstehender Aufgaben zuständig sind. Diese Körperschaften oder Beamte verfügen dann für ihr begrenztes Aufgabengebiet über eine abgeleitete und eingeschränkte Souveränität. Insofern sie vom Souverän die Erlaubnis erhalten haben, einen bestimmten Bereich der Staatsaufgaben zu verwalten, sind sie für diesen Bereich rechtmäßig Souverän – allerdings dennoch an die Weisungen des politischen Souveräns gebunden. Im Gegensatz zum eigentlichen Souverän können Körperschaften oder Beamte deshalb auch für Entscheidungen haftbar gemacht werden. Teilbereiche, welche eingeschränkt souverän organisiert werden können, sind z. B. der Handel, das Eintreiben von Steuern, das Bildungswesen. Aber auch bei der Familie, in der der Vater Souverän ist, handelt es sich um eine solche Körperschaft.[40]

2. *Die Gesetzgebung des Leviathan*

Durch die Gesetzgebung stellt der Souverän sicher, dass der Staat nach seinem Willen eingerichtet wird. Im künstlichen Körper sind die Gesetze der künstliche Wille. Sie sind Ausdruck dessen, was der Souverän vorgibt, und sie bewegen den künstlichen Körper, also den Staat, zu bestimmten Handlungen. Allein der Souverän hat das Recht, Gesetze zu erlassen, da sich die Bürger eines Staates nur dem Souverän unterworfen haben. Der Souverän selbst ist aber der Einzige, der dem

39 Leviathan, S. 5f.
40 Vgl. Leviathan, S. 189ff. und S. 203ff.

Gesetz nicht unterworfen ist. Selbst wenn er ein Gesetz erließe, welches ihn unterwerfen würde, könnte er jederzeit dieses Gesetz für nichtig erklären und ein neues erlassen. De facto wäre er immer frei, da er, auch wenn ein einschränkendes Gesetz existieren würde, immer tun könnte, was er wollte.[41] Darüber hinaus könnte man auch argumentieren, dass der, der nicht Vertragspartner ist, seine Freiheit nicht abgegeben hat und sich mithin nicht zur Unterwerfung verpflichtet hat.

> „Das staatliche Gesetz besteht für jeden Untertan in jenen Regeln, die ihm das Gemeinwesen durch Wort, Schrift oder andere hinreichende Zeichen des Willens befohlen hat, dass er davon zur Unterscheidung von Recht und Unrecht Gebrauch macht, das heißt zur Unterscheidung dessen, was der Regel zuwiderläuft und was nicht."[42]

Entsprechend dieser Definition hat der Begriff der Gerechtigkeit als metaphysischer Bezugspunkt und Maßstab etwa für die Gesetze eines Staates keinen Platz im hobbesschen System. Es lässt sich zwar sagen, dass eine Handlung ungerecht ist, wenn sie gegen ein Gesetz verstößt und gerecht, wenn sie mit dem Gesetz im Einklang steht. Der Begriff der Gerechtigkeit erfährt aber in Bezug auf den Staat keine weitere inhaltliche Prägung, es sei denn, der Souverän entscheidet, was unter ‚gerecht' oder ‚billig' oder ‚tugendhaft' zu verstehen ist. Erst wenn der Souverän dies tut, wird das Gebot der Tugendhaftigkeit zum Gesetz, in welchem der Wille des Souveräns zum Ausdruck kommt, und nicht-tugendhafte Handlungen können durch den Staat sanktioniert werden.[43] Bezieht sich Gerechtigkeit aber auf die Gesinnung des Menschen, wird sie zur Frage der Moral, nicht des Rechts.[44] Der Bereich des Privaten reicht so weit, wie er den Bereich, für welchen der Souverän Gesetze festlegt, nicht berührt. Es gibt also keine festen Grenzen für oder gar Abwehrrechte gegen den Staat. Vielmehr stehen die Handlungen einer Person zunächst unter Gesetzen, die den Maßstab für Gut und Böse, für gerecht und ungerecht bilden. Versucht ein Einzelner, sich über die Stellung des Souveräns hinwegzusetzen, indem er sich ein eigenes Urteil bildet, dann liegt eine der Krankheiten vor, die den *body politic* befallen kann.[45] Der Staatskörper kann an vielen Krankheiten leiden, die ihn nicht nur schwächen, sondern in letzter Konsequenz auch zu Fall bringen. Mit anderen Worten: Die Krankheit kann tödlich enden. Krankheiten dieser Art entstehen vor allem dann, wenn die Macht des Souveräns in irgendeiner Weise beschränkt wird – sei es durch Teilung der Macht des Souveräns, durch Unterwerfung des Souveräns unter die eigenen Gesetze oder durch die Anerkennung absoluter Rechte der Untertanen durch den Souve-

41 Vgl. Leviathan, S. 225.
42 Leviathan, S. 224.
43 Leviathan, S. 226.
44 Vgl. De Cive, S. 100.
45 Vgl. Leviathan, S. 273f.

rän.[46] Mit seiner Argumentation schlägt sich Hobbes also im englischen Konflikt zwischen Krone und Parlament klar auf die Seite des Monarchen.

Damit verliert auch das Gewissen seine Stellung als Leitinstanz in zweifelhaften Entscheidungssituationen. Ob der Handelnde selbst seine Handlungen moralisch gut heißt oder nicht, spielt keine Rolle, wenn es um Handlungen geht, die durch den Souverän befohlen sind. Die Macht des Souveräns übersteigt die aller anderen möglichen normsetzenden Instanzen. Das Gewissen des Einzelnen wird ersetzt durch das „öffentliche Gewissen"[47]. Was zählt, ist die Übereinstimmung der Handlungen mit dem Willen des Souveräns.

Für Hobbes kann es keinen übergeordneten Bezugspunkt für Gerechtigkeit oder Ungerechtigkeit geben, da hieraus immer eine Einschränkung der Macht des Souveräns folgen würde. Im Gesetz manifestiert sich der Wille des Souveräns zum Befehl.[48] Er ordnet an, was zu tun ist.

3. *Gibt es einen Maßstab für die Gesetze?*

Die bisherigen Ausführungen lassen vermuten, dass Hobbes dem Souverän keinerlei Beschränkungen bei der Gesetzgebung auferlegt. Allerdings formuliert Hobbes ganz explizit, dass es Aufgabe des Souveräns sei, gute Gesetze zu erlassen.[49] Während Gesetze schon dadurch gerecht sind, dass sie ein Souverän erlassen hat, sind sie nur dann gut, wenn sie das Wohl des Volkes befördern und das Volk deren Inhalt versteht. Da sich die Menschen ohne einen Souverän permanent selbst Schaden zufügen, benötigen sie Gesetze, um dies zu vermeiden. Mit dem Übergang vom Naturzustand in den gesetzlichen Zustand mithilfe des Vertragsschlusses verbinden die Menschen das Ende der Furcht und ein Leben in Sicherheit.

Der Zweck des Amtes des Souveräns besteht darin, die Sicherheit des Staatsvolkes zu gewährleisten. Dabei geht es nicht nur um die Sicherheit für die bloße Erhaltung des Lebens. Der Aufgabenbereich des Souveräns ist deutlich ausgedehnter. Er muss „auch alle anderen Annehmlichkeiten des Lebens [ermöglichen], die sich jedermann durch rechtmäßiges Arbeiten ohne Gefahr oder Schaden für das Gemeinwesen erwerben soll."[50] Um dies zu gewährleisten, muss er Gesetze erlassen und die Bevölkerung öffentlich darin unterweisen. Er muss die Gesetze bekanntmachen und allen erklären lassen, was er darunter versteht. Für letzteres sieht Hobbes feste Zeiten vor, in welchen die Untertanen Unterweisung über Stellung, Rolle und Willen des Souveräns erhalten.[51] Der Lehrstoff umfasst in

46 Vgl. Leviathan, S. 271-283.
47 Vgl. Leviathan, S. 274.
48 Vgl. Leviathan, S. 229.
49 Vgl. Leviathan, S. 294.
50 Leviathan, S. 284.
51 Vgl. Leviathan, S. 288f.

summa die Zehn Gebote, allerdings ausgerichtet auf den Souverän.[52] Hobbes beschreibt den Souverän als „sterblichen Gott“[53]. Er erfüllt innerhalb des politischen Gemeinwesens die Rolle Gottes. Er ist der absolute Gesetzgeber des Menschen.

Die Rolle der Religion

Gott im Sinne der christlichen Religion hat vor allem Einfluss auf das moralische Handeln der Menschen, denn er kennt nicht nur ihre Handlungen, sondern auch ihren Willen und ist Richter über den Tod hinaus. Der Leviathan bestimmt die Handlungen der Menschen zu ihrem Besten im öffentlichen Raum, jenseits der privaten Moral. Das hält Hobbes allerdings nicht davon ab, sich parallel zu seiner eigenen Argumentation auch auf das göttliche Wort zu stützen. Mit verschiedenen Auszügen aus der Heiligen Schrift zeigt er, dass die Monarchie auch die von Gott gewollte Herrschaftsform ist.[54] Seine Argumentation ist dabei nicht abhängig von der biblischen Unterstützung. Vielmehr versucht Hobbes dadurch zu zeigen, dass sein System auch das von Gott gewollte System ist, um möglichen Anfeindungen als Häretiker zu entgehen.

Innerhalb des Staates hat die Religion allerdings keine tragende Rolle. Hobbes' Staat übernimmt keine Erziehungsfunktion, keine Charakterbildung wie etwa der platonische Staat. Er lässt den Menschen denken und fühlen, was er will. Hier könnte man eine erste liberale Tendenz entdecken, allerdings ist die Liberalität tatsächlich auf das Innere beschränkt. Bezogen auf den Regelungsbereich des Leviathans gibt es nur richtig und falsch, aber keinen liberalen Freiraum für verschiedene Ansichten oder Handlungsweisen. „Hobbes Bürgerethik [...] umfasst nur einen Artikel: Gehorche, kooperiere mit dem Souverän, widersetze dich nicht.“[55]

Tugenden im Staat

Die Gesetze, die der Souverän gibt, dienen also explizit nicht seinem Vorteil oder Wohl, sondern allein dem seiner Untertanen. Es ist vielmehr so, dass für den Souverän mittelbar aus dem Wohl seiner Untertanen Vorteile folgen. Er kann sich sicher fühlen, wenn die Bürger ihm nicht nach dem Leben trachten, sein Reichtum vermehrt sich, wenn die Bürger Steuern zahlen und seine Macht wächst, wenn sein Land in Wohlstand gedeiht. Ein Gesetz, das den Zweck, das Wohl des

---

52 Vgl. Leviathan, S. 287ff.

53 Leviathan, S. 145.

54 Vgl. Leviathan, S. 173ff.

55 *Wolfgang Kersting*, Vertrag, Souveränität, Repräsentation, in *ders.* (Hg.), Thomas Hobbes. Leviathan oder Stoff, Form und Gewalt eines kirchlichen und bürgerlichen Staates, Reihe Klassiker auslegen, 2. Auflage, Berlin 2008, S. 189.

Volkes zu befördern, nicht erfüllt, ist überflüssig und in keinem Fall ein gutes Gesetz.[56] Gute Gesetze können aber nur dann wirken, wenn sich die Menschen nach ihnen richten. Damit ist auch auf das Engste der Maßstab für Tugend verbunden: Ein Mensch handelt tugendhaft und gut, wenn er die Gesetze befolgt, die Nichtbefolgung ist ein Laster. „[E]in guter Charakter, d.h. sittliche Tüchtigkeit, ist ein solcher, durch den die Gemeinschaft, wenn sie gebildet ist, am besten erhalten werden kann."[57] Es geht dabei explizit nicht um Gebote der Moralität. Was der Mensch jenseits des politischen Raumes denkt und will, fällt nicht in den Verfügungsbereich des Souveräns. Hobbes nimmt also eine Umwertung des Tugendbegriffs vor; ein guter Charakter zeichnet sich dadurch aus, dass er dem Staat nützt, und tugendhaft handelt der, welcher die Gesetze befolgt.

Aus der bisherigen Lektüre wissen Sie, dass es verschiedene Möglichkeiten gibt, Gesetze zu legitimieren. Jenseits der positiven Setzung besteht auch die Möglichkeit, auf Naturgesetze als Maßstab der positiven Gesetze zu referieren. Erinnern Sie sich an die Beschreibung des Naturzustands! Hier hatte Hobbes argumentiert, dass ein Mensch, der sich von seiner Vernunft leiten lässt, in der Lage wäre, Naturgesetze zu erkennen. Was passiert mit diesem ewigen, durch die Vernunft jederzeit erkennbaren Naturgesetz? Verliert es seine Bedeutung als für jeden erkennbare Richtschnur und wird durch die Gesetze des Souveräns ersetzt?

Das Problem wird besonders deutlich an Hobbes' Beispiel des Beamten. Der Beamte, der keine konkrete Arbeitsbeschreibung erhält, muss sich mittels seiner Vernunft erschließen, was er zu tun hat. Allerdings zielt die Vernunft dann darauf ab, sein Handeln in Übereinstimmung mit den Interessen des Souveräns zu bringen.[58]

Das erscheint widersprüchlich. Einerseits sind die Naturgesetze auch im Kriegszustand zumindest als mögliche Qualitäten der Persönlichkeit vorhanden, andererseits bezeichnet Hobbes aber die Übereinstimmung der Handlungen einer Person mit dem Willen des Souveräns als naturgesetzlich.

Wie kann dieser Widerspruch aufgelöst werden?

Das Gebot der Gerechtigkeit

Das Gebot der Gerechtigkeit gehört zu den Naturgesetzen. Ein Verstoß gegen den Willen des Souveräns ist ungerecht. Deshalb ist eine Übereinstimmung der Handlungen, z. B. eines Beamten, mit dem Willen des Souveräns eine Forderung, die das Naturgesetz stellt. Würde ein Widerspruch zwischen den beiden genannten bestehen, würde ein Verstoß gegen das Naturgesetz vorliegen, welches gerechtes Handeln verlangt. Die Verpflichtung, dem Gesetz des Souveräns zu gehorchen,

56 Vgl. Leviathan, S. 295.
57 De Homine, S. 42f.
58 Vgl. Leviathan, S. 230.

entsteht nicht etwa aus der Angst vor Strafe oder der vernünftigen Einsicht in den Sinn des Gesetzes, sondern sie erwächst aus der Zustimmung in den Vertrag, welcher dem Souverän seine Macht verlieh. Weil der Vertrag geschlossen wurde, hat der Souverän die Macht, Gesetze zu erlassen; weil der Einzelne zugestimmt hat, muss er sich dem Gesetz des Souveräns beugen.[59] Diese Argumentation ist ohne Weiteres der Vernunft zugänglich. Die Unterwerfung unter den Souverän wird so zum Gebot der Vernunft und erhält nach Vertragsschluss naturgesetzlichen Charakter. Darüber hinaus richten sich die Naturgesetze nicht an den Souverän, sie beeinflussen also das Verhältnis des Souveräns zu seinen Untertanen nicht, sondern beziehen sich auf das Handeln der Menschen untereinander.

4. Der Leviathan – ein tyrannischer Alleinherrscher?

Die Frage, ob der Leviathan eigentlich ein Tyrann ist, liegt nahe. Sie haben allerdings schon erfahren, dass Hobbes einen Mann oder eine Versammlung von Menschen als Souverän bezeichnet. Im ersten Fall spricht er von Monarchie, im zweiten von Aristokratie. Wie schon seit der Antike üblich, führt er zur Unterscheidung der Regierungsformen das Merkmal der Quantität an und unterscheidet neben der Herrschaft des Einzelnen und der Herrschaft der Wenigen noch die Herrschaft aller, die Demokratie.[60] Alle anderen Regierungsformen hält er für widersprüchlich. Da die Macht unteilbar ist, muss sie vollständig bei *einem* Souverän liegen – sei es ein König oder das Volk.

Allerdings wird das politische Gemeinwesen als Ganzes dann am effektivsten gefördert, wenn das private Interesse des Souveräns (Ehre und Würde, Schutz der Familie, Reichtum) mit dem öffentlichen Interesse übereinstimmt. Dies ist dann der Fall, wenn der Souverän ein Alleinherrscher ist. Schutz, Macht und Reichtum als persönliche Interessen sind dann abhängig vom Erhalt von Sicherheit, Macht und Reichtum des Staates. Und der Monarch verfügt über eine Vielzahl weiterer Vorteile gegenüber einem souveränen Gremium:

Fasst man Hobbes' Ausführungen zur Stellung des Souveräns kurz zusammen, ist das Ergebnis ernüchternd: Alle politischen Werte der Moderne – Freiheit, Gewaltenteilung, Gewaltenkontrolle, begrenzte Amtsdauer – möchte Hobbes auf das Strengste vermieden wissen. Demokratische Verfassungsstaaten unserer Zeit, die Schutz- und Abwehrrechte des Einzelnen gegenüber dem Staat kennen, sind nach Hobbes' Definition Gebiete, die sich im Naturzustand, im Zustand des Krieges eines Jeden gegen Jeden befinden. In diesen Staaten ist die Stellung des Souveräns nicht absolut – er darf nicht schalten und walten, wie es ihm beliebt, er muss sich an Gesetze halten, sein Handeln ist der Gerichtsbarkeit unterworfen.

59 Vgl. Leviathan, S. 231.
60 Vgl. Leviathan, S. 157.

Ein Monarch kann bei Bedarf sofort wichtige Entscheidungen treffen (ein Gremium muss diskutieren).

Durch Erbfolge oder Verfügung des Monarchen ist klar wer sein Nachfolger wird (in einem Gremium kommt es zu Konkurrenzkämpfen).

Der Monarch kann seine Berater vor wichtigen Entscheidungen heimlich befragen und sich so ein umfassendes Urteil bilden (Ein Gremium grenzt sich gegen Beratung von außen ab, um nicht gezwungen zu sein weitere Mitglieder in den elitären Entscheidungskreis aufnehmen zu müssen).

Für Hobbes ist die Unterordnung unter den Souverän alternativlos. Hobbes stellt immer wieder klar, dass der, der sich gegen den Souverän wendet und den Vertrag verlassen will, vogelfrei ist. Er befindet sich dann erneut im Kriegszustand und kann durch die Anderen vernichtet werden[61].

Warum braucht es den Leviathan?

Hobbes Werk entsteht unter dem Eindruck des Konfliktes zwischen englischer Krone und Parlament. Ihm geht es um die Klärung der Frage, welche Legitimation Herrschaft hat. Dabei bemüht er sich, auch unter dem Eindruck der naturwissenschaftlichen Methodik seiner Zeit, die Notwendigkeit eines absoluten Herrschers widerspruchsfrei herzuleiten.

Der mit weitreichender Macht ausgestatte Souverän erscheint bedrohlich. Man kann sich ihm nicht entziehen, er kann tun und lassen, was er will, er ist niemandem Rechenschaft pflichtig. Was zunächst erscheint wie die bloße Legitimation grenzenloser Herrschaftsgewalt, ist bei näherer Betrachtung allerdings Mittel zum Zweck. Nur ein Herrscher, der über diese Kompetenzen verfügt, kann nach der Ansicht Hobbes' den Menschen Sicherheit und die Vermeidung eines Kriegszustandes bieten.[62] Nur ein Herrscher, der das Reich eint, indem er verbindlich Gesetze gibt, Konflikte unterbindet, Verstöße ahndet und den Menschen Sicherheit bringt, kann tatsächlich Souverän genannt werden. Das Leid, welches von

61 Vgl. Leviathan, S. 149.
62 Vgl. Leviathan, S. 153.

einem solchen Souverän ausgehen könnte, ist gering – verglichen mit der Situation des Einzelnen im Naturzustand.[63]

Getrieben wird Hobbes bei seinen Ausführungen von dem Ziel, den Krieg zwischen den Menschen zu beenden. Dieser Krieg ist schon dann nicht beendet, wenn verschiedene Meinungen bestehen. Unterschiedliche Ansichten oder Wahrheiten bilden eine ständige Kriegsgefahr, denn es könnte ein Untertan Waffengewalt einsetzen, um seine Wahrheit zu verteidigen. Der Souverän sollte nicht nur die exekutive, legislative und judikative Macht in sich vereinigen, er muss auch jede Bestrebung unterdrücken, die eine Veränderung der Machtverteilung bewirken könnte. Anders ist kein Frieden möglich. Thomas Hobbes lehnt ganz explizit jede Form der Gewaltenteilung ab.[64] Er sieht hierin vielmehr die Ursache des britischen Bürgerkrieges: Wäre nicht die Ansicht, dass Machtaufteilung zwischen Krone und Lords einerseits und dem Unterhaus andererseits stattfinden müsse, verbreitet worden, hätte es den britischen Bürgerkrieg nie gegeben.[65] Die Angst vor einem Kriegszustand treibt Hobbes' Denken an. Besonders pointiert kommt diese hobbessche Disposition in dem berühmten Zitat zum Ausdruck: „Meine Mutter gebar Zwillinge; mich und die Angst."[66] Im Angesicht der spanischen Armada geboren, befürchtet Hobbes Zeit seines Lebens, dass Großbritannien in einen (Bürger-)Krieg gezogen wird, der den Staat zerstört und die Bevölkerung in tiefes Unglück stürzt.

Unteilbarkeit und Untrennbarkeit sind die Schlagworte des hobbesschen Staatsmodells. Wenn der Souverän seine Macht teilt oder aber auf eines seiner Rechte verzichtet, kann er schlicht nicht mehr Souverän genannt werden. Souverän ist nur der, welcher die konzentrierte Macht in seinen Händen hält. Jede Abweichung von diesem Zustand kommt der Rückkehr in den Kriegszustand gleich.

Gab es den Vertragsschluss wirklich?

Geht Hobbes bei seinen Ausführungen davon aus, dass sich die Menschen wirklich in dem von ihm beschriebenen Naturzustand befanden und Staaten durch den Abschluss eines Vertrags gegründet wurden? Und wenn er nicht davon ausgeht – warum dann dieses Gedankenexperiment?

Die von Hobbes beschriebene Entwicklung vom Naturzustand zum Staat über den Schluss eines Vertrages ist reine Fiktion. Auch Hobbes selbst versteht sein

63 Vgl. Leviathan, S. 156.
64 Vgl. Leviathan, S. 280.
65 Leviathan, S. 154.
66 *Thomas Hobbes*, Thomas Hobbes Malmesburiensis Vita, in *Gulielmi Molesworth* (Hg.), Thomas Hobbes Malmesburiensis Opera Philosophica Quae Latine Scripsit Omnia in unum corpus nunc Prima collecta studio et labore, London 1839, S. 2.

Modell als ein Gedankenexperiment. Zwar ist er der Meinung, dass es naturzustandsähnliche Zustände durchaus gibt, beispielsweise zwischen den Ureinwohnern verschiedener Kontinente, aber er behauptet nicht, dass alle Staaten durch einen Vertragsschluss gegründet wurden.

Worum es ihm geht, wurde schon mehrfach angedeutet: um die Legitimation ungeteilter Macht eines Souveräns, trotz der Gleichheit und Freiheit der ihm untergebenen Individuen. Die Begründung und Rechtfertigung der Existenz des von einem absoluten Herrscher regierten Staates erfolgt bei Hobbes nach rationalen Prinzipien ausgehend von der Grundannahme des Naturzustandes, welcher die Gefahr der Vernichtung impliziert. Hobbes zeigt durch dieses Gedankenexperiment die Möglichkeit einer Legitimation von Herrschaft über Freie und Gleiche auf. Auch wenn er zu Lebzeiten Menschen vorfindet, die in einem Herrschaftssystem leben und sich nicht mehr im Naturzustand befinden, fragt er, wie diese Herrschaft legitimiert werden kann. Um den Ursprung der Legitimation zu finden, stellt er sich eine Situation vor, in welcher keine Herrschaft existiert. Ausgehend von dieser fiktiven Situation zeigt er dann, warum es für einen jeden besser ist, beherrscht zu leben, als frei im Sinne des Naturzustands zu sein.

C. Hobbes heute

Auf den ersten Blick könnte man vermuten, dass der Theorie Thomas Hobbes' das gleiche Ziel zugrunde liegt, welches Sie schon bei Machiavelli kennengelernt haben: Staatsräson. Allerdings setzt die Theorie Hobbes' beim Einzelnen an. Die Legitimation erhält der Staat nicht als Selbstzweck, sondern nur insofern er einen Zweck für das Leben des Einzelnen erfüllt. Ihm also Frieden, Schutz, Sicherheit und Wohlstand bringt. Die Legitimation der Existenz des Leviathan endet dort, wo er nicht mehr für diese Güter garantieren kann, wo der Einzelne als Bürger nicht mehr besser gestellt ist, als er es als Freier und Gleicher im Naturzustand wäre.

Auch Metaphysik und Theologie verlieren den Status als Legitimations- und zielsetzende Instanzen. Legitimation erfolgt stattdessen ausgehend von klaren Prämissen in einem Prozess, an dessen Ende die Konstruktion des Staates steht. Es sind nicht mehr die göttlichen Gebote oder aber die Verwirklichung des *telos*, die den Einzelnen in seinem Handeln leiten sollen. Stattdessen wird Gehorsam zum wichtigsten Parameter des funktionierenden Staates.[67] Grundlage ist der Verzicht des Individuums auf alle Rechte. „Der Verzicht auf das Recht auf alles, die Aufgabe der natürlichen Freiheit und die Autorisierung und Übertragung des Rechts auf Selbstregierung sind allesamt vorbehaltlose Entäußerungen, die keinerlei Freiheit und keinerlei Recht auf Seiten der Vertragsparteien zurückbehalten. Dieses Vertragskonzept steht in der Geschichte des Kontraktualismus einzig dar."[68] Zwar werden Sie noch weitere Vertragstheoretiker kennenlernen, allerdings kritisieren diese die Totalität, welche die hobbessche Begründung von Souveränität kennzeichnet.

Die absolute Herrschaft des Souveräns bei Hobbes kann zwar insofern als total beschrieben werden, weil sie unbeschränkt und ungeteilt ist. Allerdings ist sie nicht total im Sinne der Totalitarismen des 20. Jahrhunderts. Es geht nicht um eine totale Kontrolle auch des Denkens und Fühlens des Individuums und die Unterordnung unter eine Ideologie, oder darum, Andersdenkende auch moralisch zu diskreditieren. Hobbes greift in seiner Theorie nicht so stark in alle Lebensbereiche des Einzelnen ein, wie es die Totalitarismen der Moderne getan haben.

Hobbes' Ausgangspunkt bleibt der Einzelne: Die Entstehung des Staates hängt von der Entscheidung des freien, rationalen Individuums ab und die Fortexistenz des Staates von der Umsetzung seines Zweckes: Frieden sichern. Insofern ist Hobbes als Vertreter des Absolutismus zu charakterisieren, wobei auch utilitaris-

67 Vgl. Leviathan, S. 287.

68 *Wolfgang Kersting*, Vertrag, a.a.O., S. 185.

tische Tendenzen festgestellt werden können, da er den Staat über den Begriff des Nutzens erklärt.

I. Spuren in der Rechtsprechung

Hobbes wird heute häufig mit seinen berühmten Thesen, der Naturzustand sei der „Kampf aller gegen alle" und dort sei „der Mensch dem Menschen ein Wolf" wahrgenommen. Sie wissen nun aber auch, dass der Gedanke des Vertrags für eine veränderte Sicht auf den Menschen steht. Mit Hobbes lernen Sie so eine weitere Möglichkeit kennen, die Frage nach der Gerechtigkeit zu stellen: ausgehend von dem Einzelnen.

Lesen Sie die beiden folgenden Auszüge aus einem Urteil des Bundesverfassungsgerichts. An welchen Stellen entdecken Sie Anklänge an die Rechtsphilosophie von Thomas Hobbes? Markieren Sie die Passagen und versuchen Sie, die korrespondierenden Elemente der hobbesschen Theorie zu benennen!

1. *Ein Urteil des Bundesverfassungsgerichts*

Beschluss des Bundesverfassungsgerichts von 1982 zur Schutzhelmpflicht für Kraftradfahrer

Die Helmpflicht für Kraftradfahrer wurde 1975 in die StVO aufgenommen und war ab 1980 als Ordnungswidrigkeit auch bußgeldbewehrt. Der Beschwerdeführer legte Verfassungsbeschwerde ein, da er durch die Verordnung, speziell durch die Androhung eines Bußgelds bei Verstoß, sein Recht auf freie Entfaltung der Persönlichkeit nach Art. 2 Abs. 1 GG verletzt sah.

Die Verfassungsbeschwerde wurde als unbegründet abgelehnt.

Auszug A

„Die angegriffene Vorschrift stellt auch keine unzulässige Bevormundung des Bürgers dar. Nach dem Grundgesetz muß der einzelne sich diejenigen Schranken seiner Handlungsfreiheit gefallen lassen, die der Gesetzgeber zur Pflege und Förderung des sozialen Zusammenlebens in den Grenzen des bei dem gegebenen Sachverhalt allgemein Zumutbaren zieht, vorausgesetzt, daß dabei die Eigenständigkeit der Person gewahrt bleibt."[69]

Auszug B

„Das Fahren ohne Schutzhelm, das dem Bf. ein ‚Gefühl von Freiheit und Wagnis' vermittelt, unterscheidet sich von anderen gefährlichen Betätigungen dadurch,

69 BVerfGE 59, 275 (278f.).

> daß es sich im öffentlichen Straßenverkehr abspielt, mithin in einem Bereich, der für die Allgemeinheit wichtig ist und für den der Staat deshalb eine besondere Verantwortung trägt. Wenn die Folgen eines im öffentlichen Straßenverkehr eingegangenen, berechenbaren und hohen Risikos die Allgemeinheit schwer belasten, ist es für den einzelnen zumutbar, dieses Risiko durch einfache, leicht zu ertragende Maßnahmen zu senken."[70]

2. *Diskussion, Kritik und Zusammenschau*

Diskutiert wurde in dem Urteil des Bundesverfassungsgerichts, ob und unter welchen Bedingungen der Staat in die Rechte des Einzelnen eingreifen darf. Das Gericht stellte der Freiheit des Einzelnen das Wohl der Allgemeinheit, umschrieben als „Pflege und Förderung des sozialen Zusammenlebens", gegenüber. Der Konflikt zwischen Handlungsfreiheit des Einzelnen und dem Allgemeinwohl wird zugunsten des Allgemeinwohls gelöst.

Nun wäre es vermessen, das gewaltenteilige, rechtsstaatliche System der BRD mit der von Hobbes' postulierten absoluten Gewalt eines Souveräns zu vergleichen. Dennoch können Sie bei Hobbes einen Grundgedanken finden, der so zeitlos ist, dass er auch dem modernen Urteil zugrunde liegt: Unter bestimmten Voraussetzungen ist die Einschränkung der Freiheit des Bürgers eines Staats zulässig, sofern sie der Allgemeinheit und damit auch dem Schutz des Einzelnen dient. Die Wahrnehmung dieser Schutzfunktion bildet eine Legitimationsgrundlage des Staates.

Die Einschränkung der Handlungsfreiheit des Einzelnen wird auch dadurch legitimiert, dass die Wahrnehmung ebendieser Handlungsfreiheit in dem beschriebenen Fall nicht nur den Handelnden einem Risiko aussetzt, sondern auch weitere Personen beeinträchtigt. Der Staat ist nach Auffassung des Gerichts in besonderem Maße dafür zuständig, Lebensbereiche, die über den privaten Raum hinausgehen und die Allgemeinheit betreffen, zu schützen. Der Einzelne muss es in Kauf nehmen, dass seine Freiheit eingeschränkt wird, er profitiert aber zugleich auch von dieser Einschränkung. Als Mitglied der Allgemeinheit wird er durch entsprechende Regelungen nicht nur in seinen Rechten beschnitten, sondern seine Rechte werden gleichzeitig auch gewahrt und unter besonderen Schutz gestellt. Die Funktion des Staates ist es, das allgemeine Wohl sicherzustellen, und die Wahrnehmung dieser Funktion erfordert mitunter einen Eingriff in die Rechte des Einzelnen.

---

70 BVerfGE 59, 275 (279).

II. Übung und Vertiefung

Deckblatt des Leviathan

1. Welche Rolle übernimmt das Individuum in der von Hobbes entworfenen Gesellschaft?
2. Sehen Sie Veränderungen in Bezug auf die Rolle des Individuums im Vergleich zum Mittelalter bzw. zur Antike?

Literaturempfehlungen

Wolfgang Kersting, Thomas Hobbes. Zur Einführung, Hamburg 2009.

Tom Sorell (Hg.), The Cambridge Companion to Hobbes, Cambridge 1996.

Thomas Lau u.a., Thomas Hobbes' Der sterbliche Gott – Lehre von der Allmacht des Leviathan im Spiegel der Zeit, Baden-Baden 2017.

Otfried Höffe, Thomas Hobbes, München 2010.

Wolfgang Kersting, Thomas Hobbes, Leviathan oder Stoff, Form und Gewalt eines kirchlichen und bürgerlichen Staates (Reihe Klassiker auslegen), 2. Aufl., Berlin 2009.

Patricia Springborg, The Cambridge Companion to Hobbe's Leviathan, Cambridge 2007.

JOHN LOCKE 1632–1704

Locke did not merely enlarge men's knowledge,
he changed their ways of thinking.

Maurice Granston

A. Der Denker und seine Zeit

Abb.: A reconstructed perspective drawing by H. J. Brewer giving a detailed description of the Old Palace in the time of Henry VIII. Published by The Builder magazine in 1884.

Die politischen und religiösen Konflikte in England bestimmen das Leben und Werk John Lockes zeit seines Lebens. Als er geboren wird, sind Katholiken, Protestanten und Anglikaner unerbittlich verfeindet. Auch die politische Situation hat sich zugespitzt. In den Regierungsjahren Karls I. (1625–1649) verstärken sich die absolutistischen Tendenzen der Krone. Der König wird zudem katholischer Neigungen verdächtigt und bringt ein vom Puritanismus beherrschtes Parlament gegen sich auf. Vergeblich rügt das Haus die Verletzung parlamentarischer Rechte und proklamiert im Jahr 1628 eine *Petition of Rights,* die „Bitte um Gerechtigkeit", deren Inhalt im Wesentlichen die später erfolgreiche *Bill of Rights* von 1689 vorwegnimmt. Als die Krone Geld benötigt (1640), kommt es zu Verhandlungen mit dem Parlament, da dies die Finanzhoheit innehat. Die Einigungsversuche, die auf eine friedliche Aufteilung der Rechte und Kompetenzen zwischen Krone und Parlament abzielen, scheitern jedoch und führen zum Bürgerkrieg (1642–1649). Das Parlamentsheer unter dem rigorosen Puritaner Oliver Cromwell siegt. Da sich Karl I. einer presbyterianischen Staatskirche widersetzt und als bleibender Konfliktherd angesehen wird, sorgt man für eine Anklage durch das Parlament und seine Hinrichtung.

Unter Cromwell erlebt England eine Zeit als Republik, faktisch wird es eine Militärdiktatur (1649–1658). Nach der Abdankung seines glücklosen Sohns (1658–1659) findet das Land unter Karl II. zur Monarchie zurück (1660–1685). Karl, der in seinem Exil auch von Hobbes unterrichtet wurde, befriedet zunächst das Land, macht sich aber immer mehr katholikenfreundlicher („papistischer") Neigungen verdächtig. Seine Heirat mit einer Katholikin sowie außenpolitische Gründe und Verdächtigungen nähren die allgemeine Furcht vor einer Gegenreformation. Vergeblich bemüht er sich, dem Parlament eine Erklärung zur Gewissensfreiheit abzuringen. Die Spannungen mit dem Haus veranlassen ihn, es 1681 endgültig aufzulösen. Aus Staatsräson konvertiert er aber erst auf dem Sterbebett zum Katholizismus. Mit seinem Bruder Jakob II. besteigt hingegen ein offensiver Katholik den Thron (1685–1689). Die Glaubensfrage und der absolutistische Kurs des Monarchen lassen die innenpolitischen Spannungen eskalieren. Gegner des Königs aus Parlament, Adel und Kirche bewirken seine Absetzung, Jakob II. muss fliehen (1685). Von Jakobs Gegnern ins Land gerufen, übernehmen sein protestantischer Schwiegersohn, Wilhelm III. von Oranien, und Jakobs protestantische Tochter Maria die Herrschaft („Glorious Revolution"). Das neue Königspaar unterzeichnet die berühmte *Bill of Rights*, ein Gesetz mit verfassungsrechtlichen Regelungen und Garantien, das die Entwicklung Englands zu einer konstitutionellen Monarchie einleitet.

John Locke ist bei Ausbruch des ersten Bürgerkriegs gerade zehn Jahre alt. Das Ringen von Krone und Parlament wird ihn jedoch sein Leben lang begleiten und sein Schicksal bestimmen. Zunächst gelten die Sorgen jedoch dem eigenen Werdegang. Die Familie Lockes, Puritaner aus Somerset, ist weder adelig noch übermäßig vermögend. Dank der Förderung eines Freundes der Familie, Alexander Popham, kann er dennoch das Christ Church College in Oxford besuchen. Popham sorgt auch dafür, dass Locke einen Platz in der Westminster School erhält, was ihm eine breitgespannte Ausbildung verschafft, vor allem in Latein und Griechisch. Mit zwanzig Jahren geht er nach Oxford. Dort vertieft er seine Kenntnisse in den alten Sprachen und studiert im Stil der Scholastik Logik und Metaphysik. Neben dem Studium, das stark auf die klassischen Texte gerichtet ist, beschäftigt er sich mit medizinischen Themen und erhält durch das Lernen am Objekt auch Einblick in experimentelle Methoden. An den Bachelorabschluss schließt sich der Master an, und Locke beschreitet zunächst die klassische Gelehrtenlaufbahn, indem er selbst als Tutor lehrt.

Die Abbildung zeigt Anthony Ashley-Cooper, 1st Earl of Shaftesbury

Ab 1665 verstärken sich seine Kontakte zum politischen Leben, da er auf Wunsch des Königs in einer diplomatischen Angelegenheit nach Kontinentaleuropa reist. Als er nach einigen Monaten zurückkehrt, schlägt er weitere politische Ämter jedoch aus, lehrt wieder in Oxford und widmet sich vor allem seinen naturwissenschaftlichen, insbesondere medizinischen Interessen. Er macht gemeinsam mit befreundeten Wissenschaftlern verschiedene Versuche, unterhält ein wenig erfolgreiches kleines Labor in Oxford und bildet sich weiter. 1666 lernt Locke Anthony Ashley Cooper, den späteren 1. Earl of Shaftesbury, kennen. Lord Ashley spielt seit den Bürgerkriegen auf Seiten von Karl I., aber auch unter Cromwell und nun für Karl II. eine bedeutende politische Rolle und bekleidet immer wieder hohe Ämter. Als Anglikaner und entschiedener Gegner des Katholizismus gerät er jedoch im Laufe der Herrschaft Karls II. zunehmend in Widerspruch zur Krone. So legt er etwa dem König nahe, sich von seiner katholischen Ehefrau scheiden zu lassen und wird zum Anführer einer parlamentarischen Bewegung, die versucht, ebenfalls aus konfessionellen Gründen, den späteren Jakob II. von der Thronfolge auszuschließen (*exclusion crisis*).[1] Zweimal wird Shaftesbury inhaftiert und gewinnt aufs Neue Einfluss, muss aber 1682 endgültig das Land verlassen.

Im Jahr 1666, der ersten Begegnung mit John Locke, ist Lord Ashley jedoch Schatzkanzler Karls II. und verfügt über glänzende Beziehungen. Locke folgt ihm ein Jahr später nach London. Dort wird er sein persönlicher Leibarzt, Sekretär, Forscherkollege und Freund.[2] Obwohl zunächst ohne Approbation, erwirbt er sich sofort einen Ruf als Arzt und bleibt Zeit seines Lebens als Mediziner gefragt. Cooper verschafft ihm Kontakte in die höhere Gesellschaft, fördert ihn intellektuell und bietet ihm anders als in Oxford den Raum, seine Thesen zur Toleranz zu entwickeln. Locke wird Mitglied der Royal Society (1668), vertieft seine Bekanntschaften in der Wissenschaftswelt und beginnt in den folgenden Jahren sein berühmtestes Werk: *An Essay Concerning Human Understanding*. Cooper, inzwischen Earl of Shaftesbury, verliert Mitte der 1680er Jahre seine Stellung und Locke verlässt Großbritannien. Er geht, auch aus gesundheitlichen Gründen, nach Frankreich, wo er von 1675 bis 1679 lebt. Bei seiner Rückkehr nach London findet er Shaftesbury nach einer Inhaftierung wieder in Amt und Würden als Führer der parlamentarischen Minderheit. Nach wenigen Monaten verliert Shaftesbury sein Amt und kommt 1681 erneut in Haft. Die Stimmung im Land ist durch die Geschehnisse im religiösen wie politischen Bereich äußerst angespannt.

Wahrscheinlich beginnt Locke in dieser Zeit seine Arbeit an *Two Treatises of Government*, seinem politischen Hauptwerk. Es sind dabei nicht nur die tagesaktuellen Geschehnisse, die sein Werk beeinflussen, es ist auch die 1680 erschiene und sehr populäre Schrift *Patriarcha, or the Natural Power of Kings*, in welcher Robert Filmer die Stellung des absolutistischen Königs durch göttliches Recht begründet.

Obwohl die *Treatises* erst 1689 erscheinen und Locke seine Autorenschaft bestreitet, wird er, unter anderem wegen seiner Freundschaft zu Shaftesbury, von Spionen des Königs überwacht. Ihm wird mangelnde Königstreue unterstellt und Locke folgt 1683 aufgrund der angespannten Lage dem Weg Shaftesburys ins holländische Exil. Durch seine Flucht gerät er allerdings in Großbritannien nicht in Vergessenheit, sondern wird erst Recht suspekt. Ihm wird unterstellt, ein Verfechter der Ideen Shaftesburys zu sein und im Ausland Kontakte zu anderen, dem König feindlichen Exilanten zu unterhalten. 1884 verfügt der König, dass Locke

1 Vgl. *Maurice Granston*, John Locke. A biography, Oxford 1985, S. 186.

2 *William Zgalis*, John Locke, in: Edward N. Zalta, The Stanford Encyclopedia of Philosophy, Stand April 2017, http://plato.stanford.edu/archives/sum2015/entries/locke/.

aus dem Oxforder College auszuschließen sei. Locke nutzt seine Exilzeit für philosophische Studien und politische Diskussionen. Er entwickelt seine Schriften weiter, neue kommen hinzu.

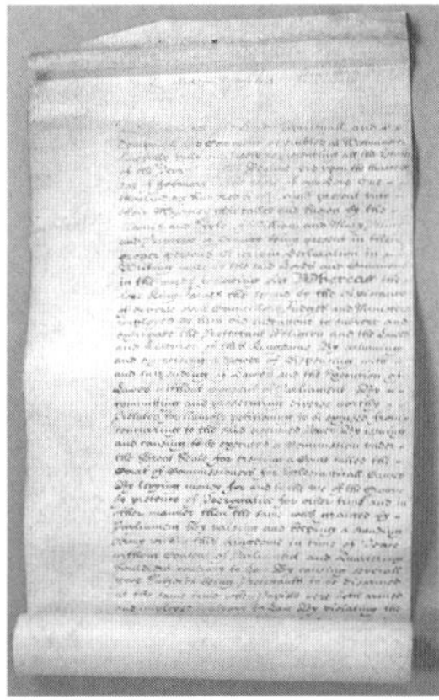

Abb. zeigt einen Teil der Bill of Rights von 1689

Mit dem Tod des Königs und der Übernahme des Throns durch Jakob II. neigt sich die Stimmung im Land zu Gunsten der Katholiken. Jakob II. bemüht sich um eine tolerante Haltung gegenüber allen Religionen mit dem Ziel, die religiösen Kräfte zu zersplittern.

Als der König aber immer einseitiger Rechte und Ämter an Katholiken vergibt und ein katholischer Thronerbe droht, sammeln sich Adel, Kirche und Parlament zum Widerstand. Die *Glorious Revolution* siegt und Wilhelm III. von Oranie und dessen ebenfalls protestantische Ehefrau Maria, Karls II. Tochter, übernehmen die Herrschaft. Im Zuge der Neuordnung sichert sich das Parlament verschiedene Rechte (*Declaration of Rights*, später genannt: *Bill of Rights*) und stärkt seine Stellung gegenüber dem König: ein entscheidender Schritt in die konstitutionelle Monarchie.

Dieser Umschlag des politischen Klimas ermöglicht Locke im Jahr 1889 nach London zurückzukehren. Der neue König bietet ihm eine Stelle als Diplomat an, welche er jedoch ablehnt.

In diesem und dem folgenden Jahr werden seine drei bedeutendsten Bücher publiziert: *Two Treatises of Government, An Essay Concerning Human Understanding* und *A Letter Concerning Toleration*. Gesundheitlich angeschlagen verbringt er die nächsten Jahre zumeist fern der Hauptstadt und lässt sich östlich von London nieder. Lockes Gesundheitszustand war noch nie stabil, jetzt macht ihm sein Asthma zunehmend zu schaffen. In dieser Zeit bringt ihn vor allem seine Freundschaft mit Isaac Newton dazu, sich wieder verstärkt mit naturwissenschaftlichen Themen zu befassen. Durch Briefe und Diskussionen mischt er sich aber auch in das tagespolitische Geschehen, sei es zum Thema der staatlichen Finanzen, sei es zum Thema der Pressefreiheit.

Houses of Parliament

Die Bedeutung Lockes innerhalb der britischen Gesellschaft zeigt sich nicht zuletzt daran, dass er über sechzigjährig noch einmal in den Staatsdienst zurückkehrt. 1695 wird Locke für fünf Jahre Mitglied im Handelsausschuss und bekleidet dort ein hohes Amt. Dieses Gremium überwacht den gesamten inländischen wie ausländischen Handel, den Handel mit den Kolonien und ist außerdem für die Bekämpfung des wachsenden Pauperismus zuständig.

Die letzten Jahre seines Lebens verbringt er wegen seines Asthmas auf dem Land, interessiert am politischen Geschehen, philosophisch tätig, im Austausch mit Freunden. John Locke stirbt 1704 in seinem Arbeitszimmer.

B. Vordenker des Liberalismus – Freiheit und Menschenrechte

John Locke gilt als Vater des Liberalismus und zugleich Begründer der modernen Gewaltenteilung.[3] Den zweiten Titel teilt er sich allerdings mit Montesquieu, der, wie Sie noch sehen werden, das Modell Hobbes' um ein wesentliches Element ausbauen wird.[4]

Wie Thomas Hobbes und Jean Jaques Rousseau ist Locke ein Vertragstheoretiker. Doch wendet er sich gegen das Modell seines Landsmannes und stellt es unter veränderte Prämissen. Der Ursprung seiner Lehre ist aber wohl ein ganz ähnlicher Gedanke wie bei Hobbes: Die Strahlkraft des Gottesgnadentums ist verblasst. Der Begriff taugt nicht länger als tragfähige Begründung für staatliche Herrschaft und hinterlässt damit eine argumentative Lücke, die mit einer neuen Legitimationsfigur gefüllt werden muss.

Hierzu stützt sich Locke nicht mehr auf ein metaphysisches oder allegorisches Konstrukt, sondern beschäftigt sich unmittelbar mit den politischen Problemen seiner Zeit, um praktisch verwertbare Lösungen vorzuschlagen. Lockes politische und rechtsphilosophische Gedanken erschließen sich über seine erkenntnistheoretische Schrift *An Essay Concerning Human Understanding* (1690), die einen aufklärerischen Beitrag zur Erforschung der Möglichkeiten des menschlichen Geistes leistet. Im 17. Jahrhundert liegen zwei Positionen im Streit: Rationalismus und Empirismus. Die Anhänger des Rationalismus sind überzeugt, dass ein Mensch mit angeborenen Ideen *(ideae innatae,* Konzepten *a priori)* zur Welt kommt, und damit einen direkten epistemischen Zugang zu bestimmten Wahrheiten hat. Empiristen wie Locke sind dagegen der Meinung, dass Wissen allein über Erfahrung („empirisch") vermittelt wird. Der Mensch sei zwar von Natur aus vernunftbegabt, aber bei seiner Geburt wie eine blanke Tafel (*tabula rasa*), der sich Wahrheit allein über die eigene Wahrnehmung und Verarbeitung der eigenen Erfahrungen erschließt (*a posteriori*). Mit der Betonung der eigenständigen geistigen Tätigkeit, die erst eine Entdeckung der Dinge ermöglicht, geht eine kritische Haltung gegenüber tradierten Glaubenssätzen und Autoritäten einher. So wendet sich Locke mit Nachdruck gegen den französischen Philosophen und Naturwissenschaftler René Descartes (1596–1650), der mit Hilfe seiner rationalen, europäisches Denken tief beeinflussenden Methode eine angeborenen Idee Gottes begründet hatte. Zugleich regt ihn die empiristische Denkweise dazu an, Wirklichkeit

3 Zur Bedeutung John Lockes für den entstehenden Liberalismus *Frank Hugelmann,* Die Anfänge des englischen Liberalismus. John Locke und der first Earl of Shaftesbury, Frankfurt a.M 1992.

4 Vgl. *Ernst-Wolfgang Böckenförde,* Gesetz und gesetzgebende Gewalt, Berlin 1958, S. 20ff.

zu beobachten, Spekulationen zu vermeiden und vorhandene Resultate skeptisch zu überprüfen. Dies bereichert auch seine Rechtsphilosophie.

Mit der Betonung der Möglichkeit empirischer Erkenntnis rückt deutlich konsequenter als bei Hobbes der Einzelmensch in den Vordergrund. Sie werden feststellen, dass Locke das Individuum mit einem eigenen Wert belegt. Das Individuum hat ein Recht an sich selbst, und dieses Recht ist die Grundlage für die Ablehnung absoluter Herrschaft über Menschen.

Hinweis für die Lektüre: *Two Treatises of Governmen*t enthält, wie der Name vermuten lässt, zwei Abhandlungen. Die erste ist vor allem als Replik auf das Werk Robert Filmers zu verstehen, in der zweiten führt John Locke seine eigene Theorie aus. Die folgenden Ausführungen beruhen auf der zweiten Abhandlung des Werks.

I. Der Naturzustand – Frieden statt Krieg

Der einflussreichste Beitrag Lockes zur Rechtsphilosophie ist ein Werk, zu dessen Urheberschaft er sich erst testamentarisch bekannte: Die „Zweite Abhandlung über die Regierung“ (*The Second Treatise of Government*). Die naheliegende Auffassung, dass Locke mit dieser Schrift eine nachträgliche Begründung der *Glorious Revolution* versucht[5], wird heute bestritten. Locke ging es wohl vielmehr um eine Auseinandersetzung mit der Vorgeschichte des Umsturzes.[6] Sein Interesse gilt der Ausgestaltung einer rechtlich begrenzten Monarchie. Mit der reformatorischen Theologie und der weitgehend demokratischen Organisation der protestantischen Kirchengemeinden aufgewachsen, erscheint ihm auch im Staat eine angemessene Selbstbestimmung des Individuums begründet und letztlich gottgewollt. Der Ausgangspunkt der lockeschen Rechtsphilosophie ist Ihnen bereits wohl bekannt: Die Menschen sind gleich und frei – dieses Prinzip teilt er mit Thomas Hobbes. Allerdings formuliert Locke diesen Zustand grundlegend anders als sein Vorläufer. Freiheit und Gleichheit begründen kein Recht auf alles, kein Recht, alles zu tun, was einem beliebt. Die Freiheit erstreckt sich auf die eigene Person und den eigenen Besitz. Sie endet dort, wo die Freiheit des Anderen beginnt, über seine Person und seinen Besitz nach eigenem Gutdünken zu verfügen. Das Recht auf Eigentum ergänzt die Freiheit und Gleichheit aller im Naturzustand. Dabei ist der Begriff

5 *William Zgalis*, John Locke, in: Edward N. Zalta, The Stanford Encyclopedia of Philosophy, Stand April 2017, http://plato.stanford.edu/archives/sum2015/entries/locke/.

6 In der Literatur wird die Auffassung vertreten, dass zwar einige Stücke von Locke erst nach der *Glorious Revolution* angefügt wurden, dass der Hauptteil aber knapp zehn Jahre vor der Veröffentlichung entstand. Vgl. *Michaela Rehm*, „The A. B. C. of Politicks“, in *dies.*, *Bernd Ludwig (Hg.)*, John Locke. Zwei Abhandlungen über die Regierung, Reihe Klassiker auslegen, Berlin 2012, S. 2f.

des Eigentums weit zu verstehen. Darunter fallen nicht nur materielle Gegenstände, sondern auch das eigene Selbst, kurz: das Leben, die Handlungsfreiheiten und das Vermögen[7]. Der Einzelne gehört nur sich selbst, er ist Gleicher unter Gleichen, ohne von der Erlaubnis eines Anderen abhängig zu sein.

1. *Das Naturgesetz*

Das Gebot der Achtung dieser Rechte ist ein Naturgesetz, mithin ein ewiges, da göttliches Gesetz. Der Naturzustand ist also ein Rechtszustand.

Vernunft und Gott

Das gesamte Sein des Menschen im Naturzustand steht unter dem natürlichen Gesetz der Vernunft und ist ausgerichtet auf die Erhaltung der Menschheit.[8] Ein jeder ist durch die eigene Vernunft, durch das Erreichen eines „Zustands der Reife“[9], in der Lage zu erkennen, was aus den Grundkonstanten Freiheit, Gleichheit und Eigentum für das menschliche Zusammenleben folgt. Und er ist in der Lage, entsprechend dieser Erkenntnis zu handeln, denn Freiheit besteht auch darin, den eigenen Willen zu zügeln und der Vernunft folgen zu können.[10]

Mit der Erkenntnis dieser natürlichen Rechte geht auch das Gebot einher, denjenigen zu bestrafen, der gegen die natürlichen Gesetze verstößt. Diese Annahme steht heute noch im Mittelpunkt unseres Rechtsverständnisses. Von einem Recht kann eigentlich nur dann gesprochen werden, wenn es mit der Befugnis verbunden ist, gegen Rechtsbruch Zwang auszuüben. Mit anderen Worten: Wenn der, der gegen das Recht verstößt, nicht bestraft wird, und somit der, der über ein Recht verfügen soll, von diesem nicht Gebrauch machen kann, ist es nicht angebracht, von einem *Recht* zu sprechen.

Strafe

In seinen Ausführungen zur Strafe stellt Locke Überlegungen an, die in der rechtsphilosophischen Denktradition schon lange vor ihm bekannt sind[11] und auch in der Folge immer wieder aufgegriffen werden.

- *Strafzweck*. Strafe verfolgt zwei Zwecke: Wiedergutmachung oder Abschreckung. Die Strafe muss so ausfallen, dass sie einen dieser Zwecke erfüllt.

---

7 Vgl. *John Locke*, Zweite Abhandlung über die Regierung, §123, hg. von *Ludwig Siep*, Frankfurt a. M. 2007. Im Folgenden kurz: Zweite Abhandlung.

8 Vgl. Zweite Abhandlung § 135.

9 Zweite Abhandlung § 58.

10 Vgl. Zweite Abhandlung § 59.

11 Vgl. z. B. Samuel Pufendorf und Hugo Grotius.

Eine Strafe zur Wiedergutmachung darf die konkret geschädigte Person fordern, Strafe zur Abschreckung jedermann.

- *Strafgrund.* Durch die Tat hat der Täter mehr als nur eine konkrete Person geschädigt: Er hat der gesamten Menschheit Schaden zugefügt. Er unterwirft sich nicht dem Gebot der Vernunft, er akzeptiert die Regeln des Zusammenlebens nicht und stört die Sicherheit aller. Jeder könnte Opfer seiner Taten werden. Die Gesellschaft, die auf Frieden und Sicherheit gebaut ist und in ihrer Funktionsweise von diesen Prinzipien abhängt, wird durch die Tat in ihren Grundfesten erschüttert.

Der Strafende ist durch Vernunft und Gewissen beschränkt. Keinesfalls darf er sich der Wut oder Empörung über die begangene Tat hingeben, sondern muss abwägen, welche Strafe angemessen ist. Lockes Ideal ist der rationale, beherrschte und gewissenhafte Mensch. Der seinem Wesen eigene göttliche Einfluss befähigt ihn, sich nach göttlichen Gesetzen zu richten. Dies ist letztlich der Grund für Lockes positives Menschenbild[12], wenn er auch weiß, dass die Realität dem nicht nahekommt. Die Menschen sind keine guten Richter in ihren eigenen Angelegenheiten, sie sind nicht maßvoll bei der Verhängung von Strafen. Auch führt das Berufen auf Vernunft und Naturgesetz nur scheinbar zur Rechtssicherheit – im Zweifelsfall kann man sich nicht auf einen positiv niedergelegten Gesetzestext berufen, um eine streitige Situation zu lösen.[13] Das Problem des Naturzustands ist also die Parteilichkeit der in den Händen Einzelner liegender judikativen und exekutiven Gewalt.

Kriegszustand

In diesem Zusammenhang spricht John Locke auch von Kriegszustand. Kriegszustand in seinem Sinne besteht allerdings stets allein zwischen zwei Personen: Immer dann, wenn jemand versucht, einen anderen zu töten oder ihn in die eigene Gewalt zu bringen, übertritt er das natürliche Gesetz und versetzt sich damit gegenüber der angegriffenen Person in den Kriegszustand. Der Angegriffene darf sich wehren, und zwar bis zum Äußersten, also bis zur Vernichtung des Angreifers. Denn der Angreifer hat durch sein Handeln den Krieg erklärt und stellt sich selbst unter Kriegsrecht, und eben nicht unter Vernunftrecht.[14]

Im Gegensatz zum hobbesschen Modell ist der Naturzustand in Lockes Theorie kein Zustand grenzenloser Freiheit. Es gibt keine absolute Autonomie. Der Mensch steht unter göttlichen Gesetzen, Gott hat ihm die Pflicht auferlegt, nach seinen Gesetzen zu handeln.[15] Im Naturzustand existieren Recht und Unrecht;

---

12 Vgl. *Maurice Granston*, John Locke, a.a.O., S. 210.

13 Vgl. Zweite Abhandlung § 124.

14 Vgl. Zweite Abhandlung § 172.

15 Die stärker theologische Interpretation der Theorie Hobbes' wird in der Forschung nicht einheitlich vertreten; nachlesen können Sie dies z. B. bei *Birger P. Priddat*, Theologie, Ökonomie,

nicht erst positive Gesetze sind ein möglicher Maßstab für gerechtes Handeln. Das Naturgesetz verliert im staatlichen Zustand seine Funktion nicht. Es bleibt als Korrektiv für positive Gesetze bestehen. Die Übereinstimmung der durch den Staat gegebenen Gesetze mit dem göttlichen Willen zeigt sich bei Vorliegen einer Kongruenz von positivem Gesetz und Naturgesetz.[16] Staat und Gesetzgebung müssen sich permanent an dem theologischen Maßstab messen lassen. Bei allen liberalen Tendenzen bleiben die Naturgesetze, die universal gelten, da sie von Gott gewollt sind, der Maßstab für das positive Recht.

Der Naturzustand ist nicht notwendig ein Kriegszustand. Der Kriegszustand setzt eine Handlung einer Person voraus, mit der sie in die Freiheit einer anderen Person eingreift. Der Naturzustand resultiert nicht aus der bloß gegebenen Möglichkeit des Eingriffs in den Rechtsbereich eines Anderen. Damit steht der Kriegszustand unter anderen Vorzeichen als bei Hobbes. Er ist Ausdruck einer interpersonellen Ungerechtigkeit – er ist kein notwendiger Dauerzustand aufgrund der Abwesenheit eines staatlichen Zwangssystems.

Der Kriegszustand, den Locke beschreibt, meint nicht den „Krieg aller gegen alle“. Er besteht nur bei Bedrohung des eigenen Lebens und nur gegen die Person, welche die Bedrohung ausübt. Er ist beendet, wenn diese Person eine Strafe erhalten hat. Dennoch ist die Gefährdung der eigenen Güter allseits präsent, denn die Gefahr, dass irgendjemand die eigenen Güter angreift, ist damit nicht gebannt.[17]

> „Das Fehlen eines gemeinsamen, mit Autorität ausgestatteten Richters versetzt alle Menschen in einen Naturzustand: Gewalt ohne Recht, gegen die Person eines anderen gerichtet, erzeugt einen Kriegszustand, wobei es keine Rolle spielt, ob es einen gemeinsamen Richter gibt oder nicht.“[18]

Auch wenn Locke den Naturzustand keineswegs als Zustand dauerhafter Lebensbedrohung beschreibt, sieht er, ebenso wie Thomas Hobbes, dessen Überwindung als Ziel. Es gehe darum, „die Unzuträglichkeiten des Naturzustands, die sich notwendigerweise ergeben, wenn jeder sein Richter in eigener Sache ist, zu vermeiden und ihnen abzuhelfen, indem eine allen bekannte Autorität eingesetzt wird, die jedes Mitglied der Gesellschaft anrufen kann, wenn es ein Unrecht erlitten hat oder ein Streit entstanden ist.“[19] Die Schwäche der menschlichen Natur verhindert, dass der Naturzustand ein Garten Eden ist. Die Neigung der Menschen

Macht. Eine Rekonstruktion der Ökonomie John Lockes, Marburg 1998.

16 Vgl. *Lloyd Thomas*, Locke on Government, London 1995, S. 15ff.

17 Vgl. Zweite Abhandlung § 123.

18 Zweite Abhandlung § 19.

19 Zweite Abhandlung § 90.

zu mitunter unvernünftigem und maßlosem Verhalten begründet das Bestreben, den Naturzustand zu verlassen.[20]

Wie kann der Mensch aber den Naturzustand hinter sich lassen? Bevor diese Frage beantwortet wird, ist ein Exkurs über Lockes Eigentumsbegriff notwendig. Dieses Konzept findet nicht nur bei der Beschreibung des Naturzustands Anwendung und ist für seine gesamte Lehre zentral, sondern hat auch in der modernen Debatte wieder Bedeutung erlangt.

2. *Arbeit erzeugt Eigentum*

Eigentum gehört neben der Gleichheit und der Freiheit zu den grundlegenden Rechten des Menschen im Naturzustand. Freiheit und Gleichheit lassen sich unschwer als ursprüngliche Rechte begründen. Wie steht es aber um das Eigentum?

Bedeutung der Arbeit

Das Recht, einen bestimmten natürlichen Gegenstand zu besitzen, scheint aufgrund der Gleichheit der Menschen gleichermaßen bei allen zu liegen. Die Natur ist allen in gleicher Weise gegeben. Alles, was natürlich vorhanden ist, müsste dann Eigentum aller sein. Wenn aber alle das Recht auf alles haben, scheint es kaum möglich, dass eine Person legitim von diesem Recht in Bezug auf ein konkretes Ding Gebrauch machen kann. Hobbes zieht daraus die Konsequenz, dass aus dem „Recht auf alles" ein „Recht auf nichts" wird. Locke argumentiert auf eine andere Weise. Er nimmt an, dass das Recht auf Eigentum zwar ein Recht auf alles, aber nicht bedingungslos ist.[21] Dem Eigentum an Dingen geht zunächst das durch göttlichen Willen gegebene Eigentum am eigenen Körper und den eigenen Handlungen voraus.[22] Die eigene Schaffenskraft kann dazu genutzt werden, sich einzelne Dinge der Natur zu eigen zu machen. Mit anderen Worten: Arbeit erzeugt Eigentum, auch im Naturzustand. Die „Grundlage des Eigentums [ist] tief im Wesen des Menschen"[23] verwurzelt. Indem der Einzelne arbeitet, um sich ein bestimmtes Ding anzueignen, verändert er es. Er löst es durch Anstrengung aus seinem natürlichen Zusammenhang heraus.

Er erntet etwa einen Apfel vom Baum; dieser verliert dann seinen Status als Gemeingut. Die Natur sorgt nur dafür, dass

20 Vgl. Zweite Abhandlung § 127.

21 Locke ist nicht der erste rechtsphilosophische Denker, der sich mit dem Begriff des Eigentums auseinandersetzt; er kannte sicher die Eigentumstheorie des Aristoteles, auch bei Pufendorf oder Grotius finden sich Theorien zum Eigentum.

22 Vgl. Zweite Abhandlung § 35 und Gen 1,28.

23 Zweite Abhandlung § 44.

der Apfel wächst, reift, vom Baum fällt und schließlich verfault. Indem der Mensch aber den Apfel erntet, schafft er etwas, das vorher noch nicht dagewesen ist. Die Arbeitskraft ist das Eigentum des Arbeitenden und sie konstituiert das Eigentum an einer Sache, die von dem eigenen Körper unterschieden ist.[24] Locke schreibt: „Es war meine Arbeit, die sie [die Dinge, Anm. d. Verf.] dem gemeinsamen Zustand, in dem sie sich befanden, enthoben hat und die mein Eigentum an ihnen bestimmt hat."[25]

Arbeit konstituiert ein Rechtsverhältnis: Das Recht, über das Eigentum zu verfügen und das Recht, den anderen von dessen Gebrauch auszuschließen.

Eigentum entsteht also nicht durch verbale Anmaßung oder dingliche Aneignung – man zäunt etwas ein, vertreibt andere vom Land – sondern durch Arbeit.[26] Der Mensch bringt durch seine Tätigkeit etwas Neues hervor, er verändert die Lage eines Apfels und konstituiert dadurch ein neues Rechtsverhältnis zwischen sich und dem Ding und allen anderen Menschen. Eigentum konstituiert ein Rechtsverhältnis zwischen diesen drei Polen. Solange der Mensch nur Eigentum an sich selbst hat und nicht auch an äußeren Gütern, richten sich alle Rechte und Pflichten direkt auf und an ihn selbst, er ist Subjekt und Objekt in dieser Relation. Beim äußeren Eigentum entsteht das Rechtsverhältnis in Bezug auf ein anderes Ding, z. B. den Apfel, welches der Mensch durch Arbeit verändert. In diesem Beispiel ist der Apfel das Objekt der Eigentumsrelation. Für Locke steht das Rechtsverhältnis, welches die Arbeit hervorbringt, und nicht das Werk als Ergebnis der Arbeitsleistung im Vordergrund.

Eine Gefahr dieses Eigentumsbegriffs ist offensichtlich: Was geschieht, wenn Einzelne übermäßig viel beanspruchen? Wenn sie riesige Weideflächen oder Wälder mit reichem Wildvorkommen umzäunen? Oder was, wenn sie Flüsse stauen und ein Eigentum auf Trinkwasser erheben? Die Moderne zeigt die Realität dieser Bedenken. Auch für Locke sind diese Fragen vor dem Hintergrund der britischen Großgrundbesitzer ganz real, und er begrenzt deshalb das Eigentumsrecht. Der Einzelne darf nur Eigentum an den natürlichen Dingen erlangen, die er verbrauchen kann, bevor sie verderben. Er darf nur so viel Land bestellen und damit sich zu eigen machen, wie er benötigt, um sich zu versorgen.[27] Locke schreibt: „Niemand kann sich durch das Trinken eines anderen, auch wenn er einen guten Schluck genommen, für geschädigt halten, wenn ihm ein ganzer Fluß desselben Wassers bleibt, um seinen Durst zu stillen."[28]

24 Vgl. Zweite Abhandlung § 27.
25 Zweite Abhandlung § 28.
26 Vgl. *Birger P. Priddat*, Eigentum, Arbeit, Geld. Zur Logik einer Naturrechtsökonomie bei John Locke, in *Michaela Rehm, Bernd Ludwig*, John Locke. Zwei Abhandlungen über die Regierung, Reihe Klassiker auslegen, Berlin 2012, S. 82.
27 Zweite Abhandlung § 31.
28 Zweite Abhandlung § 33.

Die Erfindung des Geldes

Locke sieht aber deutlich, dass sich die Problemlage verändert und die historisch-romantische Vorstellung der Bearbeitung des Bodens für den eigenen und nur den eigenen Lebenserhalt in seiner Zeit von der Wirklichkeit überholt wurde. Zunächst ist es die wachsende Population, die es nötig macht, Fragen des Eigentums durch Verträge zu regeln. Der Ursprung des Eigentums, die Arbeit, wird ersetzt durch das Konstrukt des Vertrages. Wie Staaten, die sich ihr Territorium gegenseitig durch Vertragsschluss anerkennen, konnten nun auch einzelne an einen bestimmten Bereich des Erdbodens gebunden werden. Eine weitere Realität, der sich die ursprüngliche Konstitution des Eigentums stellen muss, ist das Geld. Wie man sein Eigentum an einem Übermaß von verderblichen Äpfeln bewahrt, indem man sie in Nüsse tauscht, kann man ein Übermaß an Nüssen, ja überhaupt an allem, was man sich erarbeitet hat, in Geld umtauschen. Die Erfindung des Geldes ermöglicht es den Menschen, Besitztümer anzuhäufen. Der Einzelne kann auf diese Weise über den persönlichen Bedarf hinaus produzieren und Güter schaffen, die er der Gemeinschaft zur Verfügung stellt. Der Einzelne erwirtschaftet nicht nur, was seine Familie braucht, sondern auch, was die Gesellschaft braucht und mehrt so das Allgemeinwohl. Die Arbeit des Einzelnen erhält dadurch einen Wert für die Gemeinschaft. Damit leistet Geld einen Beitrag zum Allgemeinwohl, zum *public good*.

Dass hierin auch die Grundlage der Arbeitsteilung liegt, ist offensichtlich. Allerdings sind die Folgen einer monetären Gesellschaft nicht nur positiv. Während vor der Erfindung des Geldes der Einzelne durch seine Arbeit keinen anderen schädigen konnte, kann nun ein jeder etwa immer mehr Land beanspruchen, um es zu bearbeiten, da er die Erträge verkaufen und das Geld im Gegensatz zu verderblichen Produkten anhäufen kann. Ursprünglich blieb stets genug Boden für einen jeden übrig, welchen er seinerseits beackern und fruchtbar machen konnte. Niemand hatte die Möglichkeit, sein Recht auf Eigentum über seine Möglichkeiten der Bearbeitung hinaus auszudehnen. Jeder generierte Wert nur insofern er die natürlichen Dinge bearbeiten konnte. Diese Form der Wertschöpfung für den eigenen Gebrauch war naturrechtlich rechtmäßig.[29] Die neue Form des Erwerbs von Eigentum ist jedoch an veränderte Bedingungen geknüpft:

- Zum einen an vertraglich festgelegte Eigentumsregelungen: Verstöße gegen diese Regelungen werden geahndet.
- Zum anderen muss dem Geld ein bestimmter Wert beigemessen werden.

Dadurch entstehen neue Rechtsfragen und Rechtsstreitigkeiten. Diese müssen innerhalb eines Staates, einer „politischen Gesellschaft", gelöst werden. Denn in diesem Stadium muss es bereits Staatlichkeit geben, da etwa das Problem der Geldwertfestsetzung nicht vorher entstehen kann: Voraussetzung sind Instanzen,

29 Vgl. Zweite Abhandlung § 46.

die sich allgemeinverbindlich auf den Wert einer Sache – etwa den des Goldes – einigen und diese zum Tauschobjekt für verschiedene Güter machen. Diese Organe sind ohne Staatlichkeit nicht denkbar. Gehen wir also einen Schritt zurück: Wie entsteht der Staat?

II. Die politische oder bürgerliche Gesellschaft

Wie bereits festgestellt, wird der Naturzustand nach Locke wegen der Schwäche des Menschen irgendwann untragbar. Der Einzelne ist nicht fähig, um sich dauernd nach dem Gebot der Vernunft zu richten. Seine Schwäche verleitet ihn dazu, Straftaten zu begehen oder sie verhindert, ein maßvoller Richter zu sein. Im Naturzustand drohen private Kriegszustände, wo immer man ist. Allerdings kann der Naturzustand weder durch Befehl noch durch Zwang rechtmäßig beendet werden. Unter Freien und Gleichen kann es kein einzelner sein, der dies rechtmäßig durchsetzen könnte. Ein Vertrag ist von Nöten: Die Gemeinschaft der Freien und Gleichen muss darin übereinstimmen, sich die „Fesseln bürgerlicher Gesellschaft“[30] anzulegen, dafür aber die Sicherheit der Person und des Eigentums und den Frieden zu erlangen.

Auf diese Weise kann eine politische Gemeinschaft entstehen. Diese Gemeinschaft bildet einen politischen Körper, einen *body politic*, „in dem die Mehrheit das Recht hat, zu handeln und die übrigen mit zu verpflichten“[31]. Die Zustimmung aller ist also lediglich für die Gründung der bürgerlichen Gesellschaft nötig. Die weitere Ausgestaltung des *body politic*, die Regierungsform, kann hingegen auf Mehrheitsentscheid beruhen. Die Mehrheit bestimmt auch die Bewegungen des „Körpers“, lenkt also die Geschicke des Staates. Wer nicht die Mehrheitsmeinung vertritt, muss sich ihr unterordnen, wenn er der Gründung der Gemeinschaft zugestimmt hat.

Der Grund dafür ist recht pragmatisch: Der *body politic* kann sich nicht zugleich in verschiedene Richtungen bewegen. Der Staat kann nur dann seine Funktion erfüllen, wenn er handlungsfähig ist, also nicht durch fehlendes Einverständnis blockiert werden kann. Der Mehrheitswille übernimmt in der bürgerlichen Gesellschaft die Rolle der Vernunft, die das Naturgesetz erkennt.[32] Warum dies nur ein Mehrheitswille leisten kann, begründet Locke jenseits pragmatischer Erwägungen nicht.

Eine politische Gesellschaft entsteht, wenn die Einzelnen durch einen Vertragsschluss ihre natürliche Gewalt zugunsten der Gesellschaft aufgeben.

30 Zweite Abhandlung § 95.
31 Zweite Abhandlung § 95.
32 Vgl. Zweite Abhandlung § 96.

1. *Legitimationsquelle Vertrag*

Das Vertragsmodell übernimmt in der Neuzeit wichtige Funktionen:

a) Es verkörpert ein rationales Modell, das sich der überkommenen Herrschaftslegitimation durch Gottesgnadentum oder bloße Erbfolge entgegenstellen lässt,

und

b das Modell des Vertrages trägt der wachsenden Bedeutung verbindlicher Rechtsgeschäfte in der bürgerlichen Gesellschaft Rechnung.[33]

Der Abschluss eines Gesellschaftsvertrags setzt voraus, dass die daraus entstandene Gesellschaft in der Lage ist, die Rechte der Einzelnen zu schützen und Verstöße zu bestrafen, sie also nicht schlechter zu stellen als der Naturzustand.[34] Denn im Naturzustand besitzen die Menschen die von Gott gegebenen und gewollten Freiheits-, Gleichheits- und Eigentumsrechte, die sie auch berechtigen, ihr Eigentum zu schützen. Könnte die bürgerliche Gesellschaft diese Funktionen nicht besser erfüllen, hätten die Menschen keinen Anreiz, sich in einer bürgerlichen Gesellschaft zusammenzuschließen.

Was sie also im Naturzustand nicht besitzen, sind Rechtssicherheit und Unparteilichkeit. Und genau diese Dinge bilden die Vorteile der politischen Gesellschaft. Locke beschreibt diese Gesellschaft so: „Durch Männer, denen von der Gemeinschaft die Autorität verliehen wurde, jene Regeln zu vollziehen, entscheidet sie alle Rechtsfragen, die unter den Mitgliedern dieser Gesellschaft auftreten können, und bestraft jene Vergehen, die von irgendeinem Mitglied gegen die Gesellschaft begangen werden, mit den vom Gesetz vorgesehen Strafen."[35]

Konkret heißt das: Bürgerliche Gesellschaften verfügen über allgemeine Gesetze und entsprechende Institutionalisierungen, um die Einhaltung dieser Gesetze durchzusetzen oder Gesetzesverstöße zu bestrafen. Die Voraussetzung der Staatsgründung und damit des Verzichts auf Selbstjustiz und der Einrichtung eines staatlichen Gerichtswesens, ist die Bereitschaft des Einzelnen, auf sein natürliches Recht auf exekutive Gewalt zu verzichten. Stattdessen geht dieses Recht auf die bürgerliche Gesellschaft über: Sie spricht Recht, wendet es an und setzt es durch.[36] Die bürgerliche Gesellschaft verfügt laut Locke über politische Gewalt:

> „Unter politischer Gewalt also verstehe ich ein Recht, Gesetze zu geben mit Todesstrafe und folglich allen geringeren Strafen, zur Regelung und Erhaltung des Eigentums, und die Macht der Gemeinschaft zu gebrauchen, um diese Gesetze zu vollziehen und das Gemeinwesen gegen Schädigung von außen zu schützen, und alles dies allein für das öffentliche Wohl."[37]

33 Vgl. *Walter Euchner,* John Locke, Zur Einführung, 3. Auflage, Hamburg 2011, S. 80f.
34 Vgl. Zweite Abhandlung § 87.
35 Zweite Abhandlung § 87.
36 Zweite Abhandlung § 88.
37 Zweite Abhandlung § 3.

2. Lockes Verhältnis zur absoluten Monarchie

Die Gleichheit aller bleibt in diesem Modell, und zwar im Sinne einer rechtlichen Gleichheit, gewahrt: Wenn auch nur eine Person ohne einen Richter ist, der über sie richten kann, kann es sich nicht mehr um eine bürgerliche Gesellschaft handeln.

Dieses Argument ist eine unzweideutige Verneinung der absoluten Monarchie. Der Souverän eines absolutistischen, also vom Recht gelösten Staates (lat. *absolutus* = losgelöst, befreit) zeichnet sich dadurch aus, dass er alle Gewalt in sich vereint und höchster Richter im Staat ist, ohne selbst gerichtet werden zu können. Der absolute Monarch legt fest, was Recht ist, im ärgsten Fall in jeder Minute aufs Neue. Seine Macht ist rechtlich nicht begrenzt. Die traditionelle Einbindung der Monarchie, die das Verhältnis zwischen Fürst und Ständen oder der Kirche, die legitime Nachfolge oder Rechte Einzelner vertraglich regelt, würde fehlen. Auch das Recht des Individuums, sich gegen Angriffe zu verteidigen, würde nicht mehr gelten. Diese Situation bewertet Locke sehr klar:

> „Das beweist, dass die absolute Monarchie, die manche Menschen für die einzige Regierung der Welt halten, in Wahrheit mit bürgerlicher Gesellschaft unverträglich ist und überhaupt keinerlei Form von bürgerlicher Regierung sein kann.“[38]

Unter einem absoluten Herrscher besteht der Naturzustand fort. Da niemand über den Souverän richten kann, behalten die Menschen ihre Kompetenz, Richter in eigener Sache zu sein. Tatsächlich verbietet der Souverän allerdings diese Freiheit. Die Menschen befinden sich in einem unrechtmäßigen Zustand, können sich aber kaum wehren.

> Beachten Sie: Der Begriff „Regierung“, der schon im Titel von Lockes Werk auftaucht, wird von dem Autor gänzlich anders verwendet, als heute üblich. Locke versteht darunter nicht nur die Spitze der Exekutive, sondern auch Legislative und Judikative fallen bei ihm unter den Begriff der Regierung (government). Wenn im Text von Regierung die Rede ist, dann auch in diesem weiten Sinne.

Das Modell „absoluter Monarch mit vollständiger Handlungsfreiheit“ haben Sie bei Hobbes kennengelernt. Hobbes plädiert für eben jenen Souverän, dem Locke jede Legitimation abspricht. Die hobbessche Forderung erscheint für Locke geradezu absurd:

> „Als ob die Menschen, als sie den Naturzustand verließen und sich zu einer Gesellschaft vereinigten, übereingekommen wären, dass alle, mit Ausnahme eines einzigen, unter dem Zwang von Gesetzen stehen, dieser eine aber alle

38 Zweite Abhandlung § 90.

Freiheit des Naturzustands behalten sollte, die sogar noch durch Gewalt vermehrt und durch Straflosigkeit zügellos gemacht wurde!“[39]

3. *Gewaltenteilung*

Dass Locke die politische Situation Englands und die zeitweiligen Versuche der Monarchen, allein zu herrschen, bei seiner Schrift permanent vor Augen hat, zeigt sich auch in der Forderung, der Staat dürfe nur mit Zustimmung der Mehrheit Steuern erheben. In jedem anderen Fall wäre das grundlegende Eigentumsrecht unzulässig eingeschränkt.[40] Dieses Recht lag in Großbritannien schon lange beim Parlament, und Locke war sich der praktischen, machtpolitischen Tragweite dieser Kompetenz sehr bewusst.

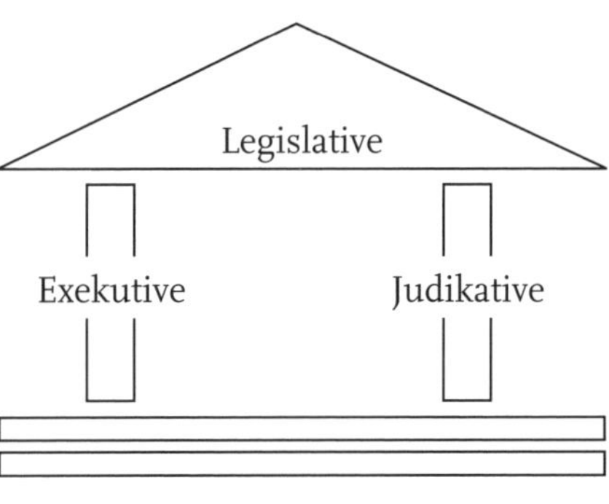

Lockes Schrift richtet sich nicht nur entschieden gegen eine absolutistische Monarchie und das Modell von Hobbes, sondern spricht sich auch unmissverständlich für eine gewaltenteilige Verfassung aus. Mit Locke lernen Sie einen Rechtsphilosophen kennen, der die Konzentration absoluter Macht in einer Person ablehnt. Sein Ziel ist eine Trennung der exekutiven und legislativen Gewalt. Zunächst verfügt jeder Einzelne vollständig über die exekutive und legislative Gewalt. Dass dies im Naturzustand zum Problem wird, wurde schon erläutert.

Der Übertritt in den bürgerlichen Zustand ist mit dem Verzicht auf diese Gewalten verbunden. Konkret bedeutet dies für den Einzelnen im Konfliktfall, nicht selbst Normsetzer, Richter und Ausführender der eigenen Anordnung zu sein.[41] Diese Gewalten treten die Einzelnen an die Gemeinschaft ab. Die legislative Gewalt soll Lockes Ansicht nach einer „kollektiven Körperschaft“[42] übertragen werden. Der Einzelne gibt sie jedoch nicht vollständig ab. Die Gewalt darf nur in dem Maße übertragen werden, wie es für das allgemeine Wohl, den Frieden und die Sicherheit[43] der Gemeinschaft förderlich ist. Soweit der Einzelne konkrete Fragen des Lebens selbst regeln kann, bleibt dieses Recht bei ihm.

39 Zweite Abhandlung § 93.
40 Vgl. Zweite Abhandlung § 140.
41 Vgl. Zweite Abhandlung § 129ff.
42 Zweite Abhandlung § 94.
43 Vgl. Zweite Abhandlung § 131.

Warum kann die Gründung einer bürgerlichen Gesellschaft bei Locke nur durch einen Vertragsschluss erfolgen?

III. Die Stellung der Gewalten im Staat und die Staatsform

Zunächst stellt Locke fest, dass die staatliche Souveränität beim Volke liegt. Nicht der Fürst, nicht der König und die Vertreter der Stände, sondern das Volk ist der Souverän.

Dieses Konzept hat bekanntlich Eingang in die Verfassungen vieler moderner Staaten gefunden. Natürlich wissen Sie, dass die Volkssouveränität als grundlegendes Prinzip in Art. 20 Absatz 2 Satz 1 des deutschen Grundgesetzes verankert ist: „Alle Staatsgewalt geht vom Volke aus".

Jeder Versuch gegen den Willen des Volkes zu handeln, ist deshalb Unrecht. Was aber will das Volk? Es möchte Vertreter einsetzen, die im Auftrag des Volkes handeln.[44] Locke hat keine Demokratie im Sinn, bei der im Stil einer unmittelbaren oder direkten Volksherrschaft alle in einer Volksversammlung zusammenkommen und über alle Belange abstimmen. Vielmehr diskutiert er ein Modell repräsentativer Herrschaft, welche die Gestalt einer Demokratie, einer Oligarchie oder auch einer Monarchie annehmen kann. Welche Regierungsform sich letztlich durchsetzt, hängt davon ab, welche Personen in welchem Zeittakt nach dem Willen des Volkes der Gemeinschaft Gesetze geben. Locke ist also nicht der Meinung, dass einzig eine direkte Demokratie im Interesse des Volkes sein muss, sondern er schlägt den Einsatz von Repräsentanten vor, denen man Einzeln, als Gruppe oder als Gremium Regierungskompetenz überträgt.

Diese Vertreter übernehmen entweder Aufgaben der Legislative oder der Exekutive. Die Wahrnehmung der legislativen und exekutiven Aufgaben ist zweckgebunden. Die Vertreter dürfen nicht zu ihrem eigenen Vorteil entscheiden. Maßstab aller Entscheidungen ist die Bewahrung von Frieden, Sicherheit und Eigentum im Sinne des Allgemeinwohls.

1. *Die Legislative*

Das Volk wählt die Legislative nach „gerechten und unleugbar gleichen Maßstäben"[45], sei es als Einzelperson, sei es als Gremium. Locke beschreibt sie deshalb auch als „höchste Gewalt des Staates"[46]. Sie wurde vom Volk gewählt und erhält durch diesen Schritt zugleich auch die generelle Zustimmung des Volkes, Gesetze

44 Vgl. Zweite Abhandlung § 132.
45 Zweite Abhandlung § 158.
46 Zweite Abhandlung § 134.

in seinem Willen zu erlassen. Allerdings erteilt das Volk der legislativen Gewalt dadurch keine Generalvollmacht. Der Auftrag an die Legislative ist klar; sie soll durch den Erlass von Gesetzen Sicherheit, Frieden und Allgemeinwohl befördern. In keinem Fall herrscht die legislative Gewalt absolut oder willkürlich. Ihre Macht reicht nicht weiter, als sie vernünftigerweise von den Einzelnen gebraucht würde, die diese Gewalt abgegeben haben. Die Gewalt im Naturzustand ist auf den bestmöglichen Erhalt und die Sicherung des Eigentums gerichtet. „Es ist eine Gewalt, die einzig die Erhaltung der Untertanen zum Ziel hat.“[47]

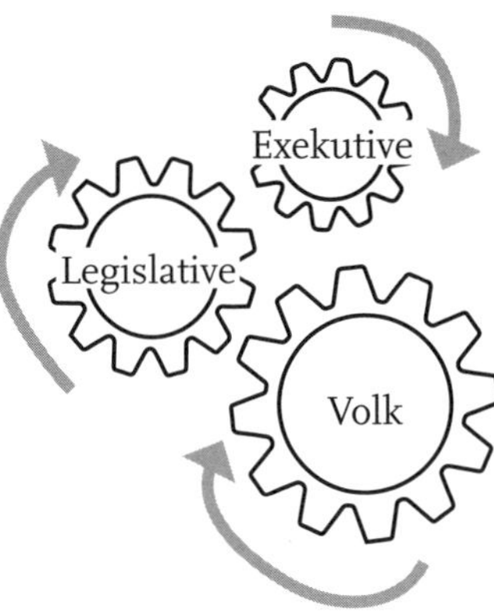

Trust

Durch die Gesetzgebung muss die Legislative das Vertrauen des Volkes aufrechterhalten. Wenn das Volk das Vertrauen in die Kompetenz dieser Gewalt verliert, hat das einen personellen Machtwechsel oder aber einen Wechsel der Regierungsform zur Folge.

> „Und so behält die Gemeinschaft beständig eine höchste Gewalt für sich, um sich vor den Angriffen und Anschlägen einer Körperschaft, selbst ihrer Gesetzgeber, zu sichern, so oft diese so töricht oder schlecht sein sollten, Pläne gegen die Freiheit und Eigentumsrechte ihrer Untertanen zu schmieden und zu verfolgen.“[48]

Die Gesetzgebung bleibt im Amt, wenn sie das Vertrauen der Wähler genießt. Locke verwendet hierfür den Ausdruck *trust*. Vertrauen in die Regierung bedeutet, dass diese in ihren Entscheidungen nicht bis ins Letzte reglementiert ist, sondern dass ihr ein Spielraum bleibt, um spontan auf neue Situationen zu reagieren und eine den Umständen angemessene Lösung zu finden. Entscheidungen müssen nicht in einen engen Vertrags- oder Gesetzesrahmen gezwängt werden. Nicht immer steht allgemein fest, was das Beste für alle ist. Zur Beantwortung dieser Frage ist häufig auch Erfahrung nötig. Die Herrschenden müssen nicht höchste Maßstäbe anlegen, einer absoluten Idee folgen, sondern das Herrschen ist ein praktisches Handeln und ein Reagieren auf die Gegebenheiten der Zeit und ein Abwägen von Entscheidungen aufgrund der eigenen Erfahrung.

---

47 Zweite Abhandlung § 135.
48 Zweite Abhandlung § 149.

Sicherung der Kompetenzgrenzen

Angemessenheit und die Möglichkeit zur Abwägung dürfen freilich nicht mit Willkür verwechselt werden. Locke weist ausdrücklich auf verfahrensmäßige und inhaltliche Sicherungen hin: Sanktionsbewehrte Vorschriften müssen öffentlich bekannt gemacht werden und für alle, auch die Gesetzgeber selbst, gleichermaßen gelten.[49] Damit einher geht seine Empfehlung, die legislative Gewalt in die Hände mehrerer Personen zu legen, die nur für die Dauer der Gesetzgebung zusammenkommen.[50] So wechselten die Gesetzgeber immer wieder in die Rolle des Gesetzesunterworfenen.[51]

Wird die Legislative ihrer Funktion nicht gerecht, kann das Volk sie wieder abberufen oder ihre Zusammensetzung verändern, denn die Stimmmacht des Volkes ist stets größer als die der Legislative. Dies begründet sich aus dem Naturrecht. Freiheit im Naturzustand meint, nur der eigenen Vernunft unterworfen zu sein. Freiheit im gesetzlichen Zustand meint, nur unter der Gewalt zu stehen, die man durch die Übereinkunft des Willens eingesetzt hat.[52] Die Macht der Legislative hat nur solange rechtlich Bestand, wie sie von den Einzelnen getragen wird.

Auch hierin finden Sie einen zentralen Unterschied zu Hobbes: Es ist nicht der einmalige Akt des Vertragsschlusses, in dessen Folge ein Souverän ins Amt kommt, sondern jeder Herrscher muss seine Befähigung stets erneut unter Beweis stellen und sich des Vertrauens des Volkes versichern. „Gerade weil es keinen wechselseitigen Vertrag gibt und das Verhältnis zwischen Gesellschaft und Regierung auf Vertrauen beruht, muss sich die Regierung konstant bemühen, dieses Vertrauen nicht zu enttäuschen. Das ist anspruchsvoller, als sich an festgelegte Aufgaben zu halten; durch ‚trust' wird der Regierung ein über bloße Pflichterfüllung hinausgehendes Verhalten abverlangt, und ihre Funktionsträger müssen ein feines Sensorium dafür haben, was in der Gesellschaft als Bruch des Vertrauens empfunden werden *könnte.*"[53]

---

49 Vgl. Zweite Abhandlung § 142 und § 94.

50 Vgl. Zweite Abhandlung § 143.

51 Vgl. *Peter Niesen*, Volkssouveränität als Herrschaftsbegrenzung, in *Michaela, Bernd Ludwig*, John Locke. Zwei Abhandlungen über die Regierung, Reihe Klassiker auslegen, Berlin 2012, S. 139.

52 Zweite Abhandlung § 22.

53 *Michaela Rehm*, Vertrag und Vertrauen: Lockes Legitimation von Herrschaft, in *dies.*; *Bernd Ludwig*, John Locke. Zwei Abhandlungen über die Regierung, Reihe Klassiker auslegen, Berlin 2012, S. 104.

Auch im modernen politischen Prozess spielt der Begriff des Vertrauens eine wichtige Rolle – denken Sie etwa an die „Vertrauensfrage“ gemäß Art. 68 Grundgesetz oder an Formulierungen wie „Die Kanzlerin genießt das Vertrauen der Wähler“ oder „Das Bundesverfassungsgericht besitzt unter den Verfassungsorganen das größte Vertrauen innerhalb der Bevölkerung.“ Überlegen Sie, was heute unter dem Begriff des Vertrauens im politischen Prozess verstanden wird, und inwieweit sich dieses Verständnis von dem Lockes unterscheidet.

Gibt jeder Einzelnen seine legislative Gewalt ab und wird sie durch eine Regierung angenommen, trifft diese die Pflicht, das angenommene Recht nur im Sinne des Gebers zu gebrauchen. Der, der seine Macht missbraucht, handelt außerhalb allen Rechts und versetzt sich dem gesamten Volk gegenüber in einen Naturzustand.[54] Dies gilt auch für die exekutive Gewalt.

2. *Die Exekutive*

Das Recht, ein Gesetz zu geben und das Recht, dieses Gesetz zu vollstrecken, dürfen nicht in derselben Hand liegen. Andernfalls besteht die Gefahr, dass die Gesetzgeber die Gesetze gegen sich selbst nicht anwenden oder aber so ausformen, dass sie davon profitieren. Auf diese Weise würde die „politische Gesellschaft“ ihren Zweck verfehlen.[55] Die Exekutive als zweite zentrale Gewalt übernimmt die Ausführung der Gesetze, ihr obliegt aber neben der Rechtdurchsetzung auch die Rechtsprechung. Locke benennt damit die Judikative nicht als eigenständige Gewalt, sondern ordnet sie innerhalb der Exekutive ein – zu Fragen der Rechtsprechung äußert er sich ohnehin nur am Rande.[56] Während die Legislative nach Bedarf zusammenkommen kann, muss die exekutive Gewalt dauerhaft ihr Amt ausüben, da die Einhaltung der Gesetze beständig überwacht werden muss.[57] Dennoch bleibt die Legislative die höhere Gewalt. Sie gibt den Rahmen vor, innerhalb dessen sich die exekutiven Entscheidungen bewegen, und sie entscheidet über die Ausgestaltung der Exekutive. Mit der Trennung der exekutiven und legislativen Gewalt sowie der Abhängigkeit der Exekutive von der Legislative formuliert Locke zentrale Merkmale des liberalen Verfassungsstaates.[58]

---

54 Vgl. S. 159.
55 Vgl. Zweite Abhandlung § 143.
56 Allerdings ist diese Einordnung nicht durchgehend stringent. Vgl. dazu: *Peter Niesen*, Volkssouveränität, a.a.O., S. 144.
57 Vgl. Zweite Abhandlung § 143.
58 Vgl. *Michael Schefczyk*, John Locke – ein verkannter Republikaner, in *Michaela Rehm, Bernd Ludwig*, John Locke. Zwei Abhandlungen über die Regierung, Reihe Klassiker auslegen, Berlin 2012, S. 167.

3. Die Prärogative

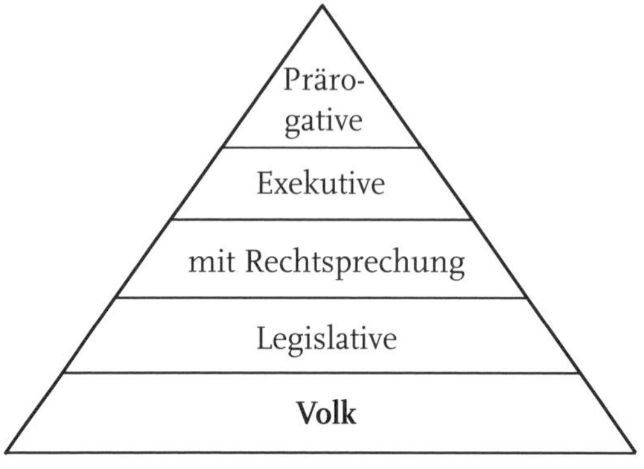

Das Oberhaupt der Exekutive übernimmt eine besondere Funktion. Es muss die Lücke ausfüllen, die zwischen allgemeiner Gesetzgebung und konkretem Einzelfall bleibt. Gesetze können nicht jeden einzelnen Fall regeln, vor allem Ausnahmesituationen verlangen besondere Regelungen. In diesen Fällen kommt die prärogative Gewalt zum Tragen. Als solche bezeichnet Locke die Gewalt der Regierungsspitze, etwa eines Fürsten, in unvorhersehbaren oder ungewissen Situationen im Einzelfall zum Wohl des Volkes zu entscheiden.[59] Dazu gehört es aber auch, Strafen in Einzelfällen auf Verhältnismäßigkeit zu prüfen oder Täter zu begnadigen. Die Kompetenz der Spitze der Exekutive reicht so weit, dass sie auch in Einzelfällen gegen die Gesetze verstoßen darf, wenn es nach ihrem Empfinden in der Situation angezeigt ist. Locke hält fest, dass sie dann „nach Gutdünken"[60] entscheiden darf. Stets vorausschauend und mit Blick auf das Wohl der Allgemeinheit. Wenn vom Allgemeinwohl die Rede ist, heißt das nicht, dass kollektivistische Interessen zulasten individueller Rechte durchgesetzt werden. Dem Wohl der Gemeinschaft entspricht es, wenn zwischen den Einzelnen keine Kriegszustände herrschen und ihre „Freiheitsspielräume und Eigentümerinteressen"[61] gesichert sind.

IV. Wer wacht über die Mächtigen? Das Widerstandsrecht

Aus Lockes Erfahrungen und seiner realistischen Perspektive kann kein politisches System so perfekt sein, als dass es nicht den Gefahren eines Missbrauchs ausgesetzt sei. Deshalb diskutiert er auch die möglichen Risiken in seiner Schrift. Dabei denkt er zum Beispiel daran, dass eine mächtige Exekutive die Legislative in ihrer Aufgabenerfüllung behindert oder ein Einzelner aus einem gewählten Gremium die Macht ergreift. Dies, so meint Locke, müsse jedoch als Kriegserklärung an das Volk betrachtet werden.[62] Wer den Grund legt zu einem Sturz der

59 Vgl. Zweite Abhandlung § 158.
60 Zweite Abhandlung § 160.
61 *Walter Euchner,* John Locke, a.a.O., S. 99.
62 Vgl. Zweite Abhandlung § 155.

Verfassung, „macht sich des schwersten Verbrechens schuldig, das nach meinem Gefühl ein Mensch überhaupt begehen kann. Er muss all jenes Unheil von Blutvergießen, Raub, Verwüstung verantworten, die das Zertrümmern einer Regierung über ein Land bringt. Und wer so handelt, ist zu Recht als der gemeinsame Feind, als Schädling der Menschen zu betrachten und entsprechend zu behandeln.“[63]

Ein solches Vorgehen würde die Exekutive bzw. Legislative ihrer Legitimation berauben, denn deren Rechtfertigung gründet ja allein in der Ausführung des Zweckes, zu welchem sie eingesetzt wurden. Im Falle eines Machtmissbrauchs sieht Locke daher das Volk in der Verantwortung einzuschreiten.[64] Er belässt es jedoch bei diesem emanzipatorischen Gedanken; konkrete Verfahren und Handlungsanweisungen formuliert er nicht. Er beschränkt sich lediglich auf den Hinweis, dass das Volk, wenn es keinen irdischen Richter mehr gibt, immer noch den göttlichen Richter anrufen könne.[65] Das Volk erhält aus seinen natürlichen Rechten heraus ein umfassendes Widerstandsrecht gegen jede Form von Herrschaft, die nicht aus dem freien Entschluss des Volkes hervorgegangen ist oder nicht (mehr) zum Wohle des Volkes besteht.[66] „Überall, wo das Gesetz endet, beginnt Tyrannei, wenn das Gesetz zum Schaden eines anderen überschritten wird. Und jeder, der in seiner Autorität über die ihm gesetzlich eingeräumte Macht hinausgeht und von der Gewalt, über die er verfügt, Gebrauch macht, den Untertanen etwas aufzuzwingen, was das Gesetz nicht erlaubt, hört damit auf, Obrigkeit zu sein. Er handelt ohne Autorität und man darf ihm Widerstand leisten wie jedem anderen Menschen, der gewaltsam in das Recht eines anderen eingreift.“[67] Die Auflösung der Regierung führt nicht sogleich zur Auflösung der bürgerlichen Gesellschaft, sondern nur zu einer Neuorganisation oder Neuwahl der staatlichen Gewalten. Das Volk nimmt im Widerstandsfall erneut seine verfassungsgebende Funktion wahr. An der Souveränität des Volkes lässt Locke keinen Zweifel.

An welche Fälle oder Umstände denkt aber Locke genau, wenn er dem Volk ein Widerstandsrecht zuspricht? Wann liegt überhaupt ein Missbrauch der Macht, eine erhebliche Gefahr oder ein drohender Schaden für das Wohl des Volkes vor? Kann man sich darauf einigen, was gut und was schlecht für das Gemeinwohl ist und auf welchen Wegen das Beste sicherlich *nicht* erreicht werden kann? Wie entscheidet man Fälle, die jenseits von offensichtlicher Unterdrückung und willkürlicher Gewalt liegen, die aber die Gefahr in sich bergen, dass die Repräsentanten das Vertrauen des Volkes verlieren? Locke enthält sich einer exakten Antwort. Das Widerstandsrecht erhält kaum Schranken. Man muss einer politischen Kultur vertrauen, die Rationalität vor subjektivem Belieben schätzt und ein Grundver-

63 Zweite Abhandlung § 230.
64 Vgl. Zweite Abhandlung § 164.
65 Vgl. Zweite Abhandlung § 168.
66 Vgl. Zweite Abhandlung § 192.
67 Zweite Abhandlung § 202.

trauen in das Funktionieren der politischen Gewalten setzt. Gleichzeitig sollte man auch auf eine gewisse Trägheit des Volkes bauen, sodass ein Austausch der Regierung aus dem nichtigsten Anlass nicht zu befürchten sei.

C. Locke heute

Im Werk John Lockes treffen drei Überlegungen zusammen, welche die Rechtsphilosophie in ihrem weiteren Verlauf nachhaltig beeinflusst haben:

- ein Vertragsmodell ohne absoluten Herrscher,
- die Gewaltenteilung und
- die Begründung des Eigentums durch Arbeit.

Sie werden feststellen, dass Charles de Montesquieu und Jean-Jacques Rousseau einige Gedanken aufnehmen und weiterentwickeln. Die Gewaltenteilung findet in den Jahrhunderten nach Locke weitgreifend Eingang in die staatstheoretischen und staatsphilosophischen Überlegungen und prägt sie bis in die Moderne. Bei der Würdigung von Lockes Lehren sollte außerdem sein Begriff von der Stellung des Einzelnen hervorgehoben werden. Die individuellen Interessen sind für Locke ein schützenswertes Gut und bilden zugleich die Grenze der Eingriffssphäre rechtmäßiger staatlicher Handlungen, zugleich ziehen sie aber auch eine Grenze für die Handlungen anderer Menschen. Das Individuum muss sowohl vor dem Staat als auch vor seinesgleichen geschützt werden. Locke betont die negative Freiheit des Einzelnen, also die Freiheit von staatlichem Zwang und die Freiheit vom Willen anderer. In diesem Konzept hat das Volk als Gemeinschaft Gleicher vor allem für die konkrete Ausgestaltung staatlicher Herrschaft eine zentrale Funktion. Es konstituiert die Regierung als verfassungsgebende Versammlung und kann diese Funktion immer dann ausüben, wenn es seine natürlichen Rechte gefährdet sieht.

Damit gilt Locke, wie schon eingangs angeklungen, auch als Vater des Liberalismus. Freiheit und Gleichheit vor dem Gesetz sind die grundlegenden Postulate eines liberalen Staatsbegriffs. Unübersehbar ist allerdings, dass dieses Konzept bei Locke um eine naturrechtliche Komponente ergänzt wird. Das von Gott gewollte und für den Menschen erkennbare Naturrecht sowie die göttliche Allmacht verankern die liberalen Rechte in einem theologischen Fundament. Wie alles andere kann auch dies biographisch gelesen werden: Locke ist ein gläubiger Protestant, der sich gegen ein entfesseltes katholisches Königtum zur Wehr setzt.

Die christlich-naturrechtliche Begründung ist jedoch auch von konstruktivem Wert. Sie liefert die Voraussetzung für die Annahme einer von Gott gewollten Freiheit, die der Einzelne vernunftgemäß selbst ausgestaltet und die ihn berechtigt, fremde Übergriffe in seine Sphäre abzuwehren. „Bei Locke stellt das christliche Naturrecht gerade die Bedingung der Möglichkeit seines Freiheitsbegriffs dar. Und die Freiheit, die er meint, ist die bis heute geschätzte und als modern verstandene: Freiheit von Fremdbestimmung.“[68] So entsteht ein Naturrecht, das

68 *Michaela Rehm*, Politicks, a.a.O., S. 14.

den Einzelnen anerkennt, ihm aber zugleich die Errichtung eines Gemeinwesens ermöglicht, dessen Vernunft in der Ausrichtung am Wohle aller, dem Gemeinwohl, liegt, weshalb es rechtlich verfasst und gewaltenteilig angelegt sein muss. Ein verfasster, gewaltenteilig beherrschter *political body* bietet aber nicht nur den gewünschten Schutz gegen ein absolutistisches Regime, sondern führt auch die Interessen der Einzelnen und der Allgemeinheit auf eine komplexe, einer praktischen Balance zugänglichen Weise zusammen.

I. Spuren in der Rechtsprechnung

Von Locke ausgehend können Sie viele Gedanken und Thesen verfolgen, die bis in die heutige Zeit hinein eine zentrale Rolle nicht nur in der rechtsphilosophischen Debatte spielen. Natürlich gilt dies aber nicht nur für den wissenschaftlichen Diskurs, sondern auch in der Rechtsprechung lassen sich Argumente finden, die in gewisser Weise „lockeschen Ursprungs" sind.

Lesen Sie deshalb die beiden folgenden Auszüge aus einem Urteil des Bundesverfassungsgerichts. Fallen Ihnen Parallelen zwischen der Argumentation des BVerfG und den Überlegungen Lockes auf? Markieren Sie die entsprechenden Stellen!

1. *Urteil des Bundesverfassungsgerichts*

Entscheid des Bundesverfassungsgerichts von 1987 zu den Befugnissen des Untersuchungsausschusses „Neue Heimat"

Die Verfassungsbeschwerde betraf die Befugnis des parlamentarischen Untersuchungsausschusses „Neue Heimat", Beweise zu erheben. Der Untersuchungsausschuss hatte die Beschlagnahmung je eines Exemplars aller Jahres- und Sozialberichte sowie der Protokolle der Aufsichtsratssitzungen der GmbH „Neue Heimat" ab 1974 angeordnet, worauf das Landgericht Frankfurt a. M. der unbeschränkten Herausgabe zugestimmt hatte. Dagegen hatten verschiedene Gesellschaften Verfassungsbeschwerde eingelegt. Das Bundesverfassungsgericht äußert sich in seinem Entscheid auch zu Fragen der Legitimation des Parlaments und eines aus ihm hervorgehenden Untersuchungsausschuss.

Auszug A

In der freiheitlichen Demokratie geht alle Staatsgewalt vom Volk aus; sie wird vom Volk in Wahlen und Abstimmungen und durch besondere Organe der Gesetzgebung, der vollziehenden Gewalt und der Rechtsprechung ausgeübt – Art. 20 Abs. 1 und 2 GG […]. Alle Organe und Vertretungen, die Staatsgewalt ausüben, bedürfen hierfür einer Legitimation, die sich auf die Gesamtheit der Bürger als

Staatsvolk zurückführen läßt [...]. Das demokratische Prinzip erstreckt sich nicht nur auf bestimmte, sondern auf alle Arten der Ausübung von Staatsgewalt [...]. Die verfassungsrechtlich notwendige demokratische Legitimation erfordert eine ununterbrochene Legitimationskette vom Volk zu den mit staatlichen Aufgaben betrauten Organen und Amtswaltern. Die Legitimation muß jedoch nicht in jedem Fall durch unmittelbare Volkswahl erfolgen. In aller Regel genügt es, daß sie sich mittelbar auf das Volk als Träger der Staatsgewalt zurückführen läßt.[69]

Auszug B

Die Mitglieder des Deutschen Bundestages erlangen die für ihre Tätigkeit als Volksvertreter erforderliche demokratische Legitimation unmittelbar durch die Bundestagswahl (Art. 38 Abs. 1 Satz 1 GG; [...]). Die in regelmäßig wiederkehrenden zeitlichen Abständen stattfindende Wahl stellt sicher, daß die Abgeordneten dem Volk verantwortlich bleiben [...]. Durch diese Wahl erhält der Deutsche Bundestag seine Legitimation als Repräsentationsorgan des Volkes (Art. 39 Abs. 1 Satz 1 in Verbindung mit Art. 38 Abs. 1 GG). Diese – unmittelbar vom Volk herrührende – demokratische Legitimation bezieht sich auf alle Aufgaben, Tätigkeiten und Befugnisse, die das Grundgesetz dem Bundestag zuweist. Hierzu gehört auch das Untersuchungsrecht, das der Bundestag kraft des Art. 44 GG durch jeweils von ihm eingesetzte Untersuchungsausschüsse ausübt.[70]

2. *Diskussion, Kritik, Zusammenschau*

Die Erläuterungen des Bundesverfassungsgerichts zur demokratischen Legitimation des Bundestages erinnern in einigen wichtigen Passagen an die Ausführungen Lockes zur legislativen Gewalt.

Der Ausgangspunkt der Überlegungen ist sowohl bei Locke als auch in der richterlichen Begründung derselbe: Die Staatsgewalt liegt beim Volk, sie liegt bei der „Gesamtheit der Bürger". Das Volk gibt einzelnen Organen durch regelmäßig stattfindende Wahlen die Befugnis, stellvertretend und für einen begrenzten Zeitraum die Staatsgewalt auszuüben. Das bedeutet aber nicht, dass das Volk diese Gewalt abgibt, sondern es lässt sie vertretungsweise ausüben: Von „den mit staatlichen Aufgaben betrauten Organen und Amtswaltern".

Die Ausführungen Lockes decken sich auch mit den zeitgenössischen Überlegungen zur Rolle des Volkes für die Legitimation der staatlichen Gewalten. Auch Locke fordert nicht, dass die Ausübung der Staatsgewalt in allen Bereichen unmittelbare durch Wahlen legitimiert ist. Er diskutiert ebenfalls die Möglichkeit, dass ein gewähltes Gremium für einzelne Sachgebiete Vertreter ernennt, welche die Entscheidungen treffen. Analog argumentiert das Bundesverfassungsgericht,

69 BVerfGE 77, 1 (40).
70 BVerfGE 77, 1 (40).

wenn es von einer „ununterbrochene[n] Legitimationskette", nicht jedoch von einer unmittelbaren Volkswahl spricht.

Locke wie das Gericht sehen zudem beide das Verhältnis zwischen den gewählten Abgeordneten und den Wählern als eine Wechselbeziehung: Die Wähler legitimieren die Abgeordneten und statten sie mit Entscheidungskompetenz aus, die gewählten Vertreter sind dafür aber auch dem Wahlvolk verantwortlich. Locke betont, dass ein Mandatsträger nur solange im Amt bleibt, wie er das Vertrauen der Wähler genießt.

Schließlich stellen sowohl das Bundesverfassungsgericht wie auch Locke die Bedeutung von Wahlen heraus. Sie garantieren die anhaltende Verantwortlichkeit der gewählten Vertreter gegenüber dem Volk. Würde durch eine einmalige Wahl die Staatsgewalt dauerhaft auf die Abgeordneten übergehen, würde es sich nicht mehr um eine echte Vertretung handeln. Voraussetzung für eine tatsächliche Repräsentanz ist es, dass das Volk die Möglichkeit hat, die Staatsgewalt selbst auszuüben.

II. Übung und Vertiefung

1. Die Entwürfe von Thomas Hobbes und John Locke weisen Gemeinsamkeiten und Unterschiede auf. Erstellen Sie eine Tabelle und benennen Sie zentrale Vergleichspunkte und stellen Sie Bezüge zu den Ihnen bereits bekannten älteren Denkern her.
2. Welchen Status haben Katholiken und Nicht-Christen in Lockes verfasstem Gemeinwesen (Staat)? Erklären Sie im Zusammenhang!
3. Was geschieht in Lockes Staat, wenn die Exekutive ein Unrecht begeht? Und die Legislative? Erläutern Sie ausführlich!
4. Lässt sich Lockes Eigentumsbegriff auch auf Immaterialgüter anwenden? Begründen Sie Ihre Antwort.

Literaturempfehlungen

Maurice Granston, John Locke. A biography, Oxford 1985.

Michaela Rehm, Bernd Ludwig, John Locke. Zwei Abhandlungen über die Regierung. Reihe Klassiker auslegen, Berlin 2012.

Lloyd Thomas, Locke on Government, London 1995.

Samuel Salzborn, Der Staat des Liberalismus – die liberale Staatstheorie von John Locke, Baden-Baden 2010.

Vere Claiborne Chappell, The Cambridge Companion to Locke, Cambridge 1997.

CHARLES DE MONTESQUIEU 1689–1755

Montesquieu was able to become an oracle on two continents because The Spirit of the Laws served as a bridge between a traditional and a modern idea of constitutional government.

Judith Shklar

A. Der Denker und seine Zeit

Das Frankreich zur Zeit der Geburt des Charles-Louis de Secondat, Baron de La Brède et de Montesquieu, kurz Charles de Montesquieu, hat zwar das Mittelalter überwunden, der Geist der Aufklärung setzt sich aber erst langsam durch. Ludwig XIV., der Sonnenkönig, zelebriert absolute Machtentfaltung. Dies umfasst nicht nur den Erlass der Gesetze und die Vergabe der Ämter, sondern auch alle übrigen staatsleitenden Funktionen. Er steht an der Spitze der Verwaltung, entscheidet über die Erhebung von Steuern und kann einem anderen Staat den Krieg erklären. Der König baut seine Macht auch zulasten des Adels aus und festigt seine Position durch eine verstärkte Verbindung mit der katholischen Kirche, indem er den protestantischen Hugenotten ihre – durch das Toleranz-Edikt von Nantes garantierten – Rechte wieder entzieht. Gleichzeitig gerät Frankreich spätestens nach dem Spanischen Erbfolgekrieg 1713 in eine immer angespanntere finanzielle Lage, die durch die Hofhaltung des Königs noch verschärft wird.

Vor diesem Hintergrund liegt nahe, dass Montesquieu eine kritische Haltung gegenüber machtkonzentrierten Systemen einnimmt. Seine Ablehnung verstärkt ohne Zweifel, dass er sich als Angehöriger des französischen Adels zunehmend der Gefahr des politischen Einflusslosigkeit gegenübersieht und zwar nicht nur aufgrund seiner Zugehörigkeit zum Adelsstand, sondern auch später als Angehöriger der regionalen Gerichtsbarkeit.

Charles de Montesquieu wird als Sohn des adeligen Jacques de Secondat und seiner Frau Marie-Françoise de Pesnel im Januar 1689 im Schloss La Brède bei Bordeaux geboren. Seine Schulbildung genießt Montesquieu im elterlichen Haus und von 1700–1705 in einem katholischen Elite-Kolleg der Oratorianer nahe Paris, wo er eine umfassende humanistische und mathematische Bildung erhält. Der inhaltliche Schwerpunkt der Ausbildung in diesem Kloster liegt auf der Antike, weniger ausgeprägt ist die klassisch christliche Erziehung.

„Montesquieu verließ die Oratorianer mit einer kühlen Beziehung zum Christentum, aber mit einer gründlichen Kenntnis der lateinischen Klassiker, denen eine starke Neigung zeit seines Lebens zugewandt blieb.“[1]

1705 bis 1708 studiert er an der Universität Bordeaux Rechtswissenschaften und praktiziert ab 1709 bei einem Rechtsanwalt in Paris. Seine Prozesserfahrungen und -beobachtungen fließen in sein Werk *Collectio Juris* ein. Er bleibt allerdings zeit seines Lebens gegenüber dem Stand der Juristen sehr kritisch eingestellt, was in der – von ihm als sehr schlecht empfundenen – Ausbildung in Bordeaux und seinen kaum besseren rechtspraktischen Erfahrungen in der gleichen Stadt be-

---

1 *Ernst Forsthoff*, Montesquieu. Vom Geist der Gesetze, Bd. 1, 2. Auflage, Tübingen 1992, Einleitung S. X.

gründet sein dürfte.[2] Im Gegensatz dazu bietet sich ihm in den Pariser Kreisen die Möglichkeit, sich wissenschaftlich weiterzubilden und offen über Recht und Politik zu diskutieren. Außerdem kommt er über Freunde mit fremden Kulturen in Verbindung und interessiert sich zunehmend für den Orient und China. Im 18. Jahrhundert vergrößert sich für die wohlhabende Schicht die Welt. Viele Teile sind entdeckt, erobert und bereist, man tauscht sich aus, Reiseberichte werden eine beliebte Lektüre. Gleichzeitig erlebt man bewusst das Aufeinanderstoßen der Kulturen – auch auf geistiger Ebene. Gesellschaftskonzepte werden hinterfragt, die Intellektuellen öffnen sich für einen kritischen Blick auf die eigene Gesellschaft, die Suche nach einem neuen Selbstverständnis beginnt. Die eigene Zeit und ihre Sitten können nicht mehr fraglos hingenommen werden, neue Bewertungsmöglichkeiten werden denkbar. Der Kontakt zu anderen Kulturen zeigt sich in vielen Werken Montesquieus. Fremde Kulturen dienen als Vergleich, als Beispiel oder als Warnung.

Nach dem Tod des Vaters 1713 kehrt er nach Bordeaux zurück und erkauft sich ein Amt als Rat am Parlament. Dabei handelte es sich allerdings nicht um eine Volksvertretung, sondern eine rechtssprechende Instanz. Wenig später erbt er von seinem Onkel das Amt des Parlamentskammerpräsidenten und heiratet die wohlhabende Adlige und Hugenottin Jeanne de Lartigue. Die politische Situation in Frankreich verändert sich; 1715 erfährt das Ancien Regime einen Machtwechsel – der Sonnenkönig stirbt und Philippe II. übernimmt stellvertretend für den noch minderjährigen Ludwig XV. die Staatsgeschäfte.

Montesquieu wird 1716 in die noch junge Akademie von Bordeaux, die Königliche Akademie der Künste, aufgenommen. Auch in Bordeaux kann er so seinen intellektuellen Interessen nachgehen und sich umfassend in vielen Bereichen weiterbilden – auch Biologie und Physik zählen in dieser Zeit zu seinen Interessengebieten. Seine kritische Haltung gegenüber dem absolutistischen System findet ihren ersten öffentlichkeitswirksamen Höhepunkt 1721 in den *Lettres Persanes*, den Perserbriefen, in welchen er eine Reise durch Frankreich aus den Augen zweier Reisender aus Persien schildert, die mit der Heimat im Briefwechsel stehen und über ihre Erlebnisse in Frankreich berichten. Er bemüht das, was die Moderne als Kompetenz der Perspektivübernahme bezeichnen wird – die Welt mit den Augen eines anderen zu sehen. Stubbe-Da Luz sieht dieses frühe Werk des Franzosen sogar als Einleitung der Aufklärung.[3] In diesem anonym veröffentlichten Werk setzt sich Montesquieu kritisch mit der katholischen Kirche, der Vetternwirtschaft bei der Ämtervergabe und einigen Institutionen Frankreichs auseinander.

1726 vermietet er zunächst sein Amt als Parlamentspräsident, später verkauft er es, und hält sich verstärkt in Paris auf. Vor allem aber die unermesslichen Bü-

2 Vgl. *Hans Schlosser*, Montesquieu: der aristokratische Geist der Aufklärung, Berlin u.a. 1990, S. 11.

3 Vgl. *Helmut Stubbe-Da Luz*, Montesquieu, Hamburg 1998, S. 33.

cherschätze in den Pariser Bibliotheken ziehen ihn sein Leben lang an. Dass er trotz seines jungen Alters 1728 Mitglied in der Académie Française wird, verdankt er nicht nur dem überragenden Erfolg der Perserbriefe, deren Urheberschaft er allerdings öffentlich abstreitet, sondern auch seinen guten Beziehungen in die gehobenen Pariser Kreise.

Es schließt sich eine längere Reise nach Österreich, Ungarn, Italien, Deutschland, in die Niederlande und nach England an – Wien, Venedig, Padua, Mailand, Florenz, Rom, Neapel, Bologna, München, Augsburg, Frankfurt, Köln, Amsterdam und London liegen auf seinem Weg. Vor allem seine Station in London ist für sein Hauptwerk *De l'esprit des lois, Vom Geist der Gesetze*, von großer Bedeutung. Er lernt das politische London von Nahem kennen und erlebt die Funktionsweise des Systems der konstitutionellen Monarchie unmittelbar.

Mitte der 30er Jahre, jetzt wieder zwischen Bordeaux und Paris pendelnd, widmet er sich erneut juristischen, historischen und philosophischen Studien und beginnt wohl mit der Arbeit an seinem Hauptwerk, *Vom Geist der Gesetze*. Die Arbeit daran wird ihm allerdings durch ein Augenleiden stark erschwert, er verliert zunehmend die Sehkraft und benötigt einen Vorleser und Schreiber. Die erneut anonyme Veröffentlichung der Schrift *L'Esprit des lois* schlägt 1751 große Wellen. In intellektuellen wie adligen Kreisen wird das Werk umfassend diskutiert, vor allem aber die Kirche interessiert sich für Montesquieus Ausführungen zum Christentum. Viele seiner Thesen stoßen in konservativ-katholischen Kreisen auf wenig Gegenliebe. Sein Werk wird schließlich von der katholischen Kirche indexiert. Allerdings wird dies nicht öffentlich gemacht – ein Zeichen dafür, dass Montesquieu auch einflussreiche Fürsprecher hatte. Er bleibt so einem großen Leserkreis zugänglich.[4]

Seinen Lebensabend möchte Montesquieu auf seinen mittlerweile ausgedehnten Landgütern bei Bordeaux verbringen und bereitet Ende 1754 alles für die endgültige Rückkehr aus Paris in seine Heimatregion vor. Allerdings wird er dort nicht mehr ankommen – er verstirbt 66-jährig in Folge einer Grippe am 10. Februar 1755 in Paris.

4 Zu den Reaktionen auf die Veröffentlichung von Montesquieus Werk vgl. ebd. , S. 103ff.

B. Der wohltemperierte Staat – Balance der Gewalten

I. Montesquieus Umgang mit der Vielfalt des Politischen

Die wissenschaftlichen Verbeugungen vor Montesquieu hofieren ihn als Begründer des bürgerlichen Liberalismus und der Demokratie, als Streiter für die Volkssouveränität, als Erneuerer der Staatstheorie, als Vater der Soziologie.[5] Diese Aufzählung macht deutlich, dass Montesquieus Schriften, allen voran sein Hauptwerk *Vom Geist der Gesetze,* inhaltlich deutlich vielfältiger sind, als es der meist in einem Atemzug mit seinem Namen erwähnte Gemeinplatz vom „Vater der Gewaltenteilung" vermuten lässt. Tatsächlich widmet Montesquieu der Frage der Gewaltenteilungen nur ein Bruchstück seines Werkes, gleichwohl wird seine bedeutende Rolle in der Rechts- und politischen Philosophie vor allem aus seinen Thesen zu ebendiesem Gegenstand begründet.

Die drei großen Themen seines Hauptwerkes sind die Gesetze, politische Systeme und Gesellschaften. Er bemüht sich, die Rolle eines Beobachters einzunehmen, der das große Ganze überblicken möchte. Wie ein Fremder, der auf den höchsten Turm der Stadt steigt, um sich einen Überblick zu verschaffen, möchte er die jeweilige *nation* als Gesamtheit aus Kultur und politisch-rechtlicher Ebene insgesamt erfassen. Montesquieu interessiert sich aber nicht für globale Generalisierungen. Sein Ziel ist es weder den Menschen schlechthin noch den schlechthin besten Staat zu beschreiben. Gruppen von Menschen, die sich als ein Volk verstehen, und deren spezifische kulturelle Gegebenheiten im weitesten Sinne, stehen im Mittelpunkt seiner Überlegungen; keine Offenbarung, kein höchstes Gut, kein übergeordnetes Staatsziel, aber auch nicht der konkrete Einzelne als Individuum. *Die* Theorie einer guten Verfassung kann es nicht geben – was eine gute Verfassung ist, muss in Abhängigkeit von dem Volk entschieden werden, welches unter dieser Verfassung leben soll. Die Eigenschaften eines Volkes wirken sich unmittelbar auf ein bestimmtes politisches System aus. Würde man die Besonderheiten außer Acht lassen, käme die Gesetzgebung einem Glücksspiel gleich, da man nie wissen könnte, ob ein Gesetz sein Ziel erreicht. Montesquieu entwickelt eine Theorie der Verfassungsformen, die zumindest in einigen Zügen denen seiner Vorgänger gleicht, verwebt sie aber umfassend mit den von ihm erkannten Gesetzmäßigkeiten in der sozialen Welt und der Umwelt.

L'Esprit des lois ist eine Mischung aus den Betrachtungen konkreter politischer Systeme, aus systematisch-politischen Überlegungen und aus der Beschreibung eines politischen Ideals. Der Verfasser zeigt sich auch historisch bewandert. Wich-

5 Vgl. *Hans Schlosser,* Montesquieu, a.a.O., S. 5.

tige Beispiele findet er im antiken Rom, dem germanisch-fränkischen Mittelalter und dem neuzeitlichen England – nicht zufällig, denn „[i]n der römischen Geschichte sah Montesquieu den Verlauf der Dekadenz exemplifiziert, im Mittelalter das durch Gegengewichte in seiner Macht eingeschränkte Königtum alter Ordnung, im England des 18. Jahrhunderts das Vorbild für einen zeitgenössischen Weg der Mäßigung des mittlerweile etablierten Absolutismus.“[6]

Hinweis für die Lektüre
Das Montesquieusche Hauptwerk *Vom Geist der Gesetze* wird in den Fußnoten als „GdG“ abgekürzt. Die römische Ziffer bezieht sich dann auf das Buch, die lateinische Ziffer auf das Kapitel des Buches. Die Übersetzung von Ernst Forsthoff wurde benutzt – Charles de Montesquieu, Vom Geist der Gesetze Bd. 1 und 2, 2. Auflage, übers. und hg. v. Ernst Forsthoff, Tübingen 1992.

II. Der Mensch und die Furcht

Entsprechend des Duktus seiner Zeit stellt auch Montesquieu die Überlegung an, was einen Menschen wohl auszeichne, der vor aller Vergesellschaftung existiere. Die erste menschliche Erfahrung sei, und hier befindet sich Montesquieu ganz auf einer Linie mit Hobbes, die Furcht. Diese macht ihn allerdings nicht geneigt, andere zu bekämpfen – kriegerische Handlungen, Macht, Herrschaft setzen abstraktes Denken in komplexen Zusammenhängen voraus, das kaum zu den ersten Gedanken eines Menschen gehören kann, der angstvoll, auf sich allein gestellt existiert. Vielmehr sind es seine Grundbedürfnisse, die zuerst nach Befriedigung verlangen, allen voran die Suche nach Nahrung und das Zusammenleben mit einem Partner. Schließlich folgt die Erkenntnis der in Paaren Zusammenlebenden, dass sie als Menschen eigentlich das Leben in Gemeinschaft benötigen. Das Gedankenexperiment des Vertragsschlusses bemüht Montesquieu nicht, er argumentiert stattdessen aristotelisch.

Diese drei Momente – Suche nach Nahrung, Suche nach einem Partner und Leben in Gemeinschaft – bilden das zweite, dritte und vierte Naturgesetz. Das erste Naturgesetz ist die Vorstellung eines Schöpfergottes. Diese ist zwar nicht zeitlich die erste Vorstellung, aber logisch. Ohne einen vernünftigen Urheber der Welt wäre die Annahme vernünftiger Individuen in der Welt unsinnig. Montesquieu argumentiert hier aus einer traditionellen Naturrechtslehre heraus, die Sie etwa bei Thomas von Aquin schon kennengelernt haben: Es gibt Naturrechte, die ewig und immer schon vorhanden sind, die gelten, unabhängig vom positiven Recht und die erkennbar sind.

6 *Helmut Stubbe-Da Luz*, Montesquieu, a.a.O., S. 78.

Diese Naturgesetze machen die Natur des Menschen aus – der Mensch kann nicht anders als diesen zu folgen.[7]

Diese Verbindung zwischen Natur und Entwicklung des Einzelnen kennen Sie schon von einem anderen Rechtsphilosophen! Wie heißt er und wie nennt man das Prinzip?

Neben den genannten Konstanten identifiziert Montesquieu zwei weitere, Ihnen wohl bekannte Gesetze der menschlichen Natur: Die Leidenschaften und die Angewiesenheit auf ein Leben in Gemeinschaft, auf ein Leben im Staat.[8] Er grenzt sich dabei deutlich ab vom rationalistischen Menschenbild des 17. Jahrhunderts, welches den Menschen vor allem als Vernunftnatur bestimmte.

Die Natur des Menschen wird aber für Montesquieu nicht nur durch seine Grundbedürfnisse bestimmt, sondern auch durch seine Vernunft. Was den Menschen als vernunftbegabtes Wesen auszeichnet, ist seine Eingebundenheit in zwei weitere Arten von Gesetzen: Zum einen die göttlichen, unveränderlichen, ewigen Gesetze, die das Sein der von Gott geschaffenen Welt bestimmen, zum anderen aber die Gesetze, welche die Menschen selbst geschaffen haben. Die Anordnungen, welche den Ablauf der physisch gegebenen Welt bestimmen, können nicht umgangen werden. Anders verhält es sich bei den göttlichen Vorschriften, welche sich auf menschliche Handlungen beziehen und auf die Bestimmungen, welche durch den Menschen gemacht werden. Beide werden sie durch den Menschen gebrochen. Die menschliche Natur zeichnet sich nach Ansicht Montesquieus nicht nur durch ihre Vernunftfähigkeit aus, sondern auch durch ihre beschränkte Sicht auf die Dinge und damit ihre Anfälligkeit für Irrtümer. Hinzu kommt, dass die Menschen, im Gegensatz zur unbelebten oder tierischen Natur, entscheiden können. Sie sind nicht allein dem göttlichen Gesetz, das Handlungen gebietet oder verbietet, oder ihren Instinkten unterworfen, sondern können sich entschließen, ein Gesetz, sei es positiv verfasst oder göttlich, einzuhalten oder nicht. Eine weitere Konsequenz der Vernunftnatur ist auch die Möglichkeit zur Erkenntnis – und dies ist die Voraussetzung um sich selbst positive Gesetze zu geben.

Den Begriff des Gesetzes versteht Montesquieu sehr weit. Es sind Beziehungen (*rapports*) „die sich aus der Natur der Dinge mit Notwendigkeit ergeben. In diesem Sinne haben alle Wesen ihre Gesetze: die Gottheit und die körperliche Welt, höhere geistige Wesen, Tiere und Menschen haben ihre eigenen Gesetze."[9] Die Ergründung der Natur der Dinge ist also Voraussetzung dafür, alle Arten von Gesetzmäßigkeiten zu erkennen, die in der Welt bestehen. Gesetze sind Relationen zwischen den Dingen der Welt. Sie sind notwendig vorhanden; sie sind mit ande-

7 Vgl. GdG I/2.
8 Vgl. GdG I/1.
9 GdG I/1.

ren Worten nicht Ausdruck der Willkür eines Gesetzgebers, sondern die Welt und die Dinge in ihr können nicht ohne gesetzesmäßige Beziehungen gedacht werden.

III. Der Geist des Volkes – Der Geist des Staates – Der Geist der Gesetze[10]

Im Fokus der Betrachtungen steht aber auch bei Montesquieu der Mensch im Staat. Die zentralen Fragen, die Montesquieu umtreiben, sind die, was ein Volk als solches konstituiert, was ein Volk auf Dauer zusammenhält und was ein politisches und soziales System fortbestehen lässt. Das Ergebnis seiner Suche ist der *esprit général*, der allgemeine Geist oder Volksgeist. Der *esprit général* umfasst die ganz spezifischen Bedingungen, die ein konkretes Volk prägen. Es ist nicht der Einzelne, auf den sein Interesse fokussiert ist, sondern es sind die „kollektiven Mentalitäten"[11] die er betrachten möchte. Montesquieu ist nicht nur Rechtsphilosoph und politischer Denker, er ist auch Soziologe, Ethnologe, Kulturwissenschaftler. Und die Erkenntnisse aus diesen verschiedenen Bereichen sind notwendig, da sie das ausmachen, was er als den *esprit général* beschreibt. Dieser allgemeine Geist eines konkreten Volkes ist weder unwandelbar noch immer schon vorhanden, er wird durch den Vollzug des Lebens im Staat erst konstituiert, er ist Gewohnheit und Tradition, er ist Meinung und Überzeugung, er ist das, was Politik, Recht und Gesellschaft prägt.

Montesquieu untersucht zentrale Parameter des Zusammenspiels zwischen *esprit général* und positiven Gesetzen bzw. Regierungsform in seinem Werk. Er beschreibt sein Vorhaben so: „Sie [die Gesetze, Anm. d. Verf.] müssen dem Volk, für das sie geschaffen sind, so genau angepaßt sein, daß es ein sehr großer Zufall wäre, wenn sie auch einem anderen Volke angemessen wären. Sie müssen der Natur und dem Prinzip der bestehenden oder erst zu errichtenden Regierungsform entsprechen [...]. Sie müssen weiterhin der Natur des Landes entsprechen, seinem [...] Klima, der Beschaffenheit des Bodens, seiner Lage und Größe, der Lebensweise der Völker [...], sie müssen dem Grad von Freiheit entsprechen, der sich mit der Verfassung verträgt, der Religion [...], Sitten und Gebräuchen. Schließlich stehen sie in Beziehung zueinander: zu ihrem Entstehungsgrund, dem Willen

10 Die Rede vom Geist der Gesetze findet sich verschiedentlich in der Rechtsphilosophie wieder, einen Überblick über die Entwicklung des Konzepts seit Platon gibt der Aufsatz von *Albrecht Koschorke*, Vom Geist der Gesetze, in *Michael Gamper* u.a. (Hg.), Kollektive Gespenster: Die Masse, der Zeitgeist und andere unfaßbare Körper, Rombach 2006, S. 29ff.

11 *Effie Böhlke*, „Esprit de nation" – Montesquieus politische Philosophie, Berlin 1999, S.85.

des Gesetzgebers und der Ordnung der Dinge, für die sie bestimmt sind. [...] All diese Beziehungen will ich untersuchen. Sie bilden den ‚Geist der Gesetze'."[12]

Wenn Montesquieu vom Geist der Gesetze spricht, bezeichnet er also damit den eben en detail beschriebenen Gesamtzusammenhang zwischen Volksgeist, besonderen Gegebenheiten und positiven Gesetzen. Der Geist der Gesetze ist also nicht die Quintessenz der Gesetzgebung oder ein wie auch immer gearteter Kern eines Regierungssystems. Er lässt sich nicht unter Zuhilfenahme eines Kriterienkatalogs und mathematischer Kombinatorik beschreiben. Montesquieu verweist mit dieser Umschreibung auf ein komplexes Zusammenspiel von Wechselwirkungen und Abhängigkeiten, die genauer analysiert und auf ihre Auswirkungen hin erforscht werden müssen. Dies ist nötig, da sie über den Bestand eines Staates als Ganzes entscheiden. Dazu gehören nicht nur das Regierungssystem und die entsprechenden Gesetze, sondern vor allem das Zusammenspiel zwischen Klima und Umweltbedingungen sowie Lebensgewohnheiten und deren Auswirkungen auf die Menschen und ihre bestimmenden Eigenschaften – und deren Auswirkungen auf das konkrete politische System in allen seinen Aspekten.[13]

Das Besondere, das Eigentümliche einer *nation* steht stets im Fokus seiner Überlegungen und Beobachtungen. Recht und Gesetz zeigt sich als etwas historisch Gewachsenes, als etwas aus der Kultur und Tradition heraus Gewordenes. Montesquieu richtet seinen Blick nicht in die Zukunft, auf ein potentiell verbessertes Recht, sondern er ist in seinem Denken eher Traditionalist. Er ist kein Vordenker der Revolution, sondern er sucht nach dem, was eine Gesellschaft und ein politisches System fortbestehen lässt. Methodisch nimmt er eine Vermittlung zwischen Politik, Moral und Recht vor. Diese Ebenen dürfen gerade nicht getrennt betrachtet werden, sondern sie müssen als miteinander in Beziehungen stehende Teile des komplexen Systems *nation* begriffen werden.[14] In dieser Teil-Ganzes-Konzeption klingen wieder die schon durch seine Schulbildung gelegten antiken Wurzeln an, die Montesquieus Werk vielfach durchziehen.

12 GdG I/3.

13 *Effie Böhlke* weist darauf hin, dass es die „Gesamtheit der Beziehungen der Gesetze"und deren „Beziehungsgefüge untereinander" sind, die den Geist der Gesetze bilden, Esprit, a.a.O., S. 180.

14 Vgl. ebd. S. 187.

Warum gibt es überhaupt positive Gesetze?
Erst in der Gesellschaft verlieren die Menschen ihre Furcht und sind bereit, gegen andere Menschen und gegen andere Gemeinschaften zu kämpfen. Erst in diesem Entwicklungsschritt ist also ein Krieg möglich. Allerdings ist der Krieg weder gewollt noch notwendig. Gesetze schaffen die nötigen Regeln, um einen Krieg zu vermeiden – sowohl zwischen den Völker (Völkerrecht), als auch innerhalb der Staaten. Innerhalb eines Staates muss es ein Staatsrecht geben, da ein Staat nicht ohne Regierung sein kann und das Verhältnis zwischen Regierung und Bürgern genauer bestimmt werden muss. Weiterhin muss es ein bürgerliches Recht geben, welches die Beziehungen zwischen den Staatsbürgern regelt. Wie allerdings die positiven Gesetze ausgestaltet sind, ist abhängig von dem Regierungssystem, von der Gesellschaft, für die sie gemacht werden und dem geografischen Raum, in dem diese Gesellschaft lebt.

1. *Die Natur und die Prinzipien der Regierung*

Welche Art der Regierung für ein Volk geeignet und von voraussichtlich größter Dauer ist, hängt vor allem vom *esprit général* eines Volkes ab. Montesquieu unterscheidet drei verschiedene Regierungsformen:

- Republik (das Volk [Demokratie] oder ein Teil des Volkes herrscht [Aristokratie]),
- Monarchie (ein Einzelner herrscht nach Gesetzen) und
- Despotie (ein Einzelner herrscht nur nach seinem Willen ohne jedes Gesetz)

Allerdings erfolgt seine Einteilung nicht nach der Quantität der Herrschenden oder nach guten und entarteten Verfassungen, sondern er sucht nach einem sie vereinigenden oder aber sie unterscheidenden Prinzip. Das Prinzip leitet sich aus dem jeweiligen *esprit général* eines Volkes ab. Er nennt Tugend, Ehre und Furcht als Prinzipien der Verfassungen.

Diese Prinzipien bestimmen die Natur des jeweiligen Volkes und machen bestimmte Gesetze und vor allem eine bestimmte Regierungsform erforderlich. Zwischen diesen Faktoren besteht ein fragiles Zusammenspiel. Dass Regierungen entstehen und vergehen, dass Staaten untergehen, dass Herrscher gestürzt werden, zeigte die Geschichte in mannigfaltiger Weise. Entsprechen beispielsweise die Gesetze oder die Regierungsform nicht dem Prinzip, welches das Handeln der Bürger maßgeblich bestimmt, ist diese Regierungsform de facto gerade im Umsturz begriffen. Dieses Konstrukt von Regierungsformen – Gesetzen – Prinzipien ist Grundlage für eine Vielzahl darauf aufbauender Überlegungen. Montesquieu entwickelt von diesem Fundament ausgehend Hinweise für die Erziehung, für die Regelung von Erbschaftsfragen, für die Ämtervergabe, für die Art der Strafen bei Gesetzesübertretungen, für Luxusgüter, zur Stellung der Frauen, zum Militärwesen und er zeigt die möglichen Probleme auf, die in der jeweiligen Regierungsform zu Fallstricken werden können…

Das Prinzip der *Republik* ist nach Ansicht Montesquieus ein seit der Antike viel beschworenes Ideal: Tugend. Allerdings ist die Ausprägung dieses Prinzips für Demokratie und Aristokratie je verschieden. Wer tugendhaft handelt in einer Demokratie, verhält sich gesetzeskonform und stabilisiert so durch sein Handeln ihren Fortbestand. Tugend erhält hier eine vornehmlich politische Dimension, sie besteht in der „Liebe zur Republik“[15]. Verliert diese Tugend an Bedeutung im Volk, ist der Bestand dieser Regierungsform gefährdet: „Sobald diese Tugend schwindet, ergreift der Ehrgeiz die dafür empfänglichen Herzen, und der Geiz die Herzen aller anderen. Die Begierden wenden sich anderen Gegenständen zu. Man liebt nicht mehr, was man vordem liebte. Man war mit den Gesetzen frei, nun will man gegen die Gesetze frei sein. Was Maxime war, nennt man Strenge, was Regelung hieß, nennt man Zwang, was man Vorsicht hieß, nennt man Furcht.“[16]

In einer Demokratie meint die Liebe als politische Tugend vor allem Liebe zur Gleichheit. Damit die Bürger die Gleichheit lieben, muss Gleichheit herrschen und damit Gleichheit herrscht, müssen Gesetze sie erzeugen. So müssen etwa Regelungen zur Erbschaft und zur Mitgift genau bedacht werden, um der Anhäufung von Reichtum entgegenzuwirken. Gleich sind die Bürger eines Staates als Staatsbürger. Sie sind alle gleichermaßen Regierte und unterstehen den gleichen Gesetzen. Monarch sind sie in den Abstimmungen.[17]

Gleichheit bedeutet, niemanden außer seinesgleichen zum Herrn zu haben.[18] Das ist nur in einer Gesellschaft mit Gesetzen möglich, denen alle auf die gleiche Weise unterstellt sind und die festlegen, wer wann wie lange Entscheidungen treffen darf. Gleichheit bezieht sich dabei ausschließlich auf die Gleichheit als Staatsbürger, nicht aber auf die generelle Gleichheit in allen anderen möglichen Rollen, die man innerhalb der Gesellschaft einnimmt. Dies wäre eine übertriebene, nicht dem Geist der Gesetze einer Demokratie entsprechende Gleichheit.

Eine Aristokratie wird ebenfalls durch das Prinzip der Tugend gestützt – ist nämlich der Adel, welcher die bestimmende Kraft im politischen System ist, herausragend tugendhaft, dann verhält er sich gleich dem Volk und versucht nie, die eigenen Gesetze zu unterlaufen. Da dies allerdings nicht immer gegeben ist, ergänzt Montesquieu die Tugend um ein weiteres Prinzip, welches mit ihr aber in engem Zusammenhang steht: Mäßigung. Nur wer die Mitte wählt zwischen den Extremen, verhält sich entsprechend des antiken Verständnisses tugendhaft. Montesquieu greift auch hier auf einen antiken Begriff zurück, interpretiert ihn aber ebenfalls im politischen Kontext neu. Maßvoll handeln heißt dann, seinesgleichen

15 GdG V/2.
16 GdG III/3.
17 Vgl. GdG II/2.
18 GdG VIII/3.

nicht zu übervorteilen.[19] Liebe zur Aristokratie bedeutet also Mäßigung, denn ein Mangel daran würde auch hier zu einer Ungleichheit führen, die einen Wechsel der Regierungsform nach sich zöge. Verhält sich der Adel weder maßvoll noch tugendhaft, geht von ihm eine Gefahr für den Fortbestand des Systems aus, nämlich dann, wenn er seine Sonderrechte ausdehnt oder sich nicht an die Gesetze hält.

Welche Bedeutung hatte der antike Tugendbegriff? Welche Unterschiede gibt es zu dem von Montesquieu gebrauchten Begriff der Tugend?

Für die *Monarchie* ist ein anderes Prinzip bestimmend. Die verschiedenen Ämter, die in einer Monarchie zu vergeben sind, bringen Einzelne dazu, sich möglichst ehrenhaft zu verhalten, um sich für die Ämter zu empfehlen. Es ist hier nicht die politische Tugend, die Treue zum Staat, die gefordert ist, sondern die Verpflichtung auf die Person des Monarchen. Ihm wollen sich viele als würdig erweisen, und damit für Ämter empfehlen. Dies ist ein geeignetes Staatsziel, da derart ehrhaftes Verhalten den jeweiligen Herrscher unterstützt und den Staat stabilisiert. Schießt der Ehrgeiz eines Einzelnen über das Ziel hinaus, kann der Monarch stets einen Riegel vorschieben.[20]

Triebkraft ist hier letztlich der Eigennutz des Adels. Jeder ist bestrebt, ein guter Bürger im Sinne eines guten Dieners seines Fürsten zu sein, nicht aber ein guter Mensch. Jeder möchte sein eigenes Wohl befördern und befördert so das Wohl der Gemeinschaft. Diese Ausgestaltung entspricht nicht dem klassischen Tugendbegriff, vielmehr wird als Tugend hier das Primat der Nützlichkeit in Bezug auf die Stabilisierung einer Regierung verstanden.

Die Natur der *Despotie* zeigt sich darin, dass das Prinzip von Befehl und Gehorsam ohne Ausnahme gilt. Es gibt kein Korrektiv, keine Instanz, die neben dem Willen des Herrschers irgendetwas vorgeben könnte. Dementsprechend ist das bestimmende Prinzip die Furcht. Wenn die Furcht der Untertanen groß genug ist, stabilisiert sie den Staat, denn keiner wird es wagen, gegen den Herrscher aufzubegehren. Es herrscht *la terreur* – Ehre und Mut werden niedergehalten, der Despot muss immer präsent und jederzeit bereit sein, alles zu vernichten, was gegen ihn aufbegehrt.

19 Vgl. GdG III/4.
20 Vgl. GdG III/6 und 7.

2. Besondere Gesetze der verschiedenen Regierungsformen

Bei der Ausgestaltung der einzelnen Regierungsformen wandelt Montesquieu auf althergebrachten Pfaden. Er greift einige Gesetze heraus, deren Vorliegen für eine bestimmte Regierungsform entscheidend ist. Überblicksartig werden Ihnen jetzt einige formale Kriterien vorgestellt, die nach Montesquieu charakteristisch für eine Regierungsform sind und die in Wechselwirkung mit dem jeweiligen Prinzip stehen.

Gesetze in der Republik

In der Republik müssen Gesetze über das Stimmrecht vorliegen. Drei Gesetze sind grundlegend: Wer gehört zum stimmberechtigten Volk? Über wen stimmt das Volk ab? Welche Fragen werden dem Volk zur Abstimmung vorgelegt?[21]

Mit seinen Ausführungen zur Kompetenz des Volkes und zur Wahl befindet er sich argumentativ auf einer Linie, die seit der Antike besteht. Das Volk ist als Wahlorgan durchaus kompetent, und zwar kompetenter als es ein Monarch wäre. Als Träger von Ämtern kommen aber dennoch nur wenige in Betracht. Ob ein Bewerber geeignet ist und ob er über die richtigen Eigenschaften verfügt, um das Amt zu bekleiden, ist im Allgemeinen im Volk bekannt. Es kennt die Verdienste ebenso wie die Charakterschwächen derer, die es wählt. Die große Mehrheit des Volkes ist nach Meinung Montesquieus allerdings nicht für höhere Aufgaben im Staat geeignet. „[D]er Traum einer immer umfassenderen Selbstbestimmung eines immer größeren Teils der an Rechten und Pflichten und Fähigkeiten immer mehr gleichgestellten Bürgerinnen und Bürger, Demokratie als ein Prozeß wachsender Möglichkeiten für individuelle und kollektive Teilhabe, war Montesquieu [...] völlig fremd.“[22]

Die Zahl der Wahlberechtigten entscheidet darüber, ob eine Demokratie („Alle dürfen wählen.“) oder eine Aristokratie („Ein Teil mit bestimmten Merkmalen darf wählen.“) vorliegt. Mit der Empfehlung, das Wahlrecht an ein bestimmtes, wenn auch niedrig angesetztes Einkommen zu knüpfen, orientiert sich Montesquieu an antiken Vorbildern. Die Ärmsten der Gesellschaft stehen unter dem Verdacht, dem Staat als Ganzen zu schaden, weswegen er empfiehlt, das Wahlsystem so zu strukturieren, dass der Einfluss der Ärmsten nicht größer als der der Wohlhabenden ist.

21 Vgl. GdG II/2.

22 *Helmut Stubbe-Da Luz*, Montesquieu, a.a.O., S. 13.

Gesetze in der Monarchie

Der Monarch ist „Quell jeglicher staatlichen und zivilen Gewalt“[23]. Die Regierungsform der Monarchie als Herrschaft eines Einzelnen nach Gesetzen ist maßgeblich dadurch gekennzeichnet, dass es noch eine ihr nachgeordnete Macht gibt (im Gegensatz zur Despotie). Die Ausgestaltung der Gesetze, welche diese Zwischengewalten (*pouvoirs intermédiaires*) und ihr Verhältnis zum Monarchen regeln, machen die Natur dieser Regierungsform aus, denn sie bestimmen die Reichweite der Macht des Souveräns. Träger der nachgeordneten Macht ist der Adel, dem Montesquieu eine so zentrale Stellung zuschreibt, dass er ihn zum Wesensbestandteil der Monarchie erklärt: „kein Monarch, kein Adel; kein Adel, kein Monarch“[24]. Die Gesetze müssen also darauf ausgerichtet sein, die Stellung des Adels zu sichern. Würden die Vorrechte des Adels auf das Volk ausgedehnt, würde dessen Sonderstellung beseitigt und damit auch das Grundprinzip der Monarchie anheimfallen. Dazu gehört auch, dass Angehörige des Adels keinem Richter aus dem Volk vorgeführt werden. Montesquieu vermutet hier, dass Neid und Missgunst dazu führen könnten, dass die Adligen deutlich strenger als die übrigen Bürger behandelt würden.[25] Er ist bemüht, für die Sicherung der Rechte des Adels zu argumentieren, befindet sich dieser Stand doch in einer unsicheren Situation: Sowohl das aufstrebende Bürgertum als auch machthungrige Monarchen rütteln an seiner herausgehobenen Position.[26]

Allerdings ist er auch dem Adel gegenüber nicht unkritisch eingestellt und weist auf dessen geringe Bildung und seine Verachtung der Bürger hin. Er vertritt die These, dass es in einer Monarchie neben dem Adel eine weitere nachgeordnete Macht geben muss, welche die Funktion eines Korrektivs für geplante Gesetze übernimmt.[27] Hier findet sich schon ein erster Hinweis auf das Regierungssystem Großbritanniens, auf welches Montesquieu immer wieder idealisierend Bezug nimmt. In der britischen Monarchie werden dem Monarchen das *House of Lords* und das *House of Commons*, jeweils mit unterschiedlichen Kompetenzen, zur Seite gestellt.

Gesetze in der Despotie

Ein Monarch, der nicht durch den Adel in seiner Macht beschränkt ist und durch diesen kontrolliert wird, ist ein Despot. Es bedarf in einer Despotie kaum bestimmter Gesetze. Der Wille des Despoten ist Befehl. Despotie verlangt strengsten Gehorsam ohne Ausnahme – wie eine Kugel, die auf andere prallt, diese bewegt,

23 GdG II/4.
24 GdG II/4.
25 Vgl. GdG XI/6.
26 Vgl. *Helmut Stubbe-Da Luz*, Montesquieu, a.a.O., S.82f.
27 Vgl. GdG II/4.

müssen sich die Menschen nach Anweisung des Despoten bewegen. Der Mensch ist in einem solchen Staat nur tierische Kreatur, es kommt allein auf seine Überlebensinstinkte an; diese verlangen Gehorsam, Raum für Werte bleibt nicht.

Einzig die Religion kann Handlungsanweisungen geben, die über dem Herrscher stehen. Naturgesetze können dies in einer Despotie nicht leisten, da sich der Herrscher über die Menschen erhebt und damit den Anspruch verknüpft, nicht den gleichen, natürlichen Gesetzen unterworfen zu sein. Über Gott aber kann sich der Despot nicht stellen.[28]

3. *Was zeichnet eine stabile Regierung aus? Freiheit!*

Bei den so beschriebenen Regierungsformen handelt es sich um Ideale. Nicht immer liegen die Gesetze, die sie ausmachen, vollkommen vor; nicht immer bestimmen die idealen Prinzipien tatsächlich das Handeln der Menschen. Dass es allerdings möglich ist, die Kräfte in einem Staat auszubalancieren und so den Bestand eines politischen Systems zu sichern, davon ist Montesquieu überzeugt: „Nach all dem Gesagten sollte man glauben, daß die menschliche Natur sich unablässig gegen die despotische Herrschaft erheben müßte; aber trotz ihrer Liebe zur Freiheit und ihrem Haß gegen die Gewalt sind die meisten Völker ihr unterworfen, und das ist leicht verständlich. Denn um eine gemäßigte Regierung zu bilden, muß man die verschiedenen Gewalten miteinander verbinden, sie ordnen, mäßigen, zum Einsatz bringen, der einen sozusagen Ballast mitgeben, damit sie der anderen widerstehen kann: ein Meisterwerk der Gesetzgebungskunst ist hier vonnöten, das der Zufall selten hervorbringt und das man ebenso selbst der Klugheit überläßt."[29]

Für ein solches Meisterwerk der Gesetzgebungskunst hält Montesquieu das britische Regierungssystem. Maßstab für die Bewertung eines Regierungssystems ist für ihn die Freiheit. Der Begriff der Freiheit diente, das gibt Montesquieu illusionslos zu, als Deckmantel für Beliebiges – sei es der Sturz eines Herrschers, sei es das Durchführen einer Wahl, sei es die Bewaffnung des Volkes oder das Tragen von langen Bärten.[30] Zum politischen Kampfbegriff wird Freiheit erst mit der Französischen Revolution und den entstehenden Menschenrechtskonzeptionen. Montesquieu versucht zu zeigen, dass Freiheit ein konstitutives Element einer Regierungsform ist, die maßvoll ist und die auf Dauer bestehen will. Diese Dimension des Freiheitsbegriffs bezeichnet Montesquieu als politische Freiheit. Politische Freiheit existiert in zwei Bereichen – als Freiheit in Bezug auf die Verfassung und als Freiheit in Bezug auf die Staatsbürger.[31]

28 Vgl. GdG III/10.
29 GdG V/14.
30 Vgl. GdG XI/2.
31 Vgl. GdG XI und GdG XII.

Freiheit in Bezug auf die Verfassung

Wird Freiheit in Bezug auf die Verfassung näher bestimmt, dann ist es naheliegend, die Frage zu stellen, warum man von Freiheit sprechen will, wenn doch die positiven Gesetze darauf ausgerichtet sind, die Freiheit in sehr verschiedenen Bereichen einzuschränken. Gesetze gebieten oder verbieten Handlungen und stehen, so scheint es, dem Freiheitsbegriff gerade entgegen. Montesquieu argumentiert, dass politische Freiheit aber darin besteht, den Gesetzen zu folgen und sich darauf verlassen zu können, dass alle anderen den Gesetzen auch Folge leisten, da die gesetzlichen Regelungen sanktionsbewehrt sind. Politische Freiheit ist in ihrer Existenz abhängig vom Prinzip der Wechselseitigkeit: Nur wenn alle die gleichen Freiheiten und die gleichen Grenzen der Freiheiten haben, kann der Einzelne von seinen Freiheiten Gebrauch machen. Sie existiert dann nicht, wenn sich die meisten Menschen nicht oder nur hin und wieder an sie halten.

Politische Freiheit meint also, sich innerhalb eines vorgegebenen Handlungsrahmens frei bewegen zu können. Freiheit innerhalb dieses Rahmens enthält aber noch eine weitere Dimension: Handlungsfreiheit. Von der Vornahme einer Handlung abstehen zu können oder aber eine Handlung allein aus dem eigenen Willen heraus vorzunehmen, ist ebenso ein Kriterium für Freiheit. Montesquieu schreibt dazu: „In einem Staat, das heißt in einer Gesellschaft, in der es Gesetze gibt, kann die Freiheit nur darin bestehen, das tun zu können, was man wollen darf, und nicht gezwungen zu sein, zu tun, was man nicht wollen darf."[32]

Die Bedeutung der politischen Freiheit innerhalb einer Verfassung zeigt sich aber am deutlichsten an der Wirkung, die politische Freiheit auf die Bürger hat: Sicherheit – sicher zu sein, vor dem anderen, sich sicher zu sein, von den eigenen Rechten Gebrauch machen zu können und sich sicher zu sein, dass niemand ungestraft gegen die Gesetze verstoßen kann oder dass sie beliebig aufgehoben oder erlassen werden können.

Politische Freiheit geht nicht notwendig einher mit einer bestimmten Regierungsform. Aus dem Vorliegen einer Aristokratie oder Demokratie darf man nicht zugleich auf das Vorliegen von politischer Freiheit schließen. Freiheit liegt nur dort vor, wo Macht nicht missbraucht wird, aber Macht lässt ihre Inhaber dazu neigen, sie zu missbrauchen. Deshalb müssen in den Gesetzen Vorkehrungen gegen Machtmissbrauch getroffen werden. Die Gesetze müssen auch ihre eigenen Grenzen und die Grenzen der Macht festlegen.

Was dies konkret bedeutet, zeigt Montesquieu an der Verfassung Englands. Er wählt England als Paradebeispiel aus, da es sich nach seiner Ansicht um ein Land handelt, welches sich die Freiheit zum Ziel gemacht hat, um ein Land in welchem die Freiheit durch die Gesetze eingeführt ist.[33] Beachten Sie: Das höchste Maß an Freiheit findet sich nach Ansicht Montesquieus tatsächlich in einer Monarchie

32 GdG XI/3.
33 Vgl. GdG XI/6.

vor und nicht in einer Republik, wie ihm oft unterstellt wird.[34] Das englische Regierungssystem bündelt nach seiner Ansicht viele Vorteile; er beschreibt die für ihn zentralen Funktionsweisen des Systems. Die Vorrangstellung dieses Regierungssystems ist in dem Ausmaß politischer Freiheit begründet, welche sich in diesem Grad in anderen Regierungssystemen nicht findet. Obwohl er selbst einige Zeit in London verbracht hat, wird in der Literatur immer wieder kritisiert, dass er nicht die englische Verfassungswirklichkeit abbildet.[35] Seine Beschreibungen des Systems der Gewalten bilden jedoch, unabhängig davon, eine deutliche Weiterentwicklung des Gedankens der Gewaltenteilung. Ohne dass Montesquieu tatsächlich den Begriff der Gewaltenteilung – *séparation des pouvoirs* – benutzt, beschreibt er ein komplexes System der Gewaltenteilung, Gewaltenbeschränkung und Gewaltenkontrolle.

In jedem Staat unterscheidet er folgende Gewalten[36]:

Die Gewalten im Staat		
Legislative Gewalt	Exekutive Gewalt	Judikative Gewalt
Gesetzgebung, Erhebung von Steuern	Ausführung der Gesetze, Entscheidung über Krieg und Frieden, Außenpolitik	Rechtsprechung – Anwendung der Gesetze

Mit dem System der Gewalten verbindet Montesquieu zugleich das Ziel, eine Garantie der politischen Freiheit und damit der Sicherheit des Bürgers zu geben.

Dies vermag eine Regierung dann nicht zu leisten, wenn gesetzgebende und exekutive Gewalt in der Hand nur einer Person oder eines Gremiums liegen. Dann könnte der Herrscher ohne Weiteres tyrannische Gesetze erlassen und sie ebenso ausführen. Montesquieu plädiert innerhalb der legislativen Gewalt für ein geteiltes Gremium aus einer gewählten Volkskammer und einer Adelskammer, die sich regelmäßig versammeln, aber nicht dauerhaft tagen; der Exekutive soll dagegen der Monarch vorstehen.

Weiterhin ist eine Verbindung der Judikative mit der Legislative oder aber der Exekutive der Freiheit ebenso abträglich. Im ersten Fall „wäre die Macht über Leben und Freiheit der Bürger willkürlich, weil der Richter Gesetzgeber wäre" und im zweiten Fall „würde der Richter die Macht eines Unterdrückers haben"[37]. Im Vergleich zu Locke verschiebt sich bei Montesquieu der Fokus. Er erkennt der

34 Er kritisiert die beiden Formen der Republik als „keineswegs freiheitlich" – vgl. GdG XI, 4.

35 Vgl. *Hans Schlosser*, Montesquieu, a.a.O., S. 26. Oder *Berthold Falk*, Montesquieu, in *Hans Maier* (Hg.) u.a., Klassiker des politischen Denkens II, München 1993, S. 55.

36 GdG XI/6.

37 GdG XI/6.

Rechtsprechung eine bedeutende Rolle zu und nimmt sie als eigenständige Gewalt auf.

Das Ziel der Gewaltentrennung wird deutlich: Die Sicherung der Freiheit des Einzelnen. Der Einzelne lebt im Staat nur dann frei und sicher, wenn seine Rechte geschützt sind. Die Trennung der Gewalten ist eine entscheidende Grundlage dafür und der Maßstab für den Grad der Freiheit der Bürger. Liegen alle Gewalten in einer Hand, wie im Fall der Despotie, ist gleichsam alles verloren[38] – Freiheit, Recht, Sicherheit und sogar das Leben des Einzelnen, denn die despotische Gewalt kann „jeden Bürger durch ihre individuelle Entschließung vernichten."[39]

Montesquieu plädiert allerdings nicht nur für eine horizontale Gewaltentrennung – auch wenn er heute in erster Linie mit dieser verbunden wird – sondern im *Esprit* finden sich weitere gewaltenteilige aber auch gewaltenkontrollierende Aspekte. Sie verfolgen allesamt das gleiche Ziel: Die Mäßigung einer generell der Gefahr der Maßlosigkeit preisgegebenen Macht. Instrumente der Kontrolle der Regierenden und Mächtigen innerhalb eines Staates werden zunehmend wichtiger und erhalten in der philosophischen wie politischen Debatte dieser Zeit größeres Gewicht. Die Begründung der Vorrangstellung eines Herrschers aus der Gnade Gottes heraus verliert ihre Selbstverständlichkeit, und damit auch dessen absoluter Machtanspruch. Zunehmend versucht nicht nur der Adel, sondern auch das Bürgertum an Einfluss zu gewinnen. Montesquieu erlebt freilich den Höhepunkt dieser Entwicklung, die Französische Revolution, nicht mehr.

Zu den weiteren Aspekten der Gewaltentrennung gehört die Besetzung einzelner Ämter oder Gewalten durch regelmäßige Wahlen. Man spricht hier von einer temporalen Gewaltenteilung. So schlägt Montesquieu vor, die Macht des einzelnen Richters zeitlich zu begrenzen, sodass er nach einer bestimmten Zeit selbst wieder ausschließlich der Rechtsprechung unterworfen ist. Die Macht der Judikative wird durch die Vorgabe begrenzt, sich in den Urteilen an die genauen Formulierungen der Gesetze zu halten. „Richter sind [...] nur der Mund, der die Worte des Gesetzes ausspricht, willenlose Wesen, die weder seine Schärfe noch seine Strenge zu mildern vermögen."[40] Die Judikative erscheint so nicht als gleichberechtigte Gewalt, da ihr kein Gestaltungsspielraum zukommt und sie kein gleichwertiges Gegengewicht zur Macht der Legislative und Exekutive bildet. Montesquieu weist die Richter also in klare Schranken. Wahrscheinlich sind es auch Montesquieus eigene Erfahrungen bei Gericht in Bordeaux, die ihn dazu veranlassen, den Richtern bei ihren Entscheidungen keinen Spielraum zu lassen. Er lässt ihnen keinen Gestaltungsspielraum und trennt sie so auch funktional ganz klar von der Legislative ab. An dieser Trennung halten die Rechtsstaaten der Welt bis heute fest, wenn es sich auch nach überwiegender Meinung um ein Ideal handelt. Tatsächlich ist es nicht möglich, dass jeder potentielle Einzelfall von den

38 Vgl. GdG XI/6.
39 GdG XI/6.
40 GdG XI/6.

Gesetzen so eindeutig geregelt würde, dass sich der Handlungsspielraum der Gerichte auf die Arbeit eines „Mundes" beschränken könnte, „der die Worte des Gesetzes ausspricht". Unter der Annahme frei handelnder Individuen und einer sich verändernden Welt wäre dies schon logisch unmöglich. Deshalb lassen sich in der Realität auch generell die Grenzen zwischen rechtssprechender und gesetzgebender Tätigkeit wie auch die zwischen den anderen Funktionen nicht mit dem Lineal ziehen.

Neben der Gewaltentrennung bedenkt Montesquieu auch Elemente der Gewaltenkontrolle. Er beschreibt dieses System so: „[D]ie gesetzgebende Körperschaft [ist] aus zwei Teilen zusammengesetzt, deren jeder den anderen durch ein wechselseitiges Vetorecht bindet. Beide sind gebunden durch die vollziehende Gewalt, die es ihrerseits wieder durch die Gesetzgebung ist."[41]

So wird die Macht des Adels begrenzt, indem er nur ein Vetorecht bei der Erhebung von Steuern hat.[42] Auch hierbei handelt es sich wieder um ein Instrument der Verhinderung von Maßlosigkeit. Weiterhin darf sich die Legislative nicht selbst einberufen, sondern wird vom Monarchen, als Vertreter der Exekutive, bei Bedarf eingesetzt. So soll verhindert werden, dass sie korrumpiert oder übermächtig und somit despotisch wird. Der Monarch wiederum hat ein Vetorecht bei der Gesetzgebung, welches seine herausragende Stellung sichert.

Die Legislative greift nicht in die exekutiven Anordnungen des Monarchen ein. Sie kann aber im Nachhinein überprüfen, ob die exekutiven Handlungen den erlassenen Gesetzen entsprochen haben. So wird die Vorrangstellung des Souveräns nicht angetastet, er muss aber dennoch bei Ausnutzung seiner Macht fürchten, dass ihm die Legislative durch neue Gesetze Grenzen setzt. Sie sehen also, dass Montesquieu auch Möglichkeiten der Gewaltenkontrolle bedenkt. Der Monarch soll aber nach seiner Ansicht nicht fürchten müssen, einem Richter vorgeführt zu werden, wenn er seine Kompetenz überstrapaziert. Er ist unantastbar – nicht nur deshalb, weil er König ist, sondern auch aus einem systematischen und praktischen Grund: Könnte die Legislative den König absetzen, stünde das System sogleich an der Schwelle zur Despotie. Nur die Minister als Berater des Königs dürfen für schlechte Beratungsleistungen zur Verantwortung gezogen werden.

Ein weiteres Instrument zur Beschränkung von Machtkonzentration liegt darin, der Exekutive die Befugnis zur Erhebung von Steuern zu verweigern. Montesquieu betont: „Es gibt keine Freiheit mehr, wenn die exekutive Befugnis an der Festsetzung der Erhebung der Staatsgelder anders als durch ihre Zustimmung mitwirkt. Sonst würde sie in dem wichtigsten Punkt der Gesetzgebung zur Legislative."[43]

Das System, das Montesquieu entwirft, ist mit dem Schlagwort Gewaltentrennung nur unzureichend beschrieben. Es handelt sich vielmehr um ein komplexes

41 GdG XI/6.
42 Vgl. GdG XI/6.
43 Vgl. GdG XI/6.

Ineinandergreifen der Kompetenzen verschiedener Gewalten, die sich gegenseitig mäßigen, kontrollieren, im Zaum halten und so zu einem dauerhaften Funktionieren des politischen Systems beitragen. Jede Gewalt füllt ihre eine eigene Kompetenz aus, ist aber nicht bestrebt, diese weiter zu Lasten der anderen auszubauen. Pointiert formuliert Montesquieu diesen Gedanken so: „Der Geist des Gesetzgebers muß der Geist der Mäßigung sein. Der politische Wert liegt, wie der moralische Wert, immer zwischen zwei Extremen."[44] Aus seinen Worten spricht folglich auch immer wieder Kritik gegen den ausufernden Absolutismus einiger europäischer Herrscher.[45] Generell wendet sich Montesquieu gegen den Machtabsolutismus seiner Zeit. Die moderate Monarchie, die auf einem balancierten Verhältnis zwischen Monarch, Adel und Bürgertum beruht, findet jedoch seine Zustimmung. Entscheidend ist, wie gesagt, die Teilung und Mäßigung der Macht.

Von einer „Trennung" der Gewalten, *séparer,* spricht Montesquieu allerdings nur in Bezug auf die Judikative. In Bezug auf die anderen beiden Gewalten verwendet er den Ausdruck nicht. Generell gilt, dass Montesquieu in seinen Ausführungen weitaus weniger eindimensional ist, als es die oberflächliche Bezugnahme auf seinen Text im Zusammenhang mit der Erwähnung des Begriffs Gewaltenteilung vermuten lässt.

Ein Grund dafür mag sein, dass es ihm um ein reales Phänomen geht, das der Mensch immer nur unvollkommen, in Facetten und praktischen Zusammenhängen erfassen kann, um eines der zentralen Motive der Rechtsphilosophie: um das Thema Macht. Montesquieu handelt diese Frage nicht normativ ab – Wozu überhaupt Macht? Was könnte Macht rechtfertigen? Wann ist Macht legitimiert, wann nicht? – sondern er geht von der Staatsmacht als Faktum aus und überlegt, durch welche Einrichtungen man konkret einem Missbrauch oder Übermaß an Macht Einhalt gebieten könnte.

Freiheit in Bezug auf die Staatsbürger

Die maßvolle Staatsmacht garantiert die Freiheit der Staatsbürger. Sie ist nicht nur als institutionelle Sicherung zu sehen, sondern bestimmt auch das subjektive Erleben der Bürger. Für die subjektive Überzeugung, man sei sicher, spielt auch eine Rolle, wie die Gesetze in das Leben des einzelnen Bürgers eingreifen. Von besonderer Bedeutung sei für jeden, dass er sein Recht gerichtlich durchsetzen könne, sei es mit Hilfe einer öffentlich- oder privatrechtlichen Klage. Die Güte der Strafgesetze sei von entscheidendem Belang. Der Bürger muss darauf vertrauen können, dass er nicht belangt wird, wenn ihn keine Schuld trifft; es muss ein Recht des Angeklagten auf richterliches Gehör geben; eine falsche Zeugenaussage muss bestraft werden; nahe Verwandte dürfen nicht als Zeugen zugelassen werden;

44 GdG XXIX, 1.
45 Vgl. *Michael Hereth,* Montesquieu. Zur Einführung, Hamburg 1995, S. 11.

keiner darf Richter in einer Angelegenheit sein, die ihn persönlich betrifft. Das Vorhandensein dieser Regelungen wirkt sich positiv auf das Sicherheitsempfinden des Einzelnen aus und diese Regelungen sind damit ein Zeichen von Freiheit. Der Einzelne fühlt sich frei, wenn er in einem Staat lebt, der ihn als Rechtssubjekt schützt. Was das bedeutet, zeigt Montesquieu einprägsam durch folgendes Beispiel: Wenn die Strafgesetze so beschaffen sind, dass sie dem Bürger volle Freiheit, also volle Rechtssicherheit geben, dann wäre der, dem heute der Prozess gemacht und der morgen gehängt würde, trotzdem maximal frei.[46]

Montesquieu fordert in erster Linie Rechtssicherheit. Er formuliert zentrale Forderungen, die schon in die Magna Carta Libertatum von 1215 aufgenommen wurden und die dem geltenden englischen Recht entsprachen.

46 Vgl. GdG XII/2.

C. Montesquieu heute

Montesquieu hat lange an seinem großen Werk geschrieben. Er hat in ihm sehr vielfältige Themen verarbeitet, deshalb erscheint seine Schrift streckenweise unübersichtlich, die Gliederung unausgewogen. Montesquieu wollte mit seinem Werk breite Aufmerksamkeit erhalten, auch in adligen Kreisen in und außerhalb Frankreichs, er wollte den Zeitgeist treffen und hat dementsprechend großen Wert auf stilistische Raffinesse gelegt, was nicht durchgänig mit einer stringenten Argumentation vereinbar war. Nicht immer war er bestrebt, eindeutig und klar seine Position offenzulegen. Auf seine Haltung gegenüber dem Leser verweist der Abschluss des berühmten elften Buchs: „Aber man soll den Gegenstand nicht immer derart erschöpfen, daß man dem Leser nichts zu tun übrig lässt. Es kommt darauf an, nicht zum Lesen, sondern zum Denken anzuregen."[47] Seine eigentlichen Ratschläge und Thesen muss man manchmal wie die Nadel im Heuhaufen suchen – sie stehen zwischen Beispielen, Exkursen, scheinbar zufälligen Aneinanderreihungen. Immer wieder wird seine Theorie auch als janusköpfig beschrieben.[48] So finden sich in dem montesquieuschen Werk sowohl konservative als auch liberale Tendenzen. Dies entspricht der Stellung des Franzosen in der Geistesgeschichte Europas – nicht mehr Mittelalter, im Überwinden der Renaissance begriffen, den ersten Hauch von Humanismus und Aufklärung spürend.

In der Gesamtschau erscheint Montesquieu kaum als großer Reformer. Das von ihm analysierte Zusammenspiel zwischen Gesetzen, Lebensart und Sitten beschreibt er als historisch gewachsen und vielfältig bedingt. Es kann nur schwerlich von heute auf morgen ausgetauscht werden. Er bemüht sich ein System zu entwerfen, welches alle drei Ebenen der Gesellschaft auch politisch integriert – das Volk als Wähler, als Parlamentarier und als Richter, den Adel als Parlamentarier, Minister und als Richter und den König in seiner Position als Herrscher. Dieses System ist auf Bestandssicherung ausgelegt, indem alle Gruppierungen der Gesellschaft klar umrissene Einflussbereiche erhalten. Er sieht vor allem Gefahren in allen abrupten Wechseln und mahnt zu bedachtem Handeln. Gerechtigkeit wird von ihm nur am Rande erwähnt. Sie ist kein wichtiges Thema für ihn, sondern eher die Konsequenz des richtig eingerichteten Systems. Gerechtigkeit verliert, wie schon bei Machiavelli, weiter an Zielcharakter, wenn auch aus ganz anderen Gründen. Es finden sich einige Parallelen zu Machiavelli, Montesquieu teilt dessen Grundüberzeugung: Freiheit und Stabilität. Aber der Franzose ist kein Machtpolitiker um jeden Preis.

Montesquieus Werk wird in der Folge unter den Intellektuellen Europas viel rezipiert, denn Französisch ist die *lingua franca* des europäischen Adels. Sein Werk

47 GdG XI/20.
48 *Panajotis Kondylis,* Montesquieu und der Geist der Gesetze, Berlin 1996, S. 10f.

wird bald nach Erscheinen so starker Kritik ausgesetzt, dass sich Montesquieu gezwungen sieht, eine Ergänzung der Ausführungen durch *Défense de l'Esprit des lois* vorzunehmen. Die Kritik seiner Zeitgenossen betrifft allerdings vor allem seine Ausführungen zur Religion.[49]

Montesquieus Grundgedanke der Gewaltentrennung und Gewaltenkontrolle ist bis heute lebendig. Forsthoff spricht sogar von der „weltpolitische[n] Wirkung, die Montesquieu ausgelöst hat."[50] Bemerkenswert ist, dass Montesquieus Theorie Verfassungswirklichkeit geworden ist. Sie fand nicht nur in die amerikanische Verfassung Eingang[51] und wurde im Zuge der französischen Revolution in der Erklärung der Menschen- und Bürgerrechte von 1789 rezipiert,[52] sondern wurde auch im Rahmen der Verfassungsgebung Polens 1791 oder Spaniens 1812 aufgegriffen.[53]

Artikel 16 der Erklärung der Menschen- und Bürgerrecht
„Toute société dans laquelle la garantie des droits n'est pas assurée, ni la séparation des pouvoirs déterminée, n'a pas de Constitution."
Eine Gesellschaft, in der die Gewährleistung der Rechte nicht gesichert und die Gewaltenteilung nicht festgelegt ist, hat keine Verfassung.

I. Spuren in der Rechtsprechung

Auch wenn heute unter den Begriff der Gewaltenteilung weitere Aspekte gefasst werden, die Montesquieu noch nicht diskutiert, legt er doch mit seinen Thesen ganz zentrale Grundsteine. Die Debatte über die Gewaltenteilung wird bis heute immer wieder aufs Neue angestoßen und zu oft zeigt sich, dass Gewaltenteilung deutlich weniger selbstverständlich erscheint, als man es nach der Lektüre Montesquieus erwarten würde.

Lesen Sie die beiden Auszüge aus einem Urteil des Bundesverfassungsgerichts. An welchen Stellen entdecken Sie Anklänge an Montesquieus Lehre? Markieren Sie die Passagen und versuchen Sie, die korrespondierenden Elemente der hier vorgestellten Theorie zu benennen!

49 Vgl. *Helmut Stubbe-Da Luz*, Montesquieu, a.a.O., S. 103ff.
50 *Ernst Forsthoff*, Montesquieu, a.a.O., Einleitung S. XX.
51 Vgl. The Federalist Papers. Madison Nr. 47: „The oracle who is always consulted and cited on this subject is the celebrated Montesquieu.".
52 Vgl. *Helmut Stubbe-Da Luz*, Montesquieu, a.a.O., S. 10, sowie *Judith Shklar*, Montesquieu, Oxford 1987, S. 111.
53 Vgl. *Hans Schlosser*, Montesquieu, a.a.O., S. 27.

1. *Ein Urteil des Bundesverfassungsgerichts*

Beschluss des Bundesverfassungsgerichts von 1996 zur Südumfahrung Stendal

Das Investitionsmaßnahmengesetz betraf verschiedene Bauvorhaben, welche die Infrastruktur zwischen Ost- und Westdeutschland nach 1990 zügig verbessern sollten. Zur Zeiteinsparung wurde der Bau der Eisenbahnstrecke Südumfahrung Stendal durch die Verabschiedung eines Gesetzes beschlossen – ein Vorgang, der nach Meinung der Kritiker eigentlich in den Kompetenzbereich der öffentlichen Verwaltung gefallen wäre. Unter anderem das Land Hessen beantragte die Feststellung der Verfassungsmäßigkeit des Gesetzes. Der Beschluss betraf auch die Frage, ob das Gesetz mit dem Grundsatz der Gewaltenteilung vereinbar sei.

Auszug A

Die in Art. 20 Abs. 2 Satz 2 GG normierte Teilung der Gewalten ist für das Grundgesetz ein tragendes Organisations- und Funktionsprinzip. Sie dient der gegenseitigen Kontrolle der Staatsorgane und damit der Mäßigung der Staatsherrschaft [...]. Dabei zielt sie auch darauf ab, dass staatliche Entscheidungen möglichst richtig, das heißt von den Organen getroffen werden, die dafür nach ihrer Organisation, Zusammensetzung, Funktion und Verfahrensweise über die besten Voraussetzungen verfügen.[54]

Auszug B

Das Prinzip der Gewaltenteilung ist nirgends rein verwirklicht. Es bestehen zahlreiche Gewaltenverschränkungen und -balancierungen. Das Grundgesetz fordert nicht eine absolute Trennung, sondern die gegenseitige Kontrolle, Hemmung und Mäßigung der Gewalten. Allerdings muss die in der Verfassung vorgenommene Verteilung der Gewichte zwischen den drei Gewalten gewahrt bleiben. Keine Gewalt darf ein von der Verfassung nicht vorgesehenes Übergewicht über eine andere Gewalt erhalten. Keine Gewalt darf der für die Erfüllung ihrer verfassungsmäßigen Aufgaben erforderlichen Zuständigkeiten beraubt werden.[55]

2. *Reflexion, Kritik, Zusammenschau*

Das Bundesverfassungsgericht beschäftigt sich mit Fragen der Gewaltentrennung, Gewaltenkontrolle und Mäßigung der Gewalten. Diese Fragen bewegen auch Montesquieu in dem viel zitierten elften Buch seines Werkes *Vom Geist der Gesetze.*

Eine mögliche Überschreitung der Kompetenz einer Gewalt in einem konkreten Fall ist Anlass für Prüfung der Verfassungsmäßigkeit eines Gesetzes. Auch

54 BVerfGE 95, 1 (15).
55 BVerfGE 95, 1 (15).

Montesquieu hatte bei seinen Überlegungen Beispiele aus seiner Zeit und der Geschichte vor Augen, die zeigten, dass von der übermäßigen Machtkonzentration in einer Gewalt eine Gefahr für die Stabilität eines politischen Systems ausgehen kann. So dürfte er beispielsweise verschiedene Konflikt zwischen englischer Krone und Parlament über Einberufung des Parlaments und Steuererhebung vor Augen gehabt haben.

Das Bundesverfassungsgericht weist auf die Bedeutung der Gewaltenteilung und nennt zwei zentrale Funktionen des gewaltenteiligen Systems: Mäßigung und Kontrolle. Weiterhin stellt das Bundesverfassungsgericht klar, dass das Ziel keine absolute Gewaltentrennung ist, sondern vielmehr ein System von Verschränkungen, Kontrollen, Balancen, welches zwischen den Gewalten eine Art Machtgleichgewicht erzeugt. Keine Gewalt soll innerhalb der Grenzen der Gesetze ihre Macht zu Lasten einer anderen vergrößern können, die Zuständigkeiten sind klar geregelt. Es darf nicht zu einer Verschiebung des Einfluss- und Entscheidungsbereichs kommen.

Bei Montesquieu haben Sie diese zentralen Gedanken der Gewaltentrennung und Gewaltenkontrolle im Kontext einer Rechtsphilosophie des 18. Jahrhunderts kennengelernt. Montesquieu betont die Bedeutung des maßvollen Handelns der Gewalten ebenso wie die Trennung der Aufgabenbereiche. Das Verfassungsgericht argumentiert im montesquieuschen Duktus. Der Begriff der Mäßigung ist zentral in dem von Montesquieu beschriebenen System. Die Funktionsweise des von ihm präferierten Systems ist abhängig von der klugen Ausgestaltung der gegenseitigen Kontrolle, der Trennung und Aufgaben der Gewalten – analog formuliert das Bundesverfassungsgericht in dem Beschluss. Hieran zeigt sich die Tragweite und Modernität der Thesen des Franzosen.

II. Übung und Vertiefung

Beantworten Sie folgende Fragen ausführlich:

1. Welche Elemente der Gewaltenteilung und Gewaltenkontrolle, die Montesquieu nennt, finden Sie auch im politischen System Deutschlands umgesetzt?
2. Welche weiteren Formen der Gewaltenteilung werden gemeinhin unterschieden?
3. Man spricht heute oft von eine vierten Gewalt, den Medien.

These: Die Medien verändern die Funktionsweise des gewaltenteiligen Systems grundlegend. Stimmen Sie dieser These zu? Begründen Sie Ihre Meinung. Hat der Einfluss der

Medien Auswirkungen auf die von Montesquieu beschriebene Leistung der Gewaltenteilung, Freiheit zu sichern?

Begründen Sie auch hier Ihre Meinung.

4. Das Verständnis des Freiheitsbegriffs hat sich über die Jahrhunderte stark gewandelt. Freiheit ist zum rechtsphilosophischen Topos geronnen – und das nicht erst in den letzten 50 Jahren. Was wird heute unter dem Stichwort „Freiheit" in der Rechtsphilosophie diskutiert und worin unterscheidet es sich von dem Freiheitsverständnis, welches Sie bei Montesquieu kennengelernt haben?

Übersicht Staatsformen

Erarbeiten Sie ein Schema der Staatsformen, die Montesquieu beschreibt und äußern Sie sich hinsichtlich der Rolle des Volkes, des Souveräns, des Prinzips und der mit der Staatsform verbunden Voraussetzungen.

Literaturempfehlungen

Effie Böhlke, „Esprit de nation" – Montesquieus politische Philosophie, Berlin 1999.
Helmut Stubbe-Da Luz, Montesquieu, Hamburg 1998.
Oliver Hidalgo, Die Natur des Staates. Montesquieu zwischen Macht und Recht, Baden-Baden 2010.
Panajotis Kondylis, Montesquieu und der Geist der Gesetze, Berlin 1996.
Michael Hereth, Montesquieu zur Einführung, Hamburg 1995.

JEAN-JACQUES ROUSSEAU 1712–1778

The Social Contract is one of the permanent masterpieces of political theory.

N. J. H. Dent

A. Der Denker und seine Zeit

Jean-Jacques Rousseaus Leben unterscheidet sich stark von den Lebensläufen der Philosophen, die Sie bis jetzt kennengelernt haben. Er entspricht kaum dem Typus des intellektuellen Wissenschaftlers und Forschers, sondern versucht sich als Künstler, Lebemensch, Musiker, Literat und Vagabund. Rousseau ist gebürtiger Schweizer. Er kommt 1712 in Genf als Sohn eines Uhrmachers zur Welt. Seine Mutter stirbt kurz nach seiner Geburt, sein Vater lässt ihn mit zehn Jahren in der Schweiz zurück. Vorher hat er ihn allerdings für die Literatur begeistert; allen voran die Werke des Griechen Plutarchs wecken zeitlebens sein Interesse. Dem nunmehr elternlosen Jungen nimmt sich ein Onkel an, danach ein Pastor und später eine Tante – allesamt bescheren ihm aber eine unglückliche, beschwerliche Zeit. Mit zwölf Jahren beginnt er eine Lehre bei einem Gerichtsschreiber, nach einem Jahr eine weitere bei einem Graveur, im Alter von fünfzehn Jahren verlässt er die Schweiz. Zu seinem Glück lernt er wenig später Françoise-Louise de Warens in Annecy kennen, die ihn über viele Jahre hinweg nicht nur finanziell fördern wird. Auf ihr Bestreben hin konvertiert er zum Katholizismus, verliert dadurch allerdings auch seine Genfer Bürgerrechte. Bis 1731 hält er sich an verschiedenen Orten in Frankreich, der Schweiz und Italien auf. Er erlangt Kenntnisse zu Fragen der Religion und der Musik, womit er sich intensiv beschäftigt, arbeitet zwischenzeitlich als Hauslehrer und Sekretär, führt aber oft ein ärmliches, ungebundenes Leben.

Nach einem kurzen Aufenthalt in Paris kehrt Rousseau zu Madame de Warens zurück. Er verdient sich Geld als Musiklehrer und kann seinen Interessen nachgehen, lesen, forschen, sich bilden. Unterbrochen von kurzen Abwesenheiten wohnt er bis 1742 bei ihr in Annecy, zeitweise führen die beiden eine Beziehung.

Ab 1742, nun dreißig Jahre alt, lebt und arbeitet er in Paris. Vor allem die Musiktheorie beschäftigt ihn, er kommt mit verschiedenen Komponisten und den literaturinteressierten Pariser Kreisen in Kontakt, schreibt Opern und Theaterstücke. Er hat das Glück, dass ihn immer wieder Mäzene unterstützen. Aus dieser Zeit stammt das abgebildete Portrait. Es zeigt ihn gepudert und wohlfrisiert als Mann von Welt, der sich in den Pariser Salons zu bewegen weiß. Dort lernt er auch bedeutende Intellektuelle wie Diderot und Condillac kennen. Sein Verhältnis zu dieser Pariser Szene bleibt aber zwiespältig.

Im Jahr 1745 begegnet ihm Marie-Thérèse Levasseur, die Mutter seiner fünf Kinder. Allerdings wird er nie eine Vaterrolle übernehmen, sondern alle Kinder ins Waisenhaus geben. Dies ist der Hauptgrund, warum seine Eignung als Verfasser pädagogischer Schriften, allen voran der Erziehungsroman *Émile ou De l'éducation* (1762), schon von seinen Zeitgenossen in Frage gestellt wird.

Zum Wendepunkt seines Lebens wird ein Schreibwettbewerb ausgerichtet zu der Frage „Hat die Wiederherstellung der Wissenschaften und Künste dazu beigetragen, die Sitten zu läutern?". Rousseau reicht einen Essay ein, der die Frage negativ beantwortet und gewinnt. Er wird sehr schnell sehr bekannt und seine finanzielle Lage verbessert sich deutlich. Er veröffentlicht die Schrift unter dem Titel *Discours sur les Sciences et les Arts* (*Abhandlung über die Wissenschaften und die Künste*) und macht sich so einen Namen, gleichzeitig aber auch viele Feinde, indem er die gegenwärtige Lebensweise als dekadent kritisiert und behauptet, durch sie würden Sitten und Tugend der Bürger verfallen. Aus derselben fortschrittskritischen Perspektive publiziert er 1755 den sogenannten zweiten Diskurs, ebenfalls im Rahmen eines Schreibwettbewerbs, den *Discours sur l'origine et les fondements de l'inégalité parmi les hommes* (*Abhandlung über den Ursprung und die Grundlagen der Ungleichheit unter den Menschen*) und stößt durch sein Verhalten an verschiedenen Stellen weiter auf Ablehnung.

Nach einigen Höhen und Tiefen geht der zwischenzeitlich bei einem Besuch in Genf wieder zum Calvinismus konvertierte Rousseau nach Montmorency und findet im Duc de Luxembourg einen neuen Gönner. Auf dessen Grundstück bezieht er 1758 ein Häuschen und in den folgenden sechs Jahren entstehen seine bedeutendsten Schriften: der schon erwähnte *Émile,* die extrem erfolgreiche Liebesgeschichte *Julie ou la Nouvelle Héloïse* (*Julie oder Die neue Heloise,* 1761), welche auf das Leben des mittelalterlichen Philosophen und Mönchs Abelard und seine Liebe zu der Nonne Heloise anspielt und schließlich *Du contrat social ou Principes du droit politique* (*Vom Gesellschaftsvertrag oder Prinzipien des Staatsrechtes, 1762*), seine berühmte vertragstheoretische Schrift. Während er als Autor der Neuen Heloise gefeiert wird, bringen ihn die anderen beiden Werke auf die Liste der politisch Verfolgten. Beide Bücher werden verboten und vor allem aufgrund der religiösen Kritik im *Émile* wird Haftbefehl sowohl in Frankreich als auch in Genf gegen ihn erlassen. Rousseau gibt einige Zeit später das Bürgerrecht zurück als Konsequenz auf den Umgang der Stadt mit ihrem Sohn. Aber auch durch den *Gesellschaftsvertrag* macht er sich Feinde, gilt doch dieses Werk als einer der theoretischen Vorläufer der Französischen Revolution. Der politischen Sprengkraft seiner Veröffentlichungen sind sich auch seine Freunde sehr bewusst – Rousseau schreibt in seiner Autobiographie, dass diese ihn bitten, die Briefe, in welchen sie seine Schriften loben, zurückzusenden, da sie befürchten, dass ihre Sympathien für Rousseaus Gedanken sie selbst in Bedrängnis bringen könnten, wenn sie öffentlich würden. Er kommt, teilweise verdeckt lebend, erst in Môtier und dann auf einer Insel im Bielersee unter. Im Jahr 1766 reist er zusammen mit David Hume nach England, aber auch diese Bekanntschaft endet in einem Konflikt. 1767 betritt er, allerdings weiterhin anonym, wieder französischen Boden und lebt in einem Bergbauerndorf mit Marie-Thérèse. Dort verfasst er die erst posthum erschienenen *Confessiones,* die *Bekenntnisse,* eine umfassende Autobiografie. Es zieht ihn allerdings wieder nach Paris und ab 1770 lebt er geduldet, aber im Untergrund, mit Marie-Thérèse, die er inzwischen geheiratet hat. Er verfasst noch einige weitere Werke, Prosa und eine weitere autobiografische Schrift, bevor er sich auf Einladung des Marquis René Louis de Girardin für seine letzten Jahre nordöstlich von Paris zurückzieht und dort 1778 stirbt.

B. Ein radikaler Demokrat! – Volk als Herrscher und die volonté générale

Jean-Jacques Rousseau befindet sich in der Reihe der Vertragstheoretiker, die staatliche Macht und alle Eingriffe in die Rechte der Einzelnen ideell, aber weder mit der Berufung auf eine göttliche Macht noch auf eine objektiv erkennbare Natur zu legitimieren suchen. Allerdings grenzt er sich von den modelltheoretischen Überlegungen seiner Vorgänger stark ab: Einen Vertragsschluss, der staatliche Macht verabsolutiert (*Leviathan*) und den Einzelnen als beinah rechtloses Wesen zurück lässt, betrachtet er als selbstwidersprüchlich. Die zentralen Begriffe einer Vertragstheorie werden von Rousseau umfassend neu interpretiert. Freiheit wird zum Schlagwort seiner Rechtsphilosophie. Er möchte aufzeigen: Worin besteht Freiheit? Wie kann sie begründet werden? Und vor allem: Wodurch wird sie gesichert?

Rousseau setzt bei der ursprünglichen Freiheit eines jeden natürlichen, unverbildeten Menschen an und zeichnet den Gegensatz zu den institutionellen Einschränkungen auf, die der Einzelne sodann in der staatlichen Gemeinschaft erfährt. Rousseau steht den politischen Einrichtungen seiner Zeit mit Vorbehalten gegenüber und sieht sich selbst als geeignet an, Herrschaft, Staat und Recht einer kritischen Betrachtung zu unterziehen, und zwar durch seine Distanz zum politischen System: Weder Fürst noch Gesetzgeber, aber doch Bürger. Und als solcher habe er die Pflicht, sich mit den öffentlichen Angelegenheiten auseinanderzusetzen. Damit erklärt er, um es modern zu sagen, die „informierte Teilhabe" zur allgemeinen Bürgerpflicht. Er fordert das gesamte Volk auf, sich aktiv mit dem Geschehen auseinanderzusetzen, sich eine Meinung zu bilden und reflektiert zu entscheiden. Dieses Gebot hatten die Schriftsteller vor ihm schon lange nicht mehr formuliert. Das vor allem von Aristoteles beschriebene antike Ideal des tugendhaften politischen Menschen hatten die Jahrhunderte verschüttet. Bei Rousseau tritt es wieder ans Licht. Rousseau sieht – nicht anders als der antike Begründer der praktischen Philosophie – in jedem Menschen ein Potenzial, vernünftig und tugendhaft zu handeln. Ihn beschäftigt besonders die Frage, wie man dem so natürlich ausgestatteten Menschen durch die Form staatlicher Herrschaft gerecht werden kann. Rousseau formuliert dies so: „Wie findet man eine Gesellschaftsform, die mit der ganzen gemeinsamen Kraft die Person und das Vermögen jedes Gesellschaftsgliedes verteidigt und schützt, und kraft deren jeder einzelne, obgleich er sich mit allen vereint, gleichwohl nur sich selbst gehorcht und so frei bleibt wie vorher?"[1] – Die Antwort gibt Rousseau in seiner Vertragstheorie.

1 *Jean-Jacques Rousseau,* Der Gesellschaftsvertrag oder Die Grundsätze des Staatsrechts, hg. von *Heinrich Weinstock,* Stuttgart 1975. Im Folgenden abgekürzt als CS (Contract Social), Buch (römische Zahl), Kapitel (Ziffer).

I. Der Naturzustand

Rousseau beginnt sein Werk *Du Contract Social ou Principes du Droit Politique* mit der berühmt gewordenen Diagnose: „Der Mensch wird frei geboren, doch überall ist er in Ketten. Mancher hält sich für den Herrn seiner Mitmenschen und ist trotzdem mehr Sklave als sie. Wie hat sich diese Umwandlung zugetragen? Ich weiß es nicht. Was kann ihr Rechtmäßigkeit verleihen? Diese Frage glaube ich beantworten zu können.“[2] Zu zeigen, wie der Mensch seine Ketten sprengen kann, um die verloren gegangene Freiheit wiederzuerlangen, das ist das zentrale Anliegen der rechtsphilosophischen Überlegungen Rousseaus.

Zunächst aber stellt sich die Frage, warum der Mensch überhaupt in Ketten ist, wo er doch frei geboren wurde. Im Gegensatz zu anderen Vertragstheoretikern konzipiert Rousseau den Naturzustand zunächst nicht als Zustand des Mangels, der Angst und der Gewalt. Er geht davon aus, dass die Natur dem Menschen gegeben hat, was er zum Überleben braucht. Insofern der Mensch Teil der Natur ist, verhält er sich tierisch. „Im bloßen Instinkt war ihm alles gegeben, um im Naturzustand leben zu können. Einen gebildeten Verstand braucht er nur, um in der Gesellschaft leben zu können.“[3]

1. *Der Mensch im Naturzustand*

In diesem Zustand verfügt der Mensch über „die einzig natürliche Tugend“[4]: das Mitleid. Das Mitleid ist eine „Anlage, die so schwachen und vielen Schmerzen ausgelieferten Wesen wie uns gemäß“ ist. „Es ist eine Tugend, die unter den Menschen umso verbreiteter ist und umso nützlicher ist, als sie bei ihnen dem Gebrauch jeglicher Reflexion vorausgeht.“[5]

Im Naturzustand ist der Mensch neben seinen tierischen Instinkten nur zu Mitleid fähig, nicht hingegen zum abstrakten Denken. Er kann weder seinen Verstand einsetzen noch nachdenklich über seinen Standort in der Welt reflektieren. Deshalb haben die Menschen auch keine Vorstellung von der abstrakten Frage der Gerechtigkeit.[6] Sie besitzen im Naturzustand keine übergeordneten Kategorien zur Weltbeschreibung, die es erst ermöglichen würden, eine Handlung oder einen Zustand gerecht oder ungerecht zu nennen. Diese Form von Bewertung setzt voraus, dass man von den Einzeldingen der Welt abstrahiert und sie in

2 CS I/1.

3 *Jean-Jacques Rousseau*, Schriften zur Kulturkritik. Die zwei Diskurse von 1750 und 1755, hg. von *Kurt Weigand*, Hamburg 1971, S. 165. (Im Folgenden kurz: DI für Discours sur l'Origine de l'Inégalité parmi les Hommes).

4 DI S. 171.

5 DI S. 171.

6 DI S. 177.

einen allgemeinen Zusammenhang einordnet – eine abstrakte Leistung des Verstandes.

In der Entwicklung der Gattung Mensch tritt aber irgendwann ein Überfluss ein, da sich einer mit Dingen ausstattet, die zum Überleben nicht notwendig sind, mit Kleidern und Wohnung. Nach und nach entwickeln sich die Bedürfnisse weiter, analog zur Zunahme der Erkenntnisse. Zu dem steigenden Wissen über die Möglichkeiten kommen steigende Erwartungen. Teils erkennen die Menschen, dass Kooperationen sinnvoll sind, um die Ziele zu erreichen, teils versuchen sie einander zu überlisten. Der eigentliche Wendepunkt im Zusammenleben der Menschen geht mit der Entstehung des Eigentums einher. Rousseau schreibt: „Der erste, der ein Stück Land eingezäunt hatte und dreist sagte: ‚Das ist mein' und so einfältige Leute fand, die das glaubten, wurde zum wahren Gründer der bürgerlichen Gesellschaft."[7]

Das Eigentum manifestiert Unterschiede zwischen den Menschen und macht sie nach außen hin sichtbar. Es weckt Begehrlichkeiten, es schließt andere aus, es schafft sichtbare Grenzen zwischen den Menschen.[8] Die Gesellschaft zerfällt in wohlhabend und besitzlos, reich und arm. Mit dem Ungleichgewicht des Besitzes entwickelt sich auch ein Ungleichgewicht der Macht und daraus eine Vielzahl von Konflikten, ein Übermaß an Gewalt und der „schrecklichste Kriegszustand"[9]. Erst jetzt ist für Rousseau ein Zustand ähnlich dem hobbesschen Naturzustand erreicht. Im Gegensatz zur Position Hobbes' vertritt Rousseau aber die Ansicht, dass der Krieg aller gegen alle erst eine Folge der Entstehung des Eigentums und der damit nicht mehr natürlich gegeben Gleichheit zwischen den Menschen ist. Dieser Zustand ist allerdings nicht einzig destruktiv. Es ist auch ein Zustand des Fortschritts und der Entwicklung, denn der Mensch ist bestrebt, sich stetig zu verbessern und zu optimieren. Seine Beweggründe sind allerdings niederer Natur. Er will einen Vorsprung vor den anderen erreichen, um so seine Stellung zu sichern. Die Tugend bleibt dabei auf der Strecke und die Seelen der Menschen werden korrumpiert.[10] Der Mensch ist in diesem Zustand auch frei; es ist nicht mehr die tierische Freiheit, sondern es handelt sich um eine Freiheit, die ihn befähigt, handelndes Subjekt in der Gesellschaft zu sein. Er kann sich frei entscheiden, seinem Willen zu folgen, Gesetzen Folge zu leisten, dem Befehl eines Stärkeren zu gehorchen.

---

7 DI S.191.
8 DI S. 223.
9 DI S. 225.
10 Vgl. *Iring Fetscher,* Rousseaus Politische Philosophie, 10. Auflage, Frankfurt a. M. 2010, S. 46.

2. *Naturzustand ist nicht gleich Naturzustand*

Der Naturzustand wird von Rousseau also zweigeteilt beschrieben. Während Sie etwa bei Hobbes eine durch und durch negative Beschreibung des Naturzustands finden, differenziert Rousseau zwischen verschiedenen Entwicklungsstufen im Zusammenleben der Menschen. Auch der Blick auf das Menschenbild Rousseaus kann nicht eindimensional erfolgen. Zunächst beschreibt er einen Menschen, der im Einklang mit der Natur lebt und jenseits gesellschaftlicher Ordnung auch kaum moralisch zu bewerten ist, da ihm das Rüstzeug zum moralischen Handeln abgeht – ihm fehlt das Reflektionsvermögen. Der Mensch ist also zunächst nicht im moralischen Sinne gut, sondern entzieht sich in diesem Zustand einer moralischen Bewertung. Mit der zunehmenden Vergesellschaftung und den damit einhergehenden Konflikten des Zusammenlebens treten die negativen Seiten des Menschseins hervor. Grundsätzlich allerdings bleibt Rousseau dem Menschen gegenüber optimistisch und hoffnungsvoll eingestellt, er glaubt an die Potentiale menschlicher Vernunft und Einsichtsfähigkeit. Anders könnte eine vertragstheoretische Konzeption wie die seine auch kaum sinnvoll entworfen werden.

Wie alle Vertragstheorien sieht aber auch Rousseau in den Anfängen der Entwicklung des Menschseins die große Unsicherheit für die Einzelnen. Es herrscht ein dauerhafter Wettstreit, im Falle von Konflikten findet niemand Schutz und es gibt keine Instanz, die den Besitzenden ihr Eigentum garantiert. Unter diesen Umständen scheint die Aussicht auf einen Richter, auf einen Souverän, der entscheidet und führt sowie auf die Durchsetzung von Recht und Ordnung hinwirkt, für die Menschen verheißungsvoll, ungeachtet der Fülle der Macht, die der Souverän erhält und ungeachtet der Einschränkungen, welche ihre Freiheit unter einem solchen Souverän erleidet.

„Alle liefen auf ihre Ketten zu in dem Glauben, sie würden ihre Freiheit sichern, denn sie hatten wohl Verstand genug, um die Vorteile einer Staatsgründung zu fühlen, aber nicht Erfahrung genug, um deren Gefahren vorherzusehen. Die aber am besten den Missbrauch ahnen konnten, waren es gerade, die daraus zu profitieren trachteten.“[11] Es gilt den Menschen als notwendig, die Freiheit, zumindest zu einem Teil, für die Sicherheit zu opfern. Die Konsequenzen dieser Entscheidung sind äußerst weitreichend: Zusätzliche Fesseln für die Armen, mehr Macht für die Reichen, aber vor allem die Zerstörung der ursprünglichen, angeborenen Freiheit. Die neue Ungleichheit der Menschen lässt Vernunft, Glück und Tugend verschwinden und fördert die Entstehung von Intrigen, von Zwisten, von Revolutionen. Letztlich trägt sie zur Entstehung des Despotismus bei, da in einem Staat nichts Gutes mehr besteht und keine Begrenzung für einen absoluten Herrscher übrig ist. In einer solchen Situation sind die Menschen schließlich wieder alle

11 DI S. 229.

gleich, sie sind nur noch Sklaven, denen nichts bleibt, als dem Tyrann blind zu gehorchen.[12] Diese Form der Gleichheit ähnelt der im ursprünglichen Naturzustand. Das einzige Recht, welches existiert, ist das Recht des Stärkeren.

Sind die Menschen an diesem Punkt angekommen, werden die Ungleichheiten faktisch geleugnet. Sie alle sind auf Gedeih und Verderb ihrem Herrn ausgeliefert, der mit jedem alles tun kann, ohne dabei an Gesetze oder Prinzipien, wie die Gerechtigkeit, gebunden zu sein. Dieser Zustand könnte nach Ansicht Rousseaus schlimmer nicht sein und seine Überwindung ist unumgänglich, wollen die Menschen wieder als Menschen und nicht als Sklaven leben.

II. Der Vertrag

Rousseaus Ausweg ist, wie schon bei seinen großen englischen Vordenkern, der Vertrag. Er entwickelt jedoch sein Modell in Abgrenzung zur Idee des Thomas Hobbes. Rousseau kritisiert, dass nach Hobbes die Menschen wie Vieh seien; Hobbes behandle sie wie eine Herde und weise sie einem Herrscher zu, der ihr zwar Schutz biete, aber gleichzeitig das Vieh verschlänge. Diese Form der Herrschaft gründe in der Annahme einer fundamentalen Ungleichheit zwischen doch prinzipiell Gleichen.[13] Was in der Familie noch mit der notwendigen Sorge um die Kinder gerechtfertigt werden könne, ließe sich für einen frei geborenen Menschen über die Lebensspanne hinweg nicht ohne Weiteres begründen.

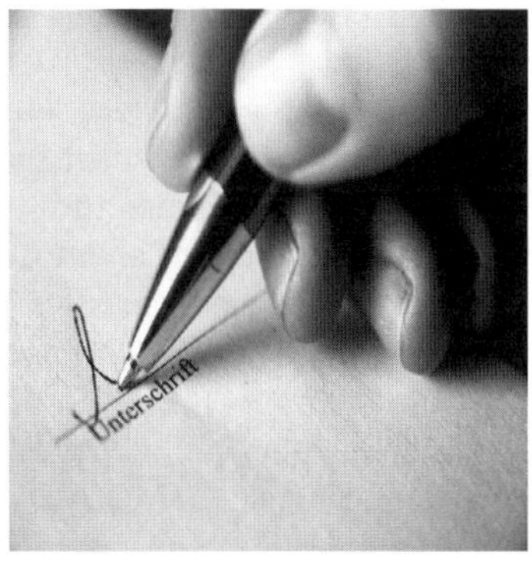

Für Rousseau sind Freiheit und Gleichheit die Konstanten des Menschseins, unabhängig davon, in welchem Zustand oder in welchem politischen System sich der Einzelne befindet. Dass ein jeder dem anderen als Mensch gleich ist und dass niemand über einen anderen Gleichen vollständig und in allen Bereichen verfügen kann, sondern jeder zunächst frei ist und eigene Entscheidungen trifft, das sind nach seiner Ansicht die Prämissen jeder Theorie, die versucht, Herrschaft, Zwang und Gewalt zu legitimieren. Die Folgen, die sich aus der Freiheit und Gleichheit der Menschen für die Legitimation staatlicher Herrschaft ergeben, erscheinen Rousseau als ebenso fundamental wie unhintergehbar: Wenn alle Menschen frei und gleich sind, kann es keinen Grund geben, einen zum Souverän über die Vielen nur aufgrund eines Machtüberschusses oder aber „hoher Geburt" zu erklären. Ein Souverän kann nur dann legitimiert sein, wenn alle seiner Herrschaft zustimmen.

12 DI S. 261.

13 Vgl. CS I/2.

Als Modell der Herrschaftslegitimation ist somit auch aus Sicht Rousseaus nur ein Vertrag geeignet. Mit dem Akt des Vertragsschlusses verzichtet ein jeder auf die individuellen Rechte und überträgt sie der Gemeinschaft, dem Souverän. Dabei bleibt seiner Meinung nach kein naturrechtlich begründeter „Kern" bestehen. Wo vorher nur Individuen waren, entsteht jetzt eine Gemeinschaft.[14] Da dies ein Akt der Gegenseitigkeit ist, gewinnen alle für das, was sie als Teil der Gemeinschaft geben viel mehr hinzu. Insofern jeder ein Teil der Gesamtheit ist, mit welcher der Vertrag geschlossen wird, schließt er auch mit sich selbst den Vertrag.[15]

1. *Herrschaftslegitimation durch Vertrag*

Ein Vertragsschluss ist die einzige Möglichkeit, Herrschaft zu begründen und zu legitimieren. Rousseau führt folgende Gründe dafür an[16]:

- Keine Herrschaft kann durch Gewalt legitimiert sein. Warum sollten sich Menschen freiwillig einem absoluten Gewaltherrscher unterwerfen? Sie würden zwar in einer gewissen Sicherheit leben, diese Sicherheit käme aber einem Kerker gleich. Würde sich ein Mensch einem Herrscher unterwerfen, sich ganz in seine Hände begeben, seine Rechte an ihn veräußern, dann müsste er verrückt sein. Aber Verrücktheit kann nicht Grundlage eines Vertrages sein.
- Der Verzicht auf alle Freiheit durch die Unterwerfung unter einen absoluten Souverän ist unvereinbar mit der Natur des Menschen. Es ist ein Verstoß gegen das Menschsein. Der Mensch ist dann nicht mehr zu sittlichen Handlungen fähig. Das, was sein Wesen ausmacht, ist negiert. Ein solches Wesen wäre noch Sklave, nicht aber Mensch.[17]
- Ein Vertrag, der dies zum Inhalt hat, ist selbstwidersprüchlich. Er würde den Untergebenen zu allem und den Herrschenden zu nichts verpflichten. Er würde keine gegenseitige Selbstverpflichtung enthalten; für die eine Seite würden weder Primär- noch Sekundärpflichten aus diesem Vertrag entstehen.
- Der eigenen Freiheit kann man sich nicht entäußern. Man kann nur Dinge weggeben, deren Missbrauch einen nicht mehr tangieren würde – aber wenn jemand die meine, jetzt ihm gehörende Freiheit missbraucht und mich so zum Verbrecher werden lässt, berührt mich das sehr wohl.[18]

14 Vgl. *Iring Fetscher,* Philosophie, a.a.O., S. 106.
15 Vgl. CS I/7.
16 Vgl. CS I/4.
17 DI S. 245.
18 DI S. 243.

Welches Argument ist das aus Ihrer Sicht stärkste? Begründen Sie Ihre Antwort!

Da es für Rousseau kein alternatives Modell gibt, welches in gleicher Weise Herrschaft legitimieren könnte, ist es für ihn auch nicht von Bedeutung, ob tatsächlich jemals der Vertragsschluss stattfand.[19] Die Konsequenzen für Politik und Recht erwachsen allein aus dem Gedankenexperiment, dessen Prämissen Rousseau für unabdingbar hält. Nur durch einen Vertrag kann eine Herrschaft über Freie und Gleiche legitimiert werden. Weiterhin ist die Ausgestaltung dieses Vertrags vor dem Hintergrund dieser Prämisse alternativlos. Deshalb hat er auch dann Geltung, wenn er ein bloßes Gedankenexperiment ist und der Vertragsschluss nie wirklich stattgefunden hat. Es gibt keine konzeptionelle Alternative zu diesem Vertrag, die in gleicher Weise die Ernennung eines Souveräns und die damit verbundene Unterordnung Freier und Gleicher legitimieren könnte.

Das Wesen des Gesellschaftsvertrags kann in folgendem Satz zusammengefasst werden: „Jeder von uns stellt gemeinschaftlich seine Person und seine ganze Kraft unter die oberste Leitung des allgemeinen Willens, und wir nehmen jedes Mitglied als untrennbaren Teil des Ganzen auf."[20]

2. *Vom Regen in die Traufe?*

Warum sollten die Menschen aber bereit sein, sich vollständig unter ein Ganzes zu stellen und einen Vertrag zu schließen, der zunächst die Abgabe aller Rechte von ihnen verlangt?

Rousseau schreibt: „[D]er Grundvertrag hebt nicht etwa die natürliche Gleichheit auf, sondern setzt im Gegenteil an die Stelle der physischen Ungleichheit, die die Natur unter den Menschen hätte hervorrufen können eine sittliche und gesetzliche Gleichheit, so daß die Menschen, wenn sie auch an körperlicher und geistiger Kraft ungleich sein können, durch Übereinkunft und Recht alle gleich werden."[21]

Und an anderer Stelle: „Trotzdem die Einzelnen verschiedene Kompetenzen an den Staat abgeben, ist ihre Situation deutlich besser als die im Naturzustand. Anstatt einer Veräußerung haben sie nur einen vorteilhaften Tausch gemacht, indem sie für eine unsichere und ungewisse Lebensweise eine bessere und gesichertere, für die natürliche Unabhängigkeit Freiheit, für die Macht, anderen zu schaden, ihre eigene Sicherheit und für ihre Kraft, die andere zu überwinden vermochte, ein Recht eintauschten, das die gesellschaftliche Verbindung unbesieglich macht. Sogar ihr Leben, das sie nun dem Staat geweiht haben, wird von

19 Vgl. CS I/6.
20 CS I/6.
21 CS I/9.

demselben beständig geschützt, und was tun sie, wenn sie es zu seiner Verteidigung der Gefahr aussetzen, anderes, als daß sie ihm das von ihm Erhaltene zurückerstatten?“[22]

Obwohl der Mensch im Naturzustand uneingeschränkt frei ist, alles tun kann, was ihm beliebt und er Grenzen nur im anderen findet, der ihm seine Rechte streitig macht, indem er versucht ihn einzuschränken, verändert sich dieser Zustand mit der Zeit so stark ins Negative, dass der Mehrwert des Gesellschaftszustands so groß wird, dass der Einzelne ihn nicht ernsthaft ablehnen kann. Ein jeder erhält seine bürgerliche Freiheit und das Recht auf Eigentum. Der Mensch im Staat ist sittlich frei, er ist jetzt erst sein eigener Herr, denn er ist nicht mehr nur Triebwesen, sondern er kann sich zu seinen Trieben verhalten und vernünftige Entscheidungen treffen. Es geht also nicht, wie bei Hobbes um die Sicherheit des Einzelnen, sondern es geht um die Wiedererlangung der Freiheit als Folge des Vertragsschlusses.

Sollten Einzelne dennoch dem Vertrag nicht zustimmen, heißt das nicht, dass der Vertrag nicht zustande kommt, sondern dass die, die nicht zugestimmt haben, keine Staatsbürger sind. Sie sind Fremde. Auch nach Vertragsschluss müssen sich nicht alle als Vertragspartner verstehen und sich der souveränen Gewalt unterwerfen, sondern es steht ihnen frei, das Land zu verlassen. Bleiben sie aber in einem Land, kommt das der Zustimmung zu dem Vertrag gleich. Rousseau thematisiert dabei aber nicht, dass unter den Bedingungen eines flächenmäßig begrenzten Erdballs, der politisch aufgeteilt ist, dem Einzelnen die Möglichkeit versagt wird, sich für den Naturzustand zu entscheiden und nicht als Bürger unter einem Souverän zu leben. Er hat lediglich die Wahl, welchem Souverän er sich unterwirft. Und bei der Alternative zwischen einem Souverän, von welchem er ein Teil ist, und einem Souverän, welchem er ohne Einfluss ausgeliefert ist, kann, so könnte man mit Rousseau annehmen, aus rationalen Gründen davon ausgegangen werden, dass die Entscheidung leicht fällt.

3. *Was ist die Folge des Vertragsschlusses?*

„An die Stelle der einzelnen Person jedes Vertragsschließenden setzt solcher Gesellschaftsvertrag sofort einen geistigen Gesamtkörper, dessen Mitglieder aus sämtlichen Stimmabgebenden bestehen, und der durch ebendiesen Akt seine Einheit, sein gemeinsames Ich, sein Leben und seinen Willen erhält.“[23]

22 CS II/5.
23 CS I/6.

Es wird so ein Körper ins Leben gerufen, der aus der Gesamtheit aller Bürger besteht. Dieser Körper verfügt über einen Willen, in welchem die Willen der Einzelnen zur Gänze aufgehen und der für die Bürger immer nur das Beste will. Rousseau bezeichnet dies als „Allgemeinwillen", üblich ist der französische Ausdruck *volonté générale*. Die *volonté générale* ist eine angenommene Gegebenheit, der in Rousseaus Lehre zentrale Bedeutung zukommt. In seiner Bilderwelt ist es die *volonté générale*, die den gesamten Staatskörper lenkt. Sie steuert den Souverän, sie bestimmt die Gewalten, sie gibt die Gesetze.

Inhaltlich ist dieser Wille immer schon festgelegt, sein einziges Ziel ist das Gemeinwohl.[24] Der allgemeine Wille bestimmt alle Entscheidungen des Staatsoberhauptes entsprechend dieses Ziels. Kennzeichnend für einen souveränen Staat ist die Existenz dieses gemeinsamen Interesses. Es sind nicht mehr die einander widerstreitenden Privatinteressen wie im Naturzustand, die das Handeln Einzelner lenken, sondern das Interesse an der Beförderung des Gemeinwohls bestimmt die Interessen der Bürger. Eine Gemeinschaft kann nur da bestehen, wo es ein gemeinsames Interesse gibt, welches maßgeblich für alle Entscheidungen dieser Gemeinschaft ist. Ohne dieses Allgemeininteresse würde es nur die Anliegen der unabhängig voneinander lebenden Individuen geben, aber nichts, was diese verbindet, denn ein jeder würde nur nach dem eigenen Vorteil streben.

III. Das Oberhaupt des Staates

1. *Der Herrschaftsanspruch*

Das Staatsoberhaupt herrscht absolut. Dem Staatsoberhaupt, das mit dem Vertragsschluss eingesetzt wird, können keine gesetzlichen Grenzen gesetzt werden, denn es ist selbst der Gesetzgeber. Als solcher kann sich das Oberhaupt auch nicht selbst Gesetze geben, jedenfalls nicht dauerhaft an Gesetze binden, da es ja jedes Gesetz wieder aufheben kann. So überragt die Legislative alle anderen Staatsfunktionen. Der Gesetzgeber untersteht keiner Weisung, er ist kein Bestandteil der Verfassung. Das Volk als Gesetzgeber kann diese Kompetenz auch nicht abgeben, denn aus dem Gesellschaftsvertrag folgt, dass nur der allgemeine Wille (*volonté générale*) die Einzelnen verpflichten kann.

> Dies klingt ganz nach einem absoluten Souverän, wie ihn Hobbes beschreibt – wo liegen die Unterschiede?

Obwohl das Volk souverän in seinen Entscheidungen ist, gilt es als ausgeschlossen, dass es sich Gesetze gibt, die dem Urvertrag entgegenstehen. Es kann sich

24 CS II/1.

also nicht dazu entscheiden, sich einem anderen Herrscher zu unterwerfen oder einen Teil der Untertanen zu verkaufen, denn ein solches Handeln würde den Körper vernichten. Der Körper ist die Gesamtheit aller, er kann per definitionem nur als Gesamtheit bestehen.

2. *Der Gesetzgeber und die Gesetze*

Die Gesetze sind Ausdruck des allgemeinen Willens über eine allgemeine Sache, das Volk beschließt damit über das Volk als Ganzes – es kann nie konkrete Einzelfälle regeln, da diese nicht von einem *allgemeinen* Willen entschieden werden können. Die Gesetze sind immer gerecht, da niemand gegen sich selbst ungerecht sein würde und sie sind Ausdruck der Freiheit eines jeden Einzelnen, da sich ein jeder nur seinem eigenen Willen unterwirft.[25] Die Vorstellung von Gerechtigkeit wird damit aus dem Zusammenhang der Ideen des „Guten und Gerechten" herausgelöst. Das Gerechte hat keinen bestimmten, erkennbaren Inhalt mehr, es kann jede Gestalt annehmen, wenn es dem allgemeinen Willen entspricht. Genauso wenig ist Gerechtigkeit an eine gerechte, tugendhafte Handlungsweise gebunden. Das gerechte Gesetz erläßt nicht der klug und angemessen, also tugendhaft Entscheidende, sondern das ganze Volk unter Beachtung eines bestimmten Verfahrens. Dieses Verfahren hat durchaus Voraussetzungen, nämlich die Gemeinschafts- und Einheitsbildung der Individuen[26] zu einer Wahlgemeinschaft und die Ausführung der festgelegten Wahlregeln. Gerechtigkeit, die auf diese Weise legitimiert wird, gehorcht dem „Prinzip des Prozeduralismus"[27].

Damit kommt den Gesetzen eine Schlüsselstellung zu. Sie werden zur Bedingung der bürgerlichen Gesellschaft, so dass auch ihr Erlass und ihre konkrete Ausgestaltung allein das Volk zu bestimmen hat. Damit das Volk seine gesetzgebende Funktion wahrnehmen kann, muss es regelmäßig und zu feststehenden Terminen versammelt werden. Wie häufig, hängt von den individuellen Gegebenheiten eines Staates und der Stärke der Regierung ab. Zu diesem Verfahren gibt es keine Alternative. Vertretung durch Abgeordnete ist nicht möglich, sie ist sogar nach Ansicht Rousseaus menschenunwürdig, da der allgemeine Wille nicht vertretungsweise zustande kommen kann und somit die Menschen, würden sie vertreten, nicht als Gleiche behandelt würden. Die Bürger, über die beschlossen würde, wären unfrei.

25 CS II/6.
26 *Wolfgang Kersting*, Jean Jacques Rosseaus ‚Gesellschaftsvertrag', Darmstadt 2002, S. 99.
27 Ebd. S. 99.

Aus diesem Grund könnte auch das englische Volk, welches durch Abgeordnete vertreten wird, nicht frei genannt werden – eine klare Absage Rousseaus an Montesquieus moderate Einstellung gegenüber der repräsentativen Partizipation im englischen System.[28]

Die Bedeutung, die Rousseau dem gesetzgebenden Volk beimisst, kommt eindrücklich in der folgenden Passage zum Ausdruck – wie so häufig in staatstheoretischen Diskursen unter Verwendung der Körpermetapher: „Das Prinzip des politischen Lebens liegt in der oberherrlichen Autorität. Die gesetzgebende Gewalt ist das Herz des Staates, die vollziehende Gewalt sein Gehirn, das allen Teilen Bewegung gibt. Das Gehirn kann gelähmt werden und der Mensch trotzdem weiterleben. Er verfällt in Blödsinn, aber er lebt; sobald jedoch das Herz seine Tätigkeit einstellt, tritt der Tod ein."[29]

Das zentrale Kennzeichen des Souveräns, wie ihn Rousseau entwirft, ist die Identität von Herrschenden und Beherrschten. Das Volk ist nur dann Souverän, wenn es selbst herrscht und nicht vertreten wird. Volkssouveränität bedeutet für Rousseau immer eine *direkte* Ausübung der Souveränität durch das Volk, statt durch Repräsentanten oder Abgeordnete. Die Theorie Rousseaus wird deshalb auch als Identitätstheorie bezeichnet.

An dieser Stelle können Sie beobachten, wie sich ein folgenreicher Umbruch in der Rechtsphilosophie anbahnt.

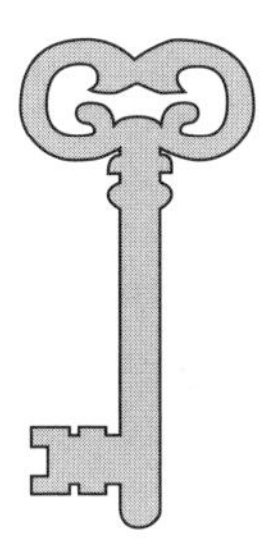

Alle Lehren, die Sie bisher kennen gelernt haben, hatten ein Ziel vor Augen: Die Errichtung und Erhaltung einer vernünftigen Herrschaft, wenigstens einer friedenserhaltenden Gewalt, bestenfalls das tugendhafte Wohlergehen im Staat. Die jeweiligen Konzepte verwendeten – um es einmal zu vereinfachen – teils realistische, teils idealistische Prämissen. Das heißt, einige ihrer Annahmen galten damals als „empirische", allgemein wahrnehmbare Wirklichkeit (wie z. B. Macchiavelli die Charakterzüge der Fürsten und die Mentalität des Volkes beschreibt), andere beruhten eher auf Glauben und Überzeugungen, Wünschen, Hoffnungen und Ängsten, philosophischen Visionen und sprachlicher Gestaltungskraft (z. B. der Fürst als natürliches Haupt des Staates, das Bild des Gesellschaftsvertrags).

Eine Annahme teilen aber bislang alle: Die Menschen sind verschieden und infolgedessen nicht gleichermaßen geeignet oder bestimmt, Herrschaft auszuüben. Platon z. B. teilt deshalb einige als Wächter ein und weist andere dem Bauernstand zu, Aristoteles empfiehlt den Tugendhaften für mehr Verantwortung im Staat als den Haltlosen. Niemand der gelehrten, kultivierten Philosophen hätte es bis dahin gutgeheißen, wenn Leute wie ihre Bediensteten, Barbiere, Fischhändler und Landarbeiter, gar die ganze ungebildete Masse, an Frauen gar nicht zu denken, Teil an der staatlichen Herrschaft hätten. Das Christentum hat-

28 CS III/15.
29 CS III/13.

te zwar unter dem Aspekt der Sündhaftigkeit und Beseeltheit aller mit einer gewissen Gleichstellung aller Menschen begonnen. Trotzdem beharrte die Kirche natürlich auf mannigfache Unterschiede, sowohl auf Erden wie auch im Jenseits. Besonders augenfällig wurde dies mit der Idee des Gottesgnadentums, die gekrönten Herrschern überweltliche Legitimation verschaffte, was wiederum die politische Macht der Kirche bestärkte.

Die Rechtsphilosophie hat ihre Vorstellungen zur Herrschaftsbegründung also bislang derart entwickelt, dass sie von einer kompetenzrelevanten Differenz der Menschen ausging. Es gibt Unterschiede zwischen den Mitgliedern einer politischen Gemeinschaft: Einige sind klug und besonnen und tapfer, die besten denken rational, sind selbst Philosophen oder wenigstens philosophisch geschult, andere, die Mehrheit, sind ungebildet und töricht und maßlos. Menschen können arm sein oder reich, hoch oder niedrig geboren, Bürger oder Zugezogene, Rechtgläubige oder Ketzer, Männer oder Frauen, Kinder oder Sklaven – und besitzen damit selbstverständlich, also ohne dass es einer Begründung bedarf, unterschiedliche Berechtigungen, über andere zu herrschen. Freilich sind die Kategorien, die für die Unterscheidungen maßgeblich sind, nie ganz genau zu fassen, oft auch unbewusst und ändern sich fortwährend. So verbindet man in der Vorstellungswelt der griechischen Antike die Eignung zur politischen Führerschaft auch mit einer guten körperlichen Verfassung; Stärke und Schönheit sprechen für einen Mann. Im 17. Jahrhundert interessiert dies kaum, wichtig ist vor allem, dass die Person dem richtigen religiösen Bekenntnis anhängt.

Rousseaus Lehre zieht unter alle diese traditionellen, geregelten und inoffiziellen, bewussten und unbewussten Legitimationskonzepte einen radikalen Strich und erklärt – freilich nur für die ideale Welt seiner Theorie – dass alle Menschen frei und gleich seien. Deswegen bedarf jede Form der Herrschaft über Menschen einer neuen, dieser Freiheit und Gleichheit gerecht werdenden Legitimation. An diese Überzeugung knüpfen alle folgenden Thesen in Rousseaus Theorie an.

3. Die Souveränität des Gesetzgebers

Zusammengefasst ist die Souveränität des Volkes durch folgende Eigenschaften bestimmt:

- *Die Souveränität ist unveräußerlich.* Der allgemeine Wille ist an die Freiheit des Volkes geknüpft – unterwirft es sich einem Herrn, existiert kein allgemeiner Wille mehr. Der allgemeine Wille kann nicht auf einen anderen Souverän übertragen werden. Die Autonomie des Einzelnen, die aus seinem Status als Mensch erwächst, kann nicht negiert werden. Jeder Versuch macht den Menschen zum Sklaven.
- *Der Souverän kann Macht übertragen, nicht aber seinen Willen abgeben.*
- *Die Souveränität ist unrepräsentierbar.* Das Volk ist nur dann Souverän, wenn es nicht durch Abgeordnete repräsentiert wird. „Nur die reale Mitwirkung

aller garantiert legitime Machtausübung."[30] Rousseau blickt hier voller Ablehnung nach London und meint, dass das englische Volk zwar in der Wahl seiner Vertreter frei, aber im Übrigen versklavt geblieben sei.[31]

- *Die Souveränität ist unteilbar.* Der allgemeine Wille ist ein einziger – er kann nur als solcher Ausdruck der Gesamtheit des Volkes sein; jede Teilung würde ihn zu einem Privatwillen machen.
  Die Ausführung des Willens kann aufgeteilt werden, solange der Wille einer ist und es die Gesetze gibt.
- *Die Souveränität ist unfehlbar.* Das Volk zielt immer auf das Beste ab, es irrt sich nicht. Seine Entscheidungen sind das Beste, was einem jeden passieren kann. In ihrem Vollzug verwirklicht sich Gerechtigkeit und Rechtsgleichheit. Die absolute Güte des allgemeinen Willens macht jeglichen Individualrechtsschutz obsolet. Der Einzelne kann nicht besser geschützt sein als durch den allgemeinen Willen. Maßstab für die Güte ist allein, ob es sich tatsächlich um einen allgemeinen Willen handelt, d. h. ob das direktdemokratische Verfahren, welches ihn hervorbringt, eingehalten wurde oder nicht. Wurde es eingehalten, dann gibt es keine Alternative zu der Entscheidung des allgemeinen Willens. Sie ist die beste Entscheidung, weil der allgemeine Wille nicht anders kann, als die beste Entscheidung zu treffen. Es bedarf somit keines Abwehrrechts vor staatlichen Eingriffen.

4. *Wenn alle immer das gleiche wollen – die volonté générale als Entscheidungsprinzip*

Die *volonté générale* ist eine Besonderheit der rousseauschen Theorie. Dieses Konzept ist neu in der rechtsphilosophischen Tradition. Wie ist es einzuordnen?

Bei der Beschreibung des Staats als eines Körpers, der von einem allgemeinen Willen gelenkt wird, handelt es sich natürlich um eine Metapher. Tatsächlich geht es nicht um die physische Verbindung aller zu einem Körper, sondern um eine Vereinigung der Willen. Das setzt allerdings für Rousseau voraus, dass sich alle regelmäßig zusammenfinden. Der allgemeine Wille, die *volonté générale,* erhält Ausdruck im Prozess der Gesetzgebung und lenkt darüber den Körper, also zunächst die durch die Bürger besetzten ausführenden und rechtsprechenden Institutionen, aber auch jeden einzelnen Bürger dieses Staates. Er ist inhaltlich bestimmt und kann als allgemeiner Wille nur allgemeine Gesetze geben. Er ist nicht in der Lage, Einzelfälle zu entscheiden oder die Durchsetzung von Gesetzen selbst zu lenken. Der allgemeine Wille regiert nicht, sondern ist beschränkt auf die Gesetzgebung.

Die *volonté générale* als metaphysisches Konstrukt

---

30 *Wolfgang Kersting,* Gesellschaftsvertrag, a.a.O., S. 84f.
31 Vgl. CS III/15.

Der allgemeine Wille ist weder Ausdruck des naturrechtlichen Denken Rousseaus noch einer theologischen Rechtsbegründung, sondern ein metaphysisches Konstrukt, das Rousseau nutzt, um über die Zielorientierung der gesetzgebenden Versammlung eine weitere Legitimation staatlicher Souveränität zu schaffen. Wenn der so gebildete Staatskörper immer das Beste will, dann hat er neben seiner Legitimation durch die Gleichbehandlung aller einen weiteren Legitimationsvorsprung gegenüber allen übrigen möglichen Formen der Herrschaft. Die Staatsmacht, die immer das Beste für alle will, legitimiert so den Einsatz von Zwang, während jede Macht, die nur teilweise im Interesse aller handelt, nicht durch die Ergebnisse ihrer Handlungen legitimiert sein kann.

Die Bauelemente des Konstrukts *volonté générale*

Der allgemeine Wille ist rechtmäßig, weil er den Gesellschaftsvertrag zur Grundlage hat, er ist gerecht, weil alle in gleicher Weise betroffen sind, er ist nützlich, weil er auf das Beste ausgerichtet ist, er ist dauerhaft, da die Staatsmacht ihn durchsetzen kann.

Allerdings lässt Rousseau offen, wie der Allgemeinwille gebildet wird, wie er erkannt werden kann oder wie er von der bloßen Summe von Einzelwillen, der *volonté de tous*, im konkreten Fall zu unterscheiden ist. Auch ist fraglich, ob nicht die Einzelnen anfällig für Manipulation und Beeinflussung sind, so dass sie etwas für einen Ausdruck des allgemeinen Willens halten, was letztlich nur ein Partikularinteresse ist. Wenn das ganze Volk nicht mehr als Staatsbürger abstimmt, sondern nur noch entsprechend seiner Privatinteressen, gerät der allgemeine Wille in den Hintergrund. Es verschiebt sich der Blickwinkel von der Allgemeinheit hin zu den Partikularinteressen. Rousseau ist der Meinung, dass auch dann die Bedeutung des allgemeinen Willens nicht verloren geht, da allen bewusst ist, dass sie von dem profitieren, was für die Allgemeinheit das Beste ist – selbst dann, wenn sie ihre Stimme verkaufen.[32] Er wirkt somit als mahnendes Korrektiv. Wird der allgemeine Wille unterdrückt, ist das allerdings immer auch ein Zeichen dafür, dass der politische Körper von einer Krankheit befallen und dass das Gleichgewicht der Teile des Körpers gestört ist.

Ein Zeichen für eine beginnende Krankheit ist die fehlende Einigkeit in den Abstimmungen und die Zunahme von Wortgefechten.[33] An diesem Punkt wird besonders deutlich, dass Rousseau kein Verfechter demokratischer Verhandlungs- und Diskussionsideale ist. Die Einigung, die er einfordert, ist nicht das Ergebnis einer argumentierenden, durchaus auch einmal kontroversen Beratung, bei der unterschiedliche Interessen gehört und berücksichtigt werden, sondern es geht

32 Vgl. CS IV/1.
33 Vgl. CS VI/2.

um die eine erkennbare, vorgegebene, alternativlose, vernünftige Lösung, von der alle profitieren.

Die Idealvorstellung Rousseaus setzt eine homogene, überschaubare, räumlich begrenzte Gesellschaft – wie seine Heimat, die Republik Genf – voraus, deren Mitglieder weniger von Egoismus geleitet werden, als dass sie das Wohl des „großen Ganzen" vor Augen haben und so ihre eigennützigen Bedürfnisse überwinden. Richten sich die Bürger eines Staates derart nach dem Allgemeinwillen, entsprechen sie in ihrem Handeln auch zugleich ihrem eigenen Willen, jedenfalls wenn dieser individuelle Willen von Leidenschaften und tierischen Trieben befreit ist.[34] So schließt sich mit Rousseau der Zirkel: Wenn die Menschen, die ja prinzipiell frei und gleich sind, die *volonté générale* hervorbringen und gemäß dieser handeln, werden sie frei und gleich.

Die Anforderungen an die Staatsbürger

Wie aber sollen die Menschen, die im Naturzustand auf sich selbst, auf ihre eigenen egoistischen Interessen und ihre Leidenschaften konzentriert sind, plötzlich gute Staatsbürger sein, die für das Ganze die richtigen Entscheidungen treffen?

> „Der Übergang aus dem Naturzustande in den bürgerlichen bringt in dem Menschen eine sehr bemerkbare Veränderung hervor, indem in seinem Verhalten die Gerechtigkeit an die Stelle des Instinktes tritt und sich in seinen Handlungen der sittliche Sinn zeigt, der ihnen vorher fehlte. Erst in dieser Zeit verdrängt die Stimme der Pflicht den physischen Antrieb und das Recht die Begierde, so daß sich der Mensch, der bis dahin lediglich auf sich selbst Rücksicht genommen hatte, gezwungen sieht, nach anderen Grundsätzen zu handeln, und seine Vernunft um Rat fragt, bevor er auf seine Neigungen hört. Obgleich er in diesem Zustand mehrere Vorteile, die ihm die Natur gewährt, aufgibt, so erhält er dafür doch so bedeutende andere Vorteile. Seine Fähigkeiten üben und entwickeln sich, seine Ideen erweitern, seine Gesinnungen veredeln, seine ganze Seele erhebt sich in solchem Grad, daß er, wenn ihn die Mißbräuche seiner neuen Lage nicht oft noch unter die, aus der er hervorgegangen, erniedrigte, unaufhörlich den glücklichen Augenblick segnen müßte, der ihn dem Naturzustand auf ewig entriß und aus einem ungesitteten und beschränkten Tier ein einsichtsvolles Wesen, einen Menschen machte."[35]

Mit dem Übergang vom Naturzustand in die staatliche Verfassung wird bei dem Einzelnen, der alsdann Staatsbürger ist, der Instinkt durch die Gerechtigkeit ersetzt. Dadurch eröffnet sich ihm die Möglichkeit zum sittlichen Handeln. Der Mensch wird dann erst in die Lage versetzt, seine Pflichten zu erkennen und aus

34 CS II/4.
35 CS I/8.

Vernunft zu handeln. Er richtet sich nicht mehr allein nach seinen Neigungen und Gelüsten, er lebt nicht mehr nur für sich selbst.
Diese Fortentwicklung im Verhalten der Menschen ist deswegen von so zentraler Bedeutung, weil alle Menschen in einer gesetzgebenden Versammlung die Geschicke des Staates lenken. Sind die Menschen als Gesetzgeber egozentrisch und triebgesteuert, schwindet die Chance, Gesetze allein im Hinblick auf das Beste für alle im Sinne der *volonté générale* zu verabschieden.

5. *Der Staatskörper*

Der Staat, für dessen Beschreibung Rousseau durchgängig die Körpermetapher benutzt, agiert wie ein Mensch: Aus einem Willen heraus bringt er Kraft auf. Die Rolle des Willens übernimmt im Staatskörper die gesetzgebende Gewalt, die der Kraft die ausführende Gewalt.[36] Die gesetzgebende Gewalt liegt, wie schon erläutert, beim Volk. Die ausführende Gewalt kann aber nicht gleichermaßen beim Volk liegen. Während das Volk mit einem Willen die allgemeinen Grundsätze des Staates festlegt, muss die ausführende Gewalt Einzelfälle behandeln. Dies ist die Aufgabe der Regierung, die eine Verbindung zwischen Untertanen und Staatsoberhaupt darstellt und neben dem Vollzug der Gesetze auch für die Aufrechterhaltung der bürgerlichen und politischen Freiheit sorgt.[37] Dieser Gewalt steht eine Obrigkeit oder ein Fürst vor, der seine Macht durch das Volk erhalten hat. Während jedoch der Souverän sich selbst erzeugt, wird die Regierung als Körper im Körper durch den Souverän geschaffen. Die Regierung geht also nicht als Herrscher aus dem Vertragsschluss hervor, sondern erst das Volk verleiht ihr ihre Kompetenz. Die ausführende Gewalt kann keine willkürlichen Handlungen vornehmen, denn dann wüchsen dem Körper zwei Köpfe. Die Regierung würde dann das Gleichgewicht zerstören. Somit muss sie in ihrem Handeln der *volonté générale* Rechnung tragen.

Um wirklich lebendig zu sein und ihre Funktion zu erfüllen, müssen die abgeleiteten Kompetenzen der Regierung begrenzt sein. Weiterhin muss sich die Regierung als eine Einheit verstehen, die Beschlüsse mit Befehlscharakter fasst. Damit kommen ihr bestimmte Privilegien zu; das Amt, welches sie ausübt, ist ehrenvoll. Die ausführende Gewalt befindet sich in einer Art Mittler-Rolle. Sie erhält Befehle vom Staatsoberhaupt in Gestalt der Gesetze und setzt diese im Volk durch. Das Volk ist sowohl Befehlsempfänger, nämlich Untertan, als auch Befehlsgeber, nämlich Souverän. Der Wille des Gesetzgebers wird durch die Macht der ausführenden Gewalt in Bezug auf die Untertanen verwirklicht. Dieses Gleichgewicht muss gewahrt werden, sonst droht Aufruhr im Staat, da Wille und Macht nicht mehr in die gleiche Richtung wirken.

36 CS III/1.
37 CS III/1.

Wann dieses Gleichgewicht hergestellt ist, hängt dabei wesentlich von der Zahl der Personen ab, die in einem Staat leben. Ist diese Zahl sehr groß, stimmt der Wille des Einzelnen in geringerem Ausmaß mit dem allgemeinen Willen überein, da der allgemeine Wille deutlich mehr Einzelwillen repräsentieren muss. In diesem Fall muss die Regierung stärker sein, um das Volk in Schranken zu halten und entsprechend muss das Staatsoberhaupt bemüht sein, die Regierung zu beschränken. Wenn man hier wieder die Körpermetapher nutzen will, könnte man sagen, dass sich der Körper nicht mehr fortbewegen kann, wenn ein Teil übermäßig groß wird; der Körper muss gleichmäßig wachsen. Rousseau spricht davon, dass dieses Gleichgewichtsverhältnis „eine notwendige Folge der Natur des politischen Körpers“ [38] sei.

Gleichgewicht als funktionales Prinzip zwischen Souverän, Regierung und Volk

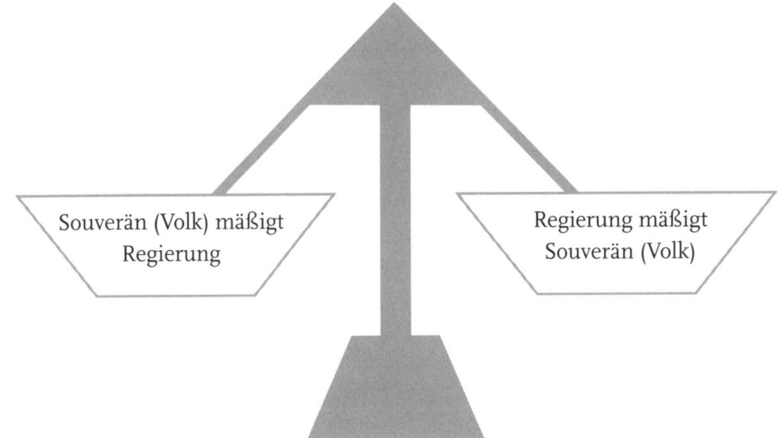

Das Problem der Gewaltenteilung

Einem zentralen Moment staatlicher Konstruktion, welches seinen Zeitgenossen sehr wichtig war, schenkt Rousseau keine Beachtung: Der Trennung der staatlichen Gewalten. Da die Gewalten aus einem gemeinsamen Willen hervorgehen, der ihnen – entsprechend seinem Streben nach dem allgemeinen Besten – ihr Ziel und ihre Aufgaben zuschreibt und sie in ihrem Wirken begrenzt, ist eine Trennung schon konzeptionell nicht vorgesehen. Das Volk als Souverän hat zwar die Pflicht, die Exekutive zu begrenzen und eine Übermacht zu verhindern, aber eine Trennung ist in dem rousseauschen System nicht enthalten. Seine Republik

38 CS III/1.

zeichnet sich durch Identitäten aus: Jeder soll gleichzeitig Souverän und Untertan sein.

Bei seinen politischen Überlegungen spielt vor allem die Genfer Verfassung eine große Rolle.[39] Zu seiner Geburtsstadt, auch wenn diese ihm im Laufe seines Lebens äußerst ambivalent begegnet, pflegt Rousseau eine innige Verbundenheit, die auch in seinen theoretischen Schriften zum Ausdruck kommt. Verschiedentlich finden sich Thesen in seinem Werk, welche eine direkten Bezug zu der politischen Situation der Stadt aufweisen, in welcher verschiedene Gruppierungen um politische Einflussnahme ringen. Auch die Rückgabe des Bürgerrechts, nachdem die Stadt seine Schriften verbrannte, hat eine Parallele in seinem „Gesellschaftsvertrag", wo Rousseau schreibt, dass eine Vertragsverletzung den Vertrag wirkungslos macht und somit die Menschen nicht mehr Bürger eines Staates sind, sondern sich wieder im Naturzustand befinden.[40]

Jenseits der Stadtstaaten – Unterschiedliche Formen der Regierung

Wie Sie wissen, unterscheiden die Autoren seit der Antike verschiedene Regierungsformen anhand der Eigenschaften der Regierten und Regierenden, wobei man auf die Anzahl der Beteiligten und deren Herrschaftsstil abstellt. Auch Rousseau fügt sich in diese Traditionslinie und differenziert zwischen Demokratie, Aristokratie und Monarchie je nach der Zahl der Regierenden. Allerdings, und darin setzt er sich von anderen ab, ist in seinen Überlegungen stets das Volk der Souverän. Die verschiedenen Regierungsformen sind alle Republiken, da die Staatsbürger die Gesetze geben.

Rousseau bewertet sie aber unterschiedlich hinsichtlich ihrer Stabilität. Als problematisch beurteilt er in der Demokratie den Umstand, dass die Menge der Gesetzgeber identisch mit der Menge der Regierenden ist. Zwar findet sich diese reine Form der Demokratie kaum, denn das Volk kann nicht ständig versammelt sein, um Einzelfälle zu entscheiden. Stattdessen sind meist nur Teile des Volkes an der Regierung beteiligt. Dennoch ist diese Regierungsform auch dann höchst anfällig für die Vermischung von Gesetzgebung und Ausführung, von allgemeinem Willen und Privatinteressen und damit für Bürgerkriege und politische Erschütterungen, wenn nur der größere Teil des Volkes an der Regierung beteiligt ist. Das Volk ist vielmals nicht in der Lage, das Ausmaß an Tugend aufzubringen, um die Privatinteressen in den Hintergrund rücken zu lassen, über beständig gute Sitten zu verfügen, auf Luxus und gesellschaftliche Sonderstellung zu verzich-

39 Vgl. *Rainer Bolle,* Jean-Jacques Rousseau. Das Prinzip der Vervollkommnung des Menschen durch Eduktion und die Frage nach dem Zusammenhang von Freiheit, Glück und Identität, Münster u.a. 2012, S. 33.

40 Vgl. ebd. S. 35.

ten.[41] Diese Regierungsform würde ein „Volk von Göttern"[42] benötigen – die Menschen sind zu schwach, um das Erforderliche dauerhaft umzusetzen.

In höchsten Tönen lobt Rousseau die Wahlaristokratie. Neben der Trennung der beiden Gewalten ist es vor allem die Zusammensetzung der Regierung durch Wahl, welche er als großen Vorteil beschreibt. Dadurch, dass die Regierenden aus einer Wahl hervorgehen, sind „Rechtschaffenheit, Einsicht und Erfahrung"[43] bestimmend. Erneut in Anlehnung an Montesquieu betont auch Rousseau die Bedeutung der Mäßigung innerhalb der Mitglieder der Regierung.

In der Monarchie ist es für den König schwierig, das richtige Maß zu finden. Um stabil zu regieren, müsste er Machiavellis Ratschläge befolgen, würde sich aber so beim Volk unbeliebt machen. Er ist bei der Wahl seiner Beamten deutlich schlechter als das Volk, und insgesamt ist ein solcher Herrscher sehr wankelmütig, da sein Privatwille immer wieder die Oberhand gewinnt.[44]

Rousseau lässt bei seinen Überlegungen alle weiteren Regierungsformen außen vor, da sie in keinem Fall legitim sein können, weil sie der Gleichheit und Freiheit der Menschen nicht Rechnung tragen.

6. *Freiheit und Zwang – ein unvereinbarerer Gegensatz?*

Der Mensch, der in einem Staat lebt, muss sich dessen Gesetzen unterwerfen, er muss sich an Regeln halten, er muss sich unterordnen. Konflikte zwischen individuellem Interesse und allgemeinem Interesse werden immer zu Gunsten des Allgemeinwohls entschieden. Wenn der Wille des Einzelnen als Privatperson dem allgemeinen Willen entgegensteht, sieht Rousseau darin eine Gefahr für den Staat, der dieser durch Zwang zu begegnen sucht. Der Gesellschaftsvertrag enthält die Möglichkeit, den zu zwingen, der dem allgemeinen Willen den Gehorsam verweigert. Bedenkt man die zentrale Rolle, welche die Freiheit des Einzelnen für Rousseau hat, erscheint dies als Selbstwiderspruch in der Theorie.

Rousseau sieht dieses Problem ebenfalls und begegnet ihm mit folgendem Argument: Der Einzelne darf innerhalb eines Staates, in welchem das Volk Souverän ist, gezwungen werden und ist trotzdem frei – der Zwang ist letztlich nur ein Zwang zur Freiheit. Konkret schreibt Rousseau:

> „Damit demnach der Gesellschaftsvertrag keine leere Formel sei, enthält er stillschweigend folgende Verpflichtung, die allein den übrigen Kraft gewähren kann; sie besteht darin, daß jeder, der dem allgemeinen Willen den Gehorsam verweigert, von dem ganzen Körper dazu gezwungen werden soll; das hat keine andere Bedeutung, als daß man ihn zwingen werde frei zu sein. Denn

41 CS III/4.
42 CS III/4.
43 CS III/5.
44 CS III/6.

die persönliche Freiheit ist die Bedingung, die jedem Bürger dadurch, daß sie ihn dem Vaterland einverleibt, Schutz gegen jede persönliche Abhängigkeit verleiht, eine Bedingung, die die Stärke und Beweglichkeit der Staatsmaschine ausmacht und den bürgerlichen Verpflichtungen, die ohne sie sinnlos, tyrannisch und den ausgedehntesten Mißbräuchen ausgesetzt wären, Rechtsmäßigkeit gibt."[45]

Und:

„Der Staatsbürger gibt zu allen Gesetzen seine Einwilligung, sogar zu denen, die wider seinen Willen gefaßt werden, ja er nimmt auch die an, die ihn strafen, falls er es wagen sollte, eines derselben zu übertreten. Der beständig in Kraft bleibende Wille aller Staatsglieder ist der allgemeine Wille; durch ihn sind sie erst Staatsbürger und frei. Bei einem Gesetzvorschlag in der Volksversammlung fragt man sie nicht eigentlich, ob sie dem Vorschlag zustimmen oder ihn verwerfen, sondern ob er dem allgemeinen Willen entspricht oder nicht, der ihr eigener Wille ist, und aus der Stimmenzahl ergibt sich die Bekundung des allgemeinen Willens. Wenn mithin meine Ansicht der entgegengesetzten unterliegt, so beweist dies nichts anderes, als daß ich mich geirrt hatte, und dasjenige, was ich für den allgemeinen Willen hielt, es nicht war. Hätte meine Einzelstimme die Oberhand gewonnen, so hätte ich etwas ganz anderes getan als ich gewollt; gerade dann wäre ich nicht frei gewesen."[46]

Der Einzelne und der allgemeine Wille

Der Einzelne kann nichts Besseres und Gerechteres wollen als der allgemeine Wille. Indem er sich diesem unterwirft und sich auch dann nach ihm richtet, wenn er nicht seiner Privatmeinung entspricht und indem er sogar zu dessen Einhaltung gezwungen werden darf, verwirklicht er in seinem Handeln Freiheit, da er dann genau das tut, was er tun würde, wenn sein einzelner Wille die vernünftige Qualität des allgemeinen Willen hätte. In der Ausrichtung des eigenen Handelns nach dem freien Willen verwirklicht der Einzelne letztlich seine Vernunftnatur. Der Mensch ist nur frei, wenn er sich nicht triebhaft verhält, sondern das ihm angeborene Vernunftvermögen nutzt. Entscheidet sich einer gegen das, was die Mehrheit will, dann ist er in dieser Entscheidung nur scheinbar frei. Würde es sich um eine tatsächlich freie Vernunftentscheidung handeln, könnte er gar nicht anders abstimmen als es die Mehrheit entsprechend der *volonté générale* tut.

45 CS I/7.
46 CS IV/2.

Der allgemeine Wille als paternalistisches Instrument

In der Annahme Rousseaus, dass Entscheidungen entsprechend dem, was die Mehrheit will, getroffen werden, zeigt sich, dass er den Blick auf die politische Praxis nicht verloren hat. Er geht davon aus, dass nicht immer alle Menschen entsprechend des Gemeinwohls entscheiden werden. Dementsprechend verlangt er keine einstimmigen Entscheidungen und hofft, dass die Mehrheit noch „so viel sittliche Substanz, so viel Gemeinschaftlichkeit“[47] hat, dass sie das entscheiden wird, was für alle das Beste ist. Welche Art von Mehrheit für einen Beschluss erforderlich ist, ob eine einfache oder eine qualifizierte Mehrheit, hängt von der Thematik und der Dringlichkeit ab, mit der entschieden werden muss und kann ad hoc festgesetzt werden. Rousseau diskutiert nicht, dass diese Möglichkeit auch missbraucht werden kann – etwa indem man hohe Quoren für Entscheidungen fordert, wohlwissend, dass sie kaum erreicht werden können, weil die Meinungen zu stark differieren. Es ist auch der Fall denkbar, dass die Mehrheit so verdorben ist, dass sie sich nicht mehr nach dem allgemeinen Willen richtet, dass sie das allgemeine Wohl aus den Augen verloren hat. In diesem Fall sind alle unfrei, egal welche Entscheidung getroffen wird.[48]

Das Problem eines Pluralismus von Meinungen, Zielen und Bedürfnissen löst Rousseau mit dem Verweis auf ein allgemeines Bestes und geht davon aus, dass dieses immer rational erkennbar sei. Über die geeignete Erkenntnismethode wird der Leser aber ebenso im Dunkeln gelassen, wie hinsichtlich der Möglichkeiten andere zu überzeugen, Konflikte zwischen gleichermaßen geeigneten aber unvereinbaren Entscheidungen zu lösen oder Minderheiten zu schützen.

Dass alle Menschen immer das Richtige wollen und sich in ihren Wünschen allein von der Vernunft leiten lassen, sieht Rousseau als unerreichbares, aber erstrebenswertes Ideal. Zur Unterstützung der Annäherung an dieses Ideal schlägt er eine Art Zensurbehörde vor, welche versucht, die angestrebte öffentliche Meinung herauszubilden. „Die Zensur erhält die Sittlichkeit, indem sie die Meinungen vor Verschlechterungen bewahrt, ihre Lauterkeit durch weise Anwendung der Gesetze erhält, ja ihnen bisweilen sogar, wenn sie noch schwankend sind, eine bestimmte Richtung gibt.“[49] Damit die Menschen aber in ihren Entscheidungen nicht vom Egoismus getrieben werden, ist eine grundsätzlich auf die Gemeinschaft angelegte Sozialisation nötig.[50] Der Mensch, der zu dem Staat passt, den Rousseau vor Augen hat, muss erzogen werden. Die vorgefundene Natur des Menschen bedarf der Optimierung. Die Ausrichtung des Handelns am Gemeinwohl aufgrund gleicher Interessen ist nichts, was den Menschen immer schon

---

47 *Wolfgang Kersting*, Gesellschaftsvertrag, a.a.O., S. 123.

48 CS IV/2.

49 CS IV/7.

50 Vgl. *Judith Shklar*, Men and Citizens. A Study of Rousseau's Social Theory, Cambridge 1985, S. 187.

gegeben ist.[51] Die Menschen sind erst gute Bürger in einem Staat, wenn sie von den Institutionen des Staates entsprechend geformt wurden. Der Einzelne verfügt über die Voraussetzungen, die nötig sind, um als Bürger eines Staates freie, bestmögliche Entscheidungen zu treffen, aber es bedarf dafür eines Staates, der die Rechtsordnung mittels Zwang durchsetzen kann, der den Einzelnen auf diesem Weg leitet.[52]

Letztlich ist das Ziel Rousseaus eine homogene Gesellschaft, in der alle Zersplitterungen, Gruppierungen, Fraktionen verschwinden und ein jeder so vollständig in den Staat integriert ist, dass seine privaten Wünsche stets mit dem Gemeinwohl im Einklang stehen.

51 Vgl. ebd. S. 202.
52 Vgl. *Alexander Aichele*, Rechtsgeschichte, a.a.O., S. 101.

C. Rousseau heute

Rousseau ist ein Verfechter des Republikanismus, und zwar in einer identitären, anti-pluralistischen Ausprägung. Seine Lehre beruht auf dem Ideal einer eng zusammenhaltenden Bürgerschaft, die gemeinsam und gemeinnützig ihre Ziele verfolgt. Zur Begründung dieses Ansatzes nutzt er das Modell der Vertragstheorie, was nichts weniger bedeutet, als mit den führenden rechtsphilosophischen Entwürfen seiner Zeit zu konkurrieren, aber auch, sich die damit verbundenen konzeptionellen Schwierigkeiten aufzubürden. Dazu zählt der fragwürdige Brückenschlag von den heterogenen individuellen Interessen zu dem hoch abstrakten, metaphysischen Konzept des allgemeinen Willens. Da der Bürger, anders als bei Hobbes, in der Republik Rousseaus frei bleibt, müssen seine individuellen Rechte und das allgemeine Interesse zeitlich zusammen bzw. auf derselben logischen Ebene gedacht werden. Rousseau behilft sich mit der Fiktion, dass die Interessen des Einzelnen und aller identisch sind: Frei ist allein der, welcher in Übereinstimmung mit dem allgemeinen Willen handelt. Allerdings hat der Bürger einen Nachbarn, der genauso frei und genauso gleich ist wie er. Dies führt zwangsläufig, sobald man die Abstraktionshöhe nur ein wenig senkt und die Vorstellung von menschlichen Konflikten zulässt, zu Widersprüchen. Rousseau überspielt dies, indem er den individuellen Willen marginalisiert; Schutzrechte, die der Einzelne gegenüber dem Staat geltend machen könnte, werden nicht erwähnt. Rousseaus Republik hat keinen Raum für subjektive Rechte. Diesen Befund kann auch keineswegs entschärfen, dass Freiheit und Gleichheit nach Rousseau die bestimmenden Parameter seines Vertragsmodells sind – wenn schon unerheblich in der Praxis, dann doch wichtig für seine Theorie. Genauso wenig können Bürgerrechte dadurch ersetzt werden, dass man, wie Rousseau, paternalistisch beteuert, der Souveräns wolle ja das „Beste für alle“ und der Staat habe überdies die basale Existenz des Einzelnen zu sichern.

Die Moderne wird daher versuchen, Republik weniger identitär zu denken. Beginnend in der ersten Hälfte des 20. Jahrhunderts entstehen in der Rechtsphilosophie und der Politischen Philosophie zunehmend Ansätze, die einen ähnlichen Ausgangspunkt wählen wie Rousseau, nämlich als Prämisse die Freiheit und Gleichheit der Bürger, die aber abrücken von der These, dass ein „allgemeiner Wille“ existiert, neben dem die Rechte der Individuen keinen Platz finden. Nahezu alle großen rechtsphilosophischen Staatstheorien lassen die Idee des absolut unvertretbaren Volkes fallen und gestatten die – vorzugsweise parlamentarische – Repräsentation des Souveräns.

Wenn es um das praktische Funktionieren seines demokratischen Entwurfs geht, zeigt Rousseau übrigens wenig Konsequenz. Die von seiner Lehre geforderte „Zusammenkunft aller“, durch die das Volk als Souverän und Gesetzgeber die *volonté générale* formuliert, mag zwar in einem schweizerischen Kanton denkbar sein, in einem Flächenstaat würde die Umsetzung jedoch erhebliche Schwierigkeiten bereiten. Hinzu kommt die Frage, ob die arbeitende Bevölkerung die Zeit aufbringen kann, sich politischen Themen zu widmen und regelmäßig Entscheidungen zu treffen. Rousseau weist selbst darauf hin, dass aus diesem Grund die griechischen Gesellschaften Sklavenhaltergesellschaften waren.[53] Die wohlhabenden Bürger konnten es sich leisten, Politik zu treiben, da sie sich nicht persönlich um den Broterwerb sorgen mussten. Rousseau schneidet dieses Problem an, ohne es zu lösen.

I. Spuren in der Rechtsprechung

Rousseau ist eine zentrale Figur der Rechts- und Staatsphilosophie, befeuerte er die Debatte doch mit neuen Ideen zum Verhältnis von Herrschenden und Beherrschten, zu der Rolle des Individuums im politischen System und natürlich auch mit seinem Konstrukt der *volonté générale*. Parallelen zu Rousseaus Konzeption finden sich heute vor allem im politischen System der Schweiz. Der Anteil der Mitbestimmungsrechte des schweizerischen Volkes ist im internationalen Vergleich sehr hoch.[54] In der Literatur wird immer wieder darauf hingewiesen, dass Rousseaus Theorien das schweizerische System beeinflusst haben.[55]

Sucht man aber nach Anknüpfungspunkten der Lehre an das rechtliche oder politische System der Bundesrepublik Deutschland, stößt man schnell an die Grenzen der bestehenden rechtlichen Regelungen. Viele der Thesen Rousseaus sind gänzlich unvereinbar mit den Grundfesten des deutschen Wahlsystems, mit dem Verhältnis zwischen dem Einzelnen und dem Staat oder mit der pluralistischen Gesellschaftsstruktur, in welcher heute kaum einer ein objektiv erkennbares Gemeinwohl annimmt. Ein zentraler Unterschied besteht auch darin, dass sich Rousseau ausdrücklich gegen die Wahl von Volksvertretern ausspricht; der Wille des Einzelnen ist für ihn nicht repräsentierbar. Das deutsche Volk wählt dagegen regelmäßig in allgemeinen, unmittelbaren, freien, gleichen und geheimen Wahlen die für den Bundestag und andere Gesetzgebungsorgane bestimmten Abgeordneten.

53 CS III/15.

54 *Thomas Krumm*, Das politische System der Schweiz – ein internationaler Vergleich, München 2013, S. 45. Die politische Mitbestimmung des Volkes ist in der Schweiz durch verschiedene Initiativ- und Referendumsrechte möglich. So gelangen auch Themen entsprechend der politischen Willensbildung zur Entscheidung, die allein in der parlamentarischen Debatte wohl nicht auf die Agenda gesetzt worden wären – ein Beispiel ist die Entscheidung über den Bau von Minaretten. Durch eine Volksabstimmung wurde der Neubau von Minaretten 2009 untersagt.

55 Vgl. *Anna Gamper*, Staat und Verfassung. Einführung in die allgemeine Staatslehre, 2. Auflage, Wien 2010, S. 163.

Lesen Sie deshalb die drei folgenden Auszüge aus einem Urteil des Bundesverfassungsgerichts. Markieren Sie die Stellen, an welchen Sie Anklänge an die Thesen Rousseaus entdecken!

1. *Ein Urteil des Bundesverfassungsgerichts*

Ein Urteil zu den Rettungspaketen für den griechischen Staat vor dem Hintergrund der drohenden Staatspleite Griechenlands

Trotz der aufgezeigten Unterschiede lassen sich dennoch einige Verbindungen zwischen den Thesen Rousseaus und manchen Aspekten der rechtlichen und politischen Verfassung Deutschlands aufzeigen. Dies zeigt die Analyse des folgenden Urteils des Bundesverfassungsgerichts.

Eine dieser Schnittstellen ist die Rolle des Volkes. Dazu finden Sie im Folgenden Auszüge aus einem Urteil zur Währungspolitik Deutschlands in der sogenannten Schuldenkrise Griechenlands. Im Jahr 2009 war bekannt geworden, dass sich der griechische Staat einem enormen Haushaltsdefizit gegenüber sah und so die fiskalischen und monetären Kriterien der EU in Bezug auf die Schuldgrenze nicht erfüllen konnte. Die drohende Zahlungsunfähigkeit und der damit in Aussicht stehende Staatsbankrott führten in den Folgemonaten zu verschiedenen, unter dem Schlagwort „Rettungspaket" geführten Maßnahmen der Europäischen Union. Dazu zählten die Übernahme von Gewährleistungen und finanziellen Hilfen, an denen sich auch Deutschland beteiligte.

Grundgesetz für die Bundesrepublik Deutschland – Art 38
(1) Die Abgeordneten des Deutschen Bundestages werden in allgemeiner, unmittelbarer, freier, gleicher und geheimer Wahl gewählt. Sie sind Vertreter des ganzen Volkes, an Aufträge und Weisungen nicht gebunden und nur ihrem Gewissen unterworfen.

Gegenstand des Urteils ist eine Verfassungsbeschwerde, in der die Beschwerdeführer die Verletzung ihrer Grundrechte u. a. aus Art. 38 Abs. 1 GG monieren. Im Zuge der Gesetzgebung zum „Rettungspaket" wurden nach Ansicht der Beschwerdeführer „fundamentale Prinzipien des Grundgesetzes" verletzt, insbesondere das Sozialstaatsprinzip und die „Haushaltshoheit weitgehend aufgegeben".[56] Der Deutsche Bundestag hätte nach dieser Auffassung keine Maßnahmen des Europäischen Rates und des Rates der Finanzminister umsetzen dürfen, welche unvereinbar mit den Stabilitätskriterien entsprechend des Vertrags von Maastricht waren.[57] Mit der Umsetzung derartiger Vorgaben werde die „Eigenständigkeit der

56 BVerfGE 129, 124 (138).
57 Vgl. BVerfGE 129, 124 (139).

Haushalte der Mitglieder der Währungsunion"[58] missachtet. Das Parlament habe faktisch seine Haushaltshoheit weitgehend aufgegeben. Die Beschwerdeführer argumentieren also, das Parlament habe sich selbst um eine seiner zentralen Kompetenzen gebracht. Die Europäische Union könne somit Hoheitsgewalt ausüben, ohne demokratisch legitimiert zu sein. Eine solche Entscheidung aber könne der Bundestag, der sich aus Abgeordneten zusammensetzt, die Vertreter des Volkes sind, nicht treffen; „die verfassungsgebende Gewalt des Volkes" sei eingeschränkt worden.

In seinem Urteil erklärt das Bundesverfassungsgericht die Verfassungsbeschwerde zwar für unbegründet, es setzt sich aber in seinem Urteil auch umfassend mit der Rolle des Volkes auseinander:

Auszug A

„Art. 38 Abs. 1 und Abs. 2 GG gewährleistet das subjektive Recht, unter Einhaltung der verfassungsrechtlichen Wahlgrundsätze an der Wahl der Abgeordneten des Deutschen Bundestages teilzunehmen. Dabei erschöpft sich der Wahlakt nicht in einer formalen Legitimation der Staatsgewalt auf Bundesebene nach Art. 20 Abs. 1 und Abs. 2 GG. Vom Wahlrecht mit umfasst ist auch der grundlegende demokratische Gehalt des Wahlrechts, mithin die Gewährleistung wirksamer Volksherrschaft. Art. 38 GG schützt die wahlberechtigten Bürger insoweit vor einem Substanzverlust ihrer im verfassungsstaatlichen Gefüge maßgeblichen Herrschaftsgewalt durch weitreichende oder gar umfassende Übertragungen von Aufgaben und Befugnissen des Bundestages, vor allem auf supranationale Einrichtungen. Nichts anderes gilt jedenfalls für vergleichbare völkervertraglich eingegangene Bindungen, die im institutionellen Zusammenhang mit der supranationalen Union stehen, wenn dadurch die demokratische Selbstregierung des Volkes dauerhaft derart eingeschränkt wird, dass zentrale politische Entscheidungen nicht mehr selbständig getroffen werden können."[59]

Auszug B

„Die abwehrrechtliche Dimension des Art. 38 Abs. 1 GG kommt in Konstellationen zum Tragen, in denen offensichtlich die Gefahr besteht, dass die Kompetenzen des gegenwärtigen oder künftigen Bundestages auf eine Art und Weise ausgehöhlt werden, die eine parlamentarische Repräsentation des Volkswillens, gerichtet auf die Verwirklichung des politischen Willens der Bürger, rechtlich oder praktisch unmöglich macht."[60]

58 BVerfGE 129, 124 (139).
59 BVerfGE 129, 124 (167).
60 BVerfGE 129, 124 (170).

Auszug C
„Das durch das Wahlrecht geschützte Prinzip der repräsentativen Volksherrschaft kann danach verletzt sein, wenn die Rechte des Bundestages wesentlich geschmälert werden und damit ein Substanzverlust demokratischer Gestaltungsmacht für dasjenige Verfassungsorgan eintritt, das unmittelbar nach den Grundsätzen freier und gleicher Wahl zustande gekommen ist.“[61]

2. *Diskussion, Kritik und Zusammenschau*

Die Abschnitte zeigen, wie herausragend das Bundesverfassungsgericht die Rolle des Volkes und des in Wahlen zum Ausdruck gebrachten Volkswillens bewertet. Es weist ausdrücklich darauf hin, dass Art. 38 Abs. 1 GG nicht nur formal den Gang zur Wahlurne einschließt, sondern dass darüber hinaus die Wahl Ausdruck „wirksamer Volksherrschaft“ ist und dadurch die demokratische Legitimation der Rolle der Abgeordneten im Parlament erfolgt. Es wird argumentiert, dass die Übertragung von Kompetenzen, die in die Selbstständigkeit des Parlaments eingreifen würden, an eine Instanz, die ihrerseits nicht wie das Parlament demokratisch legitimiert ist, zu einem Substanzverlust der Herrschaftsgewalt des Volkes führen würde.

In den Auszügen des Urteils wird deutlich, dass das Bundesverfassungsgericht das Konzept der Volksherrschaft nicht etwa in Frage stellt, sondern im Gegenteil klar darauf hinweist, dass das Volk Souverän entsprechend des Art. 20 Abs. 2 GG ist und seine Selbstständigkeit erhalten bleiben muss. Konkret bedeutet das, es muss Entscheidungen von politischer Relevanz treffen können, es muss über die Belange, die es betreffen, selbst entscheiden können. Zwar sieht die Verfassung der Bundesrepublik ausdrücklich die Repräsentation des Volkes vor, aber sie erkennt – im Gegensatz zu Rousseau – keinen Widerspruch darin, dass das Volk dennoch die Volksgewalt ausübt. Wie Rousseau betont hier das Gericht, dass die Legitimation von Herrschaft in einer Demokratie nur dann vorhanden ist, wenn sie auf den Willen des Volkes zurückgeführt werden kann. Rousseau würde hier zugespitzt sagen *unmittelbar* auf den Willen des Volkes.

Sie sehen, dass das Konzept der Volksherrschaft keineswegs an eine bestimmte Zeit oder Denktradition geknüpft ist, sondern dass es vielmehr als zeitloses theoretisches Konstrukt in der politischen und rechtlichen Debatte aufgegriffen werden kann und dort praktische Bedeutung entfaltet. Dem Parlament kommt deshalb eine herausragende Stellung im politischen System zu, weil es vom Volk frei und gleich gewählt wurde. Jede Stimme hat das gleiche Gewicht und die BürgerInnen sind in ihrer Wahlentscheidung frei.

61 BVerfGE 129, 124 (168).

II. Übung und Vertiefung

Wozu braucht man eigentlich einen Staat?[62]

Beantworten Sie, während Sie das fiktive Interview mit Thomas Hobbes, John Locke und Jean-Jacques Rousseau lesen, alle Fragen des Moderators zunächst selbst! Das Wissen dazu haben Sie jetzt! Sie können so überprüfen, ob Sie auch in der Lage sind, dieses Wissen anzuwenden.

Moderator: Willkommen zu unserer heutigen Ausgabe der Sendereihe *Forum Philosophie*. Diesmal geht es um die Frage: Wozu braucht man eigentlichen einen Staat? Ich freue mich, dass es uns gelungen ist, drei der bedeutendsten Staatsphilosophen in unser Studio zu holen. Ich begrüße den Franzosen Jean-Jacques Rousseau, den Engländer John Locke und seinen Landsmann Thomas Hobbes.

Herr Hobbes, zunächst zu Ihnen. Sie gelten als Begründer der modernen Staatsphilosophie. Ihr politisches Hauptwerk, das 1651 veröffentlicht wurde, haben Sie *Leviathan* genannt. Was soll dieser rätselhafte Titel eigentlich bedeuten?

Hobbes: Nun, zu meiner Zeit kannten sich die Menschen noch im Alten Testament aus. Dort wird in den Büchern Hiob und Jesaia, auch in den Psalmen, ein Meeresungeheuer namens Leviathan, eine Art Schlange oder Drache, erwähnt, das den Menschen Furcht und Schrecken einjagt. Ich habe dieses Ungeheuer als Sinnbild für die Staatsgewalt benutzt. Der Staat verbreitet als höchste irdische Macht Furcht und Schrecken und unterwirft sich dadurch alle anderen Mächte.

Moderator: Das ist ja eine ganz andere Auffassung vom Staat als die des antiken Philosophen Aristoteles, die bis ins Mittelalter hinein gültig war. Für Aristoteles, der den Menschen als soziales Wesen ansieht, ist der Staat nichts Furchterregendes, sondern gewissermaßen die Erfüllung des Menschseins.

Hobbes: Ja, Sie haben vollkommen recht. Aber ich betrachte den Menschen nicht mehr als soziales Wesen, sondern gehe vom einzelnen Menschen und seiner individuellen Freiheit aus. Niemand ist von Natur aus einem anderen untertan, sodass jegliche Einschränkung dieser Freiheit, eben auch durch den Staat, nur gerechtfertigt ist, wenn ihr jeder einzelne Bürger zustimmen kann. Ich wollte im *Leviathan* zeigen, dass der Staat, der Furcht und Schrecken verbreitet, letztlich auf der Zustimmung aller Menschen beruht.

Moderator: Können Sie ihre Argumente noch einmal wiederholen?

---

62 Der Text entstammt dem Band *Jörg Peters, Bernd Rolf,* (Interview), a.a.O., S. 52-62.

Hobbes: Sehen Sie: Um die Existenz des Staates zu rechtfertigen, gehe ich vom Naturzustand aus, also vom Gegenteil dessen, was ich beweisen will.

Moderator: Aber einen solchen Zustand gibt es doch nirgendwo mehr auf der Erde. Wo leben Menschen denn noch unter natürlichen Verhältnissen?

Hobbes: Sie haben mich nicht richtig verstanden. Mit Naturzustand meine ich nicht einen primitiven Entwicklungszustand, in dem die Menschen noch ohne technische Hilfsmittel auskommen müssen. Darunter verstehe ich vielmehr den Zustand, in dem die Menschheit sich befindet, wenn es keinen Staat gibt, also einen Zustand ohne Herrschaft, ohne Gesetze usw. Außerdem handelt es sich dabei ja um ein Gedankenexperiment. Ich nehme einen solchen Zustand ohne Staat an, um zu untersuchen, welche Mängel dann auftreten würden. Daraus ließe sich ableiten, wozu ein Staat notwendig ist. Ich gehe davon aus, dass alle Menschen einer staatlichen Autorität zustimmen würden, wenn sie diese Mängel abstellen könnte.

Moderator: Mmh, ich verstehe. Um welche Mängel handelt es sich denn?

Hobbes: Der Naturzustand ist für mich gekennzeichnet durch einen *Krieg eines jeden gegen jeden*. Damit will ich nicht sagen, dass Menschen ohne Staat immer in einem Kriegszustand leben würden, aber sie ständen sich misstrauisch und feindselig gegenüber und wären jederzeit bereit, mit Waffengewalt aufeinander loszugehen. Um es bildlich auszudrücken: *Homo homini lupus* – Der Mensch ist dem Menschen ein Wolf ...

Rousseau: ... aber das ist doch Unsinn, der Mensch ist von Natur aus gar nicht egoistisch und bösartig, wie ich in meinem *Diskurs über den Ursprung und die Grundlagen der Ungleichheit der Menschen* gezeigt habe.

Moderator: Herr Rousseau, bitte lassen Sie Herrn Hobbes ausreden. Sie werden gleich Gelegenheit haben, Ihre Position darzulegen.

Hobbes: Doch, Herr Rousseau, wenn man es realistisch betrachtet, sind Menschen vor allem an ihrem eigenen Wohlergehen interessiert, sie sind Egoisten. Dieses – wenn sie so wollen, pessimistische – Menschenbild habe ich während der langen Zeit des Bürgerkrieges in meinem Land gewonnen, der meine Existenz bedrohte und mich 1640 dazu bewog, für 10 Jahre ins Exil nach Frankreich zu gehen. Dazu kommt nun, dass die Natur die Menschen annähernd gleich geschaffen hat. Auch der Schwächste ist noch stark genug, den Stärksten zu töten, wenn er sich einer List bedient oder sich mit anderen verbündet. Daraus folgt, dass im Naturzustand niemand einen Vorteil für sich beanspruchen kann, den nicht ein anderer ebenso gut für sich verlangen könnte. Wenn es keinen Staat gibt, dann hat eben jeder ein Recht auf alles. Und so kommt es zu Konkurrenz und Streit, eben zu dem, was ich *Krieg eines jeden gegen jeden* genannt habe.

Moderator: Wie ließe sich ein solcher Krieg denn vermeiden?

Hobbes: Der alleinige Weg dazu besteht in der Errichtung einer allgemeinen Gewalt, das heißt in der Errichtung eines Staates. Ich habe diesen Geburtsakt des Staates als *Gesellschaftsvertrag* bezeichnet. Er darf nicht mit dem *Herrschaftsvertrag* verwechselt werden, der zwischen dem Fürsten und dem Volk abgeschlossen wird. Den Gesellschaftsvertrag gehen die Bürger untereinander, nicht mit dem Herrscher ein. Wenn die Ursache des Krieges das Recht auf alles ist, dann müssen die Menschen, um Frieden zu halten, untereinander einen Vertrag schließen, in dem sie erklären, dass sie auf dieses Recht auf alles verzichten und ihre Macht auf einen Menschen, den Souverän, übertragen. Der Souverän ist durch seine Macht in der Lage, sie vor gegenseitigen Übergriffen und auch vor den Angriffen Fremder zu schützen. Diese Aufgabe kann übrigens auch von einer Versammlung von Menschen übernommen werden.

Moderator: Gehen Sie wirklich davon aus, dass Menschen freiwillig auf ihre Rechte verzichten?

Hobbes: Ja, denn selbst ein Egoist sieht ein, dass es für ihn auf lange Sicht vorteilhafter ist, in Frieden und Sicherheit zu leben als in ständiger Todesfurcht, die er im Kriegszustand ja haben muss. Und ein Egoist möchte ja möglichst angenehm leben, wozu der Friede eine Voraussetzung ist.

Moderator: Aber was geschieht, wenn sich einige Menschen ausklinken und nun den Vertrag nicht unterzeichnen?

Hobbes: Das wäre in der Tat ein Problem. Ein Mensch wird ja nur dann bereit sein, auf etwas zu verzichten, wenn alle anderen dies auch tun und keinen Vorteil daraus ziehen, dass er sein Recht aufgibt. Deshalb kann sich auch jeder ausrechnen, dass der Vertrag erst gar nicht zustande käme, wenn nicht alle – mit Ausnahme des Souveräns – auf ihre Rechte verzichten würden. – Ich muss sie jedoch noch einmal daran erinnern, dass wir uns hier in einem Gedankenexperiment befinden. Der Vertrag wird ja nicht wirklich abgeschlossen. Ich glaube aber nun gezeigt zu haben, dass alle Menschen, wenn sie darüber nachdenken würden, einem solchen Vertag zustimmen würden. Und daraus leite ich ab, dass man unterstellen kann, dass ein Staat gerechtfertigt ist.

Moderator: Ich verstehe. Und wie groß ist Ihrer Ansicht nach die Macht des Staates?

Hobbes: Das ergibt sich aus dem, was bisher gesagt wurde. Solange der Staat den Bürgern Frieden und Sicherheit garantiert, schulden sie ihm totalen Gehorsam. Kein Mensch hat das Recht, dem Willen des Souveräns Widerstand zu leisten, auch dann nicht, wenn er sich ungerecht behandelt fühlt. Der Souverän kann nicht einmal zur Rechenschaft gezogen werden, wenn er einen Menschen unschuldig hinrichten lässt, sofern dies im Interesse des Friedens nötig ist. Die Gehorsamspflicht der Untertanen endet erst dann, wenn der Staat seiner Aufgabe der Friedenssicherung nicht mehr nachkommen kann.

Rousseau: Skandalös! Damit könnte man ja sogar eine absolute Monarchie rechtfertigen. Das ist für mich als Demokraten überhaupt nicht akzeptabel. Und damit, dass die Bürger keine Freiheiten und Rechte haben, kann doch niemand einverstanden sein.

Hobbes: Aber bedenken Sie doch: Nur ein starker Staat kann wirklich Frieden stiften. Das ist jedenfalls mein Fazit aus den Wirren des Bürgerkrieges in meinem Land, der 1649 erst durch die Diktatur Cromwells beendet werden konnte. Gegenüber dem Terror der Anarchie erscheint mir die Gefahr der Despotie als das weitaus geringere Übel.

Moderator: Ich bin mir nicht sicher, ob die Alternative richtig ist. Aber nun zu Ihnen, Herr Locke. Sie gelten mit Ihren *Zwei Abhandlungen über die Regierung* von 1689/90 als Begründer des Liberalismus und als der Wegbereiter der amerikanischen Verfassung. Was halten sie von den staatsphilosophischen Überlegungen Ihres Kollegen Hobbes?

Locke: Ich beurteile sie sehr zwiespältig. Die Rechtfertigung des Staates durch den Gesellschaftsvertrag ist für mich eine der genialsten Ideen der politischen Philosophie, darin bin ich Hobbes gefolgt. Aber ich habe eine ganz andere Auffassung vom Naturzustand – und daraus ergibt sich für mich auch eine andere Sicht des Staates. Selbst ein Zustand ohne staatliche Autorität ist für mich noch kein zügelloser Zustand, denn es gibt natürlich Rechte und Pflichten. Die Vernunft, wenn sie denn nur zurate gezogen wird, lehrt die Menschen, dass niemand den anderen töten, verletzen, bestehlen oder seiner Freiheit berauben darf. Denn wenn alle Menschen gleich sind, muss ich das, was ich für mich in Anspruch nehme, auch den anderen zubilligen: Also das Recht auf Leben und körperliche Unversehrtheit, das Recht auf Freiheit und das Recht auf Eigentum.

Moderator: Die Menschenrechte?

Locke: Ja, ich habe sie *natürliche* Rechte genannt. Das sind unveräußerliche Rechte, die jedem Menschen als Menschen zukommen, also nicht erst durch den Staat verliehen werden, sondern schon im Naturzustand existieren.

Moderator: Aber wo gibt es dann noch Probleme im Zusammenleben der Menschen, wenn es schon im Naturzustand diese Rechte und ihnen entsprechende Pflichten gibt?

Locke: Sehen Sie, die natürlichen Rechte, so wie die Vernunft sie uns gibt, sind allgemein und abstrakt. Da die Rechte nicht eindeutig formuliert sind, kann es bei der Anwendung Probleme geben. Es kann Streit darüber entstehen, wie diese Rechte im konkreten Einzelfall zu interpretieren sind, besonders, wenn die Kontrahenten parteiisch sind. Ferner ist es möglich, dass es Probleme gibt, diese Rechte gegen Widerstände durchzusetzen, sodass jemand zwar im Recht ist, aber nicht Recht bekommt.

Moderator: Und welche Aufgaben des Staates ergeben sich daraus?

Locke: Das liegt doch nun auf der Hand: Der Staat hat die Aufgabe, die natürlichen Rechte durch eindeutig formulierte Gesetze zu konkretisieren. Er hat ferner auch darüber zu wachen, dass diese Gesetze auch eingehalten werden. Und im Streitfall braucht er Richter, die die Gesetze unparteiisch auslegen. Wenn man dies zusammenfasst, könnte man sagen: Der Staat hat die Aufgabe der Sicherung der natürlichen Rechte.

Moderator: Darf der Staat eigentlich selber gegen diese Rechte verstoßen?

Locke: Nein, auf keinen Fall. Auch der Staat muss die natürlichen Rechte beachten, die dem Menschen ja schon im Naturzustand zukommen. Das Gewaltmonopol des Staates stellt aber aus meiner Sicht – darin unterscheide ich mich von Herrn Hobbes – eine große Gefahr für die Freiheit der Bürger dar. Deshalb muss man den Staat so einrichten, dass die Bürger vor Machtmissbrauch geschützt werden. Das ist eine der Grundforderungen des Liberalismus.

Moderator: Wie wollen Sie das erreichen?

Locke: Durch Gewaltenteilung. Die Legislative, das heißt die gesetzgebende Gewalt, und die Exekutive, das ist die Gewalt, die den Gesetzen Anerkennung verschafft, müssen getrennt sein, und die Legislative muss einer Kontrolle unterzogen werden können. Ich denke da an eine gesetzgebende Versammlung, die vom Volk abberufen oder verändert werden kann, wenn sie dem in sie gesetzten Vertrauen zuwiderhandelt. Mein französischer Kollege Montesquieu hat den Gedanken der Gewaltenteilung übrigens weiterentwickelt und auf die richterliche Gewalt, die Judikative, ausgedehnt. So kann die Freiheit der Bürger wirksam geschützt werden.

Rousseau: Unglaublich! Dieser sogenannte Liberalismus hat doch nicht wirklich etwas mit Freiheit zu tun, sondern ist nichts anderes als eine Rechtfertigung der bürgerlichen Klasse. Freiheit bedeutet für Sie, Herr Locke, doch nur die Freiheit der Reichen und Besitzenden. Ihr Staat ist nichts anderes als ein Nachtwächterstaat, der darüber wacht, dass den wohlhabenden Bürgern nichts gestohlen wird. Für mich hat ein Mensch nicht nur das Recht, dass ihm nichts weggenommen wird, sondern einen positiven Anspruch auf Eigentum. Das bedeutet, dass die gesellschaftlichen Güter an alle Menschen gleich verteilt werden müssen, dass der Staat die Aufgabe hat, den Unterschied zwischen Arm und Reich aufzuheben.

Moderator: Nachdem Sie sich schon wieder dazwischengedrängt haben, nun also zu Ihnen, Herr Rousseau. Wenn ich Sie auch kurz vorstellen darf: Sie gelten als einer der geistigen Väter der Französischen Revolution, jedenfalls haben die Revolutionäre sich auf Ihre Ideen berufen. Wie wir ja alle schon gehört haben, lehnen sie die Gedanken von Hobbes und auch Locke radikal ab. Da verwundert es mich sehr, dass Ihr politisches Hauptwerk den Titel *Vom Gesellschaftsvertrag* trägt.

Rousseau: Das ist aber auch die einzige Gemeinsamkeit mit diesen beiden Herren, ansonsten möchte ich mit ihnen nichts zu tun haben. Und ich behaupte, dass ich der Einzige bin, der die Idee des Gesellschaftsvertrages richtig verstanden hat. Wie schon gesagt, geht es mir um die Freiheit des Menschen. Und da ist mir damals – im Jahr 1762 – Folgendes aufgegangen: Im Naturzustand ist der Mensch vollkommen frei. Wo ich aber auch hinsah: Überall war der Mensch in Ketten. Das Grundproblem der politischen Philosophie lautet daher: Wie kann man eine Staatsform finden, die den Einzelnen schützt, in der er aber seine Freiheit nicht aufgeben muss?

Hobbes: Das ist unmöglich!

Rousseau: Nein, es ist möglich, wenn mehrere Voraussetzungen erfüllt sind, von denen ich hier aus Zeitgründen nur zwei erläutern kann. Die erste Voraussetzung ist die, dass bei Vertragsschluss alle Menschen wirklich gleich behandelt werden, ohne eine einzige Ausnahme. Daher darf es nicht – wie bei Hobbes – einen Souverän geben, der außerhalb des Gesellschaftsvertrages steht, der nicht auf seine Rechte verzichtet, sondern alle Rechte übertragen bekommt. Nicht die Willkür eines Souveräns soll das staatliche Handeln lenken, sondern der allgemeine Wille. In politischen Fragen muss der Wille des Volkes maßgeblich sein. Die Idee des Gesellschaftsvertrages führt also notwendig zur Demokratie. Darunter verstehe ich direkte Befragung aller Bürger bei allen politischen Beschlüssen. Nur so kann die natürliche Freiheit der Bürger im Staat erhalten bleiben: Wenn der staatliche Wille und der Wille des Einzelnen übereinstimmen, ist jeder frei, weil er, indem er dem Staat gehorsam ist, letztlich nur seinem eigenen Willen folgt.

Locke: Aber wenn man die Bürger in Abstimmungen befragt, dann ergeben sich doch sehr viele unterschiedliche Meinungen, dabei kommt doch kein einheitlicher Wille heraus. Und das ist ja auch ganz verständlich. Ein Fabrikant beispielsweise hat doch ganz andere Interessen als ein Arbeiter.

Rousseau: In diesem Punkt gebe ich Ihnen recht. Der allgemeine Wille ist nicht identisch mit der Summe der Einzelwillen. Und damit komme ich auch zu meiner zweiten Voraussetzung. Wenn die unterschiedlichen Willen wirklich auf unterschiedliche Interessen beruhen, dann müssen wir eben dafür sorgen, dass Interessenunterschiede erst gar nicht entstehen. Und wenn diese Interessenunterschiede von unterschiedlichen Besitzverhältnissen herrühren, dann müssen wir dafür sorgen, dass alle das Gleiche besitzen. Deshalb ist es beim Gesellschaftsvertrag notwendig, dass die Menschen sich nicht nur ihrer Rechte entäußern, sondern auch ihres Besitzes. Für den Staat ergibt sich daraus die Aufgabe, die gesellschaftlichen Güter gleich zu verteilen. Wenn alle das Gleiche besäßen, gäbe es keine unterschiedlichen Interessen, sondern nur noch ein gemeinsames Interesse an der gemeinschaftlichen Sicherung des Lebens. Und so wäre dann die Herrschaft des allgemeinen Willens und damit die Erhaltung der natürlichen Freiheit im Staat möglich.

Hobbes: Diese Ideen sind doch völlig unrealistisch! Der Verlauf der Geschichte hat ja auch gezeigt, dass sie sich nicht durchsetzen konnten. Direkte Demokratie – das geht vielleicht in einem kleinen Staat wie in Ihrem Geburtsort Genf. Aber in Flächenstaaten, die seit dem ausgehenden 18. Jahrhundert überall in der Welt entstanden sind, ist das ja wohl nicht durchführbar. Und Gleichverteilung von Gütern – das erinnert mich sehr an das Experiment des Kommunismus, das in den europäischen Ostblockstaaten kläglich gescheitert ist.

Rousseau: Vergessen Sie bitte nicht, dass in den Flächenstaaten die Demokratie immerhin in der Form der repräsentativen Demokratie eingeführt worden ist. Und ohne meine Forderung nach Gleichverteilung der Güter hätte es im 19. Jahrhundert wahrscheinlich nicht den Kampf um soziale Gerechtigkeit gegeben, der zur Einrichtung des Sozialstaates führte. Dem Staat darf das Wohlergehen der Bürger nicht völlig gleichgültig sein. Wenn er sich nicht um die sozial Schwachen, Kranken, Arbeitslosen oder sonst zu kurz Gekommenen kümmert, wer dann?

Locke: Aber der Staat geht bankrott, wenn er sich um alle Sozialfälle kümmern soll – das hat man doch in den letzten Jahren in der Bundesrepublik Deutschland gesehen!

Moderator: Meine Herren, das können wir jetzt leider nicht mehr ausdiskutieren, denn unsere Sendezeit ist abgelaufen und wir müssen zum Schluss kommen. Sie sind sich im Hinblick auf die Frage, wozu wir den Staat eigentlich brauchen, zwar nicht einig geworden. Mir scheint allerdings, dass ihre Staatsentwürfe sich nicht völlig ausschließen. Zweifellos ist der Staat notwendig, um durch sein Gewaltmonopol den inneren und äußeren Frieden zu sichern, wie Sie, Herr Hobbes, betont haben. Wenn wir nun beispielsweise auf den deutschen Staat sehen, erkennen wir, dass er als liberaler Verfassungsstaat auch die natürlichen Rechte der Menschen schützt, wie Sie, Herr Locke, gefordert haben. Und er versteht sich nicht zuletzt als demokratischer Wohlfahrtsstaat, der sich ganz in Ihrem Sinne, Herr Rousseau, auch um das Wohlergehen der Bürger kümmert und für sozialen Ausgleich sorgt. – Herr Hobbes, Herr Locke und Herr Rousseau, vielen Dank für dieses Gespräch!

Literaturempfehlungen

Wolfgang Kersting, Jean-Jacques Rousseaus ‚Gesellschaftsvertrag', Darmstadt 2002.
Iring Fetscher, Rousseaus politische Philosophie: Zur Geschichte des demokratischen Freiheitsbegriffs, 10. Auflage, Frankfurt a. M. 2010.
Sharon B. Byrd, Themenschwerpunkt: Recht und Ethik im Werk von Jean-Jacques Rousseau, Berlin 2012
Karlfriedrich Herb/Reinhard Brandt, Jean-Jacques Rousseau: Vom Gesellschaftsvertrag oder Prinzipien des Staatsrechts (Klassiker auslegen), Berlin 2012.
Patrick Riley, The Cambridge Companion to Rousseau, Cambridge 2001.

IMMANUEL KANT 1724–1804

Kant hat weit über die historischen Verhältnisse seiner Zeit hinausschauend, die begrifflichen Grundlagen dafür gelegt, eine Theorie einer freiheitlichen Weltordnung im Geiste seiner Philosophie zu entwickeln.

Henning Ottmann

A. Der Denker und seine Zeit

Über die Person Immanuel Kants kursieren viele – mehr oder weniger erwiesene – Anekdoten. Eine handelt davon, dass die Königsberger ihre Uhren nach ihm stellen konnten, da er ausnahmslos an jedem Tag einen Spaziergang machte, den er stets um 16 Uhr zu beginnen pflegte.

Nicht nur der Spaziergang gehorcht genauen Regeln, auch der übriger Tageslauf des älter gewordenen Kants folgt einem immer gleichen Muster. Die Strenge und Prinzipientreue, die in dieser Gleichmäßigkeit zum Ausdruck kommt, und die sich auch an vielen Stellen seines wissenschaftlichen Werks findet, steht ganz im Zeichen seiner pietistischen Erziehung. Kant wird 1724 in eine eher ärmliche Königsberger Familie geboren und kann nur mit der Unterstützung von Freunden der Familie das Gymnasium besuchen. Mit 16 Jahren beginnt er sein Studium der Mathematik, der Naturwissenschaften, Philosophie, Theologie und lateinischer Literatur. In dieser Zeit ist es durchaus üblich, sehr viele Fächer zu studieren. In jungen Jahren begeistert sich Kant vor allem für die Naturwissenschaften und verdingt sich, nachdem er die Universität im Jahr 1746 verlässt, als Hauslehrer in der Umgebung von Königsberg.

1754 kehrt er an die Universität zurück, an der er schon ein Jahr später promoviert und habilitiert. Letzteres mit einer Schrift zur metaphysischen Prinzipienlehre. Darauf wird er Privatdozent an der Königsberger Universität. Sein breites Wissen, das er in seinen Jahren als Hauslehrer noch vertieft, zeigt sich auch in der thematischen Vielfalt seiner Veranstaltungen. Er lehrt u. a. Logik, Geographie, Moralphilosophie, Physik, Pädagogik und Mathematik.

Trotz seiner umfassenden Lehrtätigkeit lebt Kant in den folgenden Jahren recht ärmlich, da sich seine Einkünfte auf das beschränken, was die Studenten nach der Vorlesung zahlen. Der langersehnte Ruf als ordentlicher Professor an die Königsberger Universität bleibt aus. Kant lehnt zwischenzeitlich Angebote aus Jena und Erlangen ab. Er möchte die Heimat und seinen Bekanntenkreis nicht verlassen. 1770, inzwischen 46-jährig, erhält er doch noch den Ruf auf eine Professur für Logik und Metaphysik in seiner Heimatstadt. In den folgenden Jahren lässt die Vielfalt seines Vorlesungsrepertoires nicht nach. Er geht in seiner Arbeit an der Universität auf und beginnt mit der Arbeit an seinen bedeutendsten Schriften.

Das Werk Kants wird gemeinhin in die vorkritische und in die kritische Phase eingeteilt. Zur vorkritischen Phase gehören eine Vielzahl von Schriften aus dem Bereich der Naturwissenschaft, der Ästhetik und der Metaphysik. Es folgen die sogenannten stummen Jahre. In der Zeit von 1770 bis 1780 ist Kant zwar philosophisch tätig, allerdings veröffentlicht er lediglich drei weniger bedeutende Schriften. Inspiration findet er in dieser Zeit unter anderem in den Werken des Briten David Hume und des Schweizers Jean-Jacques Rousseau. Kant formuliert sogar,

Hume habe seinen „dogmatischen Schlummer“[1] unterbrochen und seiner Philosophie eine ganz neue Richtung gegeben. Mit diesem Hinweis bezieht er sich auf das Ergebnis der stummen Jahre, die vor allem der Vorbereitung seiner bedeutendsten Schriften dienten: Im Jahre 1781 erscheint die *Kritik der reinen Vernunft*. Ihr folgen die *Kritik der praktischen Vernunft* (1788) und im Jahr 1790 die *Kritik der Urteilskraft*. Die drei großen Kritiken Kants untersuchen das menschliche Erkenntnisvermögen. Getrieben von einer kritischen Sichtweise auf die bisherige philosophische Methodik, wählt Kant einen Ansatz, der das Althergebrachte radikal zu verändern sucht. Was er für die Philosophie leisten will, vergleicht er mit dem, was Kopernikus für die Astronomie geleistet hat. Kant will zeigen, dass das Denken und die Erkenntnis nicht durch die Dinge in der Welt – durch das, was Menschen sehen – bestimmt werden, sondern das gerade das Umgekehrte der Fall ist: Die Dinge, insofern sie erkannt werden, richten sich nach der menschlichen Erkenntnis, da man nur das erkennen kann, wozu das eigene Erkenntnisvermögen in der Lage ist. Kant begibt sich in den Kritiken auf die Suche nach der Philosophie, die tatsächlich den Namen einer Wissenschaft verdient und sich auf ein vollständiges und einheitliches System von Begriffen a priori stützen kann. Kant wendet sich in der *Kritik der reinen Vernunft* den Grundsätzen des Denkens zu und untersucht, über welche Begriffe die Vernunft unabhängig von der Erfahrung verfügt. Er bemüht sich in der *Kritik der praktischen Vernunft* auch für die Ethik zu zeigen, dass sie aus Begriffen a priori hervorgehen muss, um Wissenschaft und nicht nur individuelle Moralvorstellung zu sein. Er entwickelt sie aus dem Freiheitsbegriff heraus. Die Kritik der Urteilskraft versucht letztlich eine Verbindung zwischen der praktischen und theoretischen Vernunft herzustellen.

In diese Zeit fallen auch der berühmte Aufsatz zur Frage *Was ist Aufklärung?* (1784) und die Schrift *Grundlegung zur Metaphysik der Sitten* (1785). Zu seinem Spätwerk zählt *Zum ewigen Frieden* (1795), eine sehr kurze Schrift, die Kant nicht nur noch bekannter macht, sondern auch seine Finanzlage deutlich verbessert. Kant äußert sich hier zu seiner Idee eines völkerrechtlichen Vertrages und eines Weltbürgerrechts. In der Reihe der rechtsphilosophisch relevanten Schriften ist auch die *Metaphysik der Sitten* (1797) anzuführen, mit der Kant seine Rechtslehre entwickelt. Neben den genannten veröffentlicht Kant sehr viele weitere Werke zu unterschiedlichen Themen. Die Akademieausgabe, die klassische Edition seiner Werke, umfasst neun Bände sowie eine Vielzahl weiterer Bände mit Briefwechseln und handschriftlichen Aufzeichnungen. Eine Schrift muss allerdings noch herausgestellt werden, brachte sie doch Kant in die Nähe einer Entlassung aus seinem Amt als Professor – *Die Religion innerhalb der Grenzen der bloßen Vernunft* (1794). Die Einbeziehung der Vernunft in Religionsfragen, die im Ergebnis zur Idee einer Vernunftreligion führt, lässt vielerorts den Eindruck entstehen, Kant versuche, die christliche Religion zu untergraben und sei gar einen Pakt mit dem Teufel eingegangen. Der Philosoph gerät ins Visier der Zensurbehörde und muss sich nach

1 Prolegomena IV 260.

einigen Erklärungen gegenüber dem preußischen König verpflichten, auf weitere Veröffentlichungen im Bereich der Religionsphilosophie zu verzichten. Er bleibt somit der universitären Lehre bis 1796 erhalten, 72-jährig verlässt er die Kanzel, da ihm die Gebrechen des Alters zunehmend zusetzen.

Kant verkörpert durch und durch den Typus des Gelehrten – er ist kein Weltmann, kein Politiker, keine Künstlernatur, er bleibt Zeit seines Lebens unverheiratet und konzentriert sich voll auf sein wissenschaftliches Werk. Dabei ist er allerdings weder weltabgewandt noch einseitig in seinen Interessen, sondern lädt sich vielmals Gäste an seinen Mittagstisch, um mit ihnen über Kultur, Politik und Wirtschaft zu debattieren. Er gilt als eloquenter Gesprächspartner mit feinem Humor und lässt in seinem Hause Kaufleute und Reisende bewirten, Personen aus der Wirtschaft und dem öffentlichen Leben, um sich so über das Geschehen in der Welt zu informieren.[2]

Zwischen diesen Neigungen – der gelehrten Existenz und einem bedachten gesellschaftlichen Leben – bewegt sich Kant seit seiner Rückkehr an die Universität und bis zu seinem Tode. Auch nach seiner Emeritierung, selbst kurz vor seinem Tode, schon körperlich schwach und mit nachlassender Geisteskraft, lädt er zu Tischgesellschaften in sein Haus und verkehrt mit vielen Freunden.[3] Kant verstirbt 1804 im Alter von 79 Jahren.

Wie zitiert man Kant?

Auch bei Kant gibt es eine klassische Ausgabe, nach der gemeinhin Zitate angegeben werden. Es handelt sich um die Akademieausgabe. Die darauf fußenden Zitate sind häufig wie das folgende Beispiel aufgebaut:

MS, AA IV, 331. (5-12)

MS ist das Siglum für *Die Metaphysik der Sitten*, AA weist darauf hin, dass nach der Akademieausgabe zitiert wird, die römische Ziffer nennt den Band, welcher zitiert wird, die arabische Zahl die Seitenzahl und eventuell finden Sie noch die Zeilennummer des Zitats angegeben. Jedes kantische Werk hat ein eigenes Siglum, *Zum ewigen Frieden* etwa wird durch ZeF abgekürzt, *Die Religion innerhalb der Grenzen der bloßen Vernunft* als RGV.

Unter http://korpora.zim.uni-duisburg-essen.de/kant/ finden Sie die Schriften entsprechend der Akademieausgabe online.

Hinweis: Mitunter finden Sie bei Kantzitaten vor der Seitenzahl noch ein A, B oder BA vermerkt – diese Buchstaben weisen auf verschiedene Auflagen der *Kritik der reinen Vernunft* und geben jeweils an, ob das Zitat der A-Auflage (1781) oder der B-Auflage (1787) entstammt oder ob dieser Textabschnitt in beiden Auflagen identisch ist (BA).

2 Vgl. *Otfried Höffe*, Immanuel Kant, 7. Auflage, München 2007, S. 28ff.

3 Vgl. *Karl Vorländer*, Immanuel Kant. Der Mann und das Werk, 4. Buch, 2. Auflage, Hamburg 1977, S. 329.

B. Der vernünftige Bürger und sein Recht

In seinem Rechtsdenken ist Kant getrieben von der Idee, statt bloßer Rechts*lehre* tatsächlich Rechts*wissenschaft* zu betreiben. Um dieses Ziel zu erreichen, bestimmt er in dem Abschnitt „Metaphysische Anfangsgründe der Rechtslehre", ein Teil der Schrift *Die Metaphysik der Sitten,* was eine Rechtslehre von einer Rechtswissenschaft unterscheidet.

Grundlegend dafür ist, dass das System des Rechts aus dem Verstand[4] hervorgeht. Dieser Ansatz weckt sogleich alte Zweifel. Schon andere Autoren vor Kant wollten sich von der bloßen Betrachtung der positiven, vom Menschen erlassenen Gesetze lösen, um ewige Aussagen über Recht und Gerechtigkeit zu treffen. Häufig waren es dann aber entweder die göttlichen, geoffenbarten Gesetze, die erkannt und geglaubt werden mussten, oder angebliche „Naturgesetze" oder aber das „menschliche Dasein" oder die „Bedingungen des Menschenseins", die eine Grundlage für die Thesen über Recht, Gerechtigkeit und Herrschaft abgeben mussten.

Kant unterscheidet sich in seinem Denken grundlegend von seinen Vorgängern, wenn er fordert, der Verstand allein solle das System des Rechts erkennen. Um zu verstehen, was Kant damit meint, ist ein kurzer Einblick in seine Erkenntnistheorie erforderlich. Kant geht davon aus, dass der Verstand über Begriffe *a priori* verfügt. Diese sind – ohne jede empirische Erfahrung – immer schon im Verstand vorhanden; sie gehen allein aus dem Denken hervor. Der menschliche Verstand benötigt diese Grundbegriffe oder Kategorien, um zu urteilen. Mittels dieser Kategorien ist er aber auch in der Lage, die empirische Welt zu verstehen, zu klassifizieren und zu beschreiben. Sie sind Grundlage jeder systematischen Erkenntnis über die Welt und im Gegensatz zu rein empirischen Beschreibungen der Welt nicht zufällig.

4 Beachten Sie, dass Vernunft und Verstand von Kant nicht synonym gebraucht werden. Zwar sind sie beide obere Erkenntnisvermögen, jedoch steht die Vernunft insofern über dem Verstand, als dass sich jene ausschließlich mit reinen und nicht einmal der Möglichkeit nach mit empirischen Begriffen beschäftigt, der Verstand aber empirische Erkenntnis erst ermöglicht und somit zumindest mittelbar auf die empirische Welt bezogen ist. Vgl. dazu Axel Hutter: Vernunft und reine Vernunft sowie Stefan Klingner: Verstand in: *Marcus Willascheck u.a. (Hg.),* Kant-Lexikon, Bd. 3, Berlin 2015, S. 2486-2489; 2500-2503; 2522-2524.

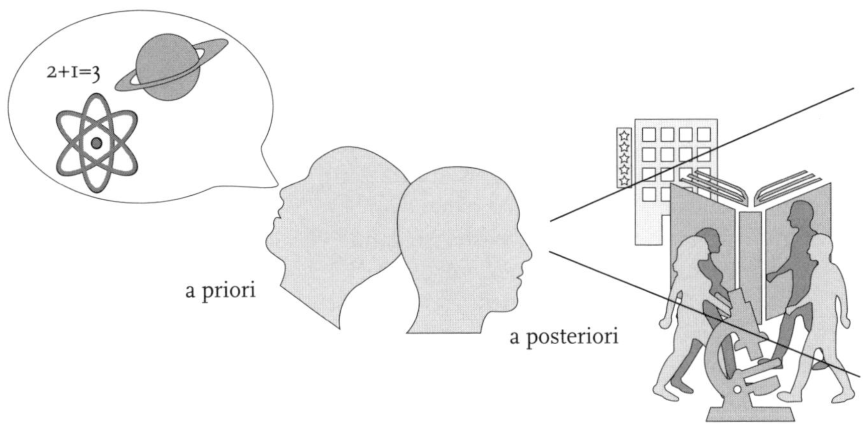

Die Grundbegriffe, mit welchen der Verstand arbeitet, sind nicht wandelbar, da sich der Verstand selbst nicht verändert. Sie können aber erkannt werden, indem man über das Denken reflektiert. Mittels dieser Kategorien kann auch der Begriff des Rechts analysiert werden. Er ist als Begriff unwandelbar und beständig. Er gilt allgemein, unabhängig davon, wie ein konkretes positives Recht ausgestaltet ist. Mit anderen Worten: Er ist eine Konstante innerhalb jedes möglichen Rechtssystems, da er allein durch die Vernunft erkannt werden kann und damit unabhängig von allen politischen oder kulturellen Gegebenheiten einer Zeit existiert.

Also: Die große Neuerung in der Rechtsphilosophie Kants besteht darin, dass er den Versuch unternommen hat, das Recht *a priori* aus dem Verstand zu entwickeln. Den Begriff des Rechts erläutert Kant unter Absehung von aller Empirie und allen Anwendungsfällen. Als Begriff einer Wissenschaft, die diesen Namen verdient, muss der Rechtsbegriff frei von Elementen sein, die der Erfahrung entstammen. Kant ist also auf der Suche nach den „unwandelbaren Prinzipien" des Rechts, die erst eine systematische Kenntnis (und nicht bloß empirische, mithin zufällige Kenntnis) der natürlichen Rechtslehre, mithin eine Rechtswissenschaft, ermöglichen und damit auch den Rahmen für alle positiven Normen bilden.[5]

5 Vgl. RL §A Was die Rechtslehre sei?

I. Brauchen vernünftige Menschen positive Rechte?

Kant sieht den Menschen als ein Vernunftwesen. Seinem Denken liegt, wie man hieran erkennen kann, letztlich ein optimistisches Menschenbild zugrunde. Freilich sieht er auch die Möglichkeit, dass die menschliche Natur ins Schlechte umschlägt. Er ist aber davon überzeugt, dass der moralisch gute Kern des Menschengeschlechts nie ausgelöscht werden kann.[6]

Wenn der Mensch ein Vernunftwesen ist, dann – so könnte man meinen – benötigt er keine gesetzten Rechtsnormen, um das Rechte vom Unrechten zu unterscheiden. Allerdings ist der Mensch nicht ausschließlich Vernunftwesen; er gehorcht eben nicht bei jeder freien Handlung einem vernünftigen Antrieb. Würde nur der moralisch gute Kern der Menschen Triebfedern für Handlungen setzen, würde niemals ein Mensch gegen das von der Vernunft vorgegebene Gesetz verstoßen.

Hier kann man weiterfragen: Wäre dann eine Lehre des positiven Rechts überhaupt noch nötig? Zunächst scheint es naheliegend, die Frage negativ zu beantworten – bei genauerem Nachdenken werden Sie allerdings feststellen, dass die inhaltliche Ausrichtung einer Vielzahl von Rechtsnormen auch anders lauten könnte und deshalb nicht weniger vernünftig wäre. Welche Bereiche fallen Ihnen ein, deren rechtliche Regelung ebenso vernünftig auch anders erfolgen könnte?

Dass es Recht braucht – darin ist sich Kant mit seinen Vorgängern einig – kann eine Betrachtung des Menschen als solchem begründen. Da ist natürlich vor allem die Moralität, die den Menschen auszeichnet. Aber unverkennbar zeigt er auch eine Anlage zur Sinnlichkeit, zur Tierheit, auch sinnliche Triebfedern in seine Handlungen aufzunehmen.[7] Der Mensch ist dazu geneigt, diesen das moralische Gesetz unterzuordnen, da er neben der Anlage zum moralisch Guten einen Hang, ja eine Neigung zum Bösen, genauer: zum moralisch Bösen besitzt. Die Anlage zum Guten und der Hang zum Bösen werden beide von Kant als dem Menschen angeboren beschrieben, allerdings auf verschiedene Weisen. Die Anlage zum Guten gehört aufgrund des Menschseins zum Menschen, sie ist die *conditio sine qua non* des Menschen.[8] Sie ist eine ursprüngliche Konstante im Menschengeschlecht und der Mensch kann sich weder für sie, noch gegen sie entscheiden. Sie kommt schlicht dem Menschen seiner Gattung nach zu. Der Hang zum Bösen jedoch ist laut Kant nicht aus dem Gattungsbegriff zu erkennen; er kann aber durch Erfahrung festgestellt werden und zeigt sich in der Möglichkeit des Menschen, die Gründe, aus denen er handelt, zu wählen. Die menschliche Schwäche, „die Ge-

6 Vgl. RGV, AA VI, 38, 32.
7 Vgl. RGV, AA VI, 36, 3-7.
8 Vgl. RGV, AA VI, 28, 19-21.

brechlichkeit der menschlichen Natur"[9], kann als Grund für die Abkehr vom moralisch Guten angenommen werden. Der Mensch kann sich aufgrund der Möglichkeit der Wahl zwischen den Triebfedern seiner Handlungen also willkürlich zwischen dem moralisch Guten und dem moralisch Bösen entscheiden. Vor allem als Mensch unter Menschen, also in einer Gemeinschaft, entwickelt der Mensch Neid, Habgier, Herrschsucht, die er allein nicht hätte entwickeln können.[10] Der Mensch in Gesellschaft neigt also zu bösen Handlungen. Bis jetzt war von Gut und Böse die Rede – dabei handelt es sich allerdings um moralische Kategorien. Warum aber kann aus der Moralität des Menschen etwas für das Recht gefolgert werden?

Die Moralität fragt nach den Gründen, aus welchen ein Mensch handelt, das Recht betrachtet das Ergebnis der Handlung. Nicht immer folgen aus moralisch bösen Gründen Handlungen, die rechtlich verwerflich sind und umgekehrt. Allerdings stimmen bei vielen Handlungen die Bewertungen aus moralischer und rechtlicher Sicht überein – wer aus bösen Gründen handelt, vollzieht häufig eine Handlung, die auch unrecht ist. Für Kants Lebenszeit galt, dass das Recht in einigen Bereichen auch Ausdruck der gelebten Moralvorstellungen der Zeit war.

Auch heute beobachten wir in verschiedenen Rechtssystemen, dass sich das Recht zusammen mit den moralischen Überzeugungen der Menschen, die in einem Rechtssystem leben, wandelt – denken Sie z. B. an das Lebenspartnerschaftsgesetz oder die Veränderungen im Unterhaltsrecht. Ein weiterer Grund bei der Moral anzusetzen, besteht in der darauf aufbauenden Beschreibung der Handlung als frei: Wenn sich der Mensch die Triebfedern seiner Handlungen selbst setzen kann, folgt daraus, dass er stets auch andere Triebfedern setzen könnte. Eine Handlung ist dann frei, wenn ein jeder auch von ihrer Vornahme absehen kann, wenn er also nicht mit Notwendigkeit handelt.

Diese Freiheit schließt gute ebenso wie böse Taten ein. Sie ist als Handlungsfreiheit moralisch indifferent. Weil alle Menschen jederzeit Entscheidungen treffen können, die gute oder böse Handlungen nach sich ziehen, kann keinem jemals ein Recht auf irgendetwas *garantiert* werden, bevor es positive Rechte und damit verbunden auch die Möglichkeit ihrer Durchsetzung gibt, da nie mit Sicherheit vorausgesagt werden kann, wie sich die Menschen verhalten.

Bevor ein solcher rechtlicher Zustand, den auszeichnet, dass ein jeder zu seinem Recht kommt, vorliegt, verhalten sich die Menschen nicht zwingend permanent ungerecht. Allerdings ist ihr Zustand eben rechtlos, da zwar verschiedentlich Rechte postuliert werden können, sie ohne Zwangsgewalt jedoch nicht mehr als Empfehlungen sind. Das heißt allerdings nicht, dass die Rechte in einem Naturzustand hinsichtlich ihres Gegenstandes oder ihrer Regelungsabsicht von denen im Gesetzeszustand unterschieden wären – es heißt nur, dass die Rechte im Naturzustand nicht durchgesetzt werden können. Aber auch im Naturzustand bestehen Rechte, die provisorischen Charakter haben – so ist, wie Sie unten noch er-

9 RGV, AA, 37 24-25.
10 Vgl. RGV, AA VI, 93, 27 – 94, 2.

fahren werden, der Anspruch auf den Besitz einer Sache, die man dem Anschein nach rechtmäßig erworben hat, nur provisorisch – und von ebendiesen Rechten und den dadurch erweckten Bedürfnissen geht letztlich das Gebot an die Menschen, einen rechtlichen, d. h. rechtssicheren Zustand zu erzeugen.[11]

Auch bei Kant ist es der Vertragsschluss der Freien und Gleichen, der den bürgerlichen Zustand erst hervorbringt. Allerdings tritt dieses Moment bei Kant stark in den Hintergrund und wird theoretisch nicht differenziert entwickelt, weswegen er gemeinhin nicht in einem Atemzug mit den klassischen Vertragstheoretikern Hobbes, Locke und Rousseau genannt wird. Analog zu Rousseau betont auch Kant die Abgabe aller Freiheitsrechte, die ungesichert sind, als Voraussetzung des Vertragsschlusses und die Gewinnung eben derselben im Moment des Vertragsschlusses als gesicherte Freiheitsrechte.[12]

1. *Die Einteilung der Rechte*

Kant unterscheidet grundsätzlich zwischen dem Naturrecht und dem positiven Recht. Bei dem Naturrecht handelt es sich um den Teil des Rechts, der allein durch die Vernunft erkennbar ist, weil er *a priori* besteht.

Kants gesamtes apriorisches Rechtsdenken ist somit Naturrechtsdenken. Das Naturrecht ist bei Kant aber nicht etwa das Recht des Stärkeren im Naturzustand, sondern es handelt sich um die Summe der Rechte, welche dem Menschen zukommen, allein weil er Mensch ist. Sie bedürfen damit auch keiner positiven Kodifikation, da sie für jeden erkennbar sind und sie gelten, solange es Menschen gibt. Der Begriff des Naturrechts ist keine kantische Erfindung, Sie kennen den Begriff schon von anderen Rechtsphilosophen. Der Begriff wird seit der Antike genutzt, allerdings mit unterschiedlichen Bedeutungen.[13]

Die Naturrechtslehre der Neuzeit beginnt mit Hugo Grotius, einem niederländischen Juristen, der unter anderem argumentiert, dass das Naturrecht durch die Vernunft erkannt werden kann und unwandelbar ist. In diesen Punkten befindet sich Kant in der Tradition seines Vorgängers, entwickelt aber einen eigenen Begriff des Naturrechts aus seiner Erkenntnistheorie heraus. Damit setzt sich Kant auch von den Naturrechtslehren des Mittelalters und der frühen Neuzeit ab, die Gott zum Bezugspunkt hatten und das Naturrecht als der göttlichen Schöpfung entsprechend entwickelten.

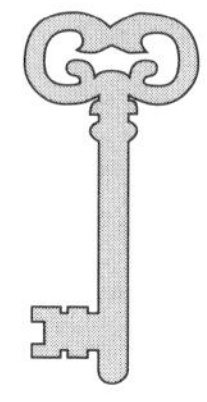

11 Mit diesem Gebot „entdeckt“ Kant den Rechtsstaat – vgl. *Joachim Hruschka*, Kant und der Rechtsstaat, in *ders.* Kant und der Rechtsstaat und andere Essays zu Kants Rechtslehre und Ethik, Freiburg/München 2015, S. 17.

12 Vgl. MS, AA VI, 315, 33-34.

13 Einen umfassenden Überblick über zentrale Begriffe der Philosophiegeschichte finden Sie in *Joachim Ritter*, Historisches Wörterbuch der Philosophie, Basel 1971-2007. Dort finden Sie auch einen Artikel zum Naturrecht, Bd. 6, Spalte 560ff.

Der bestimmende Begriff in Kants naturrechtlichem System ist die Freiheit. Freiheit kommt dem Menschen ursprünglich aufgrund seines Menschseins zu. Was Kant unter diesem Recht versteht, geht über die Vorstellung einer negative Freiheit (im Sinne der Abwesenheit einer möglichen Nötigung durch einen anderen) deutlich hinaus. Zur kantischen Freiheit gehört auch, dass Verpflichtungen nur wechselseitig bestehen können, dass ein jeder sein eigener Herr ist, dass ein jeder als unbescholten gilt, solange er nicht verurteilt wurde, dass jeder etwas tun darf, was ein anderer nicht auch zugleich tun möchte und einen anderen nicht schädigt, dass ein jeder sich äußern darf, wenn er möchte – „alle diese Befugnisse liegen schon im Prinzip der angebornen Freiheit“[14].

2. *Recht als Begriff*

Damit Kant eine systematische Rechtswissenschaft entwickeln kann, ist es nötig, zuerst den Grundbegriff einer Rechtslehre zu klären, nämlich Recht. Er spitzt diese Frage zu, indem er zeigt, welche Schwierigkeiten sich bei der Beantwortung der Frage „Was ist Recht?“ stellen:

> „Diese Frage möchte wohl den *Rechtsgelehrten* [...] in Verlegenheit setzen [...]. Was Rechtens sei (quid sit iuris), d.i. was die Gesetze an einem gewissen Ort und zu einer gewissen Zeit sagen oder gesagt haben, kann er noch wohl angeben; aber, ob das, was sie wollten, auch recht sei, und das allgemeine Kriterium, woran man überhaupt Recht sowohl als Unrecht (iustum et iniustum) erkennen könne, bleibt ihm wohl verborgen, wenn er nicht eine Zeitlang jene empirischen Prinzipien verläßt, die Quellen jener Urteile in der bloßen Vernunft sucht (wiewohl ihm dazu jene Gesetze vortrefflich zum Leitfaden dienen können), um zu einer möglichen positiven Gesetzgebung die Grundlage zu errichten. Eine bloß empirische Rechtslehre ist (wie der hölzerne Kopf in Phädrus‘ Fabel) ein Kopf, der schön sein mag, nur schade! daß er kein Gehirn hat.“[15]

Um also festzustellen, was Recht ist, reicht keinesfalls der Blick auf die positiv verfassten Gesetze eines Landes. Die Frage, was Recht ist, zielt nicht auf das ab, was empirisch festgestellt werden kann, sondern fragt danach, welche Maßstäbe die Vernunft an den Begriff des Rechts anlegt und wie dieser Begriff durch vernünftige Prinzipien strukturiert werden muss, um dann eindeutige Kriterien dafür anzugeben, was recht ist und wie Recht und Unrecht unterschieden werden können. Hierfür reicht es nicht aus, sich auf empirische Feststellung zu verlassen, da diese bloß beliebig sind und immer auch anders sein könnten.

---

14 MS, AA VI, 238, 9-10.
15 MS, AA VI, 229,18 – 230, 6.

Die Entwicklung des Begriffs des Rechts aus der Vernunft heraus leistet Kant mit folgender Definition:

> „Der Begriff des Rechts, sofern er sich auf eine ihm korrespondierende Verbindlichkeit bezieht (d.i. der moralische Begriff derselben), betrifft *erstlich* nur das äußere und zwar praktische Verhältnis einer Person gegen eine andere, sofern ihre Handlungen als Facta aufeinander (unmittelbar, oder mittelbar) Einfluß haben können. Aber *zweitens* bedeutet er nicht das Verhältnis der Willkür auf den *Wunsch* (folglich auch auf das bloße Bedürfnis) des anderen, wie etwa in den Handlungen der Wohltätigkeit oder Hartherzigkeit, sondern lediglich auf die *Willkür* des anderen. *Drittens* in diesem wechselseitigen Verhältnis der Willkür kommt auch gar nicht die *Materie* der Willkür, d.i. der Zweck, den ein jeder mit dem Objekt, was er will, zur Absicht hat, in Betrachtung, z.B. es wird nicht gefragt, ob jemand bei der Ware, die er zu seinem eigenen Handel von mir kauft, auch seinen Vorteil finden möge, oder nicht, sondern nur nach der *Form* im Verhältnis der beiderseitigen Willkür, sofern sie bloß als *frei* betrachtet wird, und ob durch die Handlung eines von beiden sich mit der Freiheit des andern nach einem allgemeinen Gesetze zusammen vereinigen lasse. Das Recht ist also der Inbegriff der Bedingungen, unter denen die Willkür des einen mit der Willkür des andern nach einem allgemeinen Gesetze der Freiheit zusammen vereinigt werden kann."[16]

Diese Definition ist schwierig und voraussetzungsreich. Um sie zu verstehen, darf man sich dem Text nicht mit unserem modernen Verständnis nähern. Viele der zentralen kantischen Begrifflichkeiten sind eingebettet in eine komplexe Theorie. So können die Begriffe der Rechtsphilosophie nicht ohne Erkenntnistheorie und Moralphilosophie Kants verstanden werden.

Zurück zum Zitat: Was sagt die kantische Definition aus? Zunächst betrifft das Recht das äußere Verhältnis zwischen mindestens zwei Personen, und zwar dann, wenn die Handlungen einer Person die andere Person beeinflussen. Noch einmal: Das Recht interessiert sich nur für Handlungen, nicht aber für Überzeugungen, Gefühle, Einstellungen, Motive, also die Gründe eines Handelnden... Es bezieht sich eben allein auf die *Handlung*, sofern sie Ausdruck der Willkür eines Einzelnen ist. Sie wissen schon, dass Kant, wenn er von der Willkür der Handlung spricht, meint, dass der Einzelne auch von der Handlung hätte abstehen können, weil er sich die Triebfeder dieser Handlung selbst gesetzt hat – er hätte auch anders handeln können. Dieses „Anders-handeln-können" ist Ausdruck der Freiheit des Einzelnen und der Grund, warum überhaupt von einem Recht gesprochen werden kann. Die Annahme, dass Freiheit im Handeln und Freiheit von äußerem Zwang gegeben sein muss, bevor man überhaupt ein Recht auch nur denken kann, ist eine zentrale Überzeugung Kants. Nur dann, wenn ich mich frei dazu entscheiden kann, eine Handlung auszuführen, ergibt die Rede von einem Recht überhaupt Sinn. Es

16 MS, AA VI, 230, 7-26.

ist dabei nicht von Bedeutung, *welche* Triebfeder einer Handlung vorausgegangen ist. Vielmehr ist entscheidend, dass sie auch *anders* hätte gesetzt werden können; es kommt auf die bloße Form an, nicht aber auf den Inhalt. Liegt eine Handlung vor, die aus Willkür geschieht und die einen anderen beeinflusst, dann entscheidet sich die Frage, ob sie recht sei, danach, ob es möglich ist, dass ein allgemeines Gesetz existiert, welches allen Menschen dieselbe Handlungsalternative eröffnet.

Stellen Sie sich vor, Sie gehen an einem Grundstück vorbei, sehen dort einen Baum mit reifen Äpfeln und, da Sie Hunger verspüren, pflücken Sie einen Apfel, um ihn zu essen. Ist diese Handlung recht? Wenden Sie das kantische „Prüfschema" an!

Mit dieser Definition ist allerdings der Begriff des Rechts, wie er durch die Vernunft erkannt werden kann, noch nicht vollständig gegeben. Ein weiteres zentrales Element, ohne das der Begriff Recht nicht sinnvoll gedacht werden kann, ist der Zwang. Überlegen Sie: Was nützt mir ein Recht, wenn es nur in Gedanken oder auf dem Papier existiert? In der Regel ist derjenige, der mir mein Recht streitig macht, ja nicht bereit, aus reiner Rechtskenntnis nachzugeben. Recht kann es also erst dann geben, wenn es auch durchgesetzt werden kann. Zur Durchsetzung ist aber Zwang unerlässlich. Wenn also jemand verhindert, dass ich rechtens frei handle, dann muss es die Möglichkeit geben, dieses Hindernis meiner Freiheit letztlich auch durch Zwang zu beseitigen. Das Gegenteil – ich dulde das Hindernis und erdulde die Verletzung meines Freiheitsrechts – kann nicht recht sein. Kant formuliert das so:

> „Der Widerstand, der dem Hindernisse einer Wirkung entgegengesetzt wird, ist eine Beförderung dieser Wirkung und stimmt mit ihr zusammen. Nun ist alles, was Unrecht ist, ein Hindernis der Freiheit nach allgemeinen Gesetzen; der Zwang aber ist ein Hindernis oder Widerstand, der der Freiheit geschieht. Folglich: wenn ein gewisser Gebrauch der Freiheit selbst ein Hindernis der Freiheit nach allgemeinen Gesetzen (d.i. unrecht) ist, so ist der Zwang, der diesem entgegengesetzt wird, als *Verhinderung* eines *Hindernisses der Freiheit* mit der Freiheit nach allgemeinen Gesetzen zusammen stimmend, d.i. recht: mithin ist mit dem Rechte zugleich eine Befugnis, den, der ihm Abbruch tut, zu zwingen, nach dem Satze des Widerspruchs verknüpft."[17]

Dieser Zwang ist angewiesen auf eine bürgerliche Gesellschaft, denn nur in einer solchen gibt es eine mit Macht ausgestattete Gewalt, die in der Lage ist, rechtmäßig zu zwingen.

Erklären Sie mit eigenen Worten, in welchem Verhältnis die Begriffe *Freiheit*, *Recht* und *Zwang* stehen!

---

17 MS, AA VI, 231, 24-34.

Aber Kant bleibt nicht bei einer abstrakten, formalen Beschreibung des Rechts stehen, sondern diskutiert weitere konkrete Rechte. Zunächst unterteilt er die Rechtslehre in das Privatrecht und das öffentliche Recht.

Bevor diese Bereiche näher betrachtet werden, soll noch ein weiterer wichtiger Begriff der kantischen Rechtsphilosophie geklärt werden, das *Gesetz*.

II. Das Gesetz und die Forderung nach Legalität

Ein Gesetz muss klar formulieren, welche Handlung objektiv von dem Adressaten des Gesetzes gefordert wird. Objektiv meint, dass diese Handlung als Pflicht formuliert wird. Weiterhin soll mit dem Gesetz ein Antrieb verknüpft werden, der den Handelnden dazu bringt, das, was durch das Gesetz gefordert wird, auch in seinem Handeln verwirklichen zu wollen. Der Begriff des Gesetzes hat also in Bezug auf den Adressaten eine doppelte Funktion: Das Gesetz schafft eine objektive Pflicht, auf eine bestimmte Weise zu handeln, und erzeugt zugleich eine subjektive Pflicht des Handelnden, aufgrund der er dieses Gesetz einhalten *wollen* soll. Diese Triebfeder, die Kant „juridisch“ nennt, bewirkt den Wunsch, das Gesetz zu befolgen, *weil* es Gesetz ist.

Es kommt bei den Handlungen entsprechend der Gesetzgebung nicht darauf an, ob die Einzelnen sie wirklich wollen, weil sie die Bedeutung oder den Nutzen der Gesetzestreue in dem konkreten Fall einsehen. Was das Gesetz verlangt, sind ausschließlich Handlungen, welche der äußeren Form nach mit dem Gesetz übereinstimmen. Stimmt die Handlung mit dem Gesetz überein, spricht Kant von Legalität.[18]

Gesetze werden also ausgehend von der Position eines gedachten Beobachters gebildet, der für jede Handlung, die er wahrnimmt, entscheiden kann, ob sie dem Gesetz entspricht oder nicht, ob sie also legal ist oder nicht. Damit untrennbar verbunden ist, dass ein Fehlen der Legalität Zwang zur Folge hat. Diese Verknüpfung bedingt wiederum eine wichtige Beschränkung: Was die Gesetze nicht fordern können, ist das Vorliegen bestimmter Handlungs*gründe*. Vor dem Gesetz gilt also „Die Gedanken sind frei.“ Mit dieser Forderung begrenzt Kant – ein Utopist aufgeklärten Rechtsdenkens – den Bereich der juridischen Gesetzgebung auf die äußere Handlung. Ein Strafrecht nach diesem Zuschnitt dürfte weder, wie das kirchliche Recht, an den „sündigen Gedanken“, noch, wie die Gesetzgebung im Nationalsozialismus, an die falsche politische „Gesinnung“, aber auch nicht an andere innere Voraussetzungen, wie insbesondere das Mordmerkmal „aus niedrigen Beweggründen“, anknüpfen.

Mit dieser Beschränkung unterscheidet Kant die Gesetze, die ein Handeln aus Legalität fordern, von den Gesetzen, die ein Handeln aus Moralität fordern. Diese sind allerdings nicht Gegenstand der Rechtslehre, sondern der Tugendlehre Kants.

18 MS, AA VI, 214, 14-18.

Während von dem Standpunkt einer reinen *Rechts*philosophie nur Gesetze relevant sind, mit denen der Gesetzgeber Pflichten an die Bürger eines Staates formuliert, werden bei den Gesetzen der Moral die Pflichten durch den *inneren* Gesetzgeber auferlegt. Der innere Gesetzgeber verlangt im Unterschied zum äußeren, dass die Handlungen aus bestimmten Gründen vorgenommen werden. Konkret verlangt er, dass ein jeder die Handlungen, welche die Moral gebietet, deshalb vornimmt, weil er erkannt hat, dass dies aus einer moralischen Perspektive die richtige Handlung ist, und er sie deshalb ausführen will, *weil* sie moralisch ist. Es geht hier also um den Zweck der Handlung – modern gesagt: Den Handlungsgrund oder das Motiv –, welchen der Handelnde durch die Handlung verfolgen *soll*. Die Moral verlangt vom Handelnden also, dass er aus bestimmten Gründen handelt, was auch heißt, dass der Handelnde nicht bei dem bloßen Wünschen eines Zustands bleiben kann, sondern die entsprechende Handlung auch ausführen muss.

III. Das Privatrecht

Das Privatrecht beschäftigt sich mit Rechten und Pflichten des Einzelnen. Eine zentrale Figur ist das äußere Mein und Dein. Ausgangspunkt des Privatrechts ist also der Besitz, von dessen Gebrauch man einen anderen ausschließen und über welchen man frei verfügen kann. Somit handelt es sich um eine Anwendung des allgemeinen Rechtsbegriffs. Es wird gezeigt, inwiefern ein Einzelner ein Recht an äußeren Gütern haben kann. Die Besitzlehre ist innerhalb der Rechtslehre Kants ein zentraler Aspekt, ihr widmet er einen großen Teil seines Werkes.

1. *Das Besitzrecht*

Besitz ist dann ein Rechtsbegriff, wenn damit ausgedrückt wird, dass etwas Äußeres (ein Gegenstand, ein Stück Land) auch dann mir gehört, wenn ich es nicht in den Händen halte, darauf stehe oder es bewohne. Der rechtliche Besitz ist somit nicht notwendig sinnlich wahrnehmbar. Anders ist es bei dem Apfel, den ich ernte und welcher dann in meinem Besitz ist, solange ich ihn halte und nicht ins Gras fallen lasse. Das Recht erzeugt nicht nur eine Beziehung zwischen einer Person und den empirischen Gegenständen, über die sie unmittelbar verfügt, sondern Recht erzeugt auch eine intelligible Beziehung zwischen etwas Äußerem und einer Person, die Träger des Besitzrechts ist, und zwar auch dann, wenn dieses Äußere nicht in dem unmittelbaren, empirischen Einflussbereich dieser Person liegt.[19]

19 MS, AA VI, 250.

Kant zeigt, dass auch das Besitzrecht ein Recht *a priori* ist, mithin ist es ein Recht, welches immer und in jedem Rechtssystem Bestand haben muss, will das System sich nicht dem Vorwurf der bloßen Beliebigkeit aussetzen. Kant argumentiert, dass für jeden Gegenstand, welcher Gegenstand der Willkür einer Person werden kann, auch die Möglichkeit bestehen muss, dass er rechtmäßig von einer Person besessen werden kann. Wäre dies nicht der Fall und würde es ein solches Recht nicht geben, dann würde sich die Freiheit selbst einschränken. Aus der faktisch gegebenen Möglichkeit, sich aus einer freien Entscheidung in den Besitz eines Dings zu bringen, könnte dann nicht die Möglichkeit des rechtlichen Besitzes folgen. Es müsste also behauptet werden, es könne kein allgemeines Gesetz geben, wonach jeder Besitz an etwas haben könnte, ohne den Bereich der freien Willkür eines anderen zu berühren. Da ein solches Gesetz aber möglich ist, würde die Freiheit, wenn sie das Recht so einschränken würde, selbstwidersprüchlich. Sofern es sich aber bei den Begriffen um Grundbegriffe des Verstandes handelt, die *a priori* sind, können diese nicht selbstwidersprüchlich sein, denn der Verstand kann nicht im Widerspruch zu sich selbst stehen.

Somit wurde gezeigt, dass es ein Recht auf Besitz geben muss. Anhand dieser Argumentation haben Sie beispielhaft einen Einblick in das kantische Denken gewonnen. Kant entwickelt seine Thesen stets in einem komplexen systemischen Zusammenhang, der sehr stark begrifflich strukturiert und in Bezug auf die Empirie idealisiert ist.

2. *Gerechtigkeit in Bezug auf das äußere Mein und Dein*

Die Ableitung des Rechts aus der Natur umschließt auch die Gerechtigkeit. Hierbei unterscheidet Kant zwischen kommutativer Gerechtigkeit „im wechselseitigen Verkehr untereinander“[20] und der austeilenden (distributiven) Gerechtigkeit. Sie kennen diese klassisch gewordene Einteilung schon aus der Rechtsphilosophie des Aristoteles. Kant belegt die Begriffe aber mit einer veränderten Bedeutung. Er nutzt den Begriff der Gerechtigkeit in Bezug auf das „äußere Mein und Dein“, welches zentrales Thema des ersten Hauptteils der Rechtslehre ist. Gerechtigkeit bezieht sich hier auf die verschiedenen Möglichkeiten, Besitz an etwas zu erwerben bzw. zu erhalten, also auf den wechselseitigen Verkehr in Bezug auf eine Sache. Kant untersucht, wann jemand aus Sicht des Naturrechts sagen kann, dass er eine Sache rechtmäßig erworben hat.

Problematisch wird die Bewertung hinsichtlich der Gerechtigkeit des Erwerbs dann, wenn es unmöglich ist, den rechtmäßigen Besitzer einer Sache zweifelsfrei festzustellen. Egal wie gut ein Käufer oder jemand, der eine Ware eintauscht, auch die Ware und den Händler überprüft – nie kann er zweifelsfrei wissen, ob die Ware rechtmäßig in seinen Besitz gelangte und somit auch keine andere Person ein

20 MS, AA VI, 297, 1-2.

Recht auf Wiedererlangung hat.[21] Kann überhaupt ein Erwerb jemals gerecht sein, wenn man doch annehmen muss, dass man den ersten Besitzer einer Sache nie mit Sicherheit ausfindig machen kann?

Grundlage der Bewertung ist der private, einzelne Wille eines Menschen, der etwas kauft in dem Glauben, dass der Verkäufer der rechtmäßige Besitzer einer Sache sei. Hat der Käufer beim Kauf die gebotene Sorgfalt walten lassen, kann er die Rechtmäßigkeit seines Erwerbs doch nie zweifelsfrei feststellen. Somit kann eine Handlung nie eindeutig entsprechend der kommutativen Gerechtigkeit als gerecht bezeichnet werden. Die kommutative Gerechtigkeit beschreibt ein persönliches Recht in Bezug auf das individuelle Handeln, nämlich das Recht, sich als Besitzer des Gegenstandes, den man erworben hat, zu betrachten. Sofern allerdings nur ein persönliches und kein allgemeines Recht besteht, bezieht sich das gerechte Handeln entsprechend der kommutativen Gerechtigkeit auf einen Naturzustand, d. h. auf einen Zustand, in dem die Menschen noch nicht zu einer bürgerlichen Gesellschaft vereinigt sind.

Eine bürgerliche Gesellschaft zeichnet sich nach Kant dadurch aus, dass alle Menschen unter Festschreibung der Freiheit durch äußere Freiheitsgesetze zugleich Zwangsgesetzen unterworfen sind, welche die Willkür eines jeden begrenzen und so die Freiheit sichern. Auch die bürgerliche Gesellschaft ist für Kant aus reinen Vernunftbegriffen heraus gedacht. Es handelt sich hierbei ebenfalls um ein metaphysisches Konstrukt. Die distributive Gerechtigkeit im Unterschied zu der kommutativen Gerechtigkeit betrachtet ein Rechtsverhältnis vor dem Hintergrund allgemeiner Gesetze. Zwar existiert sie auch als Naturrecht, da sie a priori erkennbar ist. Faktisch hat sie allerdings in einem Naturzustand keine Bedeutung. Sie fragt nicht nach den subjektiven Bedingungen unter welchen etwa ein Kaufvertrag zustande gekommen ist, sondern bewertet aus dem Blickwinkel eines allgemeinen Gerichtshofes heraus. Sie fragt also nicht, ob ein Einzelner subjektiv davon ausgehen konnte, dass er eine Sache rechtmäßig erwirbt und eine Rückgabe dieser Sache dann vielleicht ungerecht gegenüber dem Käufer wäre, der sich nicht schuldhaft verhalten hat. Anders formuliert: Der Privatwille ist für sie nicht von Belang. Sie bewertet stattdessen nach einem allgemeinen Willen, d.h. sie berücksichtigt die Bedingungen, nach welchen Handlungen unter allgemeinen Gesetzen stehen können. Der allgemeine Wille funktioniert hier als höchste normative Instanz, entsprechend der Formulierung des Rechtsbegriffs, der auf eine Vereinigung der Willküren unter einem allgemeinen Gesetz abzielt. Diesem entsprechend legt die distributive Gerechtigkeit allgemeine Bedingungen an das Zustandekommen eines Kaufvertrags an, denn das Recht muss immer als allgemeines betrachtet werden, da auch in einer Verhandlung vor einem Gericht nur nach allgemeinen Gesetzen entschieden wird. Dies entspricht dem Begriff des Rechts als Begriff *a priori*.

21 Vgl. MS, AAVI, 302.

Im bürgerlichen Zustand übernimmt ein Gerichtshof die Entscheidung über Einzelfälle nach allgemeinen Gesetzen. Er ist Ausdruck der Gerechtigkeit innerhalb eines solchen Zustands. Die Frage, ob es einen solchen Gerichtshof gibt, ist die entscheidende, um festzustellen, ob eine bürgerliche Gesellschaft vorliegt. Wo es nämlich einen solchen Gerichtshof nicht gibt, da kann sich niemand seiner Rechte sicher sein, da keine Instanz nach einem allgemeinen Gesetz über das äußere Mein und Dein entscheidet.

Aus dem Privatrecht folgt ein Postulat für das öffentliche Recht, welchem Kant den zweiten Teil seiner Rechtslehre widmet. Das Postulat lautet: „[D]u sollst, im Verhältnis eines unvermeidlichen Nebeneinanderseins mit allen anderen, aus jenem heraus in einen rechtlichen Zustand, d. i. den einer austeilenden Gerechtigkeit übergehen.“[22]

Erst dieser Zustand sichert einem jeden seinen Besitz, denn erst dann gilt, dass jeder Besitz vor unerlaubtem Eingriff geschützt ist.

IV. Das öffentliche Recht

Die Gesetze, die allgemein bekannt gemacht werden müssen und damit einen rechtlichen Zustand hervorbringen, weil sie die Rechte aller gleichermaßen schützen, bilden laut Kant das öffentliche Recht.[23] Das öffentliche Recht regelt drei Bereiche. Im ersten Bereich, dem Staatsrecht, regelt diese Art von Gesetzen Teile des Zusammenlebens für eine Menge von Menschen, nämlich für die, die unter der Verfassung leben, die diese Gesetze enthält. Darüber hinaus bedarf es auch der Rechte, welche die Beziehungen der Völker untereinander regeln, also die Beziehungen zwischen verschiedenen Staatsvölkern, die jeweils unter eigenen Gesetzen leben. Mit anderen Worten: Auf ein Völkerrecht kann nicht verzichtet werden. Und insofern alle Menschen auf einem räumlich begrenzten Erdball leben und so gar nicht anders können, als miteinander in Kontakt zu kommen, muss es auch für die Menge an Menschen insgesamt einen Rechtszustand geben. Dieser wird für Kant durch das Weltbürgerrecht geregelt.

Dieser Zusammenhang verweist auf das Programm der Rechtslehre innerhalb des zweiten Hauptteils. Kant beschäftigt sich zunächst mit dem Begriff des Staates und schreibt:

„Ein Staat (*civitas*) ist die Vereinigung einer Menge von Menschen unter Rechtsgesetzen. Sofern diese als Gesetze a priori notwendig, d. i. aus Begriffen des äußeren Rechts überhaupt von selbst folgend (nicht statutarisch) sind, ist seine Form die Form eines Staates überhaupt, d. i. der Staat der Idee, wie er nach reinen

22 Vgl. MS, AA VI, 307, 9-11.
23 Vgl. MS, AA VI, 311, 6-8.

Rechtsprinzipien sein soll, welche jeder wirklichen Vereinigung zu einem gemeinen Wesen (also im Inneren) zur Richtschnur (*norma*) dient."[24]

Wie der Begriff des Rechts als Begriff *a priori* erkannt werden kann, existiert auch in Bezug auf den Staat die Form des Staates überhaupt, also ein Begriff des Staates, der allein durch die Vernunft erkennbar ist. Ihn zeichnet aus, dass eine Menge von Menschen als unter Rechtsgesetzen stehend gedacht wird. Aus dieser Bestimmung folgen zugleich die Gewalten des Staates: er muss allgemeine Gesetze geben (Legislative), er muss diese Gesetze auch mit Zwang durchsetzen (Exekutive) und er muss Einzelfälle rechtlich entscheiden (Judikative).

Somit gehören auch die drei Gewalten für Kant zum Begriff des Staates *a priori*. Der Staat kann, sofern er eine bürgerliche Gesellschaft, d. h. eine Menge von Menschen unter Rechtsgesetzen begründen soll, nicht anders gedacht werden, da der Begriff des Rechts schon auf diese drei Elemente verweist. Diese ergänzen einander und begrenzen sich zugleich auch gegenseitig, weil jeder Gewalt nur *eine* Funktion zukommt.[25]

Die gesetzgebende Gewalt möchte Kant durch Staatsbürger übernommen wissen, die frei und gleich sind und die – hierin unterscheidet er sich von Rousseau – wirtschaftlich selbstständig und nicht von einem Dritten abhängig sind. Das bedeutet, dass diese Bürger von niemandem (von keiner Privatperson) Befehle erhalten und nicht des Schutzes eines anderen bedürfen. Nur diejenigen sind folglich im eigentlichen Sinne Staatsbürger, die ökonomisch selbstständig und nicht in Existenz und Erhaltung von einem anderen abhängig sind.

Kant unterscheidet außerdem zwischen den aktiven Staatsbürgern, die Stimmrecht haben, und dem übrigen Volk. Vollwertiges Mitglied eines Staates als politischem Wesen ist nur der, welcher finanziell abgesichert ist. Träfe dies nur auf wenige Bürger zu, würde man diese Konstruktion nicht als demokratisch, sondern als oligarchisch bezeichnen. Bezogen auf das Wahlrecht nennt man den Ausschluss bestimmter Gruppen auf Grund ihrer Vermögensverhältnisse ein „Zensuswahlrecht". Werden die Stimmrechte nach Finanzmitteln unterschiedlich gewichtet, spricht man von einem „Klassenwahlrecht" – ein System, das bis 1918 noch in mehreren deutschen Bundesländern galt. Nach Kant sind allerdings auch nicht-vermögende und abhängige Menschen durchaus Staatsbürger. Sie können sich zwar nicht an der Legislative beteiligen, gelten also als „passive Staatsbürger", sind aber Teil des gemeinen Wesens, insofern sie unter den Rechtsgesetzen stehen.

Kant wurde für diesen Ansatz vielfach kritisiert. Die Forderung, die Menschen als gleich anzuerkennen, war eines der großen Themen der Philosophie, die der von ihm selbst befürworteten französischen Revolution den Weg bereitet hatte. Allerdings bezweifelt Kant nicht die Gleichheit und Freiheit der Menschen, sofern

24 Vgl. MS, AA VI, 313, 10-16.
25 Vgl. MS, AA VI, 316.

sie Menschen sind, sondern die Gleichheit hinsichtlich ihrer Fähigkeit, aktiver Staatsbürger zu sein und als solcher politisch zu handeln.

Kants staatsorganisationsrechtliche Grundlegung entspricht damit nur zum Teil der Lehre Rousseaus. Bei beiden Denkern bildet die gesetzgebende Gewalt das Oberhaupt des Staates, Kant verwirft jedoch die Idee der Identität von Herrschenden und Beherrschten. Vielmehr haben einige Bürger in seiner Republik keinen Anteil an der Herrschaft, sondern zählen, wie etwa in sämtlichen Staaten die Minderjährigen, ausschließlich zum Kreis der Beherrschten.

Vom Staatsoberhaupt zu unterscheiden ist die Person, welcher die ausführende Gewalt, die Exekutive, zukommt. Sie regiert den Staat und entscheidet in Einzelfragen. Ihr Verantwortungsbereich ist deutlich von dem der Legislative getrennt. Mit jeder Vermischung nährt man sich dem Abgrund der Despotie. Die Exekutive, für Kant: Der König, steht unter den Gesetzen und muss sich bei ihren Entscheidungen in dem vorgegebenen Rahmen bewegen. Allerdings kann sie für ihre Entscheidungen nicht bestraft werden, denn sie entscheidet über die Anwendung von Zwang, kann aber nicht selbst gezwungen werden, sonst wäre sie nicht mehr die höchste Instanz der Exekutive. Allerdings kann sie abgesetzt werden. Das Herrscheramt wird somit nicht auf Lebenszeit ausgeübt. Die dritte Gewalt ist bei Kant die Judikative. Diese liegt nach seiner Auffassung bei einer gewählten Jury, die für jede rechtliche Entscheidung zusammentritt.

Unter diesen Bedingungen ist für Kant das „Heil des Staates“ gesichert, nämlich „der Zustand der größten Übereinstimmung der Verfassung mit Rechtsprinzipien [...], als nach welchem zu streben uns die Vernunft durch einen kategorischen Imperativ verbindlich macht.“[26]

Kant behauptet also nicht, dass die Einzelnen nur in einem solchen Staat glücklich werden könnten oder dass nur ein solcher Staat ein gutes Leben ermöglicht, sondern er sagt, dass die Vernunft auf ein Leben in einem solchen Staat ausgerichtet ist und ein Mensch, der sich von seiner Vernunft leiten lässt, nicht anders wollen kann, als in einem solchen Staat zu leben.

Zur Begründung dieser These nutzt Kant den sogenannten kategorischen Imperativ. Dieses für seine Lehre zentrale Gebot behandeln wir im folgenden Kapitel.

V. Der kategorische Imperativ

Der kategorische Imperativ gehört eigentlich nicht zu Kants Rechtslehre, sondern zu seiner Tugendlehre.[27] Dennoch führt Kant ihn auch im Zusammenhang mit seinem Nachdenken über Recht und Staat auf.

26 MS, AA VI, 318, 11-14.

27 Zur Diskussion des Verhältnisses von Recht und Moral bei Kant vgl. *Christoph Horn*, Nichtideale Normativität. Ein neuer Blick auf Kants politische Philosophie, Berlin 2014.

Das ist zunächst merkwürdig, denn während sich das Recht dadurch auszeichnet, dass es sich an allen Menschen gleichermaßen und in Absehung von dem konkreten Einzelfall richtet, handelt es sich bei Fragen der Moral doch um Einzelfallentscheidungen, die gerade nicht unter allgemeinen Gesetzen stehen. Oder?

Kant formuliert den kategorischen Imperativ in seinen Schriften in verschiedenen Formen; als Grundform gebräuchlich sind die beiden folgenden Formulierungen:

> „Handle nur nach derjenigen Maxime, durch die du zugleich wollen kannst, daß sie ein allgemeines Gesetz werde."[28]
> „Handle so, daß die Maxime Deines Willens jederzeit zugleich als Princip einer allgemeinen Gesetzgebung gelten könne."[29]

Was will Kant mit der Grundform des kategorischen Imperativs ausdrücken? Um das zu verstehen, muss zunächst der Begriff der Maxime geklärt werden.

Bei einer Maxime handelt es sich bei Kant um einen ersten Handlungsgrund. Sie ist das objektive Prinzip der jeweiligen infrage stehenden Handlung, also das, was den Einzelnen zum Ausführen der Handlung bewegt. Heute würde man etwa von dem die Handlung leitenden Motiv sprechen. Um eine Maxime zu bewerten und damit natürlich auch zugleich zu entscheiden, ob man handeln soll oder nicht, muss diese einer Prüfung unterzogen werden. Die Handlung aus dieser Maxime heraus ist nur dann geboten, wenn die Maxime auch zugleich die Funktion eines allgemeinen Gesetzes übernehmen könnte.

Was bedeutet das? Eine Maxime kann dann die Funktion eines allgemeinen Gesetzes übernehmen, wenn es vernünftig ist, zu wollen, dass alle Menschen, die potentiell über

a) die Vornahme oder das Unterlassen der gleichen Handlung
b) unter vergleichbaren Umständen entscheiden müssen,

genau die gleiche Handlung vornehmen oder unterlassen sollen, die man selbst in dieser konkreten Situation auch plant zu tun oder zu unterlassen.

Es geht dabei wohlgemerkt nicht um eine subjektive Einschätzung oder darum, was man selbst wollen würde, das in einer solchen Situation getan werde. Prüfkriterium ist hier die Menschheit als Ganzes, insofern sie als unter allgemeinen Gesetzen stehend gedacht wird. Was bedeutet es nun, dass es sich bei diesen Sätzen um die Formulierung eines *kategorischen Imperativs* handelt?

Ein Imperativ ist ein Gebot, welches sich an alle Wesen richtet, die frei handeln können und zu vernünftiger Einsicht fähig sind. Er ist kategorisch, weil er ein unbedingtes Gebot zu Handeln oder zu Unterlassen ist.

---

28 GMS; AA IV, 421, 7-8.
29 KpV, AA V, 30, 38-39.

Der kategorische Imperativ lässt keinen Raum für ein „Ja, aber...“, sein Gebot ist nicht kontingent, sondern ausschließlich. Beachten Sie: Ob eine Handlung vorgenommen werden darf, bemisst sich nicht an den Folgen der Handlung[30] (die naturgemäß nur mit Wahrscheinlichkeit vorausgesagt werden können), sondern allein an dem Grund, aus welchem eine Handlung vorgenommen wird.

Als Prüfschema kann er auf jede Handlung angewandt werden, die unter moralischen Gesetzen steht. Es kommt hier nicht auf die äußere Übereinstimmung einer Handlung mit dem Gesetz an, welche der äußere Gesetzgeber bewertet, sondern entscheidend ist allein die innere Überzeugung, eben die Maxime, eine Handlung vorzunehmen oder nicht. Das Ergebnis ist eine Handlungsanweisung, die ähnlich allgemein ist, wie es die positiven Gesetze sind – etwa „Jeder soll in einer Situation der Art X mit der Maxime Y die Handlung Z vollziehen“.

Sehr häufig wird auf die sogenannte Zweck-an-sich-Formel als eine weitere Form des kategorischen Imperativs verwiesen. Sie hat außerdem einen festen Platz in der Debatte zur Begründung der Menschenrechte[31]:
„Handle so, daß du die Menschheit sowohl in deiner Person, als auch in der Person eines jeden anderen jederzeit zugleich als Zweck, niemals bloß als Mittel brauchest.“[32]

Zurück zur Ausgangsfrage: Was hat der kategorische Imperativ in einer Rechtslehre zu suchen?

Erinnern Sie sich: In einem Zustand, in welchem die Menschen noch nicht unter positiven Gesetzen stehen, ist trotzdem das Naturrecht erkennbar und hat Geltung, auch wenn es nicht faktisch durchgesetzt werden kann. Diese Erkennbarkeit bleibt natürlich auch dann bestehen, wenn die Menschen in eine bürgerliche Gesellschaft eintreten und unter positiven Rechtsgesetzen stehen.

Was gebietet die Vernunft hinsichtlich der Frage, ob der Einzelne in einen rechtlichen Zustand eintreten soll?

Die Alternative zu einem rechtlichen Zustand ist ein Zustand, in welchem dem Einzelnen zwar alle Rechte, die *a priori* erkennbar sind, auch zustehen, er sich aber nicht auf diese Rechte berufen kann, da es keine Instanz gibt, die sie ihm im Konfliktfall zusprechen und keine, die den, der sie ihm streitig macht, bestrafen kann. Obwohl diese Rechte erkennbar sind, heißt das nicht, dass sie auch tatsächlich erkannt werden. Und auch, wenn diese Rechte erkannt wurden, heißt das nicht, dass sie auch von allen beachtet werden.

Wenn der Einzelne also erkannt hat, dass es diese Rechte gibt, dann geht damit auch die Erkenntnis einher, dass er von diesen Rechten erst dann tatsächlich Ge-

30 Lehren, die auf die Folgen von Handlungen abstellen, bezeichnet man als konsequentialistisch.
31 Vgl. *Arthur Kaufmann, Dietmar von der Pfordten,* Problemgeschichte, a.a.O., S. 54.
32 GMS, AA IV, 429, 10-12.

brauch machen kann, wenn sie geschützt werden. Sie wissen bereits, dass der Begriff des Rechts nicht sinnvoll ohne den Begriff des Zwangs gedacht werden kann. Hat also der Einzelne erkannt, dass er Träger von Rechten ist, dann muss er auch dazu beitragen, dass diese Rechte geschützt werden, er muss also bestrebt sein, in einen bürgerlichen Zustand einzutreten oder in einem solchen bleiben zu wollen.

Dies ist die Forderung, die auch der kategorische Imperativ an ihn stellt – der Einzelne kann es sich nicht zur Maxime machen wollen, nicht unter Gesetzen zu leben. Vernünftig kann er vielmehr nur wollen, dass sein Handeln entweder die Herstellung eines bürgerlichen Zustands oder aber das Verbleiben in ihm zur Maxime hat. Nur von einer solchen Maxime kann er wollen, dass sie allgemeines Gesetz wird.

Sie sehen also, dass der kategorische Imperativ auch für das Rechtsdenken Kants von Bedeutung ist. Die Bedeutung ist aber eine andere als innerhalb der Moralphilosophie. In der Rechtsphilosophie Kants hat er systematische Bedeutung, da er die intrinsische Verpflichtung des Einzelnen erzeugt, diesen Zustand zu wollen.

Kant spitzt seine Thesen weiter zu: Das Leben unter Rechtsgesetzen ist nicht nur durch die Vernunft geboten, sondern das Leben unter Gesetzen, welcher Art sie auch immer sein mögen, ist prinzipiell dem Naturzustand bzw. dem Leben in einem nicht-staatlichen Zustand vorzuziehen. Die Reichweite dieser These tritt in dem Fall besonders deutlich zutage, in dem die Menschen unter einem Herrscher leben, welcher willkürlich und gegen alle Maßstäbe der Vernunft Entscheidungen trifft. Auch dann ist das Leben unter diesem Herrscher einem Leben im Naturzustand vorzuziehen und damit jedes Recht auf Widerstand absolut ausgeschlossen.[33] Es kann laut Kant keinen Fall geben, in welchem Widerstand gegen das gesetzgebende Oberhaupt rechtmäßig wäre – dies würde zugleich den rechtlichen Zustand aufheben und, wie oben schon gezeigt wurde, ist das Eintreten in diesen rechtlichen Zustand ein Gebot der Vernunft und gefordert als kategorischer Imperativ. Kant formuliert drastisch: „Der geringste Versuch hierzu (zum Widerstand, Anm. d. Verf.) ist Hochverrat *(proditio eminens)*, und der Verräter dieser Art kann als einer, der sein Vaterland umzubringen versucht (*parricida*), nicht minder als mit dem Tod bestraft werden.“[34]

33 MS, AA VI, 319.
34 MS, AA VI, 320, 18-21.

Exkurs Notrecht

Kant macht sich nicht nur über die Struktur des Rechts Gedanken, sondern beschäftigt sich auch mit vielen praktischen Rechtsproblemen. Eines davon betrifft das Notrecht, heute sprechen wir von Notstand. Berühmt ist Kants Lösung eines seit der Antike diskutierten Falls, der als „Brett des Karneades" in die Rechtsgeschichte eingegangen ist.

Zwei Schiffbrüchige treiben nach einem Unglück im Meer und erblicken eine Holzplanke. Mit Hilfe dieser könnten sie sich über Wasser halten, allerdings kann die Planke nur einen von ihnen tragen. Darf also einer den anderen am Erreichen der Planke hindern, wohlwissend, dass dieser ertrinken wird?

Kant erklärt zuerst, was unter einem Notrecht zu verstehen ist: „Dieses vermeinte Recht soll eine Befugnis sein, im Fall der Gefahr des Verlusts meines eigenen Lebens, einem anderen, der mir nichts zu Leide tat, das Leben zu nehmen."[35]

Die kantische Lösung des Falls ist die folgende:

„Es fällt in die Augen, daß hierin ein Widerspruch der Rechtslehre mit sich selbst enthalten sein müsse – denn es ist hier nicht von einem *ungerechten* Angreifer auf mein Leben, dem ich durch Beraubung des seinen zuvorkomme (ius inculpatae tutelae), die Rede, wo die Anempfehlung der Mäßigung (moderamen) nicht einmal zum Recht, sondern nur zur Ethik gehört, sondern von einer erlaubten Gewalttätigkeit gegen den, der keine gegen mich ausübte. [...] Es ist klar: daß diese Behauptung nicht objektiv, nach dem, was ein Gesetz vorschreiben, sondern bloß subjektiv, wie vor Gericht die Sentenz gefället werden würde, zu verstehen sei. Es kann nämlich kein *Strafgesetz* geben, welches demjenigen den Tod zuerkennete, der im Schiffbruche, mit einem andern in gleicher Lebensgefahr schwebend, diesen von dem Brette, worauf er sich gerettet hat, wegstieße, um sich selbst zu retten. Denn die durchs Gesetz angedrohete Strafe könnte doch nicht größer sein, als die des Verlusts des Lebens des ersteren. Nun kann ein solches Strafgesetz die beabsichtigte Wirkung gar nicht haben; denn die Bedrohung mit einem Übel, was noch *ungewiß* ist (dem Tode durch den richterlichen Ausspruch), kann die Furcht vor dem Übel, was *gewiß* ist (nämlich dem Ersaufen), nicht überwiegen. Also ist die Tat der gewalttätigen Selbsterhaltung nicht etwa als *unsträflich* (inculpabile), sondern nur als *unstrafbar* (inpunibile) zu beurteilen und diese *subjektive* Straflosigkeit wird, durch eine wunderliche Verwechselung, von den Rechtslehrern für eine *objektive* (Gesetzmäßigkeit) gehalten.

Der Sinnspruch des Notrechts heißt: »Not hat kein Gebot (necessitas non habet legem)«; und gleichwohl kann es keine Not geben, welche, was unrecht ist, gesetzmäßig machte.“[36]

Kant argumentiert also, dass es kein positives Not*recht* geben kann. Erinnern Sie sich: ein Recht zu haben, heißt, einen anderen von einem unrechtmäßigen Eingriff in die eigene Freiheitssphäre ausschließen zu können. In einem Fall wie dem oben geschilderten liegt aber gerade keine *unrechtmäßige* Handlung vor, die das Recht verbieten könnte. Das Recht kann nicht gebieten, das eigene Leben zu opfern, es hat keine Möglichkeit einen Menschen dazu zu zwingen. Der, welcher einen anderen daran hindert, das eigene Leben zu retten, indem er etwa die Planke besetzt, verhält sich sträflich (culpabile), da in Folge seines Handelns der andere ertrinkt, aber er ist für diese Handlung nicht bestrafbar (Er ist „inpunibile.“).

VI. Ein Staat für ein Volk von Engeln?

Sie wissen nun, was Kant unter dem Begriff des Rechts versteht, Sie haben ein Einblick in sein systematisches Denken erhalten und sich außerdem mit verschiedenen Elementen seiner Staatsphilosophie auseinandergesetzt. Wo kann nun die Verfassung, die Kant entwirft, theoretisch verortet werden? Kant gibt eine klare Antwort in seiner Schrift *Zum ewigen Frieden*:

„Die bürgerliche Verfassung in jedem Staate soll republikanisch sein. Die erstlich nach Prinzipien der *Freiheit* der Glieder einer Gesellschaft (als Menschen); zweitens nach Grundsätzen der *Abhängigkeit* aller von einer einzigen gemeinsamen Gesetzgebung (als Untertanen); und drittens, die nach dem Gesetz der *Gleichheit* derselben *(als Staatsbürger)* gestiftete Verfassung – die einzige, welche aus der Idee des ursprünglichen Vertrags hervorgeht, auf der alle rechtliche Gesetzgebung eines Volks gegründet sein muß – ist die *republikanische.*“[37]

Diese Form der Verfassung folgt für Kant aus dem reinen Begriff des Rechts. Sie muss die Freiheit der Menschen voraussetzen und anerkennen, alle zum Untertan der Gesetzgebung machen (und das ist nur der Fall, wenn die Gesetzgebung in der Hand des Volkes liegt, da sich sonst ein Einzelner eine Sonderstellung zusprechen könnte), und alle Staatsbürger als gleich betrachten, d. h. ihnen allein aufgrund des Status „Staatsbürger“ die gleichen Rechte zusprechen. Sie ist also die einzig mögliche Verfassung, deren Legitimation *a priori* begründet werden kann.

35 MS, AA VI, 235, 15-17.
36 MS, AA VI, 235, 17 – 236, 7.
37 ZeF, AA VIII, 348, 8 – 350, 4.

Berühmt geworden ist die kantische Anmerkung, dass viele der Meinung seien, dass eine solche Verfassung einzusetzen und dauerhaft zu erhalten nur einem *Volk von Engeln* gelingen könne, „weil Menschen mit ihren selbstsüchtigen Neigungen einer Verfassung von so sublimer Form nicht fähig wären". Kant erwidert auf diesen Einwand, dass ein republikanischer Staat keine moralisch-guten Menschen hervorbringen könne. Das sei aber auch nicht sein Ziel. Ein republikanischer Staat sei allein auf gute Bürger angewiesen und so konstruiert, dass selbst ein „Volk von Teufeln (wenn sie nur Verstand haben)"[38] ihn einrichten und aufrechterhalten könne. Die Begründung für diese These lautet wie folgt:

„Eine Menge von vernünftigen Wesen, die insgesamt allgemeine Gesetze für ihre Erhaltung verlangen, deren jedes aber in Geheim sich davon auszunehmen geneigt ist, so zu ordnen und ihre Verfassung einzurichten, daß, obgleich sie in ihren Privatgesinnungen einander entgegen streben, diese einander doch so aufhalten, daß in ihrem öffentlichen Verhalten der Erfolg eben derselbe ist, als ob sie keine solche böse Gesinnungen hätten."[39]

Es setzt, folgt man Kant, ein quasi natürlicher Mechanismus ein, der trotz der feindlichen Gesinnung, welche ein jeder gegenüber dem Anderen hat, dazu führt, dass sie dem Handeln nach als Staatsbürger leben, auch wenn ihre Einzelinteressen für sich betrachtet einen anderen Eindruck erzeugen. Sie erwarten von einem Staat, dass er alle anderen in ihrem Handeln begrenzt, und wollen gern sich selbst davon ausnehmen. Da aber ein jeder diese Erwartung hat, muss der Zwang so ausgestaltet sein, dass er für alle oder für keinen gilt. Selbst ein Teufel kann aber einsehen, dass er von der Rechtssicherheit mehr profitiert als von der schrankenlosen und damit nur scheinbar vorhandenen Freiheit.

Letztlich ist es die selbstsüchtige Neigung eines jeden, also das Ziel, für sich selbst das Beste herauszuschlagen, das zu einer republikanischen Verfassung führt.

VII. Auf dem Weg „Zum ewigen Frieden"

Allerdings ist dies nicht der einzige Grund, aus welchem Kant diese Verfassung vor allen anderen hervorhebt. Folgt man Kant, ist nur mit einer republikanischen Verfassung ein „ewiger Frieden" möglich.

Der „ewige Frieden" ist ein schillernder Begriff, der inmitten der strengen Wortfügungen des Philosophen unverhofft intellektuelle Sehnsüchte weckt. Was aber meint Kant genau damit?

Kants These, dass sich das Menschengeschlecht in einem ewigen Fortgang zum Besseren befindet, gipfelt in der Hoffnung eines immer währenden Friedenszustands. In diesem Zustand sind alle Ursachen eines möglichen Krieges negiert

38 ZeF, AA VIII, 366, 16.
39 ZeF, AA VIII, 366, 17-23.

und er ist absolut stabil. Kant entwirft seine Schrift *Zum ewigen Frieden* in der Form eines Friedensvertrags.[40] Das Erreichen des Friedenszustands knüpft er an folgende Bedingungen:

1. Die Präliminarartikel

I. Es soll kein Friedensschluß für einen solchen gelten, der mit dem geheimen Vorbehalt des Stoffes zu einem künftigen Kriege gemacht worden.
II. Es soll kein für sich bestehender Staat (klein oder groß, das gilt hier gleichviel) von einem anderen Staate durch Erbung, Tausch oder Schenkung erworben werden können.
III. Stehende Heere (miles perpetuus) sollen mit der Zeit ganz aufhören.
IV. Es sollen keine Staatsschulden in Bezug auf äußere Staatshändel gemacht werden.
V. Kein Staat soll sich in die Verfassung und Regierung eines anderen Staates gewalttätig einmischen.
VI. Es soll sich kein Staat im Kriege mit einem andern solche Feindseligkeiten erlauben, welche das wechselseitige Zutrauen im künftigen Frieden unmöglich machen müssen, als da sind: Anstellung der Meuchelmörder (percussores), Giftmischer (venefici), Brechung der Kapitulation, Anstiftung des Verrats (perduellio) in dem bekriegten Staat etc.

Sind diese sechs Präliminarartikel von den Staaten umgesetzt, heißt das aber nicht, dass der Kriegszustand ein für alle Mal überwunden wäre. Es handelt sich lediglich um einen Zustand der Kriegsabwesenheit, der „kontingent, fragil und strukturell ungesichert [ist] und so sehr [er] auch jeder gewaltsamen Auseinandersetzung vorzuziehen ist, nicht die mindeste Gewähr für ein dauerhaftes gewaltfreies Zusammenleben" bietet.[41]

2. *Die Definitivartikel*

Es bedarf darüber hinaus der Umsetzung der folgenden Definitivartikel:

I. Die Bürgerliche Verfassung in jedem Staate soll republikanisch sein.

Kants Begründung ist Ihnen schon bekannt. Kant differenziert hier aber die Bedeutung des Begriffs weiter, indem er explizit formuliert, dass sich das Vorliegen dieser Regierungsform anhand der Antwort auf die Frage entscheidet, ob Legislative und

40 *Otfried Höffe*, Der Friede- ein vernachlässigtes Ideal, in *ders.*, Immanuel Kant. Zum ewigen Frieden, Reihe Klassiker auslegen, Berlin 2004, S. 7.

41 *Wolfgang Kersting*, „Die bürgerliche Verfassung in jedem Staate soll republikanisch sein", in *Otfried Höffe*, Immanuel Kant. Zum ewigen Frieden, Reihe Klassiker auslegen, Berlin 2004, S. 88.

Exekutive getrennt sind oder nicht. Im Fall einer republikanischen Regierung, das wissen Sie bereits, sind die beiden Gewalten getrennt. Dieses Merkmal ist nach Kant der zentrale Unterschied zu einer despotischen Regierung. Auch hier bewegt sich Kant im Geist seiner Zeit, der den Wert der Gewaltenteilung entdeckt.

Die republikanische Regierungsform fördert den ewigen Frieden, da dann, wenn die Bürger in einem Staat selbst darüber zu beschließen haben, ob ein Krieg stattfinden soll oder nicht, sie bei ihrer Entscheidung nicht nur den eventuellen Nutzen des Krieges, sondern vor allem die Kriegskosten sehen. Das Volk neigt nicht zum Krieg.

II. Das Völkerrecht soll auf einem Föderalismus freier Staaten gegründet sein.

Der Zustand zwischen einzelnen Staaten ist ähnlich dem Naturzustand zwischen den Menschen, die sich nicht unter einer Verfassung befinden. Um diese Situation der internationalen Unsicherheit zu überwinden, müssen die Staaten einen Völkerbund gründen. Dieser Völkerbund ist ein Friedensbund, in welchem die Staaten keinerlei Recht oder Macht an eine übergeordnete Instanz abgeben. Sie sind viel mehr als Gleiche unter Gleichen, ihre Freiheit bleibt gesichert.[42]

Kants Hoffnungen sind überschwänglich: Sobald sich ein Staat zu einer Republik bildet, kommt es laut Kant nach und nach zu einem Friedensbund zwischen den Staaten, denn dieser eine Staat strahlt auf die umliegenden Staaten aus; solange, bis nach und nach die ganze Staatenwelt unter der „Idee der Föderalität“[43] vereinigt ist. Gleichzeitig bleibt die Kantische Konzeption bei diesem Friedensbund stehen. Die Föderation, der jeder Staat beitreten, die er aber auch wieder verlassen kann, verfügt über keine gemeinsame Regierung und kein gemeinsames Recht, welches über das beschriebene hinausgeht und über keine Sanktionsmittel.[44] Hier wie auch an vielen anderen Stellen in Kants Werken wird dessen idealistische Grundhaltung deutlich. Dabei entsteht mitunter der Eindruck, dass es dem in sich geschlossenen philosophischen Konstrukt Kants an Offenheit für die tatsächlichen Gegebenheiten seiner Zeit mangelt.

III. Das Weltbürgerrecht soll auf Bedingungen der allgemeinen Hospitalität eingeschränkt sein.

„Hospitalität [meint] das Recht eines Fremdlings, seiner Ankunft auf dem Boden eines anderen wegen, von diesem nicht feindselig behandelt zu werden.“[45]

42 Vgl. ZeF, AA XIII, 354ff.

43 ZeF, AA XIII, 356, 15.

44 Vgl. *Henning Ottmann*, Der „ewige Frieden“ und der ewige Krieg. Über Kants „Zum ewigen Frieden“, in *ders.*, Kants Lehre von Staat und Frieden, Baden-Baden 2009, S.101.

45 ZeF, AA XIII, 357, 23 – 358, 2.

Dieses Recht ist nötig aufgrund der flächenmäßigen Begrenztheit der Erde, auf der sich nicht alle Menschen „ins Unendliche zerstreuen können“[46]. Es handelt sich um ein „Besuchsrecht“, also um das bloße Recht jeden Staat zu bereisen und unter menschenwürdigen Bedingungen aufgenommen zu werden – unabhängig von Nationalität, Religion, Geschlecht. Hiermit richtet sich Kant vor allem gegen das „inhospitable Betragen“ verschiedener Staaten beim „Besuche“ anderer Länder und kritisiert damit die Kolonialpolitik seiner Zeit.[47]

Zunächst entsteht der Eindruck, dass die Kantische Forderung nach Hospitalität hinter der Forderung nach Asyl zurückbleibt.[48] Ein Recht auf Besuch besteht nicht uneingeschränkt, vielmehr schreibt Kant deutlich, dass der sich auf das Recht der Hospitalität Berufende auch abgelehnt werden kann. Allerdings, und dieser Zusatz ist entscheidend, kann die Ablehnung dann nicht erfolgen, wenn sie nicht „ohne seinen Untergang“[49] von statten gehen kann. Droht dem Einzelnen also bei Zurückweisung seines friedlichen Gesuchs in einem Staat Gefahr für Leib und Leben, dann darf er nicht zurückgewiesen werden. In dieser Forderung denkt Kant den zentralen Aspekt der Debatte um Asyl und Flüchtlinge seit dem 20. Jahrhundert voraus.

Kant wird getrieben von der festen Überzeugung, dass die Menschheit in der Lage ist und dass es ihren Interessen entspricht, einen andauernden Frieden herzustellen. Kant macht auch deutlich, dass dies ein Prozess von langer Dauer ist, gekennzeichnet durch ein Auf und Ab und durch Rückschläge.

Dieses Friedensideal hat auch nach über zwei Jahrhunderten nichts von seiner Aktualität verloren. „Kantischen Geist atmen [...] wichtige politische Institutionen und Programme: internationale Organisationen wie vormals der Völkerbund und später die UNO; ferner ein Gutteil der rechtsethischen Prinzipien freiheitlich-demokratischer Verfassungen [...]; und schließlich die friedensfunktionale politische Architektonik des EU-Staatenverbandes.“[50]

Kant ist aktuell in seinem Denken – seien es seine Ausführungen zum Republikanismus, zum Völkerrecht oder seine Idee der Freiheit[51].

---

46 ZeF, AA XIII, 358, 10-11.

47 Vgl. *Volker Gerhardt,* Immanuel Kants Entwurf „Zum ewigen Frieden“. Eine Theorie der Politik. Wissenschaftliche Buchgesellschaft, Darmstadt 1995, S.105.

48 So argumentiert auch *Volker Gerhardt,* ebd., S. 106. ; dem entgegen: *Pauline Kleingeld,* Kants politischer Kosmopolitismus, in *Sharon Byrd, Joachim Hruschka, Jan Joerden (Hg.)*: Jahrbuch für Recht und Ethik. 200 Jahre Kants Metaphysik der Sitten, Bd 5, Berlin 1997, S. 340.

49 ZeF, AA VIII, 358, 3.

50 *Wolfgang M. Schröder,* After Rawls. Zur neueren und neusten Rezeption von Kants politischer Philosophie, in *Henning Ottmann* (Hg.), Kants Lehre von Staat und Frieden, Baden-Baden 2009, S. 134.

51 Vgl. Ebd. S.157.

C. Kant heute

Bemerkenswert im kantischen Denken ist die konsequente Entwicklung seiner Philosophie aus den dem menschlichen Verstand innewohnenden Begriffen *a priori*. Kant denkt das Denken neu und versucht zu zeigen, wie sich ein gesichertes Verständnis der Welt erreichen lässt. Auch das Nachdenken über Recht und Unrecht legt er damit auf eine neue systematische Grundlage. Mit Immanuel Kant haben Sie einen Philosophen kennengelernt, der auf eine bis dahin nicht dagewesene Art Philosophie als Wissenschaft, also auch Rechtsphilosophie treiben will, und mit diesem Ansatz das Nachdenken über das Recht, den Einzelnen und dem für das Recht notwendigen Zwang auf eine neue Basis stellt.

Im Unterschied zu anderen Rechtsphilosophien vor ihm, beginnt Kant sein Denken nicht an einem normativ vorgeformten Begriff des Menschen oder der Natur. Was recht oder gerecht ist und welche Rechte „von Natur aus" vorhanden sind, ist dem menschlichen Geist nicht durch eine höhere Macht vorgegeben, er muss es nicht in der Natur erkennen, sondern er erkennt es allein aus der Beschäftigung mit sich selbst, mit den ihm innewohnenden Begriffen. Alle Forderungen, die das Recht begründet an den Menschen stellen kann, sind schon im Menschen angelegt und ihm durch das Denken zugänglich. Häufig wird Kants Naturrecht in der wissenschaftlichen Debatte deshalb auch als *Vernunftrecht* bezeichnet.[52]

Mit diesem Schritt erreicht die Hinwendung zum Subjekt einen neuen Höhepunkt. Ausgehend von dem als frei verstandenen, zum vernünftigen Denken fähigen Einzelnen ist der Maßstab für das Recht allein die Vernunft. Dass hierin ein Ideal, sowohl in Bezug auf das menschliche Denken, als auch auf die Möglichkeit der Entscheidung von Rechtsproblemen liegt, hat in der Folge vielfach Kritiker auf den Plan gerufen.

Kant wird vorgeworfen, in seinem Denken zu starr an Prinzipien zu hängen, die einer pluralen Welt mit konkurrierenden Wert- und Normsystemen nicht mehr gerecht werden können. Sein Rigorismus, der keine Ausnahmen zulässt, erscheint gegenüber Ansätzen wie etwa dem Utilitarismus, der konsequenzialistisch nach „dem größten Glück der größten Zahl" sucht, übermäßig auf die Vernunft ausgelegt und damit un-sinnlich und gegenüber einer Wertethik formalistisch und unflexibel. Der große Reiz der kantischen Philosophie besteht aber gerade in der systematischen Klarheit seines Denkens, die nicht ohne das Festhalten an Prinzipien a priori gelingen könnte.

---

52 Vgl. *Detlef Horster*, Rechtsphilosophie zur Einführung, Hamburg 2002, S. 39ff.

I. Spuren in der Rechtsprechung

Das a priorische Rechtsdenken Kants zeigt einen systematisch-analytischen Zugang auf, wie er heute z. B. in normtheoretischen Ansätzen wieder aufgegriffen wird. Aber es ist nicht nur die kantische Methode, die mitunter vorbildhaft für die heutige Forschung wirkt, sondern auch einige der für sein Denken zentralen Begriffe werden immer wieder in den entsprechenden Kontexten diskutiert, so etwa in der Rechtsphilosophie der Begriff der Person und der Begriff der Zurechnung.

Lesen Sie nun die beiden folgenden Auszüge aus einem Urteil des Bundesverfassungsgerichts (BVerfG). Markieren Sie die Passagen, in welchen Sie zu den kantischen Thesen korrespondierende Elemente entdecken.

1. *Ein Urteil des Bundesverfassungsgerichts*

Entscheid des Bundesverfassungsgerichts von 1992 zur Freigabe des Films „Tanz der Teufel“

Bei dem Film „Tanz der Teufel“ handelt es sich um einen Horrorfilm, der lange indiziert war. Er wurde kurz nach Erscheinung 1984 auf den Index gesetzt. Die unteren Instanzen argumentierten, der Film sei gewaltverharmlosend und verletze auf gravierende Weise die Menschenwürde.

Die Beschwerdeführerin, ein Filmverleih, der die Nutzungsrechte an diesem Film erworben hatte, legte dann Verfassungsbeschwerde ein, unter anderem da nach ihrer Auffassung keine Gewalttätigkeiten gegen Menschen, sondern allein gegen menschenähnliche Wesen dargestellt würden, und somit auch nicht konkrete Menschen oder aber die den Film freiwillig anschauenden Zuschauer in ihrer Menschenwürde verletzt werden könnten.

Das Gericht beschäftigt sich in seiner Entscheidung unter anderem mit der Frage, was unter der Würde des Menschen zu verstehen und wann sie verletzt sei.

Auszug A

„Das Bundesverfassungsgericht versteht ihn [den Begriff der Menschenwürde, Anm. d. Verf.] als tragendes Konstitutionsprinzip im System der Grundrechte. Mit ihm ist der soziale Wert- und Achtungsanspruch des Menschen verbunden, der es verbietet, den Menschen zum bloßen Objekt des Staates zu machen oder ihn einer Behandlung auszusetzen, die seine Subjektqualität prinzipiell in Frage stellt. Menschenwürde in diesem Sinne ist nicht nur die individuelle Würde der jeweiligen Person, sondern die Würde des Menschen als Gattungswesen. Jeder besitzt sie, ohne Rücksicht auf seine Eigenschaften, seine Leistungen und seinen sozialen Status. Sie ist auch dem eigen, der aufgrund seines körperlichen oder geistigen Zustands nicht sinnhaft handeln kann. Selbst durch „unwürdiges“

Verhalten geht sie nicht verloren. Sie kann keinem Menschen genommen werden. Verletzbar ist aber der Achtungsanspruch, der sich aus ihr ergibt."[53]

Auszug B

„Darin erschöpft sich jedoch der erkennbare Sinn der Vorschrift [§ 131 Abs. 1 StGB, Anm. d. Verf.] nicht. Vielmehr ergibt sich aus deren Wortlaut und systematischem Zusammenhang, daß sie vor allem auch Fälle erfassen soll, in denen die Schilderung des Grausamen und Unmenschlichen eines Vorgangs darauf angelegt ist, beim Betrachter eine Einstellung zu erzeugen oder zu verstärken, die den fundamentalen Wert- und Achtungsanspruch leugnet, der jedem Menschen zukommt. Das geschieht insbesondere dann, wenn grausame oder sonstwie unmenschliche Vorgänge gezeigt werden, um beim Betrachter ein sadistisches Vergnügen an dem Geschehen zu vermitteln, oder um Personen oder Gruppen als menschenunwert erscheinen zu lassen. Eine solche Tendenz schließt die Vorstellung von der Verfügbarkeit des Menschen als bloßes Objekt ein, mit dem nach Belieben verfahren werden kann. Deshalb kann auch eine menschenverachtende Darstellung rein fiktiver Vorgänge das Gebot zur Achtung der Würde des Menschen verletzen."[54]

2. Diskussion, Kritik, Zusammenschau

Das Bundesverfassungsgericht stellt fest, dass Amts- und Landgericht in ihren Entscheidungen gegen das Bestimmtheitsgebot verstoßen haben und lehnt das Tatbestandsmerkmal einer die Menschenwürde verletzenden Darstellung (vgl. § 131 Abs. 1 StGB) in der konkreten Fallkonstellation ab.

Die obigen Abschnitte, das haben Sie sicher bemerkt, zeigen große Parallelen zu den kantischen Formulierungen des kategorischen Imperativs. Das Gericht stellt eindeutig heraus, dass der Mensch niemals allein als Objekt gebraucht werden darf – weder durch eine andere Person noch durch den Staat. Durch die Darstellung extremer Gewalt, die das menschliche Opfer zum „Vergnügen" des Betrachters allein als Objekt der Gewaltdarstellung nutzt und ihn als Person negiert, könnte ein Film die Menschenwürde verletzen.

Erinnern Sie sich an die kantische Formulierung: „Handle so, daß du die Menschheit sowohl in deiner Person, als auch in der Person eines jeden anderen jederzeit zugleich als Zweck, niemals bloß als Mittel brauchest."[55] Der Mensch darf nach Kant nie allein als ein Objekt und ausschließlich als Mittel zur Erreichung eines bestimmten Zwecks betrachtet werden – einen Menschen als Menschen zu behandeln, heißt, ihn stets als der Möglichkeit nach frei handelndes,

53 BVerfGE 87, 209 (228).
54 BVerfGE 87, 209 (228).
55 GMS, AA IV, 429, 10-12.

selbstgesetzgebendes Subjekt zu betrachten. Dem Menschen kommen diese Eigenschaften nach Kant schlicht zu. Er kann sich nicht für oder gegen sie entscheiden. Mit seinem Menschsein ist das Personsein verbunden und damit auch sein Sein als ein mögliches Subjekt der Zurechnung. Ein solches Subjekt kann nur der frei handelnde, sich selbstgesetzgebende Mensch sein. Auch hier kann man die Auffassung des Bundesverfassungsgerichts durchaus kantisch lesen, wenn es schreibt, dass zwar der Achtungsanspruch, niemals aber die Menschenwürde selbst verletzt werden könne, da sie jedem Menschen als Gattungswesen unbedingt zukomme. Das Bundesverfassungsgericht nutzt das kantische Argument als Grundlage der Bestimmung des Menschenwürdebegriffs. Beachten Sie, dass sich auch im Werk Kants der Begriff der „Menschenwürde" bzw. der „Würde der Menschheit" findet, inhaltlich wird der Begriff allerdings nicht durch die Formulierung des kategorischen Imperativs ausgefüllt[56].

Im zweiten zitierten Abschnitt stellt das Bundesverfassungsgericht klar heraus, dass nicht zwingend eine reale Person betroffen sein muss, um gegen den Achtungsanspruch der Menschenwürde einer Person zu verstoßen, sondern dass das Achtungsgebot auch in fiktiven Vorgängen Geltung hat. Den Menschen nie zum Mittel oder Objekt zu machen, heißt auch, es nicht in einem Film so erscheinen zu lassen, als ob er genau das sei. Niemand soll den Eindruck erwecken dürfen, eine andere Person zum Mittel zu gebrauchen, sei es in Form der Gewaltausübung, sei es in Form der Betrachtung gewaltvoller Handlungen, durch welche die Menschenwürde nicht geachtet wird. Auch Kant spricht in der genannten Formulierung des kategorischen Imperativs von der „Menschheit" – er hat also nicht ausschließlich die konkrete Person vor Augen, sondern das Menschsein als allgemeine Eigenschaft, als das, was das Sein des Mensch ausmacht, unabhängig von dem konkreten Einzelmenschen.

II. Übung und Vertiefung

1. Welche Unterschiede bestehen zwischen dem Begriff des Rechts insofern er die positiven Rechtsnormen umfasst und dem Begriff des Rechts, wie ihn Kant gebraucht?
2. Erläutern Sie das Verhältnis von Recht und Moral!
3. Warum ist das Besitzrecht nach Kant ein Recht a priori?

56 Zum Würdebegriff Kants vgl. *Thomas S. Hoffman*, Würde, in *Marcus Willascheck u.a. (Hg.)*, Kant-Lexikon, Bd. 3, Berlin 2015, S. 2693-2696.

Literaturempfehlungen

Marcus Willaschek u.a. (Hg.): Kant-Lexikon, Berlin u.a. 2015.
Dietmar von der Pfordten, Menschenwürde, Recht und Staat bei Kant: fünf Untersuchungen, Paderborn 2009.
Sharon Byrd, Kant's Doctrine of right: A commentary, Cambridge 2011.
Jens Eisfeld, Erkenntnis, Rechtserzeugung und Staat bei Kant und Fichte, Tübingen 2015.
Joachim Hruschka, Kant und der Rechtsstaat, Freiburg im Breisgau 2015.
Gerd Irrlitz, Kant – Handbuch, Stuttgart 2015.
Ulli F. H. Rühli, Kants Deduktion des Rechts als intelligibler Besitz, Paderborn 2010.
Valério Rohden, Recht und Frieden in der Philosophie Kants – Akten des X. Internationlaten Kant-Kongresses, Berlin 2008.
Otfried Höffe, Metaphysische Anfangsgründe der Rechtslehre (Klassiker auslegen), Berlin 2010.
Otfried Höffe, Zum ewigen Frieden (Klassiker auslegen), Berlin 2011.

Friedrich Nietzsche 1844–1900

Wir sollten es festhalten und uns nicht entreißen lassen, dass Nietzsche ein Aufklärer war und dass er in die Tradition des aufgeklärten Denkens gehört.

Theodor W. Adorno

A. Der Denker und seine Zeit

Das 19. Jahrhundert verbindet man mit der Entstehung des Nationalstaates, mit der Industrialisierung und Kolonialisierung. Der Blick auf Wirtschaft und Gesellschaft verändert sich, Kriege und Krisen durchziehen das politische Europa, das Bürgertum erobert die Künste, die Wissenschaften rücken an die Stelle alter Autoritäten, das althergebrachte Gefüge wird neu justiert. Friedrich Nietzsche wird in dieser Umbruchzeit, genauer 1844, in der Nähe von Lützen, Sachsen-Anhalt geboren. Er wächst nach dem frühen Tode seines Bruders und seines Vaters im Kreise seiner Mutter, Großmutter, Schwester und Tanten auf. Er ist ein hervorragender Schüler, bekommt ein Stipendium für die Schulpforta, ein Elite-Internat mit strengen Regeln. Dort kommt er mit anregenden Einflüssen aus Literatur und Musik in Berührung, beschäftigt sich mit Philosophie und schließt Freundschaften.

Zum Studium der Theologie und Philologie geht er 1864 nach Bonn, folgt aber schon im folgenden Jahr seinem Philologie-Lehrer Friedrich Wilhelm Ritschl nach Leipzig. Durch verschiedene Forschungsarbeiten, auch über Aristoteles, kommt er schnell zu Ansehen, bildet sich philologisch weiter, liest Schopenhauer. Seine Konzentration auf die Philologie entspricht in keiner Weise den Wünschen seiner Familie, die ihn in den Fußstapfen des Vaters, der Pastor war, und vor allem als Ernährer sehen. Überhaupt ist Nietzsches Verhältnis zu seiner Familie häufig angespannt. Er wächst in einem überaus strengen, unnachgiebigen, wenig liebevollen Zuhause auf, fühlt sich in seinen Interessen unverstanden und findet keinen Gesprächspartner im Kreise seiner Familie.

Als Soldat dient er 1867 kurz in der Nähe von Naumburg, wird aber bei einer Übung schwer verletzt und kehrt wieder nach Leipzig zurück. Dort beeindruckt ihn vor allem die Bekanntschaft mit Richard Wagner, den er, selbst ein Amateur-Komponist, schon seit Jugendzeiten als musikalisches Genie verehrt.[1]

Im jungen Alter von 24 Jahren erlangt Nietzsche auf Empfehlung seines Lehrers Ritschl eine außerordentliche Professur für klassische Philologie an den der Universität Basel. Dort lehrt Nietzsche für zehn Jahre, ohne aber je den erstrebten Lehrstuhl für Philosophie zu erhalten. Nicht weit von Basel entfernt wohnt Wagner. Mit dieser Nähe vertiefen sich die Beziehungen. Nietzsche liebt und verehrt den Komponisten leidenschaftlich; dieser freilich sieht in dem Gelehrten vor allem einen Herold für seine eigenen Ambitionen. In dieser Zeit lebt Nietzsche für die

1 Der Einfluss Wagners auf Nietzsche hat viele Facetten; das Verhältnis zwischen den Männern ist nicht balanciert und endet schlecht, dazu Nietzsche selbst KSA VI WA, S. 9 ff. sowie KSA VI NW S. 413ff.; zur Entwicklung des Miteinanders der beiden Männer und zu dem Einfluss des einen auf das philosophische Werk des anderen bei *Jutta Georg, Renate Reschke* (Hg.), Nietzsche und Wagner. Perspektiven ihrer Auseinandersetzung, Berlin 2016.

Musik; die Kunst erscheint ihm als das Höchste im menschlichen Dasein. Als Wagner nach Bayreuth übersiedelt, bleibt Nietzsche ein zunächst häufiger Gast in seinem Haus und hofft zeitweilig auf einen Ruf nach Bayreuth.

Über seine Universitätslaufbahn, die mit der Förderung Ritschls so kometenhaft begann, haben sich inzwischen Schatten gelegt. In Basel erfüllt er nicht die hohen Erwartungen, die man in ihn gesetzt hat. Das Wohlwollen der akademischen Welt verfliegt. Im Jahr 1872 veröffentlicht er *Die Geburt der Tragödie,* seine erste Monografie, die jedoch kaum Beachtung findet und auch bei seinem akademischen Lehrer auf wenig Begeisterung stößt. Die Philologie fühlt sich durch die Schrift brüskiert: Nietzsche überschreitet die methodischen Konventionen des Faches, sieht aber gerade darin den Wert seiner Arbeit und seine eigentliche Berufung. Neben der wissenschaftlichen Anerkennung bleibt auch der Erfolg im Hörsaal aus. Die Kollegen ziehen sich zurück, Nietzsche wird zunehmend ausgegrenzt. Es erscheinen seine *Unzeitgemäßen Betrachtungen,* vier kulturkritische Schriften, die ebenfalls ignoriert werden. Hinzu kommen wachsende gesundheitliche Beschwerden.

Mit seinem Wechsel nach Basel verliert Nietzsche die preußische Staatsbürgerschaft und bleibt bis an sein Lebensende freiwillig staatenlos. Für die Entstehung des Deutschen Reiches zeigt er keine Sympathie. Im deutsch-französischen Krieg meldet er sich allerdings freiwillig, um auf deutscher Seite als Sanitäter zu arbeiten. Er sieht das Kriegsleid aus nächster Nähe und wird, ohnehin durch eine frühere Verletzung angeschlagen, mit Diphterie und Ruhr infiziert. Hinzu kommen ein Augenleiden und heftige Kopfschmerzen, die ihm das Arbeiten zunehmend erschweren und ab Herbst 1876 zu einer einjährigen Beurlaubung führen.

Nietzsche reist und als er zuletzt aus Sorrent nach Basel zurückkehrt, hat sich sein Zustand nicht verbessert. Verändert hat sich aber sein Verhältnis zu Wagner. Er kritisiert sein Werk, es erscheint ihm nun unerträglich theatralisch, der Betrieb der Bayreuther Festspiele und die Gemeinde der Wagnerianer stößt ihn ab, ihr Musikerleben wirke wie ein „fortgesetzter Gebrauch von Alkohol".[2] Auch die Person Wagner wird vom Sockel gestürzt, er verachtet seinen Antisemitismus[3], seine Deutschthümelei, „die Halbkirchlichkeit seiner letzten Jahre"[4].

In der Folge verlieren seine Arbeiten den künstlerischen Duktus und gewinnen, trotz ihres stilistischen Funkelns und der einmal enthusiastischen und dann wieder polemischen Ansprache, den Charakter von wissenschaftlichen, aus gründlicher Beobachtung und Reflexion entwickelten Studien bzw. Vorstudien und Skizzen.[5] Das Werk Nietzsches gliedert man im Allgemeinen in drei Phasen. Die erste wird von dem Werk *Geburt der Tragödie* und den *Unzeitgemäßen Betrach-*

2 KSA VI WA S. 44.

3 KSA VI NW S. 431.

4 KSA XII NF, 2[34].

5 Vgl. *Christian Niemeyer,* Nietzsches Leben, in: *Henning Ottmann* (Hg.), Nietzsche-Handbuch, Stuttgart 2000, S. 24.

tungen gebildet, es folgt die zweite Phase mit *Menschliches, Allzumenschliches* sowie *Morgenröte* und die *Fröhliche Wissenschaft,* schließlich das früher sehr populäre Werk *Zarathustra.* Zur letzten, dritten Phase rechnet man folgende Schriften: *Jenseits von Gut und Böse, Vorspiel einer Philosophie der Zukunft,* vielzitiert *Zur Genealogie der Moral, Der Fall Wagner* und *Nietzsche contra Wagner,* die *Götzen-Dämmerung, Ecce homo, Der Anti-Christ* – die einzige realisierte Schrift des Projekts einer „Umwertung aller Werte" – und die *Dionysos-Dithyramben.* Außerdem ergänzt er sein Werk von 1869 bis 1889 um eine Vielzahl von Aphorismen, die den philosophischen Nachlass bilden.

Seine zweite Werksphase steht für Nietzsche unter dem Zeichen persönlicher Trennungen: Er verliert den einst verehrten Wagner und andere Freundschaften, alte Freunde sterben oder führen als Verheiratete ihr eigenes Leben. Er selbst findet keine Frau, alle Bemühungen zerschlagen sich, er beginnt zu vereinsamen.

Im Jahr 1878 wird er erneut beurlaubt. Sein Augenleiden, so fürchten die Ärzte, könnte zur Erblindung führen. In seinen Texten schlägt sich seine Krankheit nieder. Statt zusammenhängender Schriften veröffentlicht er Aphorismensammlungen. 1879 bittet er um die Entlassung aus dem Universitätsdienst und erhält ein Ruhegehalt. Er verbringt die folgenden Jahre in Italien und der Schweiz, wo er weiter veröffentlicht, aber aufgrund des ausbleibenden Erfolgs bald selbst für den Druck aufkommen muss.

Also sprach Zarathustra bildet den Übergang zur letzten Phase seines Schaffens, in der er sich, erneut weitreichender Kritik an seinem Werk ausgesetzt, der Auslegung und Erläuterung seiner Gedanken durch weitere Schriften widmet.

In Turin erleidet Nietzsche 1889 einen psychischen Zusammenbruch. In seinen späten Schriften finden sich Hinweise, dass er zunehmend unter Wahnvorstellungen leidet. Er wird zunächst in die Psychiatrie nach Basel, anschließend nach Jena gebracht. Seine Mutter pflegt ihn bis zu ihrem Tode 1897 im eigenen Haus, danach holt ihn die Schwester nach Weimar, wo er 1900 stirbt.

In seinem letzten, umnachteten Lebensjahrzehnt tritt ein, was er sich immer erhofft hat: Seine Bücher werden gelesen, sein Werk findet zunehmend Anerkennung. Nietzsches Schwester Elisabeth, die ihren Bruder von Jugend an bewundert, aber als Denker nie verstanden hat, versucht dieses Interesse zu steigern. Sie beeinflusst das öffentliche Erscheinungsbild des völlig hilflosen Kranken, inszeniert ihn und versucht als seine Pflegerin, nach seinem Tod als Verwalterin des Nachlasses, die für sein Werk und seine Wirkung entscheidenden Fäden zu ziehen. So begründet sie mit anderen Anhängern einen regelrechten Nietzsche-Kult. In ihrem Eifer schreckt sie nicht davor zurück, Briefe zu fälschen und sogar ein Kompilat von Texten als angebliches Werk ihres Bruders zu veröffentlichen, das den Titel *Der Wille zur Macht* erhielt. Später werden weitere Ausgaben, mit jeweils etwas anderen Inhalten, vertrieben. Heute ist man der Auffassung, dass diese Publikationen, gedacht als kommerziell einträgliches Angebot für die zeitentsprechenden Erwartungen an Nietzsche, mit dazu beigetragen haben, dass das Konzept des *Willens zur Macht* als eine einseitige politische Botschaft missdeutet wurde. Tatsächlich hatte Nietzsche eine Weile lang ein Werk mit eben diesem Titel geplant. Den *Willen zur Macht* wollte er als generelles Bestimmungs- und Bezeichnungsschema für alle wirkende und gestaltende Kraft in der Welt einführen, um mit seiner Hilfe hinter die Konzepte menschlicher „Erfindung“ – wie z. B. die Logik oder die Kausalität – in die „Welt von innen“ zu schauen und ihren „intelligiblen Charakter“ zu bestimmen.[6] Im Sommer 1888 gab er das Vorhaben aber auf und verarbeitete seine Entwürfe in anderen Schriften.

Die Rolle von Elisabeth Förster-Nietzsche wird von der heutigen Forschung unterschiedlich bewertet. So sehen manche in ihren Fälschungen und ihrer nach der Gunst Hitlers heischenden Öffentlichkeitsarbeit den Hauptgrund für die Indienstnahme Nietzsches durch Nationalsozialisten. Nach anderer Auffassung war sie lediglich Exponent einer im Kulturbürgertum weit verbreiteten Stimmung und bekam von der Nachwelt die Rolle des „bösen Weibes“ zugewiesen.[7]

In den letzten Lebensjahren Nietzsches beginnt eine bis heute anhaltende Rezeption seines Werks. Sie wirkt nicht nur in die Philosophie und die Wissenschaften sondern auch in die Künste hinein und wird von den unterschiedlichsten politischen und gesellschaftlichen Tendenzen aufgegriffen. Anhänger des Nationalsozialismus nutzen seine Metapher des mitleidlosen Übermenschen, seinen Anti-Rationalismus und seine Biologismen, um ihren Wahn von der arischen Herrenrasse zu legitimieren. Kommunisten erkennen in ihm einen Feind der Bourgeoisie und des Kapitalismus, des Nationalismus und Militarismus; mehrheitlich gilt er aber als Wegbereiter des Faschismus. Für die Kirchen und die traditionelle Bildungsadministration bleibt er der Werte-Zertrümmerer und Anti-Humanist. Gelehrte Linksintellektuelle, zumal in Frankreich, behandeln ihn als einen System- und Dogmenkritiker, der die latente Gewalt der gesellschaftlichen Apparate und der Sprache entlarvt. Der Zeitgeist der Postmoderne beruft sich auf seine Relativierungen, seinen Perspektivismus, seinen ästhetischen Ansatz, der sich jeder eindeutigen Positionierung verweigert.

In der wissenschaftlichen Literatur des 20. Jahrhunderts ist Nietzsche in vielfacher, unübersehbarer Weise präsent. Man findet ihn bei Hans Vaihinger, Max Weber oder Sigmund Freud. In den Aufklärungsschüben der zweiten Jahrhunderthälfte inspiriert vor allem sein Konzept der sozial erfundenen, sprachlich konstruierten und stets machtorientierten Wahrheit. Sein Ansatz, Werte und die dazu gehörigen Sinnsysteme und Institutionen – speziell moralischer oder religiöser Art – als Ergebnisse eines historischen, machtorientierten Konstruktionspro-

6 KSA V JGB S. 55.

7 Zur Rolle von Förster-Nietzsche für den Umgang mit Nietzsches Werk z.B. *Kerstin Decker*, Die Schwester. Das Leben der Elisabeth Förster-Nietzsche, Berlin 2016. Von den Nationalsozialisten wurde vor allem auch der Begriff des Übermenschen aufgegriffen, vgl. dazu *Giorgio Penzo*, Der Mythos vom Übermenschen: Nietzsche und der Nationalsozialismus, Frankfurt am Main 1992. Allgemein zum Einfluss von und Umgang mit Nietzsche nach seinem Tod: *Renate Reschke, Marco Brusotti* (Hg.). „Einige werden posthum geboren.“ Nietzsches Wirkungen. Reihe Nietzsche heute, Bd. 4., Berlin u.a. 2012.

zess zu betrachten („Genealogie") und auf ihre wiederum konstruierende, machtorientierte Wirkung hin zu untersuchen, beeinflusst auch das Denken über Recht und Gerechtigkeit. Nietzsches Texte werden vor allem in Frankreich studiert, so von dem Poststrukturalisten Foucault, dem Dekonstruktivisten Derrida oder dem Sozialphilosophen Bourdieu. Im angelsächsischen Raum beziehen sich immer wieder Vertreter einer kritischen, nicht-positivistischen Rechtsbetrachtung, besonders aus der Critical Legal Studies-Bewegung, der semiotischen bzw. rhetorischen Analyse (Linguistic / Rhetorical Turn) und des Dekonstruktivismus auf Nietzsche, etwa Peter Goodrich oder Stanley Fish. Methodische Linien Nietzsches werden außerdem von den systemtheoretischen und den konstruktivistischsten Ansätzen fortgesetzt, die seit den 1980er Jahren die rechtstheoretische Literatur bestimmen.

B. Die Konstruktivistische Wende – Jenseits einer Herrschaft der Vernunft

I. Nietzsche lesen

Der Zugang zu Nietzsches Werk ist nicht einfach. Treffend beschreibt Janz die weltweite, unübersehbar vielfältige und seit über hundert Jahren anhaltende Nietzsche-Rezeption: „Mehr oder weniger einleuchtende Interpretationen zu Nietzsches Werk gibt es zu Tausenden."[8]

1. *Zur Wahl der Textausgabe*

Will man sich Nietzsches Werk nähern, gilt es zunächst aufmerksam eine Edition auszuwählen. Vielfach haben die Herausgeber Nietzschetexte nicht einfach veröffentlich, sondern Einzelnes ausgewählt und weggelassen, und so bereits eine bestimmte Lesart nahegelegt. Wie schon erwähnt, war es Nietzsches Schwester Elisabeth Förster-Nietzsche, die bei der Herausgabe seiner Schriften sowohl textliche Veränderungen vornahm als auch Teile unterschlug, aber vor allem Texte und Briefe fälschte, um so das Nietzsche-Bild in bestimmte Richtungen zu korrigieren.[9] Als philologisch korrekte Ausgabe gilt die Colli/Montinari-Ausgabe. Dabei werden die einzelnen Werke entsprechend des Siglenverzeichnisses abgekürzt. Wichtige Siglen sind FW (Die fröhliche Wissenschaft), GD (Götzendämmerung), GM (Zur Genealogie der Moral), GT (Die Geburt der Tragödie) und JGB (Jenseits von Gut und Böse). Einen vollständigen Überblick geben die online einsehbaren Siglenverzeichnisse zu Nietzsches Werken.

Siglenverzeichnisse zu Nietzsches Werken

Soweit nicht anders angegeben, werden alle Schriften Nietzsches nach der folgenden Colli/Montinari Ausgabe zitiert:

Friedrich Nietzsche, Sämtliche Werke. Kritische Studienausgabe in 15 Bänden. Hrsg. v. Giorgio Colli und Mazzino Montinari. 2. Auflage, Berlin/München: DTV/de Gruyter, 1988.

Diese Ausgabe wird durch KSA (Kritische Studienausgabe) abgekürzt; daneben existieren noch KGW (Kritische Gesamtausgabe Werke) und KGB (Kritische Gesamtausgabe Briefwechsel), ebenfalls von Colli/Montinari herausgegeben.

8 *Curt Paul Janz*, Friedrich Nietzsche, Bd. 3, München 1979, S. 449.

9 *Christian Niemeyer* gibt im Kapitel über die Verfälschung des Werks einen Überblick über den Umgang von Nietzsches Schwester mit seinem Nachlass, vgl. *ders.*, Nietzsche verstehen. Eine Gebrauchsanweisung, Darmstadt 2011.

In den Fußnoten wird folgende Zitierweise verwendet:
KSA I GT, S. 124.
Was bedeutet diese Abkürzung?
KSA steht für *Kritische Studienausgabe*, I verweist auf den ersten von 15 Bänden, GT zeigt, dass es sich um *Die Geburt der Tragödie* handelt und am Ende finden Sie die *Seitenangabe*.
Wurde statt der Seite der Aphorismus zitiert, finden Sie die Abkürzung „Apho." für Aphorismus. Der Nachlass hat eine eigenständige Abschnittsnummerierung, die wie folgt angegeben wird: 3[21]. Diese Nummerierung nutzen die Herausgeber der KSA zur besseren Orientierung.
Die Fundstellen, auf die im Text verwiesen wird, können Sie auf wwww.nietzsche-source.org nachlesen. Dort finden Sie die „Digitale Kritische Gesamtausgabe Werke und Briefe" Friedrich Nietzsches in der Ausgabe von G. Colli und M. Montinari.

Es sind aber, wie schon angeklungen, nicht nur die verschiedenen Editionen, die den Zugang zu Nietzsche erschweren, sondern auch die Art und Weise seines Schreibens sowie die komplexe Entwicklung, die sein Denken über die Zeit hinweg durchlief.

Nietzsche verfasst ein fragmentarisches, vielschichtiges Werk. Grundlegende Gedanken präsentiert er in Gestalt von rhetorisch aufgeladenen Essays oder Aphorismen, die manchmal nur aus einem Satz bestehen, andere füllen mehrere Seiten. Viele Bemerkungen verweisen auf Gedanken an anderer Stelle: So verbinden und verzweigen sich die Themen häufig über die einzelnen Schriften hinweg und es ist kaum möglich, Nietzsche zu verstehen, ohne das Gesamtwerk zu überblicken. Eine umfassende Systematik sucht man vergebens, viele zentrale Begriffe werden nicht ausgearbeitet: „Ich misstraue allen Systematikern und gehe ihnen aus dem Weg. Der Wille zum System ist ein Mangel an Rechtschaffenheit."[10]

2. *Unvereinbarkeiten: Zu den Lesarten*

Auch sind Herangehensweise und die Schwerpunkte des jungen Nietzsches andere als die in seinen mittleren Jahren. Zwar geht es zu weit, seine Philosophie in Brüchen zu denken und bestimmte Phasen als thematisch abgeschlossen zu beschreiben, aber die Gewichte verschieben sich. So tritt etwa die Faszination des vorrationalen griechischen Musikdramas, die den frühen Nietzsche so beschäftigt, in seinen späteren Werken zurück, dafür akzentuiert er sein Projekt der historisch-psychologischen Dekonstruktion und verdichtet seinen Begriff des „Willens zur Macht".

10 KSA VI GD, S. 63.

Eine besondere Schwierigkeit seiner Texte liegt in dem kaum entwirrbaren Knäuel aus Philosophie, Sprachkunst und Meinungsmäßigem. Aus Nietzsches Werk spricht der Denker, der an der Schwelle des 20. Jahrhunderts die Probleme unseres Denkens bloßlegt, die uns heute mehr denn je beschäftigen: Woran genau glauben wir, wie kommt es dazu und was richten wir mit diesen Überzeugungen an? Nach dem Vorbild des Gesamtkunstwerks wählt er für seine Beobachtungen analoge ästhetischen Formen: Er deckt auf, dass menschliche Überzeugungen keinem einzig wahren System entsprechen, dass sie weder widerspruchs- noch willkürfrei sind, und verzichtet damit auf eine einheitliche, objektivistische Darstellung. Das verdeutlicht sein Anliegen, aber verrätselt seine Texte auch.

Schließlich verbindet er seine philosophischen Analysen, die man schulphilosophisch als den „theoretischen" Teil seines Werks einordnen könnte, mit einer praktischen Philosophie: Mit Orientierungsentwürfen politischer, gesellschaftlicher und künstlerischer Art, kräftig vermischt mit höchst persönlichen Einstellungen, Gefühlen, Vorlieben und Urteilen. Dieses vielfach widersprüchliche Meinungsdenken Nietzsches bietet da Antworten, wo der analysierende Philosoph Fragen entdeckt hat. Dieser Aspekt seines Werks konfrontiert den Leser mit geistreichen Beobachtungen im Stil der französischen Moralisten, aber auch mit höchst subjektiven Einschätzungen, fragwürdigen Utopien, grausamen Vorschlägen, Anmaßungen, Borniertheit, Schwulst und Lächerlichkeit. Dass dieses bedenkenlose Pathos zu abwegigen, ja entsetzlichen Zwecken instrumentalisiert wurde, ist kein Zufall.

> „[E]r hat mit einer ungeheuren Härte und Rücksichtslosigkeit, zu der er in seinen persönlichen Lebensverhältnissen niemals fähig war, Maximen geprägt, die dann in das öffentliche Bewusstsein drangen, um zwölf Jahre hindurch praktiziert zu werden: die Maxime des Gefährlichlebens, die Verachtung des Mitleids und des Verlangens nach Glück und die Entschlossenheit zu einem entschiedenen Nihilismus der Tat, demzufolge man das, was fällt, auch noch stoßen soll. [...] Nietzsches Schriften haben ein geistiges Klima geschaffen, in dem bestimmte Dinge möglich wurden, und die Aktualität ihrer Massenauflagen während des Dritten Reiches war kein bloßer Zufall. Umsonst betonte Nietzsche, dass sein »Wille zur Macht« ausschließlich ein Buch zum Denken sei; denn sein Gedanke war eben doch der Wille zur Macht, von dem er wusste, dass er den Deutschen als Prinzip durchaus verständlich sein werde. [...] Der Versuch, Nietzsche von seiner geschichtlich wirksamen Schuld entlasten zu wollen, ist darum ebenso verfehlt wie der umgekehrte Versuch, ihm jeden untergeordneten Mißbrauch seiner Schriften aufzubürden."[11]

Der kritische, philosophisch überzeitliche Nietzsche und der meinende, orientierende Nietzsche mit seinen zeitbezogenen, widersprüchlichen und teilweise ver-

11 *Karl Löwith*, Gesammelte Abhandlungen. Zur Kritik der geschichtlichen Existenz, Stuttgart 1960, S. 130f.

hängnisvollen Auffassungen lassen sich textlich nicht voneinander trennen. Nietzsches praktische Überzeugungen stehen im Hintergrund seiner „theoretischen", dekonstruierenden Überlegungen. Oft bietet er sie als mögliches Heilmittel an – angesichts der „zertrümmerten" Werte, des Orientierungsverlustes, den er seinen Lesern mit seinen Dekonstruktionen zumutet. Ob sich die angedachten Lösungen und das kritische Philosophieren bei Nietzsche unter bestimmten Gesichtspunkten separieren lassen oder stets in ihrer Wechselwirkung zu sehen sind, ist genauso diskussionswürdig wie die – sich gegenüber jedem Autor erhebende – Frage nach dem Einfluss der Biographie auf das Werk.

Unter dem Aspekt, dass Rechtsphilosophie nie rein historisch vorgeht, sondern immer auch den Gegenwartsbezug im Blick hat, wird die Rezeption philosophischer Texte stets Akzente setzen und bestimmte Gedankengänge aus dem Gesamtwerk heraus präparieren. So haben sich ab der 2. Hälfte des 20. Jahrhunderts vereinfacht gesagt zwei Linien der Nietzsche-Rezeption herausgebildet: Die eine stellt den praxisrelevanten Teil in den Vordergrund und lehnt darüber das gesamte Denken mitsamt der kritischen Überlegungen ab; die andere blendet die normativen, bekennenden und peinlichen Seiten des Werkes aus und konzentriert sich auf die epistemologische Analyse.

Im Rahmen dieser Einführung soll auf die grundlegenden Einsichten des Kritikers Nietzsche nicht verzichtet werden, während eine Wiedergabe seiner Zukunftsentwürfe und Ressentiments in der gebotenen Kürze problematisch und für den vorliegenden Zweck entbehrlich scheint. Damit soll nicht übersehen werden, dass Nietzsches Schaffen und sein Wirkungserfolg zum Teil auch gerade auf seinen konstruktiven Ideen beruhen. Dazu zählen seine Huldigungen an den Künstlermenschen, der Begriff des „Willen zur Macht",[12] dem er auch Offenbarungs- und Legitimationscharakter zuweist[13] sowie die pathetische Beschreibung des überlegenen Ausnahmewesens,[14] das sich selbst erschafft[15] und die „Herde" verachtet,[16] notfalls mitleidlos das Schwache zugunsten des Starken vernichtet.

> „Und wißt ihr auch, was mir ‚die Welt' ist? Soll ich sie euch in meinem Spiegel zeigen? [...] diese meine dionysische Welt des Ewig-sich-selber-Schaffens, des Ewig-sich-selber-Zerstörens, diese Geheimniß-Welt der doppelten Wollüste, dieß mein Jenseits von Gut und Böse, ohne Ziel, wenn nicht im Glück des Kreises ein Ziel liegt, ohne Willen, wenn nicht ein Ring zu sich selber guten Willen hat, – wollt ihr einen Namen für diese Welt? Eine Lösung für alle ihre Räthsel? ein Licht auch für euch, ihr Verborgensten, Stärksten, Unerschrockensten, Mitternächtlichsten? – Diese Welt ist der Wille zur Macht – und

12 KSA V JGB, S. 208; KSA FW, Apho. 349.
13 Z.B. KSA XI NF, 38[12].
14 Vgl. KSA V JGB, S. 81; KSA I UB SE, S. 384.
15 Z.B. KSA I UB SE, S. 382.
16 Vgl. etwa: KSA V JGB, S. 81; KSA I UB SE, S. 384.

nichts außerdem! Und auch ihr selber seid dieser Wille zur Macht – und nichts außerdem!"[17]

3. *Einstieg in die Lektüre*

Für eine erste Begegnung mit Nietzsches kann man in der digitalen Werksausgabe surfen und irgendein Stichwort eingeben, aber auch in einer der vielen Aphorismen-Sammlungen im Internet herumstöbern. Möchte man einen zusammenhängenden kurzen, wenn auch dichten Text lesen, lässt man sich vielleicht auf ein berühmtes Essay aus Nietzsches Nachlass ein: *Ueber Wahrheit und Lüge im aussermoralischen Sinne.* Es zählt zu seinen meistzitierten Beiträgen, und wird seit den 1980er Jahren innerhalb der nicht-normativen Rechtsliteratur als Schlüsseltext gesehen. Der Text beginnt so:

> „In irgend einem abgelegenen Winkel des in zahllosen Sonnensystemen flimmernd ausgegossenen Weltalls gab es einmal ein Gestirn, auf dem kluge Thiere das Erkennen erfanden. Es war die hochmüthigste und verlogenste Minute der ‚Weltgeschichte': aber doch nur eine Minute. Nach wenigen Athemzügen der Natur erstarrte das Gestirn, und die klugen Thiere mussten sterben. – So könnte Jemand eine Fabel erfinden und würde doch nicht genügend illustrirt haben, wie kläglich, wie schattenhaft und flüchtig, wie zwecklos und beliebig sich der menschliche Intellekt innerhalb der Natur ausnimmt; es gab Ewigkeiten, in denen er nicht war; wenn es wieder mit ihm vorbei ist, wird sich nichts begeben haben. Denn es giebt für jenen Intellekt keine weitere Mission, die über das Menschenleben hinausführte. Sondern menschlich ist er, und nur sein Besitzer und Erzeuger nimmt ihn so pathetisch, als ob die Angeln der Welt sich in ihm drehten. ..." [18]

In diesen ersten Sätzen finden Sie bereits einige für den Philosophen Nietzsche charakteristische Gedanken: Das „Erkennen" – also das Vermögen, etwas Seiendes, gar etwas über ein Menschenleben Hinausführendes zu sehen und als Wahrheit zu begreifen – ist lediglich eine „Erfindung", eine „Lüge" des menschlichen Intellekts. Mit dieser Erfindung fühlt sich ihr Erzeuger groß und ewig, als Mittelpunkt des Weltalls. Tatsächlich ist er nur ein „kluges Tier", ein Lebewesen wie andere auch, keine Krönung der Schöpfung dank gottgeschenkter Vernunft, sondern lediglich eine besondere Spezies mit der Begabung zur Lüge, zur Fiktion, in einem abgelegenen Winkel des Weltalls: Eine Eintagsfliege gemessen an der Unendlichkeit der Natur.

17 KSA XI NF, 38[12].
18 KSA I WL, S. 875.

II. Nietzsches Rationalismus-Kritik

Wie schon andere Denker vor ihm lebt Nietzsche in einem unfreiwilligen Exil, allerdings weniger durch äußere Umstände als in seiner Person, seiner physischen und psychischen Verfassung, begründet. Das konventionelle Leben – Heirat, ein wenig Wohlstand, akademisches Renommee – bleiben ihm verwehrt; er erfährt Ablehnung und Niederlagen, zieht sich zurück. So denkt und schreibt er in Einsamkeit. In dieser Distanz entstehen Beobachtungen und Überlegungen, die der gewohnten Sicht und den anerkannten Philosophien radikal widersprechen. Diese Radikalität hat ihm den Ruf eines Werte-Zerstörers eingebracht. Niemeyer beschreibt Nietzsche als einen Denker, der stolz auf die Verwüstung sei, die er in den Köpfen seiner Leser anrichtet.[19]

1. *Erhabene Unvernunft*

Während die akademische Philosophie in Sokrates und Platon ihre großen Gründer sieht, stellt Nietzsche mit seiner frühen Schrift *Die Geburt der Tragödie* die Figur des Sokrates als Zerstörer vor: Sein Rationalismus beendete nach Nietzsche eine bedeutende Ära – eine Zeit, die ihre zeitlose Ordnung nicht im Wort, sondern in Musik und Tanz fand. Das alte Griechenland hatte aus dem Chorgesang und seiner Wechselwirkung mit dem Publikum als ein „instinktiver Naturrausch"[20] die öffentliche Aufführung der musikalischen Tragödie kultiviert.[21] Das Musikdrama erschüttert die Zuschauer und lässt sie leiden, ist aber auch ein Heilmittel, das reinigt und „entlädt".[22] Im Musischen, in der strengen Form und einem für kurze Zeit geteilten, rauschhaften Gefühl, übersteigt der Mensch seine Winzigkeit. Er erhebt sich über seine individuellen Grenzen – ohne die Ratio, ohne die Täuschung durch Begriffe und über Begriffe.

2. *Der Sieg des Sokratismus*

Für Nietzsche endet die hohe Zeit des griechischen Musikdramas, diese ästhetische, auf Pathos gründende Orientierungskultur, mit dem Auftritt einer Person: Mit Sokrates. Mit diesem unschlagbaren Dialogiker, dem Lehrer Platons, erfolgt die Vertreibung aus dem dunklen, unbegreiflichen Garten des kollektiven Kults

---

19 Vgl. *Christian Niemeyer*, Gebrauchsanweisung, a.a.O. S. 10.
20 KSA I DW, S. 571.
21 Ebd. S. 570.
22 Vgl. KSA I GT, S. 133f.

hinaus in die Helle des Marktplatzes. Nietzsche sieht in Sokrates einen „theoretischen Optimisten“. Er glaube, man könne die „Natur der Dinge“ ergründen[23] und die „wahren Gründe“ finden. Er versuche, der gesamten Welt Wissen und Erkenntnis als „Universalmedizin“ zu verabreichen.[24] Nach seiner Lehre könne man Schein und Irrtum unterscheiden und der Irrtum sei „das Übel an sich“.[25]

Nietzsche erkennt die Wirkkraft dieses Projekts und stellt mit Hochachtung fest: Der sokratische Rationalismus wird ein Welterfolg. Er beschreibt, wie „eine Philosophenschule nach der andern“ entsteht, wie jeden Gebildeten „eine nie geahnte Universalität der Wissensgier“ erfasst, „wie durch diese Universalität erst ein gemeinsames Netz des Gedankens über den gesammten Erdball, ja mit Ausblicken auf die Gesetzlichkeit eines ganzen Sonnensystems, gespannt wurde.“[26] Der Glaube an die Wahrheit, ihre Erkennbarkeit und Begründbarkeit, an den „Mechanismus der Begriffe, Urtheile und Schlüsse“[27] sowie „jener unerschütterliche Glaube, dass das Denken, an dem Leitfaden der Causalität, bis in die tiefsten Abgründe des Seins reiche“,[28] habe vor keiner Lebenssphäre Halt gemacht.

Wenn Sie kurz innehalten und überlegen, wie die Rechtsphilosophen, die Sie schon kennengelernt haben, vorgegangen sind, um Probleme zu benennen und zu lösen, Thesen zu entwickeln und Argumente zu deren Verteidigung zu entwickeln, dann wird Ihnen auffallen, dass Nietzsche mit seiner Sokrates-Kritik noch tiefer als seine Vorgänger ansetzt. Offensichtlich stellt er nicht nur bestimmte philosophische Aussagen in Frage, sondern auch das Handwerkszeug der bisherigen Philosophie, z. B. die Begriffe Wahrheit und Irrtum oder Grund und Kausalität. Diese Konzepte stellt Nietzsche seinen Lesern als neues Projekt, eine Art „Erfindung“, des Sokrates vor.

Wo immer die Mission des Sokrates Erfolg hat, verändert sich die Einstellungen zur Kunst und zum menschlichen Zusammenleben. Die Bereiche driften auseinander. Die Kunst erhält im Lichte der Ratio eine neue Aufgabe: sie dient nun der Wahrheitsfindung.[29] Mit ihren Mitteln stiftet man jetzt die Überzeugung, im Besitz der Wahrheit zu sein.[30] Innerhalb der Künste herrsche ein neues Hauptge-

23 Vgl. KSA I GT, S. 100.
24 Vgl. ebd. S. 100.
25 Ebd. S. 100.
26 Ebd. S. 99f.
27 Ebd. S. 100.
28 Ebd. S. 99.
29 Weil die Kunst dies nicht zu leisten vermag, muss sie sich des Scheines bedienen, KSA I DW, S. 571.
30 KSA I GT, S. 98.

setz: Plötzlich „muß alles verständig sein, damit alles verstanden werden könne."[31] In seiner expressiven Sprache wird Nietzsche immer wieder beklagen, dass dieser Fortschritt auch etwas Gewalttätiges an sich hat: „Jetzt wurde jedes Einzelne vor den Richterstuhl dieser rationalistischen Aesthetik gezogen"[32].

Die „tiefsinnige Wahnvorstellung" des Sokrates, es käme auf die Wahrheit und die Gründe an, ergreift aber vor allem die soziale Praxis. Sokrates sucht bei jeder Gelegenheit das öffentliche Gespräch; er unterhält sich mit Freunden, Schülern und Passanten, mit Politikern, Künstlern, Rednern, und fragt sie vor allem, *was* sie eigentlich so tun. Wie Platon überliefert, kommt er in jedem einzelnen Falle zu dem Schluss, dass den Leuten etwas fehlt: Das richtige Bewusstsein für ihr eigenes Geschäft. Nietzsche fasst zusammen: Die Leute handeln „nur aus Instinkt"[33], im Sinne des sokratischen Rationalismus: Ohne Begriff, gedankenlos! Damit verstoßen sie gegen das neue sokratische Prinzip, das Nietzsche so formuliert: „alles muß bewußt sein, um gut zu sein."[34]

> „‚Nur aus Instinkt' das ist das Schlagwort des Sokratismus. Niemals hat sich der Rationalismus naiver gezeigt als in jener Lebenstendenz des Sokrates. Niemals ist ihm ein Zweifel über die Richtigkeit der ganzen Fragestellung gekommen. ‚Weisheit besteht im Wissen;' und ‚man weiß nichts, was man nicht aussprechen und anderen zur Überzeugung bringen kann.' Dies ist ungefähr das Princip jener seltsamen Missionsthätigkeit des Sokrates…"[35]

Der „Sokratismus" ergreift nicht nur das Verständnis der Künste und der täglichen Geschäfte, der Berufe und Ämter im Staat. Vor allem, und das wird nach Nietzsche weitreichende Folgen haben, beansprucht er allgemein Geltung in den Fragen der Sitten und Tugenden. Für Nietzsche kann man es nicht dramatisch genug ausdrücken: Selbst Seelenzustände, tiefe menschliche Regungen, Gefühle für unsere Gruppe, der Umgang des Menschen mit sich selbst – alles wird auf das Raster der Dialektik, dieser begriffs- und kausalitätsbestimmten neuen rhetorischen Ordnung gezogen.[36] Damit stellt sich seit Sokrates die Frage nach dem Richtigen, das Problem des Guten und Gerechten, der Werte überhaupt, vor allem als eine verstandesmäßige, vernünftige Frage – und die Antworten, die durch das neue Denken plötzlich möglich werden, können gewusst, gelehrt und durch „theoretisch optimistische" Philosophen vermittelt werden.

Nietzsche sieht in dieser Tendenz eine gefährliche Überhöhung der Vernunft. Er meint, die Suche nach der Wahrheit, nach den Gründen und den richtigen Begriffen leite die Philosophie auf einen Irrweg. Auf dieses Denken stützt Platon,

31 KSA I ST, S. 537.
32 Ebd. S. 537.
33 KSA I SGT, S. 628.
34 KSA I ST, S. 540.
35 Ebd. S. 541.
36 Ebd. S. 638f.

der Schüler des Sokrates und der erste Rechtsphilosoph, mit dem wir uns hier beschäftigt haben, seine Lehre von den wahrhaft seienden, werthaltigen Ideen. Nietzsche dagegen hält es mit den Vor-Sokratikern, den sogenannten Sophisten wie Heraklit, Protagoras oder Demokrit und dem illusionslosen Geschichtsschreiber Thukydides. Diese Männer begründen eine „Realisten-Cultur“[37]. Gegen diese hegten wir jedoch heute den Argwohn, „es müsse eine sehr unsittliche Cultur gewesen sein“, da sie doch von Platon und allen sokratischen Schulen bekämpft worden sei.[38]

3. *Instinkt gegen Vernunft, Glaube gegen Gründe*

Dabei ist Nietzsche überhaupt kein Gegner der Vernunft. Häufig genug grenzt er „Vernunft“ als Auszeichnung des denkenden Individuums gegen den bloßen „Instinkt“ oder „Glauben“ ab. Besonders in seiner Abneigung gegen das Christentum, das den menschlichen Glaubensinstinkt nutze, um über den autoritätshörigen Massenmenschen zu herrschen.

> „Was ist denn diese ungeheure Macht, welche dermaaßen seit 2 Jahrtausenden die Philosophen narrt und die Vernunft der Vernünftigen zu Falle bringt? Jener Instinkt, jener Glaube, wie ihn das Christenthum verlangt: das ist der Heerden-Instinkt selber, der Heerden-Glaube des Thiers „Mensch“, das Heerden-Verlangen nach der vollkommenen Unterwerfung unter eine Autorität ...“[39]

Das Verhängnis besteht für Nietzsche nicht in der Ratio, sondern in deren Isolierung und Übertreibung. Irgendwann – nach seiner Datierung eben mit Sokrates – habe sich die menschliche Orientierung gespalten, sich in „Instinkt“ (Glauben) und „Vernunft“ (begrifflich begründetes Wissen) ausdifferenziert. Mit der Herausbildung dieses Gegensatzes dürfte in Griechenland zeitlich ungefähr auch der Wechsel von der Oral- zur Schriftkultur eingesetzt haben. Nach Nietzsche beschert diese Entwicklung intellektuellen Reichtum unermesslichen Ausmaßes, aber auch ein Leiden an der verloren Unschuld des unbewussten Kultes. Seitdem versuche der Mensch, die Spannung zwischen den selbstgeschaffenen Gegensätzen auf einer neuen Ebene aufzulösen.[40] In der Philosophie sollen die platonischen Ideen oder Kants Vernunftkonzept beweisen, dass Vernunft und Instinkt letztlich in Konkordanz gebracht werden können, oder, wie es Nietzsche sagt, „von selbst auf ein Ziel zugehen, auf das Gute, auf ‚Gott‘“[41].

Diese Bemerkungen zeigen einmal mehr, welche Funktion Nietzsche der Vernunft beimisst. Im Gegensatz zu den rationalistischen Philosophien hält er die

37 KSA VI GD, S. 156.
38 KSA III M S. 151.
39 KSA XI NF, 34[85].
40 Ebd. 34[36].
41 KSA V JGB, S. 112.

Vernunft nicht für eine unhintergehbare Voraussetzung des Menschseins, sondern, ähnlich wie den Glauben, für eine gewissermaßen entwicklungsgeschichtlich erzeugte Orientierungsform[42]. Die Vernunft, wie auch der Glaube, kommen letztlich aus der Einheit des Ritus. Scheinbar dienen sie der erhellenden Erhebung und der Emanzipation des Menschen, in Wirklichkeit sind ihre Begriffe und ihre Grammatik in den Händen bestimmter Akteure „Werkzeuge der Macht“[43].

Nietzsche kritisiert die Vorstellung, die seit Sokrates in der Vernunft den Maßstab menschlichen Handelns sieht. Überprüfen Sie seine These an sich selbst: Welche Entscheidungen treffen Sie allein auf Grundlage der Vernunft?

III. Fiktionen zum Überleben

Nietzsches Aussage wendet sich gegen eine elementare Voraussetzung der traditionellen Philosophie: Die Grundlagen menschlicher Erkenntnis sind Fiktionen, auf welchen Begriff man sie auch immer bringen mag – ob Geist oder Vernunft, Denken, Bewußtsein, Seele, Wille, Wahrheit. Sie entsprechen weder einem realen noch einem idealen Sein. Sie werden vom Menschen selbst konstruiert und dienen ihrem jeweiligen Verwender als „Werkzeuge der Macht“.

1. *Metaphern*

So wie die Grundlagen der Erkenntnis fiktiv sind, sind auch die Erkenntnisse selbst nichts als Fiktionen. Alle Dinge, „an die wir glauben“ und die wir uns „als dauerhaft“ vorstellen, werden vom Menschen fingiert. Da „[a]lles fließt“, wie der Vorsokratiker Heraklit lehrt, sind „Dauer und Unvergänglichkeit bloß ein Schein.“[44] Wenn wir meinen, die „Dinge“ unmittelbar wahrzunehmen, konstruiert unser Nervensystem kreative Bilder. Wir meinen, wir würden ein festes, dauerhaftes Objekt erkennen – zum Beispiel „den Fluss“ – und halten das für die „Erkenntnis“ einer „Wahrheit an sich“[45], dabei konstruieren wir die „kühnsten Metaphern“[46].

> „Was ist also Wahrheit? Ein bewegliches Heer von Metaphern, Metonymien, Anthropomorphismen, kurz eine Summe von menschlichen Relationen, die, poetisch und rhetorisch gesteigert, übertragen, geschmückt wurden und die nach langem Gebrauch einem Volke fest, kanonisch und verbindlich dünken: die Wahr-

42 Vgl. KSA XIII NF, 14[122].
43 Ebd. 14[122].
44 KSA XIII NF, 11[98].
45 KSA I WL, S. 883.
46 Ebd. S. 879.

> heiten sind Illusionen, von denen man vergessen hat, dass sie welche sind, Metaphern, die abgenutzt und sinnlich kraftlos geworden sind, Münzen, die ihr Bild verloren haben und nun als Metall, nicht mehr als Münzen, in Betracht kommen."[47]

Sobald wir uns etwas Dauerhaftes oder Unvergängliches vorstellen, ist es also unvermeidlich, einem „Schein" zu erliegen.[48] Die Erzeugung von Schein beginnt mit den einfachsten neuronalen Prozessen, „Fiktion" (und nicht „Information") ist das Element organischer Orientierung. Scheinbarkeit zeichnet schließlich auch alle verstandesmäßigen „Hilfsmittel des Lebens" aus: Die „Logisirung, Rationalisirung, Systematisirung".[49] Da die Tierart Mensch biologische Gemeinsamkeiten aufweist, gleichen sich die konstruierten Fiktionen in ihren Grundanlagen. Wir höheren Tierarten „erkennen" zum Beispiel „Gestalt und Hintergrund", „dreidimensionale Gegenstände" oder können in unterschiedlichem Umfang zählen oder logisch schließen. Alle diese Konstrukte beschreiben keine objektive Welt, sondern diejenigen Relationen, in denen der Mensch Sicherheit und Geborgenheit findet. Vor allem sind sie Ausdruck unserer sozialen Beziehungen.[50] Deshalb nennt Sie Nietzsche auch „anthropomorph".

Dieser fiktionale, anthropomorphe Charakter unserer Wahrheiten, Erkenntnisse und Begriffe bleibt dem Menschen allerdings verborgen. Nietzsche bemerkt dazu: Uns koste schon das Eingeständnis Mühe, dass Insekten und Vögel „eine ganz andere Welt percipiren als der Mensch"[51]. Dass das Weltbild des Menschen, in dem wir im naiven Zustand die einzig denkbare und absolut richtige Repräsentation des Universums sehen, nur ein artspezifisches Panorama ist, will uns normalerweise nicht in den Kopf.

Spätestens an dieser Stelle wird übrigens deutlich, dass Nietzsche dem Menschen keinen gesonderten Platz unter den Lebewesen zubilligen mag. Wie schon aus seiner Vernunftkritik folgt, zeichnet sich die Spezies Mensch nicht etwa vor den „anderen Tieren" durch ihr Erkenntnisvermögen aus. Der angeblich exklusive Zugang zur Wahrheit, die durch Glaube oder Vernunft vermittelte Erkenntnis ist Fiktion. Der Mensch besitzt nicht „von Natur aus" Würde, Rechte oder Pflichten[52]. Er ist ein Tier unter Tieren[53] und „durchaus keine Krone der Schöpfung", neben ihm sei jedes Wesen „auf einer gleichen Stufe der Vollkommenheit".[54] Damit wird Nietzsche zum Vordenker einer rechtsphilosophischen Meinung, die seit Ende des 20. Jahrhunderts unter dem Schlagwort *Antispeziesismus* erstarkt.

---

47 KSA I WL, S. 880f.

48 KSA XIII, NF, 11[98].

49 KSA XIII, NF, 9[91].

50 KSA I WL, S. 880.

51 Ebd. S. 884.

52 KSA I CV 3, S. 776.

53 Vgl. zum Tierbezug in Nietzsches Menschenbild *Richard Schacht*, Artikel „Mensch" in *Christian Niemeyer*, Nietzsche-Lexikon, 2. Auflage, Darmstadt 2011, S. 241ff.

54 KSA VI AC, Apho. 14.

Geben Sie mit eigenen Worten das Problem wieder, das Nietzsche mit dem Gebrauch von Metaphern anspricht.

2. *Begriffsschöpfung*

Mit der menschlichen Sprache, mit der Kunst der Bildung zunehmend abstrakter Begriffe, der Entwicklung der Logik, den Systematisierungen und den rhetorischen Formen erreicht die Fiktionsschöpfung einen neuen Gipfel.

Das Herdentier Mensch möchte aus Not und Langeweile in Frieden zusammenleben, deshalb erfindet es die Begriffe. In jedem Begriff ist die Fiktion schon deshalb angelegt, weil er „zugleich für zahllose, mehr oder weniger ähnliche, d. h. streng genommen niemals gleiche, also auf lauter ungleiche Fälle" steht. „Jeder Begriff entsteht durch Gleichsetzen des Nicht-Gleichen."[55] Begriffe dienen dazu, die erfundenen Dinge gleichmässig, gültig und verbindlich zu bezeichnen. Sodann fixiert der Mensch, „was von nun an die ‚Wahrheit' sein soll"[56]. Dabei gibt „die Gesetzgebung der Sprache" auch „die ersten Gesetze der Wahrheit".[57]

Wenn diese Skizze der menschlichen Sprachevolution auch eher spielerisch wirkt, also sicher nicht streng wissenschaftlich gemeint ist, vermittelt sie doch eine bedeutende epistemologische These: Wahrheit, das uns richtig und geltend Erscheinende, wird genauso hergestellt wie die menschliche Sprache. Mit anderen Worten: Das, was wir für die „Wahrheit" halten, gewinnen wir auf dieselbe Weise, wie wir unseren sprachlichen Umgang organisieren. In beiden Fällen arbeiten wir mit Metaphern, also Kunstmitteln der Rhetorik.

Wegen dieser allgegenwärtigen existentiellen Notwendigkeit, auf rhetorische Mittel zurückzugreifen, ist die Rhetorik als Lehre und Wissen um den Einsatz künstlerischer Mittel eine grundlegende, und eben nicht abseitige, Disziplin des Humanen, ja des Lebendigen schlechthin. Deshalb sprechen Denker der unterschiedlichsten Fachrichtungen wie auch im Besonderen auf den Gebiet der Rechtsphilosophie in der Folge Nietzsches heute vom rhetorischen Charakter eines jeden wahrheitsbehauptenden Denkens – sei es religiöser oder moralischer Art oder gründe es sich sonst auf eine metaphysische, ideenhafte Geltungsbehauptung.[58]

55 KSA I WL, S. 879 f.
56 Ebd. S. 877.
57 Ebd. S. 877.
58 Für die Rechtsphilosophie: *Ottmar Ballweg*, Analytische Rhetorik. Rhetorik, Recht und Philosophie, hrsg. v. *Katharina von Schlieffen*, Frankfurt a.M. 2009; *Katharina von Schlieffen*, Rhetorische Rechtstheorie, in *Gert Ueding*, Historisches Wörterbuch der Rhetorik, Band 8: Rhet-St, Tübingen 2007, S. 197–214.

Nietzsche hat seine These von der Konnexität der Sprach- und der Wahrheitserzeugung[59] nicht ausgearbeitet. Mit einem Aperçu verdeutlicht er sie jedoch einprägsam am Beispiel religiöser Wahrheit:

> „Ich fürchte, wir werden Gott nicht los, weil wir noch an die Grammatik glauben...“[60].

Der „Glaube an die Grammatik“ ist aber für die allermeisten Menschen unverzichtbar. Die Begriffe, die Menschen erfinden, schaffen ihnen eine festgefügte, verlässliche Welt, in der sie sich miteinander verständigen können. Begriffe leisten aber noch vieles mehr: Sie sind nicht nur ein Mittel, um in einer wankenden Welt zu überleben, sondern werden selbst zu einer Welt, in der die Menschen immer heimischer werden. Schließlich verfallen sie der Illusion, Worte könnten etwas über die Dinge selbst erklären.

> „Wir glauben etwas von den Dingen selbst zu wissen, wenn wir von Bäumen, Farben, Schnee und Blumen reden und besitzen doch nichts als Metaphern der Dinge, die den ursprünglichen Wesenheiten ganz und gar nicht entsprechen.“[61]

Aber weder die Philosophen noch die Gelehrten oder andere Sprachgläubige durchschauen diese Verwechselung. In einer weiteren Steigerung versuchen sie, die Wahrheit *aus* dem Begriff herauszuholen – durch Interpretationen über das „Wesen der Dinge“, das die Wortbedeutung offenbaren soll. Das Wort wird wie ein Rätsel behandelt, das man entschlüsseln kann. Dabei übersieht der Interpret, dass er nur das finden kann, was er zuvor hineingelegt hat. Dies erscheint Nietzsche merkwürdig:

> „Wenn jemand ein Ding hinter einem Busche versteckt, es ebendort wieder sucht und auch findet, so ist an diesem Suchen und Finden nicht viel zu rühmen: so aber steht es mit dem Suchen und Finden der ‚Wahrheit‘ innerhalb des Vernunft-Bezirkes.“[62]

Das „Wesen“ der Dinge und der eigentliche „Sinn“ der Begriffe bezieht sich auf kein außerhalb ihrer selbst liegendes Sein. Es gibt kein Korrektiv, alle Erkenntnisse sind selbstbezüglich. Nietzsche schreibt dazu: „[N]ein, gerade Thatsachen giebt es nicht, nur *Interpretationen*. Wir können kein Faktum ‚an sich‘ feststellen: vielleicht ist es ein Unsinn, so etwas zu wollen.“[63]

---

59 Genauer: zwischen den Mustern, die unserer Sprachkonstruktion und andererseits unseren Wahrheits- bzw. Geltungsbehauptungen zu Grunde liegen.

60 KSA VI GD, S. 78.

61 KSA I WL, S. 879.

62 Ebd. S. 883.

63 KSA XII NF, 7[60].

Nun sind es aber gerade die idealistisch gesinnten Philosophen, die dies am wenigsten beachten:

> „Sie stellen sich sämmtlich, als ob sie ihre eigentlichen Meinungen durch die Selbstentwicklung einer kalten, reinen, göttlich unbekümmerten Dialektik entdeckt und erreicht hätten (zum Unterschiede von den Mystikern jeden Rangs, die ehrlicher als sie und tölpelhafter sind – diese reden von ‚Inspiration' –): während im Grunde ein vorweggenommener Satz, ein Einfall, eine ‚Eingebung', zumeist ein abstrakt gemachter und durchgesiebter Herzenswunsch von ihnen mit hinterher gesuchten Gründen vertheidigt wird"[64].

Dieser Vorwurf trifft tief: Sozusagen als Retourkutsche gegen Platon qualifiziert Nietzsche ausgerechnet die „Wahrheiten", die doch ewig gelten und rein und göttlich sein sollen, als bloße „Meinungen" – und das bedeutet: Veränderliche, perspektivische Ansichten, die nur wegen ihrer abstrakten, „kalten" Formulierung auf dem Thron der Wahrheit zu stehen scheinen. Mit der besonderen Rhetorik der sokratischen Dialektik wird bloßes Meinen wie Wissen behandelt und zu einer Glanzleistung des Intellekts, einem Einblick in das ideale Sein, aufgewertet. Nietzsche, der hier Platon und Aristoteles folgt, betont dagegen, dass Meinungen nur unsere wechselnden Einstellungen aus bestimmten Relationen heraus spiegeln könnten. Wenn man diese Veränderlichkeit und Relationalität der Meinungen leugnet, errichtet man eine Metaphysik.[65]

3. *Ohne Fiktion kein Leben*

Dies bedeutet keineswegs, dass Nietzsche unsere gesamte Wirklichkeit für eingebildet, für „nicht echt" und subjektiv hält. *Fiktion* ist für ihn, was wir üblicherweise für die *Wahrheit* halten. Die Entwicklung hingegen, durch die wir diese Fiktion *konstruieren*, passiert dagegen *wirklich*: sie „gehört selbst zur Realität: sie ist eine Form ihres Seins".[66]

Die Prozesse, in denen Menschen Wahrheiten konstruieren, hält Nietzsche nicht nur für real, sondern auch für überlebenswichtig.[67] Damit der Mensch überhaupt existieren kann, muss er sich eine Welt schaffen, die er kontrollieren kann. Er gehört, so Nietzsche, zu dieser „bestimmten Thierart, welche nur unter einer gewissen relativen Richtigkeit, vor allem Regelmäßigkeit ihrer Wahrnehmungen (so daß sie Erfahrung capitalisiren kann) gedeiht."[68]

In „einer Welt, wo es kein Sein giebt, muß durch den Schein erst eine gewisse berechenbare Welt identischer Fälle geschaffen werden", also Zeiträume und

64 KSA V JGB, S.-18f.
65 Vgl. KSA, M
66 KSA XIII NF14[93].
67 KSA XII NF, 43[1].
68 KSA XIII NF, 14[122].

Entitäten, die er beobachten und vergleichen kann.[69] Man nehme nur als Beispiel die Logik: Sie ist nicht „wahr" in dem Sinne, dass sie einem objektiven Sein oder einer universalen Wirklichkeit entspricht, vielmehr ist sie ein fiktives, vom Menschen ausgedachtes Gebilde – aber sie ist für das menschliche Leben unverzichtbar.

> „Ich bin sogar grundsätzlich des Glaubens, daß die falschesten Annahmen uns gerade die unentbehrlichsten sind, daß ohne ein Geltenlassen der logischen Fiktion, ohne ein Messen der Wirklichkeit an der erfundenen Welt des Unbedingten, Sich-selber-Gleichen der Mensch nicht leben kann, und daß ein Verneinen dieser Fiktion, ein praktisches Verzichtleisten auf sie, so viel wie eine Verneinung des Lebens bedeuten würde."[70]

IV. Zu den normativen Systemen

Was bedeutet dieser Ansatz für das rechtsphilosophische Denken? Nietzsche hat die Themen Recht und Gerechtigkeit zwar wiederholt gestreift und einige pointierte Gedanken darauf verwendet; ein rechtsphilosophisches Lehrsystem findet man aber genauso wenig wie jede andere akademische Systematik. Hinzu kommt: Nietzsche zeigt kein großes Interesse an einer isolierten Behandlung der Thematik. Der Topos Gerechtigkeit fällt durchaus immer wieder, aber an keinem prominenten Platz.[71] Vielfach stehen diese Aussagen aber in einem engen Zusammenhang mit anderen Themen, die Nietzsche umfangreicher und gründlicher bearbeitet hat, so dass seine Schriften so betrachtet mehr Auskunft über rechtsphilosophische Fragen geben, als man bei der vergeblichen Suche nach einer ausdrücklich gerechtigkeitstheoretischen Abhandlung zunächst vermuten würde.[72]

69 Ebd. 14[93].

70 KSA XII NF, 35[37].

71 Gerechtigkeit und Recht werden etwa so häufig erwähnt wie jeweils die Begriffe Vernunft, Religion oder auch Trieb. Von der Wahrheit oder der Natur ist bereits dreimal öfters die Rede, sehr oft von der Kunst und der Musik, sehr häufig von der Macht, wohl am meisten von den (oder dem) Menschen.

72 Vgl. dazu *Jens Petersen*, Nietzsches Genialität der Gerechtigkeit, Berlin u.a. 2008, der nicht nur der Frage nachgeht, warum Nietzsche kaum innerhalb des Gerechtigkeitsdiskurses rezipiert wird, sondern auch versucht, in Nietzsches Werk Spuren eines Gerechtigkeitskonzepts aufzuspüren.

1. *Gerechtigkeit ist kein objektiver Wert*

Nietzsche ist überzeugt: Die abstrakte, metaphysische Gerechtigkeit der idealistischen Philosophien ist eine Fiktion. Es gibt keine „ewige“[73], „übermenschliche“ Gerechtigkeit, die wie ein „unbeweglicher Regenbogen über das Gefilde dieser Zukunft gespannt sein“ wird.[74]

Wie alle anderen metaphysisch begründeten Werte – das Schöne, Wahre, Gute – wird auch die Idee der Gerechtigkeit von uns Menschen zur Gestaltung unserer jeweiligen Welt erschaffen.[75] Auf dieselbe Weise, so Nietzsche weiter, werden so „populäre“ Teilkonzepte wie etwa „Selbstlosigkeit“ oder „Egoismus“ hergestellt.[76] Nichts hat von sich aus einen Wert, ist von Natur aus wertvoll oder wertlos. „Menschenrechte gibt es nicht“[77]; man spricht von der „Würde des Lebens“ und der „Würde der Arbeit“, von der „Gleichberechtigung aller“ oder den „Grundrechten des Menschen“, aber alle diese Ausdrücke sind „Begriffshalluzinationen“[78].

Finden Sie eigene Beispiele für die „Begriffshalluzinationen“!

Als erstem sei es dem Philosophen Platon gelungen, Dinge mit Werten aufzuladen. Platon erfindet laut Nietzsche die Idee des Guten: „der schlimmste, langwierigste und gefährlichste aller Irrthümer.“[79] Denn objektivierte Werte sind ein Mittel der Mächtigen, sie täuschen uns über unsere Realität hinweg – über die Ungleichheit, das sklavische Dasein[80], die Unsicherheiten des Lebens. Was sie anrichten, ist nicht das, was sie besagen: Das Gute, sondern „Gewalt“.

> „Die Menschen sehen allmählich einen Werth und eine Bedeutung in die Natur hinein, die sie an sich nicht hat. Der Landmann sieht seine Felder mit einer Emotion des Werthes, der Künstler seine Farben, der Wilde trägt seine Angst, wir unsere Sicherheit hinein, es ist ein fortwährendes feinstes Symbolisiren und Gleichsetzen, ohne Bewußtsein. Unser Auge sieht mit all unserer Moralität und Cultur und Gewohnheiten in die Landschaft.[81] – Und ebenso sehen wir auf andere Charaktere: sie sind für mich etwas anderes als für dich: Relationen und Phantasmen, unsere Grenzen gegen einander sind darin. – Was heißt da Gerechtigkeit! Die Fülle der Relationen wächst fortwährend, alles was wir sehen und erleben, wird bedeutungstiefer. Beim Anblick der Sonne z.B. –

73 KSA II MA, S. 73.
74 KSA I WB, S. 506.
75 Vgl. KSA XII NF,2[131].
76 KSA XIII NF, 11[83].
77 Ebd. 25[1].
78 KSA I CV 3, S. 765.
79 KSA V JGB, S. 12.
80 KSA I CV 3, S. 765.
81 KSA IX NF, 6[239].

> aber eine Unzahl von alten Bedeutungen und Symbolen sterben auch fortwährend ab, es entleert sich zugleich – und wenn wir auf dem Wege der Gerechtigkeit sind, so sterben die willkürlichen phantastischen Auslegungen, womit wir den Dingen wehe und Gewalt thun."[82]

Wie bei allen Identifikationen – den Metaphern, den Begriffen – lassen uns auch die Werte vergessen, dass es der Mensch selbst ist, der sie schafft. Er ist es, der das Werthafte in die Dinge, in seine eigene Existenz und sein Handeln hineinlegt.[83]

> „Alle diese Werthe sind empirisch und bedingt. Aber der, der an sie glaubt, der sie verehrt, will eben diesen Charakter nicht anerkennen..."[84]

2. *Zur Religion*

Sowenig für Nietzsche die Gerechtigkeit als Wert „an sich" existiert, lässt sie sich auch religiös begründen. Religionen sind für Nietzsche wie alle menschliche Orientierung rhetorisch erzeugter Schein und ein Mittel der Macht: Fiktive, aus menschlichen Meinungen konstruierte „Systeme"[85]. Ein Machthaber mit Vernunft und Gespür nutzt die Religion „als ein Band", das ihn und seine Untertanen „gemeinsam bindet". Über das von ihr geformte Gewissen bekommt er Einblick in das Innerste der Gläubigen, auch derer, die sich dem Gehorsam entziehen wollen[86]. Für den kleinen, geplagten Menschen hingegen mache der Glaube „den eigenen Anblick erträglich", er wirke „erquickend, verfeinernd, das Leiden gleichsam ausnützend, zuletzt gar heiligend und rechtfertigend."[87]

Das Christentum sei allerdings eine durch und durch lebensfeindliche Religion.[88] Nietzsche, gezeichnet von seinen Kindheitserfahrungen im Pfarrhaus, überhäuft die christliche Religion mit wütender, bitterer Kritik. Das gesamte christliche Denken richte sich an Werten aus, die der Natur des Menschen entgegenstünden.[89]

---

82 Ebd. 6[239].

83 Vgl. *Hellmut Heit*, Erkenntniskritik und experimentelle Anthropologie. Das erste Hauptstück: „von den Vorurtheilen der Philosophen", in *Andreas Marcus Born*, Friedrich Nietzsche, Jenseits von Gut und Böse. Reihe Klassiker auslegen, Berlin u.a. 2014, S. 34.

84 KSA XIII NF, 14[109].

85 KSA II MA, S. 73.

86 Vgl. KSA V JGB, S. 80.

87 KSA V JGB, S. 81.

88 Vgl. KSA VI AC, S. 173.

89 Nietzsche übersieht die Entwicklungslinie aus dem Judentum nicht: „Die Juden sind, ebendamit, das *verhängnisvollste* Volk der Weltgeschichte: in ihrer Nachwirkung haben sie die Menschheit dermaßen falsch gemacht, daß heute noch der Christ antijüdisch fühlen kann, ohne sich als die *letzte jüdische Konsequenz* zu verstehn." , KSA VI AC, S. 192.

> „Was wir am Christenthum bekämpfen? Daß es die Starken zerbrechen will, daß es ihren Muth entmuthigen, ihre schlechten Stunden und Müdigkeiten ausnützen, ihre stolze Sicherheit in Unruhe und Gewissensnoth verkehren will."[90]

Als „ungeheure Macht" narrt es seit zwei Jahrtausenden die Philosophen und bringt „die Vernunft der Vernünftigen zu Falle". Sie bricht die Starken und setzt sie lähmenden Gewissensqualen aus.[91] Die Übrigen, die Schwachen und Schwankenden, hält das Christentum in unwissender Abhängigkeit. Es appelliere an das „Heerden-Verlangen nach der vollkommenen Unterwerfung unter eine Autorität"[92] und bietet den Gläubigen einen „absolut Befehlenden, einen Leithammel".[93] Zur Befestigung der Herrschaftsstruktur wird „das Niedrigkeitsgefühl (die Demuth)" dauerhaft zum Wert erklärt, man macht „eine Leidenschaft daraus" und erhebt sich selbst dadurch.[94] Dies aber verkehre „wahr" und „falsch": „was dem Leben am schädlichsten ist, das heisst hier ‚wahr', was es hebt, steigert, bejaht, rechtfertigt und triumphiren macht, das heisst ‚falsch'..."[95].

Der speziell deutsche „Heerden-Instinkt" habe dieses Muster in der idealistischen Philosophie fortgesetzt; lediglich die Bezeichnung der Autorität habe man ausgewechselt und mit Kant „kategorischer Imperativ" getauft.[96] Nietzsche erklärt, dass die Macht eines autoritativen Konzepts unabhängig davon ist, was für einen Gegenstand es bezeichnet und ob dieser Gegenstand überhaupt existiert[97]; wirklich und wirksam ist jedoch der Glaube.

> „Es steht hier nicht anders als bei dem bekannten Falle: zwar hat es keine Hexen gegeben, aber die furchtbaren Wirkungen des Hexenglaubens sind die selben gewesen, wie wenn es wirklich Hexen gegeben hätte. Für alle jene Gelegenheiten, wo der Christ das unmittelbare Eingreifen eines Gottes erwartet, aber umsonst erwartet – weil es keinen Gott giebt – ist seine Religion erfinderisch genug in Ausflüchten und Gründen zur Beruhigung: hierin ist es sicherlich eine geistreiche Religion. – Zwar hat der Glaube bisher noch keine wirklichen Berge versetzen können, obschon diess ich weiss nicht wer behauptet hat; aber er vermag Berge dorthin zu setzen, wo keine sind."[98]

Diese heftigen Polemiken sind allerdings nicht als Gesamturteil über alle Weltreligionen zu verstehen. Nietzsches Vorwurf richtet sich vor allem gegen das Chri-

90 KSA XIII NF, 11[55].
91 Ebd. 11[55].
92 „– (dasselbe, was aus dem deutschen Heerden-Instinkte heraus Kant den „kategorischen Imperativ" getauft hat).", KSA XII NF, 34[85].
93 Ebd. 34[85].
94 KSA IX NF, 7[3].
95 KSA VI AC, S. 176.
96 KSA XI NF, 34[85].
97 Vgl. KSA II MA, S. 480.
98 Ebd. S. 480.

stentum in seiner angeblichen Lebensfeindlichkeit[99], das seine autoritäre Struktur vor allem auf den Appell an Massen-Instinkte, eine Verliererideologie und eine Wissens- und Wissenschaftsfeindlichkeit stützt.[100] Keinen Anlass für einen derartigen Einwand gibt eine Spiritualität wie der Buddhismus. In einer europäischen Form könnte er laut Nietzsche, „nachdem alles Dasein seinen ‚Sinn' verloren hat", den Übergang zu einem nihilistischen, d. h. wertentleerten, und schließlich neuen Denken bilden.[101]

3. *Exkurs: Die Eroberung der Meta-Ebene – Die Methode der genealogischen Dekonstruktion*

Nietzsche interessiert sich brennend für Musik und Bühnenkunst, das alte Griechenland, geniale Künstler, einige Philosophen, später auch für Alltägliches, für sein Werk und sich selbst und immer für alles, was man heute als Psychologie bezeichnen würde. Sein zentraler Forschungsgedanke dreht sich aber beständig um eine Achse: Warum denkt der Mensch so, wie er denkt, woher kommt seine Orientierung? Seine Werte? Die jeweilige Moral?

Moral als konstruierte Orientierung

Wenn Nietzsche übrigens von der Moral redet, meint er manchmal eine bestimmte Moral (z. B. die antike, die christliche oder die individuelle), er sagt auch selbst, man müsse den Ausdruck im Plural verwenden (die „Moralen"), dann wieder fasst er den Begriff sehr weit. *Jede* unserer wertenden Unterscheidungen ist für ihn ein „moralische Erlebnis". Wertende Unterscheidungen beginnen aber bereits auf der Ebene der Sinneswahrnehmung. Wir empfangen ständig Nervenreize und müssen uns sofort entscheiden, wie wir mit Hilfe unserer bisherigen Erfahrungen und „je nach dem Grade unserer Redlichkeit und Gerechtigkeit"[102] daraus ein neues Bild konstruieren.

Für Nietzsche weist jede Konstruktion von Welt einen Wertbezug auf. Man kann nichts auf einen Begriff bringen, nichts begreifen, ohne „moralisches Urteil": „Es giebt gar keine anderen als moralische Erlebnisse, selbst nicht im Bereiche der Sinneswahrnehmung."[103]

Damit dehnt Nietzsche den Begriff der Moral weit über die Prozesse des menschlichen Bewusstseins hinaus und ordnet ihn in eine allgemeine, transdisziplinäre Entscheidungstheorie bzw. Präferetik ein. Auf der Suche nach dem

99 Vgl. KSA AC, S. 172ff.
100 Vgl. ebd. S. 172ff.
101 Vgl. KSA XII NF, 5[71].
102 KSA III FW, S. 474.
103 Vgl. ebd. S. 474.

Ursprung unserer Werte, unseres Bewertens, hat er bereits zwei Irrwege ausgeschlossen: Die Religionen – „Gott ist todt"[104] – und die Vernunft, da wir die Wahrheit nicht erkennen können, wenn wir sie selbst fingieren. Folglich muss sich der Blick des Philosophen auf die Lebewesen, speziell den Menschen als Konstrukteur seiner eigenen Orientierung richten. Nur wenn man Klarheit gewinnt, *wie* sich der Mensch orientiert, durch was er bei diesen seinen selbstbezüglichen Erfindungen bedingt wird, kann man sich im nächsten Zug auch mit der Frage beschäftigen, wie die Menschheit als moralischer Erfinder handeln *sollte*. Nietzsche möchte also an dieser Stelle das Thema Moral nicht inhaltlich bearbeiten, nicht begründen oder ergänzen, was „gut" und was „schlecht" ist, was „zulässig", „erlaubt" oder „verboten" sein sollte, sondern erst einmal *Kenntnis* gewinnen, wie und wodurch man in moralischen Systemen so handelt wie man handelt.[105]

Nietzsches Leistung besteht damit darin, dass er nicht sogleich in die Domäne der praktischen Philosophie wechselt und versucht, normative Theorien oder Vorschläge zum Guten oder Besseren vorzustellen. Vielmehr vertieft er immer wieder das Problem: Was passiert, wenn wir werten, wenn wir etwas für die Wahrheit halten, wenn wir meinen und urteilen und verurteilen – und wie hat sich das entwickelt, was waren mögliche Bedingungen? Was sind die Voraussetzungen von dem, das wir für unhinterfragbar, für unser Fundament halten? Anders formuliert: Was sind die Entstehungsbedingungen von „Gut und Schlecht", von „Wahrheit", von religiösem Glauben, dem Glaube an Autoritäten, an ewige und universale Werte, die Existenz von Ideen wie der des Guten oder Gerechten?

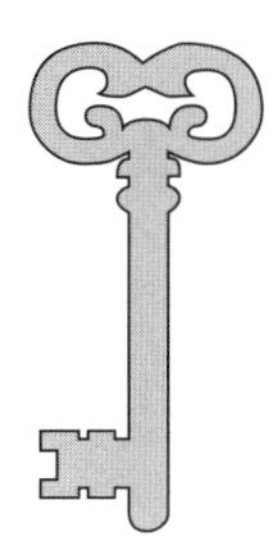

Nietzsche betont: Sobald wir uns in das Innere des jeweiligen Wertsystems begeben, werden wir für die Entstehungsbedingungen und die Wie-Fragen blind und können dazu nichts beitragen. Wir meinen zwar, wir wüssten Bescheid, tatsächlich fehlt uns die Kenntnis über die Genese und die wirklichen Abläufe.[106]

Nietzsche möchte daher die verborgenen Muster der Art und Entstehung unserer orientierenden Systeme aufdecken. Dafür wählt er einen innovativen, interdisziplinären Ansatz, der zu einem der bis heute einflussreichsten Projekte der Sozial- und Kulturwissenschaften wird.

Im Mittelpunkt dieses Unternehmens steht die Entwicklung und die gegenwärtige Praxis der moralischen Systeme, die aus unterschiedlichen Blickwinkeln betrachtet wird: Historisch, soziologisch, psychologisch und vieles andere mehr. Diese Methode nennt er „Genealogie";[107] so bezeichnet man ursprünglich das

---

104 KSA IX NF, 14[26]. ; Nietzsche sagt dies vor allem, um auf die ungeahnten Konsequenzen des modernen Rationalismus hinzuweisen: „...Und wir haben ihn getödtet! Dies Gefühl, das Mächtigste und Heiligste, was die Welt bisher besaß, getödtet zu haben, wird noch über die Menschen kommen, es ist ein ungeheures neues Gefühl!"

105 KSA IX NF, 9[5].

106 KSA IX NF, 9[5].

107 Vgl. den Titel seiner Schrift „Genealogie der Moral" von 1887.

Erstellen von Ahnentafeln, heute noch Stammbäumen. Nietzsche meint jedoch eine historisch ansetzende Erklärung mit der Unterstützung unterschiedlichster Disziplinen – und zwar alles mit dem Ziel, die *Konstruktion* des jeweiligen Systems nachzuvollziehen. Diese Arbeitsweise haben die sogenannten Systemtheoretiker in den Sozial- und Rechtswissenschaften aufgegriffen.[108] Der französische Poststrukturalismus griff diese Arbeitsweise mit den berühmten Studien Michel Foucaults knapp hundert Jahre später unter dem Namen Diskursanalyse auf. Jacques Derrida u. a. brachte die plastische Kennzeichnung „déconstruction" zu Beginn der 1980er Jahren in die Debatte.

Auf der Theorieebene zeichnet Nietzsche nahezu alle Ideen der späteren dekonstruktivistischen Analysen vor. Moral sei „bloss Zeichenrede".[109] Unter der offensichtlichen Schicht der Sitten, Gebote, Gesetze und Gefühle, unter der Schicht des als „Moral" *Bezeichneten*, versucht er, die Bedingungen dieser Fiktionen aufzudecken. Diese bleiben den moralisch Handelnden, die sich *innerhalb* des Systems bewegen, zumeist verborgen. Ihnen bleibt der Einblick verwehrt, sie wissen nicht genug, „um sich selbst zu ‚verstehn'"[110]. Deshalb versucht Nietzsche, das menschliche Werten „von außen" zu betrachten. Von dort gesehen erscheint ihm die Moral, die ihn in der praktischen Dimension irritiert, plötzlich „als Semiotik unschätzbar".[111] Er diskutiert nicht länger die Bedeutung oder den Grund von Gut und Böse, sondern steht *jenseits* dieses Systems[112] und analysiert dessen Entstehung. Dabei offenbaren sich ihm „die werthvollsten Realitäten von Culturen und Innerlichkeiten."[113] Statt Normen, Geboten und Verboten, die scheinbar abstrakt und allgemein die Ordnung der Dinge und das Zusammenleben regeln, wird etwas anderes sichtbar: Begriffe, Sinngebungen und gedankliche Ordnungen innerhalb konkreter sozio-kultureller Zusammenhänge – nenne man sie soziale Systeme, Diskurse oder Rhetoriken.

In dem heute üblichen Bild geht es bei diesem Vorgehen um den Bezug einer Meta-Ebene. Wie jede Metapher ist natürlich auch die „Meta-Ebene" eine Vereinfachung: Wie ist es möglich, sich philosophisch reflektierend *über* ein moralisches System zu stellen, eine Position „*Jenseits* von Gut und Böse" einzunehmen, wenn doch alle lebendige Orientierung, jede Kategorisierung, jede Wahrnehmung und Begriffsbildung werthaltig, und damit „moralisch" ist? Nietzsche löst dieses Pro-

108 Die für die Rechtstheorie bis heute einflussreichste Version einer Theorie sozialer Systeme stammt von Niklas Luhmann, einem Schüler von Talcott Parsons, von dem sich die Linie über Max Weber auf Nietzsche zurückverfolgen läßt. Die Lehre von den selbstreferentiellen, autopoietischen Systemen übernahm Luhmann von einem Kalifornischen Kreis, der sich u.a. auf Hans Vaihinger, Philosoph in unmittelbarer Nietzschenachfolge, berief.

109 KSA VI GD, S. 98.

110 KSA VI GD, S. 98.

111 KSA VI GD, S. 98.

112 Vgl. den Titel seiner Schrift Jenseits von Gut und Böse, erschienen 1886.

113 KSA VI GD, S. 98.

blem nicht. Es ist ihm aber vertraut: „man kann sich außerhalb einer bestimmten Werthschätzung stellen, aber nicht außerhalb aller Werthschätzung.“[114]

So beruht auch das Paradoxon des von ihm verehrten Heraklit – wir steigen niemals in denselben Fluss – auf der Einsicht in die humane Befangenheit aller Aufklärung. Die heraklitsche Spannung entsteht nur deshalb, weil wir im besten Fall nur *beides* sein können: Aufgeklärte Geister *und* gewöhnliche Menschen, für die ein Fluss immer ein Fluss bleiben wird.

Nietzsche ist sich deshalb bewusst, dass seine Herangehensweise keiner streng wissenschaftlichen Methode entspricht. Die Einsichten sind weder „rein“ noch „absolut“ oder „objektiv“, sondern durch seine Person, seine Biographie und alle weiteren Umstände seines Werks geprägt.[115] Das mag der Grund sein, weshalb er in seine Schriften, vor allem den späteren, ohne eine exakte Grenze zu ziehen, Sachthemen mit Selbsterklärungen und vorsichtige Reflexion mit stark wertenden Meinungsäußerungen verbindet. Ähnlich wie man seine Vorliebe für die Aphorismen und Essays, kurz, das bloß Fragmentarische, mit seiner Kritik an der Vorherrschaft des Rationalismus mit seinem Systematisierungsglaubens in Verbindung bringen kann, lässt sich also auch eine Parallele insoweit ziehen, als Nietzsche einerseits das positivistische Subjekt-Objekt-Modell ablehnt[116] und andererseits in seinen Texten laufend die Ebenen von Gegenstand und Betrachter miteinander verwebt: Empirie und Wertung, Rekonstruktion und Spekulation, Prognosen, Reflexionen und Visionen.

Diese oft unentwirrbaren Verflechtungen machen es kaum möglich, zwischen dem Nietzsche der Meta-Ebene und dem Nietzsche der beobachteten Praxis zu unterscheiden. Wo betrachtet er unsere Wertentscheidungen aus der Distanz als wissenschaftlich vorgehender Denker und wo wird er praktisch, wertend und spekulativ? Aus heutiger Sicht liegt seine große Leistung vor allem auf dem eher wissenschaftlichen, epistemologischen Feld, dem „Denken über Denken“[117]. Seine persönlichen Ahnungen und Einschätzungen – was ist gut für die Menschheit, was verhängnisvoll? – erscheinen dagegen im besten Fall zeitgebunden, im schlechtesten unerträglich. Hier finden sich auch die grellen Begriffe und Appelle, von denen sich einige Nationalsozialisten angezogen fühlten, wie der „Übermensch“, der „Wille zur Macht“ oder die „Herrenmoral“. Auch wenn man einräumt, dass diese Art der Rezeption von Nietzsche sicher scharf missbilligt worden wäre, ist die Frage doch nicht abwegig, ob darüber nicht sein gesamtes Werk auf den Index gesetzt werden sollte. Einer der führenden Kritiker ist Jürgen Habermas, der in den letzten Jahrzehnten des 20. Jahrhunderts tonangebende Philosoph

114 KSA X NF, 4[133].

115 Vgl. *Andreas Urs Sommer*, Kommentar zu Nietzsches „Jenseits von Gut und Böse“, Berlin u.a. 2016, S. 559.

116 Nietzsche ist also nicht der Auffassung, „Objekte“ seien absolut erkennbar und „Subjekte“ könnten diese Entitäten neutral und teilnahmslos beschreiben; z.B. KSA XIII NF, 14[122].

117 *Ottmar Ballweg*, Rhetorik und Res humanae, in: *ders*, Analytische Rhetorik, Reihe Recht und Rhetorik, hg. v. *Katharina von Schlieffen*, Frankfurt am Main 2009, S. 141.

für die deutsche Rechtsphilosophie,[118] während die Theoretiker in Frankreich, den USA und Großbritannien „ihren“ Nietzsche ohne Vorbehalte lesen. Wie so häufig, wird man auch hier nach einiger Beschäftigung mit den Texten zu dem Schluss kommen, dass pauschale Urteile unangebracht sind. Ohne Zweifel treibt Nietzsche mit seinen Arbeiten zu den moralischen Systemen, der Religion und der Konstruktion des menschlichen Wertens das Projekt der Aufklärung voran; andererseits betritt er als praktischer Philosoph entlegenes und manchmal abseitiges Gelände.

In seiner Rolle als Aufklärer stellt Nietzsche die menschliche Orientierung als Konstruktionsleistung vor. Damit ist der Mensch außerstande, eine objektive Wahrheit zu erkennen, aber er behilft sich: Er erschafft sich seinen Kosmos aus Fiktionen und bevölkert ihn mit gemeinsamen Begriffen. Der ursprüngliche Impuls dafür kommt aus den Trieben. Sobald ein triebhaftes Verlangen ein anderes zurückstellen muss, entsteht Moral[119] – als Festsetzung eines Wertunterschieds. Man qualifiziert eine Handlung, z. B. als zulässig oder unzulässig.[120] In diesem Sinne spekuliert Nietzsche: „Vielleicht ist die ganze Moral eine Ausdeutung physischer Triebe“[121], wobei dies zunächst ganz im Interesse der Gemeinschaft geschieht[122]: Die „Bedürfnisse einer Gemeinde und Heerde“ bestimmten auch den Maßstab für den persönlichen Wert des Einzelnen.

> „Mit der Moral wird der Einzelne angeleitet, Function der Heerde zu sein und nur als Function sich Werth zuzuschreiben.“[123]

Moralität sei der „Heerden-Instinct im Einzelnen”.[124] Aus den unterschiedlichen sozialen Bedingungen schließt Nietzsche auf „sehr verschiedene Moralen“ und stellt die Hypothese auf, dass diese Werte-Pluralität noch wachsen wird.[125]

Moral und der „Wille zur Macht“

Im Gegensatz zu den traditionellen Philosophien glaubt Nietzsche nicht, dass die Moral zu einem allgemeinen Guten tendiert. Wo er prophetisch wird, verkündet er zwar eine Entwicklung, die allerdings wird in Nihilismus, Gewalt und Chaos enden, und schließlich den Übergang in eine neue Welt bedeuten, die „Umwer-

118 Vgl. *Jürgen Habermas*, Erkenntnis und Interesse, Hamburg 2008, S. 323ff; Habermas darf allerdings nicht mit der gesamten Kritischen Theorie (Frankfurter Schule) gleichgesetzt werden. Ein prominentes Gegenbeispiel ist Theodor Adorno, der für eine differenzierte Beurteilung Nietzsches plädiert (dazu das Motto zu diesem Abschnitt).

119 KSA IX NF, 6[365].

120 KSA IX NF, 6[365].

121 KSA IX NF, 6[7].

122 KSA III FW S. 474.

123 KSA III FW S. 475.

124 KSA III FW S. 475.

125 KSA III FW S. 475.

tung aller Werte". Dahinter soll eine Dynamik wirken, die Nietzsche später mit einem umstrittenen Begriff belegt hat: „Wille zur Macht".[126] Was ist darunter zu verstehen? Normalerweise wohl ein unbedingtes Streben nach Überlegenheit und der Versuch, rücksichtslos die eigenen Ziele durchzusetzen. Auch Nietzsche gibt seinem Begriff immer wieder genau diesen Beiklang – aber dennoch verwendet er ihn ausdrücklich und vor allem als hochabstrakte Hypothese. Der „Wille zur Macht" wird trotz des pathetischen Klangs eine wissenschaftliche Annahme, und zwar „dass man alle organischen Funktionen" und Bedürfnisse auf eben diesen „Willen zur Macht zurückführen könnte". Auf diese Weise wäre es möglich, alle Kraft, die in der Welt „von innen gesehen" wirkt, auf ihren „intelligiblen Charakter" hin eindeutig zu bestimmen.[127] Der so verstandene Entfaltungswille soll als Antrieb eines jeden einzelnen Lebewesens gedacht werden. Er ist der Quellpunkt eines jeden Wertes und eines jeden Wertsystems. Seinetwegen streben wir nach persönlicher Unfehlbarkeit.[128] Er erscheint jedoch in vielfacher Gestalt, verdeckt, sei es als Wille zur Gerechtigkeit, zur Schönheit, zur Einsicht oder zum Helfen.[129] Selbst in der Philosophie zeigt sich dieser „tyrannische Trieb": Als Wille der Denker, die Welt nach ihrem Bilde zu schaffen, als „der geistigste Wille zur Macht, zur ‚Schaffung der Welt'".[130]

Zunächst erinnert die Hypothese vom Willen zur Macht, d. h. vom eigensinnigen Streben eines jeden nach Selbstentfaltung, an den Naturzustand bei Hobbes. Anders als Hobbes erkennt Nietzsche aber den Menschen von Natur aus überhaupt keine Rechte oder Werte zu. Vielmehr sind es die natürlichen Prozesse des Lebens, die bereits auf der einfachsten Stufe der Informationsherstellung diese Werte selbsttätig erschaffen. Dies sei kein konsensuelles Verfahren, sondern im Wesentlichen „Aneignung, Verletzung, Überwältigung des Fremden und Schwächeren, Unterdrückung, Härte, Aufzwängen eigner Formen, Einverleibung und mindestens, mildestens, Ausbeutung."[131] Als sogenannte „‚Wahrheit' wird sich immer das durchsetzen", was den existenziellen Bedingungen „der Zeit, der Gruppe" entspräche und auf lange Sicht für die Menschheit den „größten Nutzen" habe, „d.h. die Möglichkeit der längsten Dauer".[132]

Damit wird eine deutliche Parallele zu Darwin[133] und den daraus folgenden biologischen Modellen erkennbar, genauso wie eine Ähnlichkeit mit den späteren Systemtheorien: Dem sozialen System wird ebenfalls ein existentielles Streben

126 KSA XI NF, 38[12].
127 KSA V JGB, S. 55.
128 KSA IX NF, 6[130].
129 Z.B. KSA XI NF, 39[13].
130 KSA V JGB, S. 22.
131 KSA V JGB, S. 207.
132 KSA IX NF, 11[262].
133 Charles Darwin, Über die Entstehung der Arten durch natürliche Zuchtwahl oder die Erhaltung der begünstigten Rassen im Kampfe um's Dasein. 9. unveränderte Auflage – Nachdruck der Ausgabe Stuttgart 1920, Darmstadt 1988.

nach Selbsterhaltung und Selbstverwirklichung zugeschrieben. In der neueren Terminologie ist freilich nicht vom Willen zur „Macht“, sondern von dem Streben nach „Systemstabilität in einer Umwelt“, „Gleichgewicht“ oder schlicht von „Funktionalität“ die Rede, was jedes Mal dasselbe kennzeichnet: Die angenommene Wirkung geht von den einzelnen Lebewesen aus, und nicht von einer metaphysischen Instanz (z. B. Götter, Idee) oder einer anderen Einheit (z. B. dem Volk).

Mit dieser Annahme, dass der Einzelne, und davon abgeleitet die Gruppen und Gemeinschaften durch den Drang nach eigener Selbstentfaltung geleitet werden, ist der Inhalt der daraus entwickelten Wertsysteme erst einmal völlig offen. So könnten sich die eigensinnigen Wesen in ihrem Machtwillen gegenseitig auslöschen oder aber auch ein solidarisches Gemeinwesen errichten. Wie hat sich die Menschheit nach Nietzsches Meinung in der Vergangenheit verhalten und welche Varianten wären in Zukunft zu ihrem Vorteil zu erwarten? Welche sind riskant oder könnten sogar ihren Untergang bereiten?

Das Neue an dieser Fragestellung ist, dass sie die Reflexion über menschliches Denken, Handeln und Werten aus einer funktionalen Perspektive erschließt: Unter der Voraussetzung, dass es jemandem um optimale Selbstentfaltung geht (dem „Willen zur Macht“) – welche Moral-Konstruktion, und analog: Welche Vorstellung von Gerechtigkeit, wird dann welche Wirkung haben? Darin steckt die unerhörte Prämisse, dass moralische Orientierung dem Menschen nicht unbedingt „gut“ tun muss. Bestimmte Moralen sind von Nachteil, weil deren Werte existentiellen Bedürfnissen zuwiderlaufen. Vielleicht fördern sie auch meine Bedürfnisse, aber nicht deine, was mit Nietzsches pluralistischem Ansatz auf einmal denkbar wird.

Ob ein Wertsystem förderlich ist oder destruktiv, kann freilich nicht leicht beurteilt werden. Am wenigsten Kenntnisse darüber besitzen die Akteure selbst. Sie haben keinen Sinn für die Entstehungsbedingungen des Kosmos, den sie sich geschaffen haben. Nietzsche meint sogar: Wenn es einmal vorkommt, dass sie sich eine kritische Frage über die Entstehung oder die Folgen ihrer Werturteile stellen, suchen sie ihre Antworten immer nur *innerhalb* eben jenes Bewertungssystems. So haben sie kaum eine Chance, das System selbst und die Art der Erzeugung ihrer Bewertungen zur Diskussion zu stellen. Als Antwort erhalten sie immer nur, was sie bereits voraussetzen – wie etwa „das Heil der Seele. Oder die Ehre. Oder die Gebote eines Gottes“ – nach Nietzsche nicht der wirkliche Grund für das Zustandekommen eines Werturteils, sondern seine rhetorische Begründung: Alles wieder nur „Fiktionen“, menschliche „Komödie“[134]. Schaut man sich die Vorgänge des Wertens dagegen „von außen“ an, könnte man erkennen, dass viele moralische Systeme auf Fehlvorstellungen, Aberglauben und Ressentiments[135] beruhten.

134 KSA IX NF, 6[365].

135 Ein Ressentiment ist eine heimliche Ablehnung, oft aus einem Gefühl der Unterlegenheit oder anderen ungeklärten Ängsten.

Dabei würde zum Nachteil der Menschheit jeder dasjenige moralische System präferieren, bei dem „er selbst gut wegkommt. Grundtendenz folglich der Schwachen und Mittelmäßigen aller Zeiten, die Stärkeren schwächer zu machen, herunterzuziehen."[136]

Mit dieser Behauptung verlässt Nietzsche die Ebene der Analyse, Reflexionen und nachprüfbaren Hypothesen und verfällt in Parolen, genauer: Meinungen. Vermutlich halten es tatsächlich viele „Mittelmäßige" für sinnvoll, den „Starken" Grenzen zu setzen, nicht minder setzen sich aber auch die „Schwachen" dafür ein, die „Starken" zu fördern, etwa unter ihren Nachkommen, zum eigenen Schutz oder Gewinn. Pauschale Aussagen auf diesem Feld sind nicht mehr der Philosophie, im Sinne Nietzsches, zuzurechnen. Diese meinungsmäßigen, nicht reflexiven Teile in Nietzsches Werks bilden allerdings auch eine wesentliche Grundlage seines konkreten Staats- und Rechtsverständnisses und haben, zumindest in der Vergangenheit und bei einer bestimmten Leserschaft, wohl im Vergleich zu seiner epistemologischen Arbeit das lautere Echo gefunden.

So steht man vor der Frage, ob man diese Seite seines Denkens völlig beiseitelässt oder ob man vor der Leserschaft im gewohnten Umfang seine Äußerungen über das weibliche Geschlecht, den Übermenschen und die Übel der Demokratie ausbreiten sollte.[137]

Da Nietzsche seine Meinungen und seine philosophischen Betrachtungen in unterschiedlichen Textformen mit verschiedenen Mitteln verwoben hat, scheint es undurchführbar, sein philosophisch-kritisches Werk durch eine Art von Subtraktion von seinen meinungsmäßig-praktischen Standpunkten abzulösen. Diese Verbindungen zwischen Reflexion und Meinung beobachten wir freilich bei jedem Autor und verdanken ihm dennoch, nicht zuletzt durch unseren ausreichenden Abstand, Denkanstöße, die kaum noch von seinen allzu konkreten Umständen und Meinungen belastet sind. So lesen wir z. B. Platon oder Aristoteles mit reichem Ertrag, obwohl uns ihre zeitentsprechende Einstellung zur Sklavenhaltung oder zur Rolle der Frau zuwiderläuft. Nietzsche steht uns allerdings allein zeitlich schon sehr viel näher. Hinzu kommt, dass seine diskussionswürdigen Auffassungen, seine elitären, anti-bürgerlichen Heldenphantasien und Vernichtungsszenarien[138] auch heute noch präsent sind – man denke nur an die Plots der seit Jahrzehnten erfolgreichen Unterhaltungsfilme[139]. Deshalb sollte man seine

136 KSA XII NF, 2[168].

137 Teils originelle, teils verquere oder banale Meinungen zu allen möglichen Fragen des Lebens, hinter denen man heute sofort den Nerd vermuten würde, der von der Welt im Wesentlichen das Netz, einige Serien und seine Mutter kennt.

138 Nur eins von vielen Beispielen von 1875, 5[30]: „Ich träume eine Genossenschaft von Menschen, welche unbedingt sind, keine Schonung kennen und ‚Vernichter' heissen wollen: sie halten an alles den Maassstab ihrer Kritik und opfern sich der Wahrheit. Das Schlimme und Falsche soll an's Licht! Wir wollen nicht vorzeitig bauen, wir wissen nicht, ob wir je bauen können und ob es nicht das Beste ist, nicht zu bauen."

139 Z. B. im Genre Katastrophenfilm oder mit Prototypen wie ‚Superman', ‚Spider-Man', ‚X-Men'.

Visionen und Wertungen schon wenigstens mit einem Blick streifen, um sie zu kennen und ihre Bedeutung und ihren Einfluss auf das übrige Werk bewusst einordnen zu können.

Nietzsche, der Moral nicht begründen will, sondern nach ihren genealogischen Bedingungen fragt (Wie kommt Moral zustande?), sieht in der bürgerlich-europäischen Moral vor allem einen sozialen Zügel. Im Zeichen des Christentums und anderer Kulturen des Mitleids sei sie zu einem Instrument der Schwachen geworden. Nun schränkt sie ein, was von Natur aus stark ist. Gleichzeitig erhebt sie die Schwachen. Sie tröstet den kleinen Menschen, schützt ihn vor dem Absturz in den Nihilismus und gibt ihm „einen unendlichen Werth, einen metaphysischen Werth". Moral reiht den Massemenschen aber auch „in eine Ordnung ein", täuscht ihn über die tatsächlichen Machtverhältnisse und sein entwürdigendes Los hinweg und lehrt ihn Ergebenheit und Demuth.[140]

In der Konstruktion von Moral unterscheidet Nietzsche zwei Herangehensweisen, die er mit grotesken Begriffen belegt. Seine unverhohlene Sympathie gilt der sogenannten Herrenmoral. Von Jugend an faszinieren ihn die legendären Aristokratien der alten Welt. Selbst aus der Enge eines Pfarrhauses stammend, Internatszögling und scheiternder Akademiker, bewundert er das Vornehme, das geniale Künstlertum und erkennt die emotionale Ambivalenz des Bürgers im Angesicht der Willkür, der Großzügigkeit und der Brutalität der Ausnahmegeschöpfe, der prächtigen „blonden Bestie"[141]. Er polemisiert gegen die mittelmäßige „Herde" und begeistert sich für die Elite. Sein Ideal ist das Extrem. Er widerspricht dem aristotelischen Prinzip der Mitte, dem klugen, angemessenen Mittelmaß, das jedem Strebsamen Glückseligkeit in Aussicht stellt. Nietzsche huldigt einer anderen Moral, angeblich einst von den „geborenen Herren" gelebt. Ihr Quell ist die eigene, edle Selbstgewissheit, über Generationen unhinterfragt. Die „Wohlgeborenen" fühlten sich eben als die „Glücklichen"[142] wobei dieses Glück stets als eine Aktivität verstanden wird.

Die „Sklaven" dagegen, die „Ohnmächtigen" und „Gedrückten", träumen von einem passiven Glück: Betäubung, dauerhafte Entspannung[143]. Ihre Moral kommt nicht aus ihnen selbst, sondern erwächst im Gegensatz zu einem anderen, einer „Gegenwelt". Aus dieser, so Nietzsche, folgt allerdings durchaus eine „schöpferische That".[144]

Die Beziehung zum Gegner, aus der die Sklaven-Moral erwächst, wird durch das „Ressentiment" bestimmt.[145] Darunter versteht Nietzsche eine verdeckte, un-

140 KSA XII NF 5[71].
141 KSA V GM, S. 275.
142 KSA V GM, S. 272.
143 „Narcose, Betäubung, Ruhe, Frieden, ‚Sabbat', Gemüths-Ausspannung und Gliederstrecken", KSA V GM, S 272.
144 KSA V GM, S. 272.
145 KSA V GM, S. 271.

ehrliche Form der zwischenmenschlichen Ablehnung – wie etwa ein verkappter Antisemitismus[146].

Unter einer Oberfläche von Scheinargumenten hegt der kleine Mensch seine Feindseligkeit – „Hass, Neid, Missgunst, Argwohn, Rancune, Rache“[147] – aber bringt nicht den Mut auf, diese Aversionen offenzulegen. Diese Spannung macht ihn kreativ und klug, Schritt für Schritt entwickelt er seinen Intellekt, um den Gegner zu entwerten, ihn vom bloßen „Feind“ zum „bösen Feind“ zu „concipir[en]“, zum „Bösen“ schlechthin,[148] „von dem aus er sich als Nachbild und Gegenstück nun auch noch einen ‚Guten‘ ausdenkt – sich selbst!“[149]

4. *Zur Genealogie des Rechts*

Wie Nietzsche schon im Zusammenhang mit der Moral sagt, lässt sich letztlich alles menschliche Handeln auf eine einzige Kraft zurückführen: Den „Willen zur Macht“. Weniger missverständlich: Ein existentielles Streben nach Selbstentfaltung. Dies gilt auch für das Recht:

> Macht ist auch der Ursprung allen Rechts. Das Fundament des Rechts ist „Anmaßung, Usurpation, Gewalttat“[150].

Bei einer konkreteren Betrachtung fächert sich dieses Abstraktum auf. Nietzsche entdeckt eine Vielheit unterschiedlich wirkender Triebe und Affekte. Diese bilden, so seine These, die Grundlage aller menschlichen Wertentscheidungen und sind die Triebfedern der moralischen Systeme, der Religionen und des Rechts. Da der Mensch nur ein besonderes Tier ist und er in seiner artmäßigen Entwicklung die allermeiste Zeit ohne seinen heutigen kultivierten Intellekt auskommen musste, wird er in seinen Innersten durch Affekte und Triebe bestimmt – wenn auch vielleicht versteckt unter einer rationalen, begriffsfunkelnden Oberfläche.

> „Die Anfänge der Gerechtigkeit, wie die der Klugheit, Mässigung, Tapferkeit, – kurz Alles, was wir mit dem Namen der sokratischen Tugenden bezeichnen, ist thierhaft: eine Folge jener Triebe, welche lehren, nach Nahrung zu suchen und den Feinden zu entgehen.“

Das Rechtssystem ist also wie die Moral doppelbödig. Im Unterbau wirkt ewig die Unvernunft in Gestalt der Triebe und Gefühle: Das Verlangen nach Rache, zu Fehden über Generationen und Jahrhundertkriegen eskaliert, mit wechselndem Erfolg durch Begriffssysteme eingedämmt.

---

146 KSA V GM, S. 309.
147 KSA V GM, S. 309.
148 KSA V GM, S. 273.
149 KSA V GM, S. 274.
150 KSA I CV 3, S. 770.

> „[E]in Trieb hat den Begriff des Unrechts geschaffen, der Vergeltungstrieb, die Rache; auf diesen Affekt weisen die verbleichenden Begriffe von Gerechtigkeit und Pflicht zurück.“[151]

Was das professionelle Rechtspersonal oder die Öffentlichkeit „Rechtsgefühl“ nennen, ist für Nietzsche der Nachhall sehr urtümlicher Emotionen. Da der Zugang zu diesen Antrieben verdeckt bleibt, erkennt er auch hier wieder den Einfluss von „Ressentiments“. Die Menschen rationalisieren und erschaffen sich die feinsten und funkelndsten Dogmatiken. Im Untergrund schwärt jedoch der Drang, den anderen genauso zu verletzen, wie man selbst verletzt wurde.[152]

Derselbe Vergeltungsgedanke, nur positiv, bestimme auch den „Dankbarkeitstrieb“, der uns dazu drängt, Gutes mit Gutem zu beantworten. Wie der Dankbarkeitsdrang zum Begriff der Belohnung abstrahiert wird, konstruiert man aus dem Rachetrieb die Schuld. Der Mensch geht sogar so weit, aus seinem Vergeltungstrieb transzendente Ideen zu bilden. Er erfindet eine „ewige Gerechtigkeit“, die über den irdischen Dingen steht. Dazu zieht er noch Gott als Vergelter heran und erfindet das unsterbliche Individuum, das er, damit es Schuld auf sich laden kann, mit Freiheit ausstattet.[153]

Nietzsche verabscheut diese Begründung.

> „Es ist eine widerwärtige Consequenz der Rache, die Ereignisse im Sinne einer vermeinten Gerechtigkeit zu deuten. Wir vermehren die Übel der Welt noch durch transscendente Gespenster; erdichten wir keine metaphysischen Karikaturen der Dinge!“[154]

Manches deutet darauf hin, dass Nietzsche diesem metaphysischen Gerechtigkeitsbegriff, den er genealogisch dekonstruiert, eine eigene, persönliche Vorstellung entgegensetzt. Diese, soviel ist bereits klar, soll keinen Raum für das Ressentiment, das untergründige Vergeltungsbedürfnis, eröffnen. Er sucht ein Gegenmodell zu dem, was er die vom Staat „organisierte Selbsthilfe zur Rache“ nennt. Dieses Denken beruhe auf einem ständigen, gewaltsamen Gleichsetzen des Ungleichen: Ein „fortwährendes feinstes Symbolisiren und Gleichsetzen, ohne Bewußtsein“. Gedankenlos würde im Namen der Gerechtigkeit ein „Frevel an allen Dingen“ begangen und „die Welt mit den Wässern [der] Ungerechtigkeit“ ertränkt. Nicht besser scheint ihm die Vorstellung einer Gerechtigkeit, die sich in schierer Zweckmäßigkeit erschöpft. Nietzsche ist gegen eine „Verhütung durch Abschreckung“, dies habe „nichts mit der Gerechtigkeit zu schaffen“.[155]

Er bedauert deshalb alles, was sich Menschen durch ihre Rechts-Gespinste antun. Wie ihn empört, wenn religiöse Erdichtung zu Ketzerverbrennung und

151 KSA XIII NF 9[1].
152 KSA XIII NF, 9[1].
153 KSA XIII NF, 9[1].
154 KSA XIII NF, 9[1].
155 KSA XIII NF, 9[1].

psychischem Zerbrechen führt, bekümmert ihn, dass das herrschende Rechtssystem den sogenannten Tätern die Fiktion „Schuld“ zuspricht. Genauso bedrückt ihn aber auch die Instrumentalisierung der Polizisten und Henker, Ankläger, Advokaten und Richter. Sie alle werden „als ein Mittel zum Zwecke der Gesellschaft benutzt“ und „geopfert“. Darüber „trauert alle höhere Menschlichkeit“[156].

Wie wir gehört haben, lehnt Nietzsche jedoch jede idealistische, metaphysische Gerechtigkeitsvorstellung ab. Auch in diesem Punkt bleibt er ein Gegner des Sokratismus und der allgemeingültigen Ideen Platons. Für ihn ist auch die Gerechtigkeit eine Frage der Perspektive: Jeder erkennt Werte und Bedeutungen auf seine eigene Art. Getreu seinem sonstigen Stil, dessen Paradoxien und Unvollständigkeiten den Leser zum Selberdenken anhalten, präsentiert er deshalb auch als praktischer Rechtsphilosoph kein ganzheitliches und allgemeingültiges Konzept. Aus seinen vielfältigen Andeutungen treten aber wenigstens drei Gedankenketten hervor.

Billigkeit

Den ersten Strang könnte man mit dem Titel „Billigkeit“ oder zeitgemäßer mit „Fairness“ überschreiben.[157] Demnach kommt alle Gerechtigkeit aus dem Streit. Ihr Ursprung ist eine konkrete, offensichtliche Auseinandersetzung. Wie in einem sportlichen Wettkampf treten die Parteien gegeneinander an.

> „[E]s ist der Wettkampfgedanke des einzelnen Griechen und des griechischen Staates, aus den Gymnasien und Palästren, aus den künstlerischen Agonen, aus dem Ringen der politischen Parteien und der Städte mit einander, in's Allgemeinste übertragen…“[158]

Der Konflikt wird nicht verdeckt und mit Begriffen und Begründungen übertüncht, sondern liegt einsichtig zu Tage. Die Lösung folgt im Wege einer Auseinandersetzung, wobei die Beteiligten Bedingungen und Formen (Kampfregeln) akzeptieren können oder auch nicht. Im Streit bleiben sie derjenige, der sie sein wollen und vom anderen in der konkreten Relation angesehen werden. Sie werden nicht zu Objekten von Bezeichnungen („Kläger“, „Beklagter“). Ob das Ergebnis gerecht wird, hängt nicht von Systemen, Begriffen und Normen ab, sondern von der Einsicht, dass nichts davon deutlich überlegen ist und ein Kampf allen Seiten empfindlich schaden würde. Dann entsteht der „Gedanke sich zu verständigen und über die beiderseitigen Ansprüche zu verhandeln“. Die Aussicht darauf steigt, wenn zwischen den Streitenden ein ungefähres Machtgleichgewicht herrscht. Hier beruft sich Nietzsche auf Thukydides:

---

156 KSA II MA, S. 633.
157 Der Ausdruck Fairness gehört freilich nicht zu Nietzsches Vokabular.
158 KSA II MA, S. 89.

> „Die Gerechtigkeit (Billigkeit) nimmt ihren Ursprung unter ungefähr gleich Mächtigen.“[159]

Wegen der fehlenden Orientierung an abstrakten Normen, universalen Werten und der Bedingung des Machtgleichgewichts wird dieser Ansatz bislang von Seiten der Rechtsphilosophie als kaum diskutabel angesehen. Bemerkenswert ist allerdings, dass diese Gedanken bis ins Detail den Lehren einer mediativen Streitbeilegung entsprechen – und Mediation und andere Formen einvernehmlicher Streitbeilegung inzwischen auch beim Gesetzgeber und der Rechtsprechung Anerkennung gefunden haben. Damit scheint sich das staatliche Recht der Gegenwart dem Bedürfnis nach einer transparenten Konfliktbehandlung und einer konkreten, relationalen Gerechtigkeit zu öffnen und insoweit eine Anregung Nietzsches in sein System aufzunehmen.

Redlichkeit

In enger Beziehung zur Billigkeit steht das, was Nietzsche die Redlichkeit nennt. Billig (fair) ist man vor allem im Verhältnis zum Gegner, redlich kann man auch für sich alleine sein. Ein Kennzeichen dieser Tugend ist das Bemühen um Offenheit (Transparenz), die Anstrengung aufzuklären, das Untergründige ans Licht zu holen und auf verdeckte Züge zu verzichten. Der Gerechte wird nicht betrügen – weder andere noch sich selbst. Nietzsche verbindet damit seine Gerechtigkeitsvorstellungen mit einem „Sinn für Wahrheit“. Aus der dekonstruktiven Perspektive führt er diesen auf einen „Sinn für Sicherheit“ zurück.[160] In der Tradition der praktischen Philosophie könnte man auch sagen, dass die Redlichkeit die tugendhaften Aspekte der Billigkeit und rhetorisch gewendet das Ethos betrifft.

> „...man hört dem Zureden der eigenen Leidenschaften misstrauisch zu, man bezwingt sich und bleibt gegen sich auf der Lauer; diess Alles versteht das Thier gleich dem Menschen, auch bei ihm wächst die Selbstbeherrschung aus dem Sinn für das Wirkliche (aus der Klugheit) heraus.“[161]

Hierzu zählt auch die Sachgerechtigkeit, die aus der umsichtigen Berücksichtigung aller einschlägigen Topoi und Perspektiven folgt:[162] „Es gibt nur ein perspektivisches Sehen, nur ein perspektivisches ‚Erkennen‘; je mehr Affekte, [...] je mehr Augen, verschiedne Augen wir uns für dieselbe Sache einzusetzen wissen, um so vollständiger wird unser ‚Begriff‘ dieser Sache, unsre ‚Objektivität‘ sein.“[163]

---

159 KSA II MA, S. 89.
160 KSA III M, S. 37.
161 KSA III M, S. 37.
162 Dazu *Theodor Viehweg*, Topik und Jurisprudenz, 5. Auflage, München 1975, S. 17f. sowie 32 ff.
163 KSA V GM, S. 365.

In Nietzsches Wertewelt trifft man schließlich auch auf die „intellektuelle Rechtschaffenheit". Gegen sie versündigt sich, wer mit angeblichen Wahrheiten blendet oder den Blendern aus Konformität, Trägheit, Furchtsamkeit oder Eigennutz Gefolgschaft leistet. Dies bedeutet nicht, dass Nietzsche fordert, allen Schein, und damit alle orientierenden Systeme zu zerstören. Wie gesagt, ist er der Auffassung, dass ohne Fiktion kein Leben möglich sei, keine biologische Existenz, keine Kunst, keine Zivilisation. Um gerecht zu sein, sollten die Fertigkeiten zur rhetorischen Welterzeugung aber nicht zum Verderben der Menschheit eingesetzt werden. Dies tut, wer bestimmte Werte und andere Konstrukte als einzig und unveränderlich ausgibt, dadurch Lebewesen schadet und sinnlos Leid bereitet. In diesem Fall, so Nietzsche, muss der „neue Philosoph" öffentlich Einblick in die Entstehung dieser Fiktionen geben und den Impuls zu ihrer „Umwertung" setzen.

Liebe

Nietzsche erkennt aber auch eine „aesthetische Seite" der Gerechtigkeit[164]: Das mitleidlose, grausam-sachliche Pathos des Richters.

> „Ich mag eure kalte Gerechtigkeit nicht; und aus dem Auge eurer Richter blickt mir immer der Henker und sein kaltes Eisen."[165]

Da diese Art von Recht durch den Vergeltungsgedanken beherrscht wird, baut es auf der gewalttätigen Neigung, Ungleiches gleichzusetzen. Dieser Logos dominiert auch die Billigkeitsethik und die gleichmäßige Gerechtigkeit, die durch Normanwendung entsteht: Ähnliche Fälle werden als dieselben behandelt. Mit dem Gleichsetzen erfolgt aber eine seinsmäßige Identifikation, die für den Fühlenden, also in der pathetischen Dimension, oft kaum erträglich ist. Je mehr man sich auf das Individuum einlässt und die Besonderheiten der Situation bedenkt, desto brutaler wirken die abstrahierenden Behauptungen und Bezeichnungen des Rechts. Die gerechte Antwort auf dieses Gefühl nennt Nietzsche erstaunlicherweise Liebe – allerdings keine blinde Liebe, sondern eine Liebe, die ihre Bedingungen kennt.

> „Meine Gerechtigkeit ist Liebe mit sehenden Augen."[166]

Die Liebe zerbricht die Logik der Vergeltung, denn sie verweigert sich jeder Logik.

> „Aber bedenke, was du sagst: diese Gerechtigkeit spricht Jeden frei, ausgenommen den Richtenden!"[167]

---

164 KSA IX NF, 12[75].
165 KSA IV ZA, S. 88.
166 KSA X NF, 3[1].
167 KSA X NF, 3[1] Apho. 67.

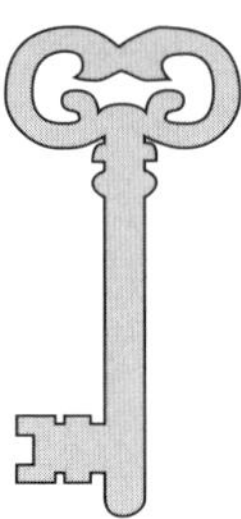

Die Aspekte der Gerechtigkeit, die Nietzsche erwähnt, also die vorherrschende Vergeltungslogik, die Billigkeit, Redlichkeit und der ästhetische Zugang, bilden kein vernünftiges, widerspruchsfreies Ganzes. Der Verstand kann ein zweckmäßiges Recht und eine untergründig rächende Gerechtigkeit, und in Grenzen auch eine moralische Billigkeit nachvollziehen. An der Liebe, der Empathie, muss er jedoch scheitern. Eine Ordnung, in der unter Umständen Gnade waltet, Schonung, Großzügigkeit oder Sympathie für einen oder alle Beteiligten, zerfällt in Willkür. Diese Art Gerechtigkeit ist, wie Nietzsche sagt, eine „Selbstaufhebung der Gerechtigkeit" – ein *„Jenseits des Rechts"*.[168]

168 KSA V GM, S. 309.

C. Nietzsche heute

Wenn Sie nach der bisherigen Lektüre zurückschauen und von Platon bis Nietzsche eine Entwicklung erkennen möchten, werden Sie feststellen, dass Sie sich eine schwierige, wenn nicht sogar unlösbare Aufgabe vorgenommen haben. Sie entdecken eine starke vernunftbetonte Bewegung, die mit Kant ihren Höhepunkt erreicht, aber auch immer wieder Gegenbewegungen, die mit Nietzsche einen vorläufigen Gipfel erreichen.

Wie Sie sehen, versteht sich Nietzsche als unbestechlicher Diagnostiker der Vernunft-Hypertrophie. Der menschliche Intellekt, das menschliche Erkennen ist „kläglich, [...] schattenhaft und flüchtig, [...] zwecklos und beliebig"[169]. Seine Philosophie bezeichnet Nietzsche als Experimentalphilosophie, denn alles Philosophieren ist zugleich Experimentieren. Weder die Methode noch die Ergebnisse des Prozesses sind bekannt, wenn das Philosophieren beginnt. Diese Art zu Denken kennt kein System, es begreift sich weder als abgeschlossen noch baut es auf den Verstand oder das Bewusstsein, jedenfalls sicher nicht als Grundlage einer objektiven Sicht der Welt.

Nietzsche ist deshalb kein Gesprächspartner für Leserinnen und Leser, die eine bestimmte Antwort auf die Frage nach der Gerechtigkeit suchen. Das Thema durchzieht zwar sein gesamtes Werk, sobald man aber meint, eine gesicherte Antwort gefunden zu haben, entdeckt man an anderer Stelle etwas Widersprechendes. Gerechtigkeit, so kann man wohl Nietzsche verstehen, ist genauso so wenig wie das Schöne, Wahre und Gute oder irgend ein anderer Wert oder Begriff als Objekt „seinsmäßig" erkennbar – und genauso wenig kann man sie allgemein bestimmen oder bezeichnen. Wie jeder andere Begriff, wie alle „Fakten" eines Sachverhaltes und natürlich die juristischen Begriffe wird auch das Konzept Gerechtigkeit durch den Menschen selbst erzeugt. Denn nach Nietzsche lebt der Mensch, der Begriffe gebraucht, der identifiziert, abstrahiert und miteinander spricht, insoweit in einer von ihm erzeugten Kunstwelt.

Dies bedeutet jedoch nicht, dass alles, was wir tun und was wir sind, unecht ist. Denn das Erzeugen dieser Fiktionen ist laut Nietzsche durchaus real und es gibt eine reale Welt – nur ist es uns verwehrt, sie über Begriffe wahrhaft zu erkennen. Was wir als objektiv seiend zu erkennen meinen, ist in Wirklichkeit ein Ausdruck unserer Relationen zu anderen Menschen. So kann man beispielsweise als Juristin in der juristischen Begriffswelt „erkennen", dass eine Klage „objektiv" die Eigenschaft „besitzt", unbegründet „zu sein". Nietzsche hingegen sieht diese angebliche Erkenntnis als eine kunstvoll erzeugte Metapher für ein konkretes intersubjektives Verhältnis: Bestimmte Personen haben einen Konflikt wegen einer Geldforderung und ein Urteilender, d. h. die Juristin, die hier spricht, ent-

169 KSA I WL, S. 875.

scheidet in dieser Situation verantwortlich zugunsten des Schuldners. Dieser Spruch ist keine Theorie, sondern auch ein realer Eingriff in das Leben der Konfliktbeteiligten.

Mit dieser Analyse hinterfragt Nietzsche das anerkannte Weltbild, das die Rechtsdogmatik lehrt. Er dekonstruiert eine abstrakte Gerechtigkeitsrhetorik und beschwört die Schrecken und Gefahren, die in den fingierten Welten und in den Unterwelten der unbewussten Triebe und Motive lauern. Gleichzeitig betont er aber auch, dass Konstruktionen dieser Art, so trügerisch sie sein mögen, für den Menschen unentbehrlich sind. Der moderne Mensch braucht eine vernunftbetonte Vorstellung von Gerechtigkeit, zumindest ist er sie gewohnt.

Wie soll die Rechtsphilosophie nun diese vielschichtigen Hinweise verarbeiten? Dass dies nicht einfach ist, wird schon daran deutlich, dass Nietzsche in der Gerechtigkeitsdebatte über ein Jahrhundert nicht zur Kenntnis genommen wurde. Tatsächlich wirft die Beschäftigung mit seinen Texten Probleme auf, die sich vermutlich nicht in den überkommenen philosophischen oder (rechts-)wissenschaftlichen Denkschemata lösen lassen. Andererseits sind es aber gerade die schwierigen Aspekte seines Werks, die in die Zukunft weisen. So weckt sein Werk einen tiefen Zweifel an den herkömmlichen verstandesmäßigen Legitimations- und Begründungsformen. Mit Nietzsche muss man fragen: Woher beziehen wir unsere Maßstäbe für ein gerechtes Miteinander, wenn unser Glaube in Religionen, Moralvorstellungen und unser Vertrauen in die Vernunft brüchig geworden ist? Wenn die Werte zu plural und die Gestaltungsmächte dahinter zu offensichtlich geworden sind? Wollen wir der Redlichkeit zuliebe und um Missbrauch zu verhindern, dann nicht besser ganz auf die Kategorien „Vernunft“ und „Wahrheit“ verzichten? Oder spielen wir weiter professionell „Komödie“, um Friede, Gleichheit und Solidarität wenigstens als Fiktion zu bewahren? Gibt es Alternativen? Ethische, ästhetische?

- Ein greifbarer Nutzen der Nietzsche-Lektüre besteht jedenfalls darin, dass sie eine Hinführung zu fast allen neuen Strömungen der Rechtstheorie, die in der gegenwärtigen Debatte ein Kontra zu den traditionellen Philosophien setzten, bietet, und damit ihr Verständnis erleichtert.[170]
- Ein weiterer Vorteil liegt sicher in der Anregung, über die Voraussetzung des eigenen Denkens zu reflektieren. Was als „Wahrheit“ und „einzig richtige Meinung“ ausgegeben wird, kann man im Sinne Nietzsches als Produkt zwischenmenschlicher und sozialer Beziehungsnetze verstehen.
- In diesem Fall ergeben sich auch inhaltliche Implikationen: Wir könnten die Chance erhalten, im Bewusstsein des eigenen Einflusses zu gestalten, wo

170 Dazu zählen Ansätze aus dem Umfeld der Genderforschung, sprachanalytische bzw. sprachkritische Richtungen (Rechtsrhetorik, Rechtssemiotik), systemtheoretische, medien- oder literaturwissenschaftliche Perspektiven oder, quer durch diese Themen gehend: konstruktivistische bzw. dekonstruierende Untersuchungen.

vorher angeblich objektive Sachzwänge wirkten oder unabänderliche Normen galten.

- Bei aller Kritik an seinen Vorgängern, allen voran an den Philosophen, die zur Zeit der Aufklärung schreiben, kann Nietzsche selbst als ein Aufklärer gelesen werden.[171] So folgen aus Nietzsches Skizzen immerhin zwei Aufgaben für die Rechtsphilosophie: Aufklärung und Kritik. Auf seinen Spuren können wir versuchen, die rechtserzeugende Konstruktionsvorgänge zu erforschen und zu verstehen. Im besten Fall finden wir Erklärungen, wie Gerechtigkeit als ein vom Menschen erzeugtes System zustande kommt – und wie es sich weiter entwickeln könnte.
- Rechtsphilosophie wäre damit auch imstande, eine Reflexionsebene anzubieten, um über hypothetische Entwicklungen zu diskutieren.[172] Hingegen scheidet mit Nietzsche das legitimierende Begründen von Gerechtigkeit (warum gilt gerade dieser Gerechtigkeitsbegriff als gerecht?) aus dem Kompetenzbereich der Philosophie aus. Dieses Problem wechselt als fingierendes Verhalten in die Ebene von Kunst und Praxis.

In der Reihe der bedeutenden Philosophen unseres Kulturkreises ist Nietzsche derjenige, der das Ende der wahrheitssuchenden Philosophie ausruft. Er hält den Epilog auf eine metaphysisch begründete Rechtsphilosophie, wie sie seit Platon hochgehalten wird – und zugleich den Prolog für eine neue Denkweise, die Perspektiven, Relationen und konkrete Wirkzusammenhänge berücksichtigt.[173]

I. Spuren in der Rechtsprechung

Lesen Sie nun die beiden folgenden Auszüge aus einem Urteil des Bundesverfassungsgerichts (BVerfG). Markieren Sie die Passagen, in welchen Sie zu den nietzscheanischen Thesen korrespondierende Elemente entdecken.

1. *Ein Urteil des Bundesverfassungsgerichts*

Entscheidung des Bundesverfassungsgerichts von 2007 zur verpflichtenden Einschaltung einer Gütestelle

In Nordrhein-Westfalen (wie in einigen anderen Bundesländern auch) hängt die Zulässigkeit einer zivilrechtlichen Klage in bestimmten Fällen davon ab, dass die

171 Vgl. *Oliver Flügel-Martinsen*, Befragungen des Politischen. Subjektkonstitution – Gesellschaftsordnung – Radikale Demokratie. Wiesbaden 2017, S. 115.

172 Etwa zu der Frage: mit welchen Folgen für die Fiktion Gerechtigkeit müssen man in Anbetracht der genealogischen Vergangenheitsanalysen bei der Ursache X (z.B. einer Steuererhöhung) mit welcher Wahrscheinlichkeit rechnen?

173 Vgl. *Andreas Urs Sommer*, Kommentar, a.a.O., S. 565.

Parteien bei einer Gütestelle den Versuch einer Streitbeilegung unternommen haben. Vorliegend erhob der Beschwerdeführer beim Amtsgericht Klage, ohne zuvor eine außergerichtliche Einigung angestrebt zu haben. Daraufhin wurde seine Klage als unzulässig abgewiesen. Nach erfolgloser Berufung monierte er im Wege der Verfassungsbeschwerde, dass sein Recht auf effektiven Rechtsschutz verletzt sei, da ihm der Zugang zu den Zivilgerichten unzumutbar erschwert werde.

Das Bundesverfassungsgericht nahm die Verfassungsbeschwerde nicht zur Entscheidung an und betonte, dass die Vorteile der obligatorischen Streitschlichtung gerade darin lägen, den Parteien unter Umständen in der Sache umfassender gerecht werden zu können, als es durch eine allein rechtlich begründet Entscheidung möglich wäre. Im Übrigen sei bei Scheitern der Schlichtung der Klageweg nicht versperrt.

Auszug A

„Der nordrhein-westfälische Gesetzgeber verweist darauf, dass in einem Schlichtungsverfahren Tatsachen berücksichtigt werden könnten, die für die Lösung des Konflikts der Parteien von wesentlicher oder ausschlaggebender Bedeutung, rechtlich jedoch irrelevant seien.“[174]

Auszug B

„Führt sie zu Lösungen, die in der Rechtsordnung so nicht vorgesehen sind, die von den Betroffenen aber - wie ihr Konsens zeigt - als gerecht empfunden werden, dann deutet auch dies auf eine befriedende Bewältigung des Konflikts hin. Eine zunächst streitige Problemlage durch eine einverständliche Lösung zu bewältigen, ist auch in einem Rechtsstaat grundsätzlich vorzugswürdig gegenüber einer richterlichen Streitentscheidung.“[175]

Auszug C

„Der Erfolg eines auf eine einverständliche Konfliktbewältigung zielenden Verfahrens kann auch davon abhängen, dass nicht nur oder nicht vorrangig die rechtliche Prägung eines Konflikts beachtet wird, sondern auch andere Gesichtspunkte berücksichtigt werden, etwa die Beziehung der Parteien belastende und in der Folge den Konflikt prägende Elemente wie beispielsweise sozialpsychologisch erklärbare Verhärtungen in den Beziehungen, oder dass weitere Konfliktpunkte in die Einigung einbezogen werden. Dementsprechend durfte der Gesetzgeber davon ausgehen, dass die Kriterien, die für die als Gütestellen

174 BVerfGK 10, 275 (279).
175 BVerfGK 10, 275 (280).

handelnden Personen maßgeblich sind, nicht voll mit denen identisch sein müssen, die für den Einsatz rechtsberatender Berufe kennzeichnend sind."[176]

2. *Diskussion, Kritik, Zusammenschau*

Das Bundesverfassungsgericht macht in seinen Ausführungen klar, dass die rechtliche Entscheidung eines Falls nicht immer alle Umstände berücksichtigen kann, die für die Parteien von Belang sind. Was aus der Sicht des Rechts von Bedeutung ist, muss nicht für die Konfliktparteien wesentlich sein – und umgekehrt. Damit bringt das Gericht zum Ausdruck, dass am Ende des Rechtswegs nicht immer diejenige Lösung zu erwarten ist, die auch für die Streitparteien die beste ist. Das Gericht unterscheidet zwischen Streitbeilegungen im Sinne der Rechtsordnung und einverständlichen Lösungen, die von den ‚Betroffenen [...] als gerecht empfunden werden'. Bereits der Umstand, dass ein Gericht diesen Gegensatz aufbaut, weist darauf hin, dass in seinem Denken neben der abstrakten Normativität des Rechtssystems auch andere Gerechtigkeitsformen einen Platz haben: Hier das, was im Einzelfall die individuell Betroffenen empfinden, zustande gekommen durch das Einvernehmen der jeweils Beteiligten.

Dieses konkrete Gerechtigkeitsempfinden relativiert die aus der abstrakten Rechtsordnung folgende Entscheidung. Das Gericht stellt klar, dass aus seiner Perspektive beide Versionen gelten können und die konkrete „einverständliche Lösung" sogar „grundsätzlich vorzugswürdig" ist.

Das Bundesverfassungsgericht ist nicht in einem einzigen Bezugssystem, dem normativ-juristischen Kosmos, gefangen, sondern signalisiert, dass der Gesetzgeber verfassungsgemäß handelt, wenn er starre Prinzipien gegen fall- und situationsabhängige Parameter austauscht. Falllösungen dürfen auch dann als gerecht gelten, wenn sie, das Einverständnis der Beteiligten vorausgesetzt, nur relationale, fragmentarische Lösungen bieten. So entfällt der Zwang, nur das als gerecht zu verstehen, das sich identifizieren, in ein vorhandenes System integrieren und verallgemeinern lässt.

Man könnte auch sagen: In bestimmten Zonen des Rechts gewinnt Perspektivität vor Universalität, Diversität vor Homogenität, Intersubjektivität vor Objektivität.

Wenn auch diese Schlagworte nur wiederum Aspekte des Rechts betreffen, zeigt sich doch, dass Nietzsche die Erschütterungen und Möglichkeiten bereits früh umrissen hat, in deren Folge schließlich auch das Bundesverfassungsgericht in diesem Fall fähig wird, eine Art Meta-Position im Verhältnis zur traditionellen Rechtsdogmatik einzunehmen. Dadurch gelingt ihm ohne Aufgabe der Wertbekenntnisse und grundlegenden Normativität der europäischen Gerechtigkeitsdebatte eine Öffnung hin zu anderen, relationaleren Formen der Gerechtigkeit.

176 BVerfGK 10, 275 (281).

II. Übung und Vertiefung

1. Wählen Sie sich einen Rechtsphilosophen aus und wenden Sie Nietzsches Rationalismuskritik auf seine zentrale Lehre an!
2. Beschreiben Sie Handlungsweisen, die Nietzsche als gerecht bezeichnen würde und begründen Sie Ihre Auswahl.
3. Was wirft Nietzsche der antiken idealistischen Philosophie vor? Fassen Sie seine Kritik an diesem Denken zusammen!

III. Literaturempfehlungen

Paul Bishop: A Companion to Friedrich Nietzsche. Life and Works. New York 2012.
Friedrich Nietzsche : Jenseits von Gut und Böse. (Reihe Klassiker auslegen), Berlin u.a. 2014.
Jens Petersen, Nietzsches Genialität der Gerechtigkeit, Berlin 2008.
Heidelberger Akademie der Wissenschaften, Historischer und kritischer Kommentar zu Friedrich Nietzsches Werken, Berlin 2012ff.

Literaturverzeichnis

Aertsen, Jan, Aquinas philosophy in its historical setting, in: *Norman Kretzmann, Eleonore Stump* (Hg.), The Cambridge Companion to Aquinas, Cambridge 2010. (zit. *Jan Aertsen,* Aquinas philosophy)

Aichele, Alexander, Rechtsgeschichte, München 2017. (zit. *Alexander Aichele,* Rechtsgeschichte)

Aquin, Thomas von, Die deutsche Thomas-Ausgabe (*Summa theologiae*), übers. von Dominikaner- und Benediktiner-mönchen Deutschlands u. Österreichs. Graz u. a.: Styria, früher teilw. im Pustet-Verl., Salzburg, teilw. im Kerle-Verl., Heidelberg u. Verl. Styria Graz, Wien, Köln 1933ff., 34 Bde. (noch unvollendet).

Arendt, Hannah, Vita activa oder vom tätigen Leben, 6. Auflage, München u.a. 2007.

Aristoteles, Nikomachische Ethik, übers. v. *Ursula Wolf,* 3. Auflage, Hamburg 2011.

Aristoteles, Peri hermeneias (De interpretatione), übers. v. Hellmut Flashar, Berlin 1994.

Aristoteles, Politik, übers. v. *Franz Susemihl,* Neuausgabe hg. v. Ursula Wolf, Hamburg 1994.

Aristoteles, Topik. Übersetzt v. Tim Wagner und Christof Rapp. Stuttgart 2004.

Ballweg, Ottmar, Analytische Rhetorik, Reihe Recht und Rhetorik, hg. v. *Katharina von Schlieffen,* Frankfurt a.M. 2009.

Berlin, Isaiah, Die Originalität Machiavellis, in: *Henry Hardy* (Hg.), Isaiah Berlin. Wider das Geläufige, Frankfurt a.M. 1982. (zit. *Isaiah Berlin,* Originalität)

Bolle, Rainer, Jean-Jacques Rousseau. Das Prinzip der Vervollkommnung des Menschen durch Eduktion und die Frage nach dem Zusammenhang von Freiheit, Glück und Identität, Münster u.a. 2012.

Böckenförde, Ernst-Wolfgang, Geschichte der Rechts- und Staatsphilosophie. Antike und Mittelalter, 2. Auflage, Tübingen 2006. (zit. *Ernst-Wolfgang-Böckenförde,* Geschichte)

Böckenförde, Ernst-Wolfgang, Gesetz und gesetzgebende Gewalt, Berlin 1958.

Böhlke, Effie, „Esprit de nation" – Montesquieus politische Philosophie, Berlin 1999. (zit. *Effie Böhlke,* Esprit)

Brooks, Richard Oliver, Aristotle and modern law, Aldershot [v.a.] 2003.

Byrd, Sharon, Hruschka, Joachim, Joerden, Jan (Hg.): Jahrbuch für Recht und Ethik. 200 Jahre Kants Metaphysik der Sitten, Bd 5, Berlin 1997.

Byrd, Sharon, Themenschwerpunkt: Recht und Ethik im Werk von Jean-Jacques Rousseau, Berlin 2012.

Chenu, Marie-Dominique, S. Thomas d'Aquin et la théologie, Paris 2005. (zit. *Marie-Dominique Chenu,* S. Thomas*)*

Crossman, Richard, Plato Today, 2. Auflage, London 2012.

Claiborne Chappell, Vere, The Cambridge Companion to Locke, Cambridge 1997.

Darwin, Charles, Die Entstehung der Arten durch natürliche Zuchtwahl oder die Erhaltung der bevorzugten Rassen im Kampfe um's Dasein. 9. unveränderte Auflage – Nachdruck der Ausgabe Stuttgart 1920, Darmstadt 1988.

Decker, Kerstin, Die Schwester. Das Leben der Elisabeth Förster-Nietzsche, Berlin 2016.

Eisfeld, Jens, Erkenntnis, Rechtserzeugung und Staat bei Kant und Fichte, Tübingen 2015.

Ennen, Edith, Die mittelalterliche Stadt, 4. Auflage, Göttingen 1987.

Euchner, Walter, John Locke, Zur Einführung, 3. Auflage, Hamburg 2011. (zit. *Walter Euchner,* John Locke)

Falk, Berthold, Montesquieu, in *Hans Maier* (Hg.) u.a., Klassiker des politischen Denkens II, München 1993.

Fetscher, Iring, Rousseaus Politische Philosophie, 10. Auflage, Frankfurt a. M. 2010. (zit. *Iring Fetscher,* Philosophie)

Finkelstein, Claire, Hobbes on Law, Aldershot u.a. 2005.

Flasher, Helmut, Aristoteles. Lehrer des Abendlandes, München 2013.

Flügel-Martinsen, Oliver, Befragungen des Politischen. Subjektkonstitution – Gesellschaftsordnung – Radikale Demokratie, Wiesbaden 2017.

Forschner, Maximilian, Thomas von Aquin, München 2006.

Forsthoff, Ernst, Montesquieu. Vom Geist der Gesetze, Bd. 1, 2. Auflage, Tübingen 1992. (zit. *Ernst Forsthoff,* Montesquieu)

Frank, Isnard W., Kirchengeschichte des Mittelalters, 4. Auflage, Düsseldorf 2008.

Frede, Dorothea, Staatsverfassung und Staatsbürger, in *Otfried Höffe* (Hg.), Aristoteles Politik, Reihe Klassiker auslegen, München 2011.

Gadamer, Hans-Georg, Aristoteles, Nikomachische Ethik VI, Frankfurt a.M. 1998.

Gamper, Anna, Staat und Verfassung. Einführung in die allgemeine Staatslehre, 2. Auflage, Wien 2010.

Geiger, Rolf, Dialektische Tugenden: Untersuchungen zur Gesprächsform in den Platonischen Dialogen, Paderborn 2006.

Georg, Jutta, Reschke, Renate (Hg.), Nietzsche und Wagner. Perspektiven ihrer Auseinandersetzung, Berlin 2016.

Gerhardt, Volker, Immanuel Kants Entwurf „Zum ewigen Frieden". Eine Theorie der Politik. Wissenschaftliche Buchgesellschaft, Darmstadt 1995.

Goldsmith, Maurice, Hobbes on Law, in *Tom Sorell* (Hg.), The Cambridge Companion to Hobbes, Cambridge 1996.

Gordon, John-Stewart, Aristoteles über Gerechtigkeit, Freiburg 2007. (zit. *John-Stewart Gordon,* Gerechtigkeit)

Grabmann, Martin, Einführung in die Summa Theologiae des heiligen Thomas von Aquin, 2. Auflage, Freiburg 1928.

Gradl, Stefan, Deus beatitudo hominis, Utrecht 2005.

Granston, Maurice, John Locke. A biography, Oxford 1985. (zit. *Maurice Granston,* John Locke.)

Habermas, Jürgen, Erkenntnis und Interesse, Hamburg 2008.

Hassemer, Winfried, Neumann, Ulfrid, Saliger, Frank (Hg.), Einführung in die Rechtsphilosophie und Rechtstheorie der Gegenwart, 9. Auflage, Heidelberg u.a. 2016.

Heidelberger Akademie der Wissenschaften, Historischer und kritischer Kommentar zu Friedrich Nietzsches Werken, Berlin 2012ff.

Heit, Hellmut, Erkenntniskritik und experimentelle Anthropologie. Das erste Hauptstück: „von den Vorurtheilen der Philosophen", in: *Andreas Marcus Born,* Friedrich Nietzsche, Jenseits von Gut und Böse. Reihe Klassiker auslegen, Berlin u.a. 2014.

Herb, Karlfriedrich; Brandt, Reinhard, Jean-Jacques Rousseau: Vom Gesellschaftsvertrag oder Prinzipien des Staatsrechts (Klassiker auslegen), Berlin 2012.

Hereth, Michael, Montesquieu. Zur Einführung, Hamburg 1995.

Hidalgo, Oliver, Die Natur des Staates. Montesquieu zwischen Macht und Recht, Baden-Baden 2010.

Hobbes, Thomas, De Cive, hg. von *Günter Gawlick,* 2. Auflage, Hamburg 1966.

Hobbes, Thomas, Leviathan, hg. von *Hermann Klenner,* Hamburg 1996.

Hobbes, Thomas, Thomas Hobbes Malmesburiensis Vita, in *Gulielmi Molesworth* (Hg.), Thomas Hobbes Malmesburiensis Opera Philosophica Quae Latine Scripsit Omnia in unum corpus nunc Prima collecta studio et labore, London 1839.

Höffe, Otfried, Aristoteles – Lexikon, Stuttgart 2005.

Höffe, Otfried Aristoteles. Nikomachische Ethik, Reihe Klassiker auslegen, Berlin 2010.

Höffe, Otfried, Aristoteles' politische Anthropologie, in: *ders.* (Hg.), Aristoteles Politik, Reihe Klassiker auslegen, Berlin 2011.

Höffe, Otfried, Der Friede- ein vernachlässigtes Ideal, in *ders.,* Immanuel Kant. Zum ewigen Frieden, Reihe Klassiker auslegen, Berlin 2004.

Höffe, Otfried, Immanuel Kant, 7. Auflage, München 2007.

Höffe, Otfried, Platon: Politeia. Klassiker auslegen, Berlin 1997.

Höffe, Otfried, Thomas Hobbes, München 2010.

Höffe, Otfried, Niccolò Machiavelli. Der Fürst, Reihe Klassiker auslegen, Berlin 2012.

Hösle, Vittorio, Platon interpretieren, München 2004.

Höffe, Otfried, Metaphysische Anfangsgründe der Rechtslehre (Klassiker auslegen), Berlin 2010.

Höffe, Otfried, Zum ewigen Frieden (Klassiker auslegen), Berlin 2011.

Horn, Christoph, Nichtideale Normativität. Ein neuer Blick auf Kants politische Philosophie, Berlin 2014.

Horn, Christoph (Hg.), Platon Handbuch. Leben-Werk-Wirkung, Stuttgart u.a. 2009.

Horster, Detlef, Rechtsphilosophie zur Einführung, Hamburg 2002.

Hruschka, Joachim, Kant und der Rechtsstaat, in *ders.* Kant und der Rechtsstaat und andere Essays zu Kants Rechtslehre und Ethik, Freiburg/München 2015.

Hübner, Johannes: „Sokratik" in: *Hans J. Sandkühler,* Enzyklopädie Philosophie, 2. Auflage, Hamburg 2010.

Hugelmann, Frank, Die Anfänge des englischen Liberalismus. John Locke und der first Earl of Shaftesbury, Frankfurt a.M 1992.

Hutter, Axel, Vernunft und reine Vernunft sowie Stefan Klingner: Verstand in: *Marcus Willascheck u.a. (Hg.),* Kant-Lexikon, Bd. 3, Berlin 2015.

Irrlitz Gerd, Kant-Handbuch, Stuttgart 2015.

Janz, Curt Paul, Friedrich Nietzsche, Bd. 3, München 1979.

Kant, Immanuel, Gesammelte Schriften, hg. von: Bd. 1-22 Preussische Akademie der Wissenschaften, Bd. 23 Deutsche Akademie der Wissenschaften zu Berlin, ab Bd. 24 Akademie der Wissenschaften zu Göttingen, Berlin 1900ff.

Kaufmann, Arthur, Problemgeschichte der Rechtsphilosophie, in: *ders.* u.a.: Einführung in die Rechtsphilosophie und Rechtstheorie der Gegenwart, 8. Auflage, Heidelberg u.a. 2011.

Kaufmann, Arthur, von der Pfordten, Dietmar, Problemgeschichte Rechtsphilosophie, in: *Winfried Hassemer, Ulfrid Neumann, Frank Saliger* (Hg.), Einführung in die Rechtsphilosophie und Rechtstheorie der Gegenwart, 9. Auflage, Heidelberg u.a. 2016. (zit. *Arthur Kaufmann, Dietmar von der Pfordten,* Problemgeschichte)

Kaufmann, Matthias, Recht, Berlin u.a. 2016.

Kenny, Anthony, Thomas von Aquin, Freiburg 1999.

Kersting, Wolfgang, „Die bürgerliche Verfassung in jedem Staate soll republikanisch sein", in *Otfried Höffe,* Immanuel Kant. Zum ewigen Frieden, Reihe Klassiker auslegen, Berlin 2004.

Kersting, Wolfgang, Die politische Philosophie der Neuzeit, in *ders.* (Hg.), Thomas Hobbes. Leviathan oder Stoff, Form und Gewalt eines kirchlichen und bürgerlichen Staates, Reihe Klassiker auslegen, 2. Auflage, Berlin 2008. (zit. *Wolfgang Kersting,* Neuzeit)

Kersting, Wolfgang, Jean Jacques Rosseaus ‚Gesellschaftsvertrag', Darmstadt 2002. (zit. *Wolfgang Kersting,* Gesellschaftsvertrag)

Kersting, Wolfgang. Niccolò Machiavelli, 3. Auflage, München 2006. (zit. *Wolfgang Kersting,* Machiavelli)

Kersting, Wolfgang, Platons Staat, 2. Auflage, Darmstadt 2006.

Kersting, Wolfgang, Thomas Hobbes. Zur Einführung, Hamburg 2009.

Kersting, Wolfgang, Vertrag, Souveränität, Repräsentation, in *ders.* (Hg.), Thomas Hobbes. Leviathan oder Stoff, Form und Gewalt eines kirchlichen und bürgerlichen Staates, Reihe Klassiker auslegen, 2. Auflage, Berlin 2008. (zit. *Wolfgang Kersting,* Vertrag)

King, Ross, Machiavelli, München 2009.

Kluxen, Wolfgang, Philosophische Ethik bei Thomas von Aquin, 3. Auflage, Hamburg 2014. (zit. *Wolfgang Kluxen,* Ethik)

Knoll, Manuel, Die Verfassungslehre des Aristoteles, in *Barbara Zehnpfennig* (Hg.), Die „Politik" des Aristoteles, 2. unverä. Auflage, Baden-Baden 2014

Kobusch, Theo (Hg.), Philosophen des Mittelalters, Darmstadt 2000.

Kondylis, Panajotis, Montesquieu und der Geist der Gesetze, Berlin 1996.

Koschorke, Albrecht, Vom Geist der Gesetze, in *Michael Gamper* u.a. (Hg.), Kollektive Gespenster: Die Masse, der Zeitgeist und andere unfaßbare Körper, Rombach 2006.

Kraut, Richard, The Cambridge Companion to Plato, Cambridge 2012.

Krumm, Thomas, Das politische System der Schweiz – ein internationaler Vergleich, München 2013.

Leinsle, Ulrich G., Einführung in die scholastische Theologie, Paderborn u.a. 1995.

Liske, Michael-Thomas, ousia, in: *Otfried Höffe*, Aristoteles Lexikon, Stuttgart 2005.

Lloyd, Sharon A., Sreedhar, Susanne, Hobbes's Moral and Political Philosophy in *Edward N. Zalta* (Hg.), *The Stanford Encyclopedia of Philosophy, Stand Frühjahr 2014.*

Locke, John, Zweite Abhandlung über die Regierung, §123, hg. von *Ludwig Siep*, Frankfurt a. M. 2007.

Löwith, Karl, Gesammelte Abhandlungen. Zur Kritik der geschichtlichen Existenz, Stuttgart 1960.

Machiavelli, Niccolò, Der Fürst, Leipzig 1990.

Machiavelli, Niccolò, Discorsi. Gedanken über Politik und Staatsführung, 3. Auflage, Stuttgart 2007.

Machiavelli, Niccolò, Mensch und Staat, Leipzig 1940.

MacIntyre, Alasdair, After Virtue. A Study of Moral Theory, London 1985; dt.: Der Verlust der Tugend, Frankfurt a. M. 1987.

Montesquieu, Charles de, Vom Geist der Gesetze, Bd. 1 und 2, 2. Auflage, übers. und hg. v. Ernst Forsthoff, Tübingen 1992.

Mühleisen, Hans-Otto, Stammen, Theo (Hg.), Politische Tugend und Regierungskunst. Studien zum Fürstenspiegel der Frühen Neuzeit, Tübingen 1990.

Müller, Jörn, Psychologie, in: *Christoph Horn (Hg.)* u.a., Platon Handbuch. Leben-Werk-Wirkung, Stuttgart u.a. 2009.

Münkler, Herfried ,Im Namen des Staats. Die Begründung der Staatsraison in der Frühen Neuzeit, Frankfurt a.M. 1987.

Münkler, Herfried (Hg.), Niccolò Machiavelli. Politische Schriften, 3. Auflage, Frankfurt a.M. 1996.

Münkler, Herfried, Machiavelli. Die Begründung des politischen Denkens der Neuzeit aus der Krise der Republik Florenz, Frankfurt 1984.

Neschke-Hentschke, Ada, Recht und Gerechtigkeit, in: *Barbara Zehnpfennig* (Hg.), Die „Politik" des Aristoteles, 2. unverä. Auflage, Baden-Baden 2014.

Niemeyer, Christian, Nietzsches Leben, in: *Henning Ottmann* (Hg.), Nietzsche-Handbuch, Stuttgart 2000.

Niemeyer, Christian, Nietzsche verstehen. Eine Gebrauchsanweisung, Darmstadt 2011. (zit. als *Christian Niemeyer,* Gebrauchsanweisung)

Niesen, Peter, Volkssouveränität als Herrschaftsbegrenzung, in *Michaela, Bernd Ludwig,* John Locke. Zwei Abhandlungen über die Regierung, Reihe Klassiker auslegen, Berlin 2012. (zit. *Peter Niesen*, Volkssouveränität)

Nietzsche Friedrich, Kritische Studienausgabe Bd. I-XV, hg. v. *Colli, Giorgio, Montinari, Mazzino,* München 1999.

Nussbaum, Martha C., z.B.: Non-Relative Virtues. An Aristotelian Approach, dt.: Nicht-relative Tugenden: Ein aristotelischer Ansatz, in: *Rippe, Klaus P., Schaber, Peter* (Hg.), Tugendethik, Reclam 1998.
Ottmann, Henning, Der „ewige Frieden" und der ewige Krieg. Über Kants „Zum ewigen Frieden", in *ders.*, Kants Lehre von Staat und Frieden, Baden-Baden 2009.
Ottmann, Henning, Geschichte des politischen Denkens, Bd. 3: Neuzeit. Teilband 1: Von Machiavelli bis zu den großen Revolutionen, Stuttgart 2006. (zit. *Henning Ottmann,* Geschichte)
Ottmann, Henning, Was ist neu im Denken Machiavellis?, in *Herfried Münkler* (Hg.) u.a., Demaskierung der Macht. Niccoló Machiavellis Staats- und Politikverständnis, 2. Auflage, Baden-Baden 2013.
Orozco, Theresa, Die Platon-Rezeption in Deutschland um 1933, in: *Ilse Korotin* (Hg.), „Die besten Geister der Nation." Philosophie und Nationalsozialismus, Wien 1998.
Penzo, Giorgio, Der Mythos vom Übermenschen: Nietzsche und der Nationalsozialismus, Frankfurt am Main 1992.
Peters, Jörg; Rolf, Bernd, Kant und Co. im Interview: fiktive Gespräche mit Philosophen über ihre Theorien, Stuttgart 2012. (zit. *Jörg Peters, Bernd Rolf,* Interview)
Petersen, Jens, Nietzsches Genialität der Gerechtigkeit, Berlin u.a. 2008.
Platon, Der Staat: Über das Gerechte, übersetzt von *Otto Apelt,* 9. Auflage, Hamburg 1973.
Platon: Phaidon, übersetzt von *Theodor Ebert,* Reihe Platon Werke, Bd. I 4, Göttingen 2004.
Platon, Politikos, übersetzt von *Friedo Ricken,* Reihe Platon Werke, Bd. II 4, Göttingen 2008.
Platon, Sämtliche Werke, Bd. 1, hg. von *Ursula Wolf,* 31. Auflage, Reinbek 2009.
Platon: Siebenter Brief, übersetzt von *Wolfgang Wieland,* Platons Werke. Dreizehn Briefe, Stuttgart 1859.
Popper, Karl, Die offene Gesellschaft und ihre Feinde, Bd. 1., 7. Auflage, Tübingen 1992.
Press, Gerald, Who speaks for Plato? Studies in Platonic Anonymity, Lanham u.a., 2000.
Priddat, Birger P., Eigentum, Arbeit, Geld. Zur Logik einer Naturrechtsökonomie bei John Locke, in *Michaela Rehm, Bernd Ludwig,* John Locke. Zwei Abhandlungen über die Regierung, Reihe Klassiker auslegen, Berlin 2012.
Priddat, Birger P., Theologie, Ökonomie, Macht. Eine Rekonstruktion der Ökonomie John Lockes, Marburg 1998.
Rapp, Christoph, Aristoteles – Handbuch. Leben – Werk – Wirkung, Stuttgart 2011.
Rapp, Christof, Aristoteles zur Einführung, 3. überarb. Auflage, Hamburg 2007.
Rawls, John, A Theory of Justice, Harvard 2005.
Reinhardt, Volker, Machiavelli oder die Kunst der Macht, München 2012. (zit. *Volker Reinhardt,* Machiavelli)

Reinhardt, Volker u.a., Niccoló Machiavelli als Theoretiker der Macht im Spiegel der Zeit, Baden-Baden 2015.

Rehm, Michaela, „The A. B. C. of Politicks", in *dies., Bernd Ludwig (Hg.),* John Locke. Zwei Abhandlungen über die Regierung, Reihe Klassiker auslegen, Berlin 2012. (zit. *Michaela Rehm,* Politicks)

Rehm, Michaela, Vertrag und Vertrauen: Lockes Legitimation von Herrschaft, in *dies.; Bernd Ludwig,* John Locke. Zwei Abhandlungen über die Regierung, Reihe Klassiker auslegen, Berlin 2012. (zit. *Michaela Rehm,* Vertrauen)

Reschke, Renate, Brusotti, Marco (Hg.). „Einige werden posthum geboren." Nietzsches Wirkungen. Reihe Nietzsche heute, Bd. 4., Berlin u.a. 2012.

Ricken, Frido, Philosophie der Antike, 4. Auflage, Stuttgart 2007. (zit. *Frido Ricken,* Philosophie)

Riley, Patrick, The Cambridge Companion to Rousseau, Cambridge 2001.

Ritter, Joachim, Historisches Wörterbuch der Philosophie, Basel 1971-2007.

Rohden, Valério Recht und Frieden in der Philosophie Kants – Akten des X. Internationlaten Kant-Kongresses, Berlin 2008.

Römpp, Georg, Platon, Köln u.a. 2008.

Rousseau, Jean-Jacques, Der Gesellschaftsvertrag oder Die Grundsätze des Staatsrechts, hg. von *Heinrich Weinstock,* Stuttgart 1975.

Rousseau, Jean-Jacques, Schriften zur Kulturkritik. Die zwei Diskurse von 1750 und 1755, hg. von *Kurt Weigand,* Hamburg 1971.

Rühli, Ulli F. H., Kants Deduktion des Rechts als intelligibler Besitz, Paderborn 2010.

Salewski, Michael, Geschichte Europas: Staaten und Nationen von der Antike bis zur Gegenwart, 2. Auflage, München 2004.

Salzborn, Samuel, Der Staat des Liberalismus – die liberale Staatstheorie von John Locke, Baden-Baden 2010.

Schacht, Richard, Artikel „Mensch" in *Christian Niemeyer,* Nietzsche-Lexikon, 2. Auflage, Darmstadt 2011.

Schefczyk, Michael, John Locke – ein verkannter Republikaner, in *Michaela Rehm, Bernd Ludwig,* John Locke. Zwei Abhandlungen über die Regierung, Reihe Klassiker auslegen, Berlin 2012.

Schlieffen, Katharina von, Rhetorische Rechtstheorie, in: *Gert Ueding,* Historisches Wörterbuch der Rhetorik, Band 8: Rhet-St, Tübingen 2007.

Schlosser, Hans, Montesquieu: der aristokratische Geist der Aufklärung, Berlin u.a. 1990. (zit. *Hans Schlosser,* Montesquieu)

Schröder, Wolfgang M., After Rawls. Zur neueren und neusten Rezeption von Kants politischer Philosophie, in *Henning Ottmann* (Hg.), Kants Lehre von Staat und Frieden, Baden-Baden 2009.

Schütrumpf, Eckart, Gerechtigkeit, in: *Christof Rapp, Klaus Corsilius* (Hg.), Aristoteles Handbuch, Stuttgart 2011. (zit. *Eckart Schütrumpf,* Gerechtigkeit)

Schulz, Raimund, Athen und Sparta, 5. Auflage, Darmstadt 2015.

Schockenhoff, Eberhard, Bonum hominis. Die anthropologischen und theologischen Grundlagen der Tugendethik des Thomas von Aquin, Mainz 1987.

Schönberger, Rolf, Thomas von Aquin zur Einführung, 4. Auflage, Hamburg 2012.

Seelmann, Kurt, Rechtsphilosophie, 5. Auflage, München 2010.

Shklar, Judith, Men and Citizens. A Study of Rousseaus's Social Theory, Cambridge 1985.

Shklar, Judith, Montesquieu, Oxford 1987.

Skinner, Quentin, Machiavelli zur Einführung, 6. Auflage, Hamburg 2013.

Sobota, Katharina, Das Prinzip Rechtsstaat, Tübingen 1997.

Sommer, Andreas Urs, Kommentar zu Nietzsches „Jenseits von Gut und Böse", Berlin u.a. 2016. (zit. *Andreas Urs Sommer,* Kommentar)

Sorell, Tom, (Hg.), The Cambridge Companion to Hobbes, Cambridge 1996.

Spaemann, Robert, Die Philosophenkönige, in *Otfried Höffe* (Hg.), Platon Politeia, Reihe Klassiker auslegen, 3. Auflage, Tübingen 2011.

Stockhammer, Nicolas, Das Prinzip Macht. Die Rationalität politischer Macht bei Thukydides, Machiavelli und Michel Foucault, Baden-Baden 2009.

Stubbe-Da Luz, Helmut, Montesquieu, Hamburg 1998. (zit. *Helmut Stubbe-Da Luz,* Montesquieu)

Szlezák, Thomas, Platon lesen, Stuttgart 1993.

Thomas, Lloyd, Locke on Government, London 1995.

Viehweg, Theodor, Topik und Jurisprudenz, 5. Auflage, München 1975.

Viroli, Maurizio, Die Idee der republikanischen Freiheit, Zürich 2002.

Vorländer, Karl, Immanuel Kant. Der Mann und das Werk, 4. Buch, 2. Auflage, Hamburg 1977.

Welsch, Wolfgang, Der Philosoph. Die Gedankenwelt des Aristoteles, München 2012.

Welwei, Karl-Wilhelm, Das klassische Athen, Darmstadt 2001.

Wieland, Wolfgang, Platon und die Formen des Wissens, 2. erweiterte Auflage, Göttingen 1999.

Wieland, Georg, Rationalisierung und Verinnerlichung. Aspekte der geisteigen Physiognomie des 12. Jahrhunderts, in: *Jan P. Beckmann* u.a. (Hg.), Philosophie im Mittelalter. Entwicklungslinien und Paradigmen, 2. Auflage, Hamburg 2013.

Willascheck, Marcus u.a. (Hg.), Kant-Lexikon, Berlin 2015.

Winterfeld Achim von, Entwicklungslinien des Strafrechts und des Strafprozeßrechts in den Jahren 1947 bis 1987, NJW 1987/2635.

Zehnpfennig, Barbara, Die „Politik" des Aristoteles, 2. Aufl., Baden-Baden 2014.

Zichy, Michael, Das humanistische Bildungsideal, in: *Martina Schmidhuber* (Hg.), Formen der Bildung. Einblick und Perspektiven, Frankfurt u.a. 2010.

Zimmermann, Albert, Thomas von Aquin, in *Norbert Hörster* (Hg.), Klassiker des philosophischen Denkens, 7. Auflage, München 2003.

Zgalis, William, John Locke, in: Edward N. Zalta (Hg.), The Stanford Encyclopedia of Philosophy , Stand April 2017.